HISTORY OF THE ART OF WAR

战争艺术史

Hans Delbrück

古典时代的战争

[德] 汉斯·德尔布吕克 著　　姜昊骞 译

世界图书出版公司
北京·广州·上海·西安

图书在版编目（CIP）数据

战争艺术史 /（德）汉斯·德尔布吕克著；姜昊骞译 . — 北京：世界图书出版有限公司北京分公司，2021.8（2023.2 重印）
ISBN 978-7-5192-8649-1

Ⅰ . ①战… Ⅱ . ①汉… ②姜… Ⅲ . ①战争史 – 世界 Ⅳ . ① E19

中国版本图书馆 CIP 数据核字（2021）第 111343 号

书　　名	战争艺术史 ZHANZHENG YISHUSHI
著　　者	［德］汉斯·德尔布吕克
译　　者	姜昊骞
策划编辑	何　醒　余守斌
责任编辑	余守斌
特约编辑	何梦姣　李向东　张亚南
出版发行	世界图书出版有限公司北京分公司
地　　址	北京市东城区朝内大街 137 号
邮　　编	100010
电　　话	010-64038355（发行）　64033507（总编室）
网　　址	http://www.wpcbj.com.cn
邮　　箱	wpcbjst@vip.163.com
销　　售	各地新华书店
印　　刷	三河市国英印务有限公司
开　　本	880mm×1230mm　1/32
印　　张	67
彩　　插	32 页
字　　数	1662 千字
版　　次	2021 年 8 月第 1 版
印　　次	2023 年 2 月第 2 次印刷
国际书号	ISBN 978-7-5192-8649-1
定　　价	358.00 元（全四册）

如有质量或印装问题，请拨打售后服务电话 010-82838515

伯利克里,雅典黄金时期具有重要影响的政治家和军事家,在他的领导下,雅典在伯罗奔尼撒战争第一阶段击败了斯巴达人。

亚历山大大帝,古希腊马其顿王国国王,在其统治期间,都在进行前无古人的大型军事征服活动,战略和政略兼用,降服诸国。

汉尼拔,迦太基著名军事家,所处的时代正逢罗马共和国势力的崛起。在军事及外交活动上均有卓越表现,是现今仍为许多军事学家所研究的重要军事战略家之一。

西庇阿，古罗马统帅和政治家。他是第二次布匿战争中罗马方面的主要将领之一，以在扎马战役中打败迦太基统帅汉尼拔而著称于世。

马略，古罗马著名的军事统帅和政治家。他在罗马人被日耳曼人击败的危难之时当选执政官，进行军事改革，最终击败日耳曼人。

恺撒大帝，罗马共和国末期的军事统帅和政治家，是罗马共和国转向罗马帝国的关键人物。

推荐序

德尔布吕克：克劳塞维茨和兰克的结合

今天我们讲现代最伟大的军事史家德尔布吕克（Hans Delbrück，1848—1929），我们称之为"克劳塞维茨和兰克的结合"。说他是克劳塞维茨，意思是他将克劳塞维茨战争哲学的基本思想有机而完整地贯穿于他的研究和论著当中，同时非常明显地发展了克劳塞维茨的一些关键性论点，尤其是克劳塞维茨关于战争的双重形式的论点；说他是兰克，是因为他是第一次系统地将兰克开创的科学的史学方法创造性地应用于军事史，以此来辨识、考证和研究西方的几乎全部战争史册，特别是辨识和考证史料非常稀少或讹误百出的古代军事史。

德尔布吕克的贡献：综述

我们先综述一下德尔布吕克的贡献，也是说明他的学术生涯和政论生涯的一些基本情况。

德尔布吕克的学术生涯和政论生涯实际上恰好同整个第二帝国时期，特别是它的后半段重合。他具有三方面的特质，或者说身份。

第一，他是军事史家。

第二，他是政论家，而作为政论家，他起了什么作用呢？他向德国人民阐述、指明和解释了他们一般既不了解，也难以深切理解的军事事务的作用，这在第一次世界大战期间特别重要。

第三，他是德国统帅部特别是参谋本部的批评者，以出类拔萃的见识，往往还要加上难能可贵的勇气，批判了德国军政领导者在第一次世界大战中的基本战略。在每一个方面，无论是军事史研究，还是向德国人民解释军事事务，或是批评德国统帅部，他都在现代战略思想、现代军事思想方面做出了非常杰出的贡献。

实际上从老毛奇开始，普鲁士/德国军界领导人一向就强调学习战争史，一向就强调吸取历史上战争的经验教训的重要性，但是如果军事史述、战争史述不正确的话，会出现什么结果？也就是说，如果要为备战和战争服务，那么很明显，军事史的记录或编纂就必须准确。过去的历史记录、过去的战事描述当中必免的各种误解、神话和讹传等就必须予以剔除。19世纪，首先归功于利奥波德·冯·兰克（Leopold von Ranke），德国的一些历史学家开始承担一个工作，那就是剔除过去的历史记载和史著史论当中的种种神话、种种错误，以便像兰克那样尽可能地还原一幅真实的历史。然而，实际上直到德尔布吕克写出他的主要论著——《战争艺术史》（4卷）（History of the Art of War），兰克创设的、新的历史辨识和历史研究的科学方法才真正被应用于军事史和战争史领域，当然也包括狭义的战略史领域。这样一项工作，毫无疑问是德尔布吕克对于战略思想、军事思想的一大突出贡献。

除此之外，德尔布吕克的贡献还在于我们刚才说的第二项。19世纪期间，特别是19世纪后半期，在欧洲国家，尤其是中西欧国家，大众政治已经兴起，政府的基础得到扩大，公众对国家事务（包括国家对外事务和军事事务）直接和间接的影响已经出现和发展。从某种意义上说，即使在实行君主制度的德国，军事事务也已经不再完全是上层阶级

推荐序　德尔布吕克：克劳塞维茨和兰克的结合

的特权，不再完全是一小撮军界领导人的特权。因此，就出现了一种客观的需要：既然在大众政治环境中，公众的意见和情绪往往能直接和间接地影响国家军事事务，一般的公众就应当对军事问题有恰当的理解。也就是说，已经有必要进行关于军事事务的公共性讲授、教育和传播，使得军事知识（以至军事问题判断力）能在一定程度上输入到较广大的公众中去，而德尔布吕克就是履行这一历史任务最杰出的人物。在某种程度上，他的所有著述都怀有一个自觉的目的，那就是要将军事知识、战争经验、军事观念和战略思想灌输和传播到德国民众中去。最明显的就是在第一次世界大战期间，他几乎每个月都在报纸上发表文章，评论战场状态、战略形势和战争全局，将德国的战略解释给德国人民，当然也将他对德国统帅部的批评告诉德国人民。

这就涉及到他的第三个身份。在第一次世界大战期间以及战后初期的德国，德尔布吕克是对第二帝国的战略思想、战略实践和军事体制最为直言不讳和持之以恒的批评者，而且他的批评往往相当尖锐或激烈。实际上也因为如此，他在某种程度上还是当时整个西方的战略思想和军事体制的一个非常重要的批评者。他批评的总的出发点非常高。他对军事史，特别是对过去时代的军事体制的研究表明，战争和政治之间有非常密切的联系。这些研究还表明，军事战略和政治战略两者必须携手并进，而军事战略必须反映和服从于政治战略。他还非常强烈地意识到战争规划和战略规划必须依据合理的国家政治目的，并且反复论证克劳塞维茨的这个根本信念。如果政治目的错了，战略思维和战略目的也就会错，而如果战略思维和战略目的错了，那么即使在战术和作战层面（operation）上取得最辉煌的成功，也仍有可能导致政治灾难。特别是在1915年以后，他确信德国统帅部的战略思维是错误的，战略目标也是错误的，不符合德意志国家可以有的合理的政治目的。所以他就成了在德国国内对德国战争目的和战略的最重要批评者，成了同样在德国国内的一个经过谈判来达成和平的最重要提倡者。此外，在一战结束以后，当魏玛共和国的议会开始调查 1918 年德国崩溃的原因时，德尔布吕克通过多次在议会做证——实际上是发表长篇的演讲——来批判德国统帅部的战略思想和国策，特别是 1916 年以后掌握德国大权的原第三集团军首脑卢登道夫和兴登堡的战略思想和国策。他对德国战略的批评体现了对于军事史、战争史的深切理解，同时也大大得益于他从研究这些历史中得到的种种启示和教训。这就是我们对德尔布吕克所做贡献的综述。

德尔布吕克所受的教育与其学术生涯

因为大家很不熟悉，所以现在简单地谈一谈德尔布吕克的生平，或者说他的教育和学术生涯。

1848 年 11 月德尔布吕克出生于贝尔根（Bergen），父亲是法官，母亲是柏林大学一位教授的女儿。他在三个大学受过很出色的高等教育：海德堡大学，还有一个不那么有名，叫格赖弗斯瓦尔德大学（University of Greifswald，在后来的东德），还有一个就是波恩大学。那个时候德国的历史学非常发达，有兰克以及兰克的一大批门生，使德国的历史学成为欧洲历来最杰出的。所以他在接受高等教育期间，听过许多史学大家的课。他虽然没有听过兰克本人授课，但是出于兰克之门的那些史学大家将兰克的科学治史方法深深地灌输在他的头脑里，何况这个头脑绝对是第一流的。他 1873 年拿到博士学位，导师是德国史学大师西贝尔（Sybel），其最佳著作就是非常有名的《法国革命史》。德尔布吕克做的博士学位论文从我们的角度来说大概很难做，即专门考证 11 世纪时德

推荐序 德尔布吕克：克劳塞维茨和兰克的结合

意志的一位编年史家伦伯尔·冯·赫斯菲尔德（Lambert von Hersfeld）的著述，这些著述从中世纪往后不断被人当作基本历史资料来引证，就像研究中国古代史的人引证《汉书》《新唐书》等。德尔布吕克在博士学位论文中运用非常透彻的批判性考证，指出其中很多是错误的、虚假的或伪托的，这是他对于科学的治史方法的一个很好运用。接着，他于1874年被任命为普鲁士亲王（瓦尔德马亲王）的导师，做了5年。这5年很有好处，因为他在这段时期里很靠近普鲁士宫廷，等于学政治——较多较深地了解他那个时代的政治问题，也可以说大长见识。同样在这段时期里，当他履行作为后备役军官的军事义务时，他读了一部相当有名的《步兵史》，这使他的兴趣转到了军事史方面。

1879年，德尔布吕克开始了他的学术生涯。最初任教于柏林大学，主要研究当代军事史，首讲课程便是普奥战争。然而，他的兴趣和注意力越来越往前推，到了比较早的历史时期，讲授中西欧封建时代开始往后（也就是西罗马帝国崩溃往后）的西方战争史，并且将自己的研究进一步往前推至希腊、罗马时代。从1900年开始，他陆续发表他最主要的著作《战争艺术史》。该书的德文名字翻译成英文就是《政治史框架中的战争艺术史》(*History of the Arts of War in the Framework of Political History*)。第一个英译本就照这么译，然后第二次英译本，就是我们现在用的英译本，将题目简略了一些，去掉了"政治史框架中的"这几个字，因为他的这本书实在太有名了，行内人和不少普通读者都知道是"政治史框架中的战争艺术史"，所以英译本书名就变成了"History of the Art of War"。该书一共4卷，原计划要写7卷，但实际上就写了4卷，从希波战争写到法国革命战争和拿破仑战争。以后，他的学生给他续了3卷，因而一共有了7卷。人们一般认为，要研究德尔布吕克，就只要看前面的4卷。顺便说一下，军事史在当时是一个不受重视，甚至可以说很被边缘化的领域,所以拿到教授职位也特别难。尽管他有那么好的学问,那么杰出的才华,实际上是从兰克以来,甚至可以说有史以来最伟大的军事史学家。他拿到的教授职位很高级,那就是柏林大学的professor of universal and world history。康德开始用"universal history"一语,用作他的最后一部著作的题目和主题,不过实际上它最早始于路易十四的大主教、国务家兼大学者波舒哀,他也写过叫"universal history"的书。我们现在可以称之为"世界史",但它后面还有一个"world history"。总之可以叫"世界史教授"。这个世界史教授席位的前一个占据者是特赖奇克,此人当然是极端的德意志民族主义者和帝国主义者,然而是绝对鼎鼎大名的史学家。然而,也因为德尔布吕克是研究当时这么被边缘化的一门学问的,所以他始终没能进入普鲁士科学院,尽管这个科学院里大部分院士的贡献、见识和水平远不如他。

《战争艺术史》

讲德尔布吕克,最重要的是要讲《战争艺术史》。先来看该书的结构和目的。4卷中的"古典时代的战争"讨论了从希波战争到罗马共和国恺撒时期的战争艺术史。

顺便说一下,在18世纪和19世纪的西方战争研究者的术语库里边,"战争艺术"是个经常被使用的术语。这个术语一方面很好、很形象,另一方面也很含糊,实际上包含的范围非常之广。"战争艺术"不但指战略和战术,往往还包括军事组织方式和军队组织方式,而这两者——军事和军队组织方式,甚至说更广大的军事体制的结构同战略战术的关系甚为密切。特别是因为,有一些战略和战术只能在一定的军事体制和军队组织方式条件下才可能出现,也才可能被实施。

推荐序　德尔布吕克：克劳塞维茨和兰克的结合

"蛮族入侵"大部分主要论述早期口耳曼人的军事组织，实际上它讲了政治框架中的军事和战争艺术，而这"政治框架"还包括了社会组织。它同时也论述了罗马军事体制的衰亡，还有拜占庭即东罗马的军事体制，连同西欧封建社会体制和军事体制的开始。

"中世纪战争"主要是论述中世纪里战术和战略的衰落和消亡；在中世纪的大部分时间里，就是在所谓 Dark Age——"黑暗时期"——里，谈不上有真正意义上的战术和战略。然后在第 3 卷的末尾（这是个非常重要的部分），德尔布吕克论述了战术体制，特别是战术阵列在 15 世纪的复兴，复兴者就是瑞士人。实际上，近现代战争方式就是从瑞士人开始，开始于 15 世纪瑞士同勃艮第的战争。

"现代战争的黎明"将战术方式和战略思维的史事一直讲到了拿破仑时代。

他是这么一个很少见到的历史学家、史学大师，既能研究非常细的东西，进行非常严格细致的历史考证，恢复历史细节的本来面貌，但同时又不是一个主要注重这些的人。他主要注重的是宏观的揭示、宏观的真理，是一般的、普遍的、广泛的趋势，并且从里面提炼出广泛的思想，这一点同先前的战争史、军事史非常不一样。军事史一般是相当枯燥的，大都写打仗，有非常专门的细节，什么战场，什么战术行列，用什么大炮等，非常细致。如果你对那段历史非常熟悉的话，你大概会看得颇有兴趣，但是一般的人是绝对觉得枯燥的。然而，德尔布吕克特别关注军事史当中的所谓宏观的道理，这点和先前的军事史很不一样。

他研究战争史和军事史的目的已经在他的《战争艺术史》的标题当中显露出来了，在"政治史框架中的战争艺术史"，甚至在社会政治历史框架内的战争艺术史。主要的目的就是建立起两者之间的动态联系：一方面是政治实体，特别是国家的体制；另一方面是战争方式、战略和战术。他的主要目的就是在国家的体制，特别是在政治体制和国家的战略战术之间建立一种得到揭示的本质性关系，或者说揭示这两者之间的本质性联系。当然与此同时，德尔布吕克认识到，你如果要从历史中抽取出广泛的结论，升华出大的道理的话，首先你就必须准确地还原历史。怎么说呢？首先历史学家必须尽可能确定历史上一个个、一类类战争到底是怎么打的，要辨明历史细节。德尔布吕克的这个思想非常自觉，那就是因为要在历史中寻找或升华出宏观的结论，揭示出深层含义和主题，所以要非常认真、细致和严格地去辨识、探究和考证那些细节。

这样一来，我们就要谈到他对古代军事史料的批判性考证方法。这种方法有一个他自己创造的专门名称，现在真正懂行的人都用它的德文原文——Sachkritik，字面意思大约是"事件考辨"，实际上就是对军事史料的批判性考证。也就是说，这个方法回答这么一个问题：当代历史学家如何来考证和检验历史上（当然包括古远的，越古越难）流传至今的军事史料。

他发展出了一套方法。他认为，这个任务可以通过几种方式来完成。

第一，历史学家要充分地了解过去的战斗所在的战场，或者说过去战斗所在的地形。这样一来，他就可以利用现代地理科学知识来检验传下来的古老的军事史料。举个例子，马拉松会战怎么打的？你要知道马拉松那个地形，你要了解它，而且这个了解不是像古人那样，而是以现代地理科学的眼光来了解。这样，你才有可能判断希罗多德《历史》里边讲的马拉松能不能容纳那么多人，在那块地方能不能打那么大的仗，有没有那样的可能。

第二，当代历史学家需要知道，自己考察的那个很久很久以前的战争用的是什么样的武器装备，如果他真正知道和懂得这一点，他就能合

推荐序　德尔布吕克：克劳塞维茨和兰克的结合

乎逻辑地重构出、还原出当年会战所用的战术以及相关的种种情况，因为每一种武器、每一类装备实际上都有一个内在的战术性使用的可能性或逻辑，甚至可以说规则。

第三，要懂得甚至深知现代战争，这个很重要。研究古代战争、中世纪战争或近代战争的历史学家都必须深切了解现代战争方式，最好某种程度上还是一个现代战争方式的专家；这样一来，就能给他们提供进一步的工具，因为对现代战争方式的了解使他们能够知道、能够判断例如一个普通的步兵每天到底能步行走多少路，这个 physical possibility（体力的可能性）是从古到今没有太大差别的，或者一匹马一般来说到底能够载多少重？一支依靠步行和骑马的大军的机动性到底可能如何？例如 1 万多人的兵力在中国人民大学这么大的一个地方运行，它的机动性到底有多高？其实这些东西现代和古代都差不多，所以你要了解这些东西，以便帮助判断古代的情况。

第四，就是要充分了解和理解同你所研究的早先的战役类似的现代战役。早先的战役，无论是坎尼会战、马拉松会战或者其他战役，在现代战争史上几乎总能找到一些多少类似的"翻版"，你如果了解了现代战争史上的这些"翻版"，就大有助于考辨古代的"原型"。为什么？现代战役的史料一般相当可靠，依据它们就有可能在相当大程度上重构、还原古代的类似的战役。例如，在我们刚才讲的 15 世纪瑞士和勃艮第之间的战争当中，几次战斗都有准确的史料留下来，而马拉松会战只有一项史料，那就是希罗多德写的那个《历史》，比修昔底德写的《伯罗奔尼撒战争史》都早。他的《历史》是西方第一部史书，更早的讲特洛伊战争的《荷马史诗》只是一部神话般的史诗。但是，希罗多德写的书里边有很多东西令你真假莫辨的，甚至他自己也搞不清楚，而且里面有些是不折不扣的神话。但是，关于瑞士和勃艮第之间战争的史述可靠的，其中的战役和马拉松会战实际上是类似的，你就可以参考这个东西来辨析古代的史料，看希罗多德写的对不对。尽管这两次战争，希波战争和瑞士和勃艮第战争前后相距两千多年，但是有一些基本的东西还是相同的，即主要作战力量都是步兵，步兵主要拿金属制冷兵器而不是火器进行面对面战斗，而且在这两次战争中最后取胜的都是步兵。勃艮第主要是骑兵，波斯人也大概如此。所以，可以从15世纪的瑞士同勃艮第战争的战役当中引出一些东西来，得到一些启示，借以判断马拉松会战。

所有这四个方面（当然还有一些小的其他方面）合起来，就叫Sachkritik，也就是德尔布吕克创造的对古老军事史料的批判性考证。

我们现在来举此种考证方法的实例之一：论希波战争中波斯军队的规模。它也是德尔布吕克被人援引得最多的一个例子，也是他对古老军事史料的批判性考证的最辉煌、最有名的一个例子。

希波战争中波斯军队到底有多少？与此相关马拉松会战到底是怎么一回事？他这个例子最有名。为什么？因为西方差不多所有人都知道希波战争，都知道马拉松会战。他等于革命性地转换了希波战争的图景，特别是马拉松会战的图景，这样的一个例子当然非常有名。这是他最惊人的一项考证成果，就写在《战争艺术史》的"古典时代的战争"中。

波斯军队，也就是大流士的儿子薛西斯率领的军队入侵希腊是在公元前480年。希罗多德的《历史》上说这支军队有多少人？2641 610人。非常精确，精确到十位数。这个数字是fighting men，军人。还有至少同样多的随从，大多数是军人家属和仆人，还有在兵船上划桨的奴隶，不算在军人之内，加起来大概至少有500万人，其中军人就有264万。德尔布吕克认为，这不可能可靠。他说，根据现代德国的order of march，大致就是行军队形，一个军团有3万人，它行军起来要占多少地方呢？行列长度达 14 英里（约 23 千米），而且不算辎重车辆。所以按照希罗多德的史书，波斯军队行军的纵队会有 2 000 英里长——2 000 英里就是约 3 219 千米，这个是不可能的。就算这点你能够解释，或者说即使假设确实能有那么多人、能有这么庞大的、排成纵队蜿蜒 3 219 千米的波斯远征军，当时希腊世界也没有这么大的战场，足以容纳如此庞大的军队。第二个讲的就是地形、地理状况。当时希腊那个地形、马拉松那个地形根本不可能容纳这样的一支军队：马拉松平原很小很小，如果真正按照现代作战来说，只能容得了普鲁士一个旅，只有普鲁士一个旅的作战余地。

希罗多德为什么这么夸大？大概因为他自己脑筋也不清楚，而古代的历史编纂往往如此，当然后来没有多少时候，突然出现了一个修昔底德，那是脑筋极为清楚的。在希罗多德那里，神话（Myth）和历史（history）不分，就像古代印度很多史书。什么是神话，什么是历史，它是分不清的，因为在当时写史的那个人的头脑里就分不清。当然除此之外，希罗多德肯定有一种至少下意识的感情，驱使他夸大波斯军队的兵力，那就是他爱希腊：你看希腊人多厉害，把这么一支极为庞大的大军打败了。

希罗多德的问题不止在这里。在马拉松进行战斗的希腊军队——主要是斯巴达军队和雅典军队——是一支公民军队（citizen army），讲穿了就是民兵。他们只受过粗浅的训练，能够用的战术形式不过是一种粗糙的"phalanx"——很有名的"希腊方阵"。公民军队当然训练不很精良，不会打很复杂的仗。他们只列粗糙的希腊方阵，不会进行那种比较高级的战术方面的运动。相反，波斯军队是职业军队，professional army；不但他们的技能远高于希腊军队，而且他们士兵的勇敢程度甚至在希腊人的记载中都是被承认的。也就是说，波斯军队骁勇善战，而希腊军队只是民兵。

因此，假如所有这一切都是真的，那么这么大规模的波斯军队居然会被希腊军队打败，而且在希波战争中这样的胜利重复了几次——马拉松会战是最辉煌的，是无法解释的。所以用德尔布吕克的话来说："我们只能二者取一。"就是两样事情中只有一样可能是真的。

两样事情是指哪两样呢？其一个就是希罗多德写的波斯军队的那种规模；其二就是很多史料可以证明的波斯军队的骁勇善战。这两样事情当中只可能有一样是真的，显然波斯军队骁勇善战是真的，希罗多德写的那个兵力数字不但是假的，而且假得荒唐。德尔布吕克经过研究后的结论是，波斯军队不但远远没有希罗多德说的那样庞大，而且实际上在马拉松、在整个希波战争中处于数量劣势。波斯人少，希腊人多——正好和古代的记载完全相反，颠倒过来了。所以，他证明的一个最大的事情，就是在整个希波战争当中，波斯人实际上寡不敌众，这是一个运用批判性考证方法来鉴别军事史料的最辉煌的例子：德尔布吕克同样用这样一种系统的方法，鉴别、考证和辨识了从希波战争往后许多个世纪里的许多战役。例如恺撒的高卢战役，非常有名，因为恺撒本人写过《高卢战记》。《高卢战记》里边说，高卢人的军队极为庞大，但是德尔布吕克经过考证确定那是恺撒为了自吹自己的统帅能力，大大夸大了高卢人的数目。还有一个过去流传了1000多年的传说，就是在西罗马帝国后期，蛮族当中的匈奴人——东哥特、西哥特等族入侵欧洲，横扫欧洲。传说中的阿提拉军队——很有名的袭击罗马的军队——有70万，但德尔布吕克考证说这种说法太夸张了，实际上这支军队远远没有那么多。

上面讲的是比较专门性的古代军事史料考证，而对我们大部分人来说，他的书的最大价值，在于它的三大主题。

第一个主题是战术形式从希波战争到拿破仑战争的演变。如果单

推荐序　德尔布吕克：克劳塞维茨和兰克的结合

就军事史和军事思想而言，德尔布吕克对整个西方战争史上战术形式（tactical bodies）的演变的发现和阐释是最重要的。最粗略地讲，这演变历程就是首先从原始的希腊方阵逐渐演变为罗马人使用的高度协调的战术阵势（tactical formation），而用德尔布吕克的话说，罗马人的这种战术阵势代表着古代军事艺术和战争艺术的"根本精髓"；此后最重要的，在于15世纪瑞士同勃艮第战争期间战术形式的复兴，并且在以后几个世纪里不断得到改善，直至到拿破仑手里臻于完善。这么一个过程可以说是西方战争艺术史的主线。在一个专史领域，极少有历史学家能够按照一个符合逻辑的、本质性的重大主题，对几千年的历史进行统一的解释，而德尔布吕克做到了，这是非常非常了不起的。像刚才说的那样，他认为古代战争艺术的历史转折点在罗马共和国的高峰时期里，其时形成了高度协调的战术阵势，而这转折点就是坎尼会战。公元前216年，汉尼拔统帅的迦太基军队在坎尼歼灭了罗马大军，这是到那时为止西方世界最完美的一个战斗。

坎尼会战后，罗马人的当务之急就是要从惨败中复兴过来，最后还是要战胜迦太基。坎尼会战的失败对于罗马军事体制来说是一个转折点。军队主力在这次战役中遭到灭顶之灾以后，没过多久罗马人竟然能够反败为胜，灭了迦太基。秘密在什么地方？德尔布吕克说，秘密就在于步兵方阵的演化。在坎尼，罗马步兵用的还是原始的希腊方阵，马拉松会战时的那种方阵，所以汉尼拔在坎尼全歼罗马军队主力是完全可以想象的。但是从那以后，罗马的战术形式发生了惊人的变化。罗马人首先把原始的方阵分为一个个纵队，然后把这些纵队分为一批小的战术单位，能够各自作战，同时互相之间也能协调起来成为一个整体。能够各自作战的小单位互相间协调组合为一个整体，这就是后来威名远扬的罗马军团（Roman Legions）。罗马军团可以说诞生于坎尼惨败。也就是说，在发愤振兴的过程中，罗马军队从一支公民军队（citizen army）变成了职业军队（professional army），其强调的重点在于军事纪律——非常严酷的军事纪律，而这样的军事纪律就是罗马军事体制的特征。罗马人正是靠着这个变化，征服了地中海世界。用德尔布吕克的话来说，不是因为罗马军队比他们的对手勇敢，而是因为他们的纪律导致他们有更强的战术形式。

随着后来罗马帝国的衰落和野蛮化，战术形式逐渐蜕化。政治混乱削弱并瓦解了军队的纪律，破坏了它原本优秀的战术形式、战术阵列。越来越多的蛮族人进入了军队，他们不可能服从严明的纪律，也不可能结合为一种高度整合的战斗阵列。也就是说，随着国家的衰落，后来战术也发生退变。步兵不行了，战术阵列不行了，因为政治不行了，国家不行了。然后越来越明显的倾向是，越来越以重装骑兵来代替步兵，这慢慢就变成了中世纪的骑士。重装骑兵开始时当然不是这样，但后来慢慢全副武装起来，后来逐渐变成一个个单枪匹马、全副武装的"骑在马背上的武士"。当然这里边起决定作用的还有社会组织的巨大变化。所以在中世纪很长的历史里，军事史就被这样的人物所统治，就是一个一个的武装的骑士。

然后，出现了另一大转折点，就是上面讲到的 15 世纪里战术形式的复兴。这一复兴就是步兵的复兴，不依赖于骑兵的步兵的复兴。瑞士人的步兵阵势开始类似于罗马方阵、罗马军团的作战方式。德尔布吕克说，这样一种由步兵的复兴带来的战术形式的复兴（所谓"tactical bodies"很大程度上关系到阵列）是军事史上的一次革命，可与坎尼会战后的那个革命媲美。他说，实际上真正摧毁了封建城堡、封建制度的是步兵和战术形式的复兴。我们都知道恩格斯讲的话，就是国王和资产阶级结盟，有钱了，用火药，造大炮，轰垮了封建城堡和封建制度。德尔布吕克基于系统的研究指出，封建战争方式的失败、封建城堡的无能、封建骑士的衰落，最重要的原因——至少是直接原因——在于步兵和战术形式的复兴，这使得封建势力的军事能力急速走向衰落。当然发展到法国大革命和拿破仑战争，就成了一个现代的战术形式——现代步兵，现代常备军发展到了一个成熟的阶段，这是战争形式从希波战争到拿破仑战争的演变。

但是，他的书是《政治史框架中的战争艺术史》，为什么政治是更深层的原因？现在我们来看他所揭示下的全部历史中战争和政治的关系。全部历史中战争和政治的关系甚至可以说是《战争艺术史》的一个根本主题，或者说最高主题。他说，在他描述和论证的每个历史时期里，战术的演化（实际上在19世纪，"tactic"这个词还没有完全与"strategy"隔开，所以有的时候讲"tactics"还含有战略的意思，因而甚至可以说战略的演化）同政治的演变紧密相联。这是德尔布吕克强调的。罗马军队主力在坎尼遭到毁灭性的失败，当然首先归因于它的战术弱点（weakness of tactics），但是这个战术弱点又要归因于军队是由没有受过训练，或者训练很不好的平民组成，而不是由职业的士兵组成。不仅如此，这还要归因于罗马国家体制的非集权化。我们都知道罗马行政官即"执政官"是两个人，他们互相轮换着指挥军队，这次战斗你指挥，下次战斗就必须我指挥。没有什么别的原因，这是体制，是制度。然后譬如我们两个当了一年两年的执政官，就一定要下台，一定要换。谁来决定？元老院来决定，当然元老院还要听公民大会的意见。

坎尼会战以后，罗马几乎面临灭顶的危险，罗马人不得不进行政治改革了。根本的是要建立一个统一、高度集中和稳定的指挥体制。改革的标志就是公元前211年（坎尼会战五六年以后），罗马名将大西庇阿（P.C.Scipio）被任命为罗马非洲军队总司令，而且规定他的职位一直保持到同迦太基的战争结束，就是所谓第二次普尼克战争结束。当时元老院规定，如果不出现其他意料不到的情况，他的职位将保留到战争结束。这是从来没有过的，是政治制度的一个非常大的变革。对大西庇阿的这样一个任命，完全违背了罗马的政治体制传统，甚至可以说标志着共和国体制开始衰落，这就是走向恺撒，走向圣奥古斯都的第一步。但是，这样一种变革使得罗马军团有可能建立，使得罗马能够在坎尼会战之后没几年就灭了迦太基，并且逐渐成为地中海世界的霸主。所以在这个场合，政治同战争方式间的密切联系非常明显。用德尔布吕克的话来说，"第二次普尼克战争在世界史上的重要性就是罗马实现了内在的转变，这个转变极大地增长了它的军事潜力"（"The importance of the Second Punic War in world history is that Rome effected an internal transformation that increase her military potentiality enormously"），甚至可以夸张地说，也改变罗马国家的全部性质。这当然是一个非常重要的解释，同时因为普尼克战争老幼皆知，所以显得更加重要。

其实，他对战术形式的所有演变都有后面的政治和社会解释。例如对中世纪早期日耳曼人的军事体制 Gevierthaufe（一个很专门的古日耳曼术语），他就分析了它后面的村社组织方式，指出它是这一组织方式的军事表现。然后他论证随着日耳曼人的文明化即罗马化，日耳曼的村社和 Gevierthaufe 也就逐渐瓦解了。当然还有或许更重要的例子——15 世纪瑞士人的胜利。为什么会有这胜利？为什么会有战术形式和步兵在瑞士人那里的复兴？政治体制和自由民的结合。当然我们现在有了唯物主义史观以后，主要原因已变得很清楚：这里说的自由民按照我们的话来讲就是"中农"，有自己小块田地的农夫，就像恩格斯讲英国 17 世纪革命的时候，这样的人是军队的栋梁、共和国的栋梁。但是在德尔布吕克的时候，很多情况还不清楚，因而他说瑞士人的胜利之所以有可能，是因为在瑞士的各州当中，民主的成分和贵族的成分很好地结合在一起，用他的话说是"城市的贵族"（其实就是早期的商业贵族，就像在后来的荷兰）和自由农民大众很好地结合。当然，在论述法国革命战争和拿破仑战争时期法国战术和战略优越性的时候，他提供的解释和我们现在的解释几乎一样，就是革命引起了政治变化、社会变化和民众的激情等。

在战略理论方面，或者说在战略哲学方面，他的最大的贡献是提出和论证了战略的两大基本形式——歼灭战略和消耗战略，这是对克劳塞维茨一部分思想的很大的发展。因为克劳塞维茨在论及这部分的时候，他对自己的这部分书稿还很不满意，要修改，但是他后来就逝世了，所以自己没有写多少。德尔布吕克在战略理论方面的最大的贡献，就是强调所有军事战略都可以被分为两大基本形式歼灭战略（the strategy of annihilation）和消耗战略（the strategy of exhaustion）。

德尔布吕克那时候，在拿破仑战争后的历史背景中，在老毛奇普法战争的辉煌战功和约米尼的战略理论影响之下，和他同时代的绝大部分军事思想家都认为战争的目的，甚至唯一合理的目的在于歼灭敌军。所以，组织和打赢能够歼灭敌军主力的战役，是所有战略应有的功能。只要是战略，就一定应当致力于打赢歼灭敌军主力的战役。合理的战略不可能有其他目的。但是，德尔布吕克通过战争史和军事史的研究确信，这样一种战略思维至少并不总是正确的，它往往只是战争史上某些时代的主要特征。反过来说，在另外一些时代，占优势的而且往往非常成功的战略思维完全是另外一个样子。而且，德尔布吕克说，克劳塞维茨本人也断言整个历史上存在两种非常不同的战争方式，一种是歼灭敌军，另一种就是有限战争。就像我刚才讲的，由于过早去世，克劳塞维茨对这样一个思想写得相当少，没有完成他打算完成的对战争两大基本形式的全面分析。德尔布吕克接受了被克劳塞维茨比较简略地指出的这样一种区分，对它进行基于全部西方战争史的大大深入和系统化了的说明，非常明确地提出和阐释了两大类战略：歼灭战略和消耗战略。

> 歼灭战略是进行决战决胜性质的战役，消耗战略却是着重于消耗敌人的意志，作战仅仅被当作实现战争的政治目的的手段之一，而且往往不是最重要的。其他的手段有占领别国的领土，摧毁敌国的庄稼，摧毁敌国的商业，进行封锁等。在历史上的某些时期，由于各种政治因素，也由于军队规模太小，消耗战略是唯一可能的战略。消耗战略对于统帅智慧和能力的要求并不低于歼灭战略的要求。

固然历史上有实施歼灭战略的伟大统帅，如亚历山大、恺撒和拿破仑，但是同样也有非常杰出的实施消耗战略的统帅，如雅典的伯里克利和罗马的费边，还有6世纪时拜占庭的统帅、打败东哥特人和保加利亚人的贝利萨留（Belisarius），17世纪初期神圣罗马帝国军队统帅、战胜新教联军和打败丹麦的著名的华伦斯坦（Wallenstein），著名的瑞典国王古斯塔夫·阿道夫，就是和华伦斯坦同时的三十年战争中的统帅，打赢了很多战役，但最终曾败给华伦斯坦。当然还有18世纪普鲁士的弗雷德里克大王，可以说是拿破仑以前近代最杰出的战争家，与俄国女皇叶卡捷琳娜二世是同时代人，共同瓜分了波兰。

德尔布吕克的战略理论的深层含义在于，决非像约米尼说的那样只有一种"不变的科学的战略原则"。历史证明，并不是只有一种战略原则、战略理论，能够适用于所有时期的所有战役。就像战争的所有其他方面一样,战略同政治紧密地联系在一起,同政治实体或者说国家的社会政治生活以及它的力量、构造联系在一起。也就是说,战略体系绝对不是独自存在的(self-sufficient)。在很多的历史分析和政治评论里面,他强调如果你要将战略体系变成独自存在的和自高自大的,如果要将战略和它的政治背景割裂开来,那么你战略家就可能变成国家的威胁。但是,像克劳塞维茨的学说在当时的命运一样,德尔布吕克的战略理论和战略概念,特别是消耗战略概念,在当时根据拿破仑和老毛奇的传统训练教育出来的德国军界,是不被接受的。时髦的是速战速决的歼灭战略。实际上,如同我们先前所说,强国间大规模战争的性质方面的重大变化,使得第一次世界大战成了一场空前的消耗性战争,特别是在西线。在一战期间越来越明显,他的这样一种战略思想和理论同在第二帝国占优势的战略文化和大本营的战略规划发生尖锐的矛盾。

德尔布吕克对第一次世界大战中德国统帅部的批判

德尔布吕克在第一次世界大战中对德国统帅部进行了尖锐批评,1915年以后可以说是始终不渝的尖锐批评。他的批评大概有以下这么几个主题。

第一是歼灭战转变为消耗战,德国全胜不可能。最初德国企图依照施里芬计划实行速战速决的歼灭战略,但是这一企图很快失败,战争随之变成了消耗战,德国因而也不可能取得彻底胜利。德国在战争开始后的巨大攻势失败了,西线进入一个漫长的堑壕战时期。随着进入堑壕战,德尔布吕克意识到发生了一场可以说头等重要的战略性变更。特别是在德军凡尔登攻势失败后,他越来越确信最高统帅部必须改变战略思维。至少在西线战场,情况已经无异于理论和历史上不折不扣的消耗战。要打那种决战决胜的战役实际上已无可能，德国对于协约国的彻底和粉碎性的胜利已无可能。

那么德国怎么办？德尔布吕克认为，德国只能争取尽可能赢得一个有限的胜利，而有限胜利的途径只在于政治谋略加作战。德国必须将自己的战略方向集中于首先击溃俄国军队和意大利军队，也就是打垮协约同盟的次要成员，从而孤立英国和法国，同时防止它们得到新的强大的盟友。因此，德尔布吕克始终不渝地反对"无限制潜水艇战"，因为他非常准确地预料到这将导致美国站在协约国一边参战。至少同样重要的是，德国要想取得一个对自己有利的有限胜利，就必须清楚地理解全部政治现实，必须据此像重视战场作战那样重视政治谋略，而政治谋略当中最重要的，就是德国政府必须坚决表明无意吞并比利时。只要德国不坚决表明这一点，只要德国还试图在战后控制低地国家，英国便永远不会放下武器。所以为了削弱英法的战争意志，就必须通过各种方式非常明确地表示，德国在西线没有任何领土野心。同时，为了在对德国比较有利的战场形势下结束战争，德国政府就昭示不反对通过谈判来媾和。德国的战争目的应该定义为，并且公开宣布为一种经过谈判达成的和平。所以他的主张非常清楚：德国只能赢得有限胜利，必须按照这个目标来规定自己的作战，同时高度重视政治谋略，其中最重要的是要限制德国的战争目的，使之对英法来说远不是致命的，并且将其公诸于世。但是，德尔布吕克的这套主张完全得不到统帅部的采纳，而且仗打得越糟糕，离胜利越渺茫，军方就越不愿意听取文职评论家的意见，也不让他们比较自由地发表意见。所以德尔布吕克深感绝望。

最后要谈的是他对德国1918年攻势的批判。那年夏天，主宰德国大权的卢登道夫在西线组织发动了孤注一掷的最后攻势。德尔布吕克对这场所谓决定性的攻势进行了坚决的批判，一部分见诸当时的报刊，更多的是见于战后魏玛共和国议会调查 1918 年德国失败原因时所作的证词。这些我在这里就不用多讲了，它们实际上和刚才讲的他对德国统帅部的批评大意一样，他始终不渝地继续那种批评。他的全部批评的根本思想就在于，德国最高统帅部之所以输掉战争，是因为它根本无视全部战争史上的最重要的一个教训，那就是战争与政治有密切联系。他说：让我们"再一次回到克劳塞维茨那句根本的话——不考虑政治目标，就无法完整地考虑任何战略"（"To come back once more to that fundamental sentence of Clausewitz, no strategical idea can be considered completely without considering the political goal."）。

为什么我们并列的关于德尔布吕克的参考文献这么少？因为研究德尔布吕克的英文文献特别少，而德文的相当多，但那是我们大多不懂的语言。我们能够得到英文文献包括德尔布吕克《战争艺术史》4 卷英译本，我要大家在课后阅读其中几页，那是他论说伯里克利进行伯罗奔尼撒战争的大战略的，作为与歼灭战略相反的消耗战略的一个典型。我们列出的 Gordon A.Craig 的一篇论文非常好。这位老先生多年来是美国研究德国现代史的头号权威，我的讲述基本上依据了他的这篇文章。还有就是大历史学家古奇（G. P. Gooch）的大名著《19 世纪的历史和历史学家》中论述兰克的一章，可以让我们了解科学的治史方法的由来。我们已经知道，没有兰克，就不会有我们见到的那个德尔布吕克，正如没有克劳塞维茨，很可能不会有这样一位德尔布吕克一样。

参考文献

1. Hans Delbrück, History of the Art of War (Translated from German by Walter J. Renfroe, Jr.), V. 1: *Warfare in Antiquity* (Lincoln and London: University of Nebraska Press, 1975), book 2, chapter 2 ("Strategty: Pericles"), pp. 135 -139。

2. Gordon A. Craig, "Delbrück: The Military Historian," in Peter Paret, ed., *Makers of Modern Strategy* (Princeton, N. J. : Princeton University Press, 1986), pp. 326 - 353。

3. G. P. Gooch, History and Historians in the Nineteenth Century (Boston: Beacon Press, 1959) (有中译本), chapter 6 ("Ranke")。

时殷弘

中国人民大学国际关系学院教授、国务院参事

目 录

第 1 版　前　言	001
第 2 版（第 1、2 卷）前　言	008
第 3 版　前　言	011
起　点	001

第一篇　希波战争

1	史籍记载中的希腊兵力	005
2	希腊人的装备与战术	013
3	希腊军队的实际兵力	020
4	波斯军队	022
5	马拉松会战	028
6	温泉关会战	038
7	阿提米西安海战	044
8	萨拉米斯海战	048
9	普拉提亚会战	056

第二篇 鼎盛时期的希腊军队

  1 伯罗奔尼撒战争之前的希腊战术   *067*

  2 伯利克里战略   *071*

  3 雇佣兵   *076*

  4 公元前4世纪对原有战术体系的完善   *079*

  5 色诺芬理论   *085*

  6 伊巴密浓达   *092*

第三篇 马其顿军队

  1 马其顿军制   *097*

  2 亚历山大与波斯：格拉尼卡斯河会战   *105*

  3 伊苏斯会战   *111*

  4 高加米拉会战   *124*

  5 海达斯佩斯河会战   *130*

  6 作为统帅的亚历山大   *135*

  7 继业者   *138*

第四篇 古罗马

  1 骑士与方阵   *143*

  2 支队方阵   *154*

  3 罗马人的操练、扎营和纪律   *161*

  4 皮洛士   *169*

5	第一次布匿战争	*171*

第五篇　第二次布匿战争

1	第二次布匿战争的研究方法	*177*
2	坎尼会战	*181*
3	第二次布匿战争的基本战略问题	*191*
4	战前战略态势回顾	*201*
5	罗马占据上风	*207*
6	扎马-那拉加拉会战：梯队战术	*212*
7	汉尼拔与西庇阿	*220*

第六篇　作为世界征服者的罗马军队

1	罗马军队与马其顿军队	*231*
2	职业军队：大队战术	*239*
3	百夫长	*248*
4	米特拉达梯	*257*
5	罗马人与帕提亚人	*261*

第七篇　恺　撒

1	恺撒历次征战的批判性分析	*273*
2	赫尔维蒂战役	*275*
3	阿里奥维斯塔	*291*

4	征服比利其人	*296*
5	维钦托利	*301*
6	罗马针对蛮族的战法	*312*
7	内战记：意大利与西班牙	*319*
8	希腊战役	*329*
9	法萨卢斯会战	*338*
10	内战末期诸战役	*343*
11	战　象	*345*
12	结　论	*349*

附注选译

1	阿提卡半岛与希腊其他地区城邦的人口	*357*
2	马拉松会战中的跑步情况	*371*
3	著名战例	*376*
4	坎尼会战参战兵力与伤亡数字	*380*
5	"萨里沙"长度与队列间隔	*385*
6	罗马兵役	*394*

注　释　　　　　　　　　　　　　　　*401*

第1版 前言

> 我有一言：作者的评判未必一无可取，更不是一锤定音，读者应当通过事实本身做出自己的判断。
>
> ——波利比乌斯《通史》第3章第9节

就历史学而言，学科专业化是沿着断代史和专门史两个方向不断推进的。有的人研究某一段时期的各种现象，有些人研究多个时期乃至整个历史中的某一种现象。现在有文学史、艺术史、宗教史、法律史、经济史和财政史方面的专家，甚至有专攻具体社会制度，比如婚姻史学者。每一条支流都会融汇到通史的大海中，同时相互滋养。不论去掉哪一个分支，史学整体都会受到伤害。因此，通史中需要"战争艺术史"这一个分支。战争既能建邦，亦可亡国，独占史学的大片疆土，实在不容跳过。我们的使命不是复述史籍纪事，而是要用批判的眼光去考察史料，得出具有专业准确性的论述。根据劳动分工的原理，研究战争艺术史最好的办法是写一部专门史。

对历史学家而言，治专门史的难点在于充分掌握相关专业的知识。如果说一个人相信文学史研究者能够全身心投入到文学创作的汪洋大海中，那么艺术史研究者完全掌握绘画和雕塑的全部技法，经济史研究者通晓农业、手工业、商贸业，其难度会更大。当然，艺术史研究者无须亲自绘圣母像或修建大教堂，经济史研究者也用不着指导耕田、建立殖民地。尽管如此，业内人士或掌握实务技能者确实比历史学家有一定的优势，而且他们往往会不信任历史学家。阿喀琉斯为人所知要归功于荷马，但有人不禁会想，阿喀琉斯果真曾经高呼：“不难看出，你是一个从未掷过长矛的诗人，却怎么站在密尔弥冬勇士的前列！”

战略和战术史方面的专家的状况还要更糟。要是他能作为最低级别的义务兵亲身体验战争，那已经是优势巨大了。但是，他必须努力从纯理论出发掌握更高层次的军事事务，而且不能像诗人一样自由发挥。专业准确性是成功的先决条件。正如有志追根溯源的艺术家或军人一定有扎实地掌握史料的功夫，军事史研究者——特别是战争艺术史本身——必须研习战争的客观条件，从技术角度考察文献里记载的事件是否可能发生；如有必要，一定要拥有十成把握。

原则上说，这条要求并不是新鲜事物。从研究的一开始，我们就要破除一种认识：专门史——比如战争艺术史——需要运用某些其他史学领域中没有的特殊研究方法。诚然，本书或许需要基于对现实因素的批判分析，而不是基于对文本的分析，但是两者并非对立，只是统一的科学批判方法的不同工具而已。因此，一名文献学家，不论他如何精熟严格意义上的文字解读，都不能从原则上否认客观观察的效力；同理，一名技术专家，即便他能够用实证手段阐明历史事件的现实环境，也绝不能否认全部历史知识的根基正是文献记载的事实。只不过由于各自专业和个人视角的差异，一个人擅长文献学方法，另一个人擅长实证研究，差别仅此而已。一人有因袭谬误的危险，因为他不能发现史籍中的某些事件在现实中不可

第 1 版 前 言

能发生；而另一人有以今度古的危险，没有充分注意时代条件的变化。因此，为确保研究的准确性，文献学与实证研究必须携手并进，共同考察每一个事件，相互启发、相互节制。没有通过语文学来把文献研究清楚，就不会有真正的实证研究；没有客观分析，也不会有真正的文本研究。唯有如此，方可找到一种完全严格的研究方法，其本质在于排除一切偏见，既不一味信古，也不盲目疑古。题记中波利比乌斯的那句话很精当地表达了这个观点。

了解过去是人类心灵的一大需要。本书若能对此有所推动，那么不在于采用了新奇的方法，而在于切实地、系统地应用人们早已熟知的方法论原理。因此，我要斗胆一言：本书的根本目的在于告诉大家如今的战争艺术史研究重任在肩，各方面条件都特别适合开展这项研究。

大学毕业后不久，我做过一些战争艺术史研究，起因已经记不得了。1874 年春天，我去维滕贝格演习，从当地一个团的图书室里看到了吕斯托（W.Rüstow）的《步兵史》（Geschichte der Infanterie）一书，从此战争艺术史再也没有离开我的视线。

1877 年，黑德维希·布吕尔女伯爵（Countess Hedwig Brühl）请我补完关于格奈泽瑙（Gneisenau，女伯爵祖父）[①]的传记，这本书原由不幸离世的乔治·海因里希·佩尔茨（George Heinrich Pertz）撰写。投入德意志民族解放战争史的海洋中，我极其强烈地感到有必要对事件进行客观现实的评判。为了达到这一目的，我又必然要

---

① 普鲁士军事改革家（1760—1831），组建总参谋部，实行征兵制，对普鲁士和德国军事制度产生了深远影响。本书所有的脚注均为译者所加。

大大扩展视野，因为当时有两大对立的战略观：一派的代表人物是卡尔大公（Archduke Karl）、施瓦岑贝格（Schwarzenberg）和威灵顿（Wellington）；另一派是拿破仑（Napoleon）和格奈泽瑙。这两种战略观必须历史加以检验。

歌德说过，有时一个字就能带来认识的一次飞跃，而有时最好的学习对象不是死的书本，而是与智者交流活的思想。我当时真切地体会到了这句话的含义。

那段日子里，我担任普鲁士国王腓特烈三世（Kaiser Frederick）幼子瓦尔德马亲王（Prince Waldemar）的家教。小亲王于1879年去世，年仅11岁。在这个位置上，我不仅能听到德国王储和陆军元帅布卢门撒尔伯爵（Field Marshal Count Blumenthal）讲的故事，从中直接体会统帅决策的心理根源，更能随时向专家提问，明晰和填补自己的研究，其中第一位就是克劳塞维茨（Clausewitz），德国王储把他的著作拿给我看。直到今天，我仍然记得当时有些地方理解不了，然后一个恰当的词映入眼帘，这才豁然开朗。20多年过去了，忆及当年诸君解惑传授，心里仍然会涌起感激之情，先将他们恭列如下：冯·戈特贝格上将（General Von Gottberg），死于陆军第一军军长任上；冯·温特菲尔德上将（General Von Winterfeld），不久前升任近卫军司令；冯·米施克上将（General Von Mischke）；冯·德雷斯基上校（Colonel Von Dresky）；冯·翁鲁上将（General Von Unruh），去世前的最后一项职务是亚历山大团团长。但是，给我帮助最大的当属冯·盖斯勒（Von Geissler），他当时的军衔是中校，担任弗雷德里克·利奥波德亲王（Prince Frederick Leopold）的军事教官，去世时军衔为中将。冯·盖斯勒先生是天生的老师。我们看着两名学生去新皇宫的操场或格利尼克（Glienicke）附近的柏提安场（Böttcherberg）活动时，我会热切地问他军事方面的问题，而他会兴致勃勃地解答。他讲得很好，内容易于理解，大大增进了我的知识。言及此处，还有两位高级军官也不能不提。一位是冯·弗兰泽基上将（General Von Fransecky），1870年担任第二军军长，后转任第十一军军长，终及柏林市市长；另一位是时任总参少校参谋的波伊厄（Major of the General SB），死于索恩（Thorn）市市长任上。冯·弗兰泽基还是一名青年总参参谋时，便开始撰写《格奈泽瑙传》，我通过这本书与作者结缘，从此时常拜会探讨传主。波伊厄少校以前为德国战争学院的一次讲座整理过1814年战役的原始资料。他将笔记交给了我，我们常常详细考究这场战役的各个问题。

完成《格奈泽瑙传》之后，我于1881年1月加入柏林大学，第一门课的主题是"1866年普奥战争"。同年的夏季学期，我又开了一门"封建制度推行以来的军事观念史与战争艺术史"课程。我当时还没有梳理完原始文献，不敢妄谈古典时代的情况。尽管我非常确信通行的罗马棋盘阵说必然是错的，但我尚且不能提出新说。直到两年后的1883年夏季，我才壮起胆子，开了一门"希波战争至今的军事观念与战争艺术通史"课程，之后又讲了很多次这门课。我还开过以下课程："1870年普法战争""战略战术文献选读（史学方向）""腓特烈大帝与拿破仑的主要会战"。最后，我还于1897—1898年冬季学期开设了"国家经济发展与军事思潮及战争实践的互动关系"课程。我发表了多篇关于"希波战争""伯利克里的战略""修昔底德与克里昂（Cleon）""罗马支队战术""日耳曼民族与地理分布""第一次十字军东征""瑞士与勃艮第之间的战争""腓特烈大帝与拿破仑战略的基础因素"等主题的文章，以及基于原始文献得出的研究成果。在我的敦促下，新一代学人对上至汉尼拔、下至拿破仑的各个时代的军事史进行了广泛的研究。

在教学科研的过程里，本书第 1 卷的思路逐渐成形。请读者注意：目前发表的只是第 1 卷，而且从笔者的视角来看，本书的出发点并不是第 1 卷介绍的古希腊罗马时期，而是现当代世界史。

本书能够完成的一个重要的先决条件就是文献学、文物学和政治学同仁们的辛勤研究梳理，这些工作构成了目前学界认知的基础。显然，假如要把惠及笔者的先辈学人一一列出——第一位显然是特奥多尔·蒙森（Theodor Mommsen）[1]——恐怕是永远都列不完的。因此，我只能笼统致谢。有一本书我要专门提出：《古希腊罗马人口问题研究》（*Die Bevölkerung der griechisch-römischen Welt*），作者是尤利乌斯·贝洛赫（Julius Beloch）[2]，出版于 1886 年。贝洛赫追溯了整个古代的人口数据，除文献学方法，主要采用实证研究的手段，与我近年来使用和完善的方法不谋而合。我越是研读这本书，就越是觉得它值得褒奖。如果说我对贝洛赫的个别数据进行了延伸，甚至提出了几处无伤大雅的异议，那么我从一开始就要把话说清楚：贝洛赫本人完全有可能已经提出了异议和订正。精准核实后发现有个别细节上的歧异，只是证明了作品整体主干的正确合理。

---

[1] 德国古典学家、历史学家、政治家、作家（1817—1903），其《罗马史》曾获得诺贝尔文学奖。对罗马法和债法的研究对《德国民法典》有着重大影响。
[2] 全名为卡尔·尤利乌斯·贝洛赫（1854—1929），德国古典学家和经济史学家。著有四卷本《希腊史》（*Griechische Geschichte*）和《古希腊罗马人口问题研究》。

第 1 版 前 言

若无贝洛赫之前的工作,本书的许多部分根本无从下笔。实际上,兵力问题在本书中的分量极重,以至于有人可能会说,本书是围绕兵力展开的。这种看法是错误的,但我必须承认,各项单独开展的研究每每会回到兵力问题,连我自己也感到惊讶。对于之后几卷和历史学科整体来说,第 1 卷得出的最重要结论或许就是恺撒高卢战争的数量关系及其逻辑推论。这一点是直到最后修订阶段才明确认识到的。诚然,与其他学科一样,历史研究会有灵光一现,然后顺着逻辑迎刃而解的情况,但它同样有赖于一点一滴的实证研究,唯有徐图缓进,方可从根深蒂固的史籍迷宫中找出思想唯一的出口。

我相信,本书的题目已经准确地表述了其目标和方针。本书并不是一部无所不包的"战争艺术史"。那样的话,我必然要进行对古代文物、操练与指挥细节、武器技术、战马训练与驾驭、防御工事、攻城术,最后还有整个航海技术的研究;而对于这些主题,我没有新的贡献,甚至并不了解。有鉴于此,我们仍然有撰写一部实践手册意义上的"战争艺术史"的使命。我们不能不相信,战争史自有其内在价值——正如大军事家常说的那样,特别是拿破仑,他不厌其烦地提出,有志成为战略家的人都应当研究历史上的精妙战略。克劳塞维茨认为,理想的军事教育只需要讲授战例。但是,本书并无如此远大的志向。无论战争史对军人有怎样的实际意义,那都不是我的思考方向。我只是一名历史学家,只想为历史爱好者写一部书,为历史学家写一部利奥波德·兰克(Leopold Ranke)意义上的"历史手册"。

汉斯·德尔布吕克
1900 年 6 月 4 日

第2版（第1、2卷）前　言

《战争艺术史》(History of the Art of War)前两卷绝版多年，而我一直忙于第3卷的写作，无暇再版。在此期间，大量优秀精细的新研究已经面世，理应对其加以检验并整合到新版中。除了订正若干细节，古罗马早期军事组织这一重要部分需要彻底重写。但是，归根结底，修正这些不需要花费太多精力，本不至于延宕新版如此之久，真正耗费精力和时间的工作来源于别处。步兵上将冯·施利希廷（General of Infantry Von Schlichting），《现代战术和战略原理》(Taktische und Strategische Grandsätze der Gegenwant)的作者给第1卷写过一篇书评，文中表达了"结束军事史写作缺乏专业性的时代"这一希冀，这句话用最精确的措辞表达了本书的创作主旨和意图。但是，此希冀不仅没有实现，而且适得其反。我要说，过去10年间充斥着不专业、无条理的军事组织学与战争艺术研究，混淆和歪曲，可谓前所未有。不仅有考古学家和历史学家，更有过于自信却失之轻信的军人，这些军人往往凭借和平时期服役的经验得出结论，便自以为能够通晓过去的军事状况。于是，发表的著作中不仅有误读文献的情况——当然，可以解读文献，也总是会有意见分歧的——还有从客观、现实角度看绝无可能的臆造，让历史事件的水更浑了。因此，本书前两卷新版的大部分工作就是通过文献研究和客观分析的方法，对这些谬论加以消除和驳斥。我们之后会看到，这项任务绝不简单，因为我们和历史事件隔得太远了，连最愚蠢的想法看起来都会有几分真确。由于研究历史不能做实验，我们只能用语言去讲清楚哪些事情有现实的可能性，哪些没有。破除这些错误观念需要广泛而深入地进行阐述。有时，这种讨论会启发我们思考主题本身，因此我会觉得也不是没有回报。但是，这样的回报相当罕见，写完的时候往往会懊恼不已：时间和精力原本可以用到更好的地方去，怎么却浪费在这里。

要是能为第4卷继续做准备的话，那该多好啊！

第1卷引发了众多学科的批判，哪怕是受到欢迎的学科，研究者也会担心我会不会滥用客观批判分析的手段，以至于脱离了文献根本。在新版修订的过程中，我没有发现一处能为这种担心提供合理依据的地方。恰恰相反，我可以这样说：新版中对客观分析部分改动的根源，正是我意识到第1版中还没有彻底脱离传统观点的窠臼。在希波战争中，数量优势确实在希腊人，而不是波斯人一边；亚历山大东征波斯帝国的军队规模不仅不小，而且可能是当年薛西斯军队的两倍之多；古罗马从来没有按照财产等级征兵；威胁文明世界的蛮族军队的规模从来都很小；罗马战胜高卢人和日耳曼部落的首要因素是数量优势；早在封建制度存在之前，历史上便出现过类似骑士的战争模式。

上述各点的传统观念可谓由来已久，根深蒂固。打破旧说，形成更好的新观点不仅需要理由，更需要时间。但是，在这场"战争"中，最有力的支援是继续创作接下来的几卷。

研究古代史的学者只读第 1 卷，法律史学者只是比较本书对封建制度起源的观点和他自己从文献中得出的看法，研究十字军的学者只看到十字军的人数其实怎么那么少，这场伟大的军事运动引发的创新又是多么少，我能够理解这些学者所感到的疑虑。但是，古代史学者若是熟悉了第 2 卷和第 3 卷的内容，法律史学者若是能从全书的角度把握单兵与战术实体的区别，十字军史学者若是能将这一时期与之前和之后的历史进行比较，从而充分认识到骑士和骑兵、骑士和战术这两对概念的区别，我相信他们的疑虑都会消散。

本书是从战争艺术演变的宏观认识中逐渐形成的。同理，若要从本书中真正取得学术方面的收获，那就不能只将其当作古代史、中世纪史、近现代史这样拆开来读，而要从世界史的高度去整体把握。

汉斯·德尔布吕克
1908 年 7 月 12 日
于柏林格鲁内瓦尔德

第 3 版 前 言

自 1908 年本书第 2 卷面世以来，两大古代军事史难题——有关萨拉米斯海战（Battle of Salamis）和塔普苏斯会战（Battle of Thapsus）——已经破解，因此新修版中能够加入相关成果。普拉提亚会战（Battle of Plataea）和伊苏斯会战（Battle of Issus）的主干没有变化，但根据对战场地形的新说做出了细节调整。旧版中的一个疑点已经解开，即坎尼会战（Battle of Cannae）到底发生在奥凡托河（Aufidus）的左岸还是右岸。但是，一条扎实的新假说有力地动摇了对第二次布匿战争的阐述根基。新版和旧版的主要区别就是这些，另有许多小的修正。

与此同时，第 4 卷终于完成，系列就此完结。

汉斯·德尔布吕克
1920 年 7 月 21 日

起　点

　　战争艺术史是千头万绪的总体历史中的一条线索，两者是同时起步的。但是，探究的最佳起点并非刚刚有事件依稀可辨的史前黎明期，而是开始有资料来完整、可靠地记述事件的时代。这样一来，我们就要从希波战争讲起，不能再早了。但是，从希波战争直到今日，史载不绝，我们可以完整地追溯历史的发展，理解后一个时代总会有助于理解前一个时代，哪怕关于希波战争之前的历史并非没有重要史料留存。古希腊有《荷马史诗》，其内容特别丰富。东方民族，尤其是埃及人，有追溯几个世纪乃至上千年之前的历史记录。但是，这些证据还不足以直接形成一幅完整的、确定的图景。基于广泛的经验资料对战争事件做一个客观的、历史的分析，有利于将分散的信息整合为统一的图景。但是，最高层次的客观判断只有通过研究军事史本身，也就是之后时期的情况才能够取得。我们要迈出第一步，就必须努力走得踏实，基于同辈学人的记载，站在他们的肩膀上，与他们同行，便能得出客观的分析。通过以这种方式获得的视野，我们之后或许能够回过头反观更古老的过去，从而照亮隐含于黑暗之中的年代。

　　流传下来的希波战争记载有许多不确定性，其中掺杂着传说。作者也不是真正的当代人，这些记载是根据战后一代人的口述写成的，以至于史学家尼布尔（Niebuhr）[①]竟不能确定事件的具体次序。尽管尼布尔发出了警告，但历史学界依然经常把希罗多德《历史》的全部细节记述作为真实的历史。这里面有很多自欺欺人的成分。即便如此，不论我们对成文史之父的绚烂文字有怎样的怀疑，《历史》确实包含着一个准确的内核，这足以达成撰写战争艺术史的目的。我们能了解到双方的战法，确定作战地点的地形，也能够理解战略态势。掌握这些内容，军事行动的基本特征便建立了；接下来，这些特征便为传说性质的记录提供了极其可靠的辩证准绳。我们对希波战争之前的军事行动并无清晰的记载，希波战争自然成为了战争艺术史的一个起点。

[①] 全名为巴托尔德·格奥尔格·尼布尔（Barthold Georg Niebuhr，1776—1831），德国著名历史学家，是现代古罗马史研究的开拓者之一。

BOOK I
第一篇

The Persian Wars
希波战争

1　史籍记载中的希腊兵力

只要材料允许,军事史研究最好就从兵力大小入手。兵力大小有着决定性的意义,不仅是相对强弱(或者兵力大的一方因此得胜,或者兵力小的一方凭借勇气和将道而抵消了弱势),绝对数目同样重要。同样是行军,1 000人组织起来很容易,1万人就是不小的成就,5万人简直是艺术,10万人则是绝无可能。随着军队规模的扩大,后勤给养在战略中的意义也会加重。因此,如果对军队规模没有一个确切的概念,如果不批判性地看待历史记录,探究事件本身就是不可能的。

在这一方面,无数错误观念依然在流传。人数记载被单纯沿用,却没有意识到从中会得出何种结论。因此,为了让我们的批判视角更敏锐,在此我要举出几个或有助益的例子,表明史籍中关于兵力大小的记载是多么容易出错,错得又多么离谱。

根据常年担任腓特烈·威廉三世(Frederik William Ⅲ)①副官、

---

① 普鲁士国王,1797年至1840年在位。

战争期间亲自从最高统帅部搜集资料的普洛托（Plotho）撰写的关于民族解放战争的早期德语著作，一名奥地利老兵撰写的拉德茨基（Radetzky）①传记中，以及拜茨克（Beitzke）②撰写的权威通行专著《德意志民族解放战争》(*Deutsche Freiheitskriege*)，1815年秋初战役时期的法军人数最低30万，最高35.3万。反法联军当时可动用的军队人数则超过49.2万，因此具有压倒性的优势。实际上，不算战区的要塞卫戍部队，拿破仑当时有44万人，几乎与联军人数相当。[1]

E.M.阿恩特（E. M. Arndt）③估计，拿破仑战争在1814年的总伤亡人数为1 008万。经过更细致的研究发现，总伤亡人数连200万都远远不到，其中法军伤亡占四分之一。[2] 通过确切统计数字得出的伤亡人数还要少得多。

近年来在关于民族解放战争的学术著作中还能看到：哈格尔山（Hagelsberg）会战期间，马克地区的本土守卫队（home guards of the Mark）用步枪枪托砸烂了4 000名法国人的脑袋。实际数字在30名左右。

1897年，奥军总参谋部的上尉参谋贝恩特（General Staff Captain Berndt）写了《战争中的数字》(*Die Zahl im Kriege*)，书中写到法

---

① 波希米亚贵族和奥地利军事将领（1766—1858），曾于拿破仑战争和1848—1849年与意大利的战争中立下战功。《拉德茨基进行曲》就是老约翰·施特劳斯献给他的。
② 全名为海因里希·拜茨克（Heinrich Beitzke，1798—1867），德国政治家和历史学家。
③ 德国历史学家（1769—1860），主要研究德意志民族史。

军在1870年12月3日、4日两日的奥尔良之战（Battle of Orleans）中有6.07万人；而其他学者却估计有17.45万乃至更高。

根据同一本书，阿斯佩恩（Aspern）会战中参战奥军为7.5万，法军为9万，后者损失达40 438人。实际上，会战首日约有10.5万名奥军和3.5万名法军参战。次日奥军（考虑到伤亡情况，人数应该低于首日）对面的法军约为7万，法军损失最多在1.6万到2万之间。

根据当时瑞士人的记载，参加格朗松（Granson）会战的大胆查理（Charles the Bold）①的军队人数约为10万到12万；后来的穆尔滕（Murten）会战的军队人数则是格朗松会战的3倍。实际上，大胆查理军队在格朗松只有1.4万人左右，在穆尔滕不过多了几千而已。瑞士人自称以少胜多，其实在两场战斗中瑞士人都占据极大的人数优势。

瑞士人还声称，他们在格朗松会战中杀死了7 000名勃艮第人，其实只有7名骑士和若干普通士兵而已。³

胡斯军（Hussite armies）让整个德国为之震惊，②被描述成源源不断的大军，其实不过5 000多人而已。

数字注水之所以如此离谱，原因大概不只是人类天然有夸大的倾向，对数字缺乏直观感受，以及喜欢吹嘘、恐惧失败、为自己人辩护等寻常的人性弱点。还有一个因素必须考虑：即便经验丰富

---

① 勃艮第公爵，1467年至1477年间在位，领地北至尼德兰，南抵法国与瑞士交界地带，强盛一时，可惜战死后领地被法奥两国瓜分。
② 胡斯战争（1419—1434）的起因是宗教改革家扬·胡斯被处死，于是波希米亚（今捷克）本地势力起而反抗天主教会和支持教会的神圣罗马帝国皇帝。

的人，准确估计大规模人群的数目也是极难的。哪怕是己方，你有充分的机会去进行观察，估计人数都不容易；对敌方更是几乎不可能。一个很好的例子是最近发表的腓特烈·威廉三世国王的一段话，讲的是他亲自指挥并战败的奥尔施塔特（Auerstadt）会战。[4]国王说，他在战斗期间再也不能自欺欺人地认为对方没有巨大的人数优势了。按照国王的说法，法军把自己的一大部分步兵都派上了阵，参战各营已经换上了生力军。既然普鲁士军的人数为5万，那么法军的人数估计就要7万到8万。实际上，法军只有2.7万多人。[5]而且，国王可能确实是自己搞错了，而不是为了给战败开脱。没过多久，他就对自己的观点做了补充，说根据法国档案和其他信息来源，他相信"对面的敌军不超过3万人，这真是令我们蒙羞"。

要注意的是，问题并不总是高估和夸大参战人数，相反的情况同样存在，动机和前面介绍的几个例子是相同的。

根据希罗多德的记载，薛西斯率领420万大军进入希腊，包括辎重部队在内。按照现代德军的行军条令，一个人数为3万人的军行军长度约为14英里（约23千米），还不算辎重部队。如此算来，波斯大军的行军纵队要长达2 000英里（约3 219千米），先锋已达温泉关（Thermopylae），队尾可能还甩在底格里斯河以东很远的苏萨（Susa）。现代一个德国军配有占据大量空间的火炮和弹药箱；在这一方面，古典军队需要的空间要小一些。另一方面，波斯军队的行军纪律肯定是相当松散的。行军纪律只有通过极其精确的军队组织，以及长期的监管和努力才能实现。如果行军纪律不严，纵队很快就会变成正常情况的两三倍长。因此，即使没有火炮，波斯军队所需的行军空间或许和现代军队也是相仿的。

薛西斯率领大军出发后，后方据说有30万人镇守，由马铎尼斯（Mardonius）统率。但是，即使是这个数字也不太可信。根据希罗多德的记述，马铎尼斯在第二次摧毁雅典后，将军队调回塔纳格拉（Tanagra），途经德里西亚（Decelea），次日继续行军。30万人的大军是不可能这样行动的。即使波斯军一部分留守维奥蒂亚（Boeotia），并且不仅出德里西亚隘口，而是各关齐出，波斯军人数也不会超过7.5万，这还要算上与波斯结盟的希腊人。

但是，逐步缩小数字只能算是预备性工作，并不能真正达到我们的目标。

我们必须明确坚定一个信念：如果我们倚赖希罗多德《历史》书中的数字，那就是在欺骗自己。不管使用什么方法，就算有人能够证明某个数字并非不可能存在，甚至有很大的可能存在，这样做也没有取得任何实在的成果。真正扎实的史学方法不是在找不到可靠资料的情况下，便满足于不可靠的资料，然后假装它足够可信的样子，而是确切地区分哪些内容可以视为准确记载，哪些又不能。或许，我们仍然能够发现一些大致信息，从而推断出波斯军队的人数。但是，我们首先必须明确一点：希腊人对波斯军队人数的说法并不可信，完全不可信，比瑞士人关于大胆查理军队人数的估计可信度强不了多少。因此，我们不能根据这些说法得出希腊和波斯中的任何一方人数占优势的结论。

希腊一边就比较可靠了。关于普拉提亚会战，希罗多德列出了具体的希腊军队构成：重装步兵（hoplite）共3.87万人，其中8 000名雅典人、5 000名斯巴达人、5 000名珀里俄基人（Perioeci），如此等等。毫无疑问，希腊人是了解自身力量的，因此或许可以相信这些数字，而大多数学者也对这些数字表示认可。但是，这种方法是错误的。我们完全不能保证，给希罗多德提供信息的某些人不是信口胡诌。而且，这张单子里至少有一处令人严重怀疑原作者的可信度。每名希腊重装步兵都有一名助手，因此，为了得出全军人数，希罗多德把这个数字翻了一番。但是，根据他的说法，每名斯巴达重装步兵有7名黑劳士（Helot）①跟随，于是总人数又要加上3.5万。考虑到行军和补给问题，5 000∶35 000的战斗与非战斗人员比率是荒谬的。这种情况大概源于这样一个事实：希罗多德觉得斯巴达人讲排场，每次上战场都要带7个仆人。7个仆人听起来挺合理的，于是就进行了乘法运算，却没有深想一层，考虑到自己刚说过的斯巴达人数目。类似的事情有时也会发生在现代历史学家身上。菲利普森（Philippson）在《普鲁士国家史》（*Geschichte des Preussischen Staatswesens*）第2卷的第176页中写道，1776年腓特烈大帝统率的普鲁士军队把32 705名洗衣女工带上了战场。作者甚至毫不犹豫地列出了数据来源：比兴（Busching）的《普鲁士国王腓特烈二世官方史》（*Zuverlässige Beyträge z. d. Reg.-Gesch. König Friedrichs II. V. Preussen*）。这本书的大部分材料是不可靠的。事实上，腓特烈的部队确实有不少随军家属和女性后勤人员，因此与5 000名斯巴达人配3.5万名黑劳士相比，20万大军有32 705名洗衣女工还是很有可能的。而且，受过严格训练的现代历史学家当然要比天真的希罗多德可信度更高。但是，在最终的分析中，这

---

① 又译希洛特人或希洛人，伯罗奔尼撒地区的原住民，后被斯巴达人征服和奴役。

两条信息都不应该采纳。只要简略分析一下腓特烈大帝及其军队的性质，我们便会坚信，这支部队上战场的时候绝不会带着洗衣女工。比兴大概是误信人言，按照每个军帐配一名洗衣女工的比例得出"32 705"这个数字；而菲利普森只是把这条有趣的记载照抄下来，却没有进行批判的分析。希罗多德笔下的3.5万名黑劳士很可能也是这样来的。根据他的估计，希腊军队的总人数达11万人左右。照搬这个数字的历史学家大概没有认真考虑，在同一个地点长期供养11万人意味着什么。在讲述后来的历史时，人数方面可说的内容要多得多，因为我们掌握的更确切的原始资料比较多。[6] 就希波战争而言，流传下来的数字显然是不可信的。关于普拉提亚会战中的希腊军队，我们并没有掌握可靠的、能够得出进一步结论的人数，也只能满足于这个事实。[7]

之后的希腊文献给出的数字同样完全不可靠，至少马拉松会战（Battle of Marathon）有1万名雅典人参战的数字是不可靠的。从一个事实就能看出来，这个数字纯属臆断：根据记载，普拉提亚的参战人数为1 000。普拉提亚是一个非常小的地方，不管前面的1万人里是否包含这1 000人，它绝对拿不出相当于雅典十分之一或九分之一的力量。迄今为止，大多数历史学家都接受了1万人的数字，那是因为这个数字从现实角度看相当合理。但是，它并没有得到任何佐证。

尽管缺乏可靠的一手资料，但我们还是能够得出希波战争期间希腊军队人数的一个大概认识。除了事件本身的记述（这是我们必须首先要了解的内容），我们还掌握着关于希波战争之后的希腊历史以及人口的若干结论。人口可以通过土地的面积和肥沃程度来推断。

结果如下：公元前490年，位于阿提卡半岛（peninsula of Attica），全希腊最富庶的城邦雅典约有10万自由民，当时的奴隶数量无疑并不是很多，总人口约为12万到14万，相当于每平方英里（约2.59平方千米）115人至140人（每平方千米50人左右）。今天大概也是这个数字。

我们依然不知道希波战争中有多少雅典人参战，只能从战争进程本身来寻找估测的线索。

2　希腊人的装备与战术

希波战争时期,希腊陆军的主力是重装步兵:穿戴盔甲,主要武器是长度约两米的穿刺长矛[1],辅助武器是一把短剑,护具包括头盔、护甲[2]、胫甲和盾牌。

重装步兵会排成紧密的战术单元,即方阵(phalanx)。方阵是连续的多排线形阵[3]。方阵的深度有多种。最常见的是8人纵深,这似乎是标准阵形;不过,12人乃至25人纵深的记载也是有的。[4]

这种方阵最多有两排实际参与作战,两排交错排列,接战时第二排从空隙中出击。后排起预备队的作用,前排有伤亡则马上递补;不过,后排也会施加身体和士气上的压力。尽管双方在一线实际交战的人数相等,纵深较大的方阵也会击败纵深较浅的方阵。

但是,为了利用这种压力,把方阵拉长,超过对面的宽度,以便冲击时包抄两翼要好得多。不过,在双方人数相当的情况下,拉长方阵就要牺牲纵深。尽管从双方初次接触到完成包抄只需要几分钟,但就在这段时间里,纵深较大的一方可能已经突破了对方的正面,使其整个阵形崩溃。

因此，方阵永远有两个相互对立的因素要考虑：深度和宽度。深则势重，宽则利于包抄。指挥官要根据具体形势、力量对比、两军素质、地形等因素确定深度和宽度。在人数特别多的情况下，深度比宽度重要，因为长阵极难协调和有序地推进，纵深大则不易乱。

由于最后几排的战士几乎永远轮不上使用武器，从大约第四排开始，给后面的所有战士配备完整护具似乎有些多余。不过，希腊人从未记载他们做过这样的区分。无甲的人敌不过穿甲的人。因此，前排穿甲士兵后面的几排无甲士兵不过是摆设而已。前排士兵要是知道指望不上后排的支援，动力就会大大受损；而后排士兵的价值通常恰恰在于维持向前的冲力。如果一线的任何地方被撕开了口子，穿甲的敌军就会冲进无甲的后排，后排士兵肯定会马上放弃阵地，进而很容易导致全军溃退。

把不可靠的奴隶安置在方阵后排是最不可取的行为。他们在那里派不上什么用场，却很容易过早——可能还是蓄意——逃跑，从而造成恐慌，甚至影响到重装步兵。

当然，这种解释并没有排除它的逆命题：装备较差的士兵会被布置到后排。这些身穿轻甲或者部分穿甲的士兵可以协助受伤的友军，杀掉或俘虏战场周边或后方的敌军，因此他们同样有用。但是，这些工作都是次要的。希腊方阵要尽可能让每一排战士都穿戴最完整的盔甲。

在这种战斗中，站在第一排的士兵最为重要。提尔泰奥斯（Tyrtaeus）[①]以战争为主题的诗歌不厌其烦地颂扬前排的士兵，"奋

[①] 公元前7世纪前后的古希腊诗人。

第一篇 希波战争

勇在前"*①。后世的军事理论家建议指挥官把最可靠的人放到第一排和最后一排,以便保持方阵的稳固。一名受到控告的雅典公民在法庭上提出,他曾自愿在一场凶险的战斗中被安排到第一排,以此为自己辩护。⁵

拉西第梦(Lacedaemon)的斯巴达人和珀里俄基人②同样担当重装步兵。但是,斯巴达人是职业军人,而珀里俄基人同样忙于民务,前者的价值被认为比后者大得多。这种优越性的最明确表现大概就是,方阵的第一排多为斯巴达人。⁶

投射武器对重装步兵方阵起到的作用非常小。在希腊,弓箭是一种受尊重的传统武器。希腊的民族英雄赫拉克勒斯(Hercules)就精通箭术。在普拉提亚会战中,雅典人有一支专门的弓队。但是,自从方阵由持矛手组成以来,弓箭便退居幕后,因为这两种武器即便并非互斥,但结合起来的难度也很大。可以想见,方阵前后侧翼有弓箭手、投石手和标枪手。首先,只要他们布置在前方,还没等两军方阵接触,他们肯定就会被消灭,因此必须提前撤退到两翼。如果他们从方阵中间往后挤,造成的混乱和延误要远远超过他们对敌军造成的伤害。要想顺利退至两侧,他们就必须在两军方阵还有几百步距离的时候开始后撒。如果敌军没有射手,那么我军便

---

① 汉斯·德尔布吕克在本书的德文版中引用了大量的希腊语和拉丁语原文,但没有给出相应的译文,英译本译者沃尔特·J. 伦弗罗(Walter J.Renfroe, jr)将其翻为英文,并加"*",用直译的方式给出译文,以方便读者对应作者的讨论。

② 拉西第梦社会分为斯巴达人、珀里俄基人和黑劳士。斯巴达人享有完整的公民权,负责作战。珀里俄基人享有自治权,但没有完整的权利,主要从事工商业。

可以派出射手，趁着两军前进的时候向敌军方阵射击，从而严重扰乱对方。不过，倘若双方都有射手，大多只会互相射击，对决定性的方阵对决没有任何影响。其次，通过从侧面向敌军重装步兵方阵射击，一定数量的射手能够对战局发展造成影响。但是，我们没有发现清晰的证据表明发生过这样的事情，连希腊人后来进行的战斗记录中也没有。

最后，如果射手布置在方阵后面，那就只能在方阵接触的前夕来一轮齐射。但是，这样的抛射是没有瞄准的，效果不会太好，尤其是在我军方阵往往也向敌军冲刺的情况下。因此，虽然理论家经常建议采用投射武器，[7] 但现实中很少采用。色拉西布罗斯（Thrasybulus）① 与三十僭主的比雷埃夫斯（Piraeus）巷战是射手参战的一个实例（《希腊史》2.4）。但是，色拉西布罗斯的部队只有10人纵深，而且占据高处，以逸待劳；敌军则有50人纵深，要沿着街道仰攻。在这种特殊条件下，从上方向密集敌军射击会收到奇效。不过，总体而言，射手只是辅助部队。希波战争时期，希腊一方的主力纯粹是重装步兵。

尽管如此，按照希罗多德的估计，希波战争时期的每名重装步兵都有一名无甲随从（"轻装士兵"*），同样算入他估计中的军力。诚然，后世的希腊史学家同样经常提到大量无甲人员，但不会把这些人算成真正的战士，因为如前所述，他们对战斗本身的价值确实微乎其微。我们在此处面临着一个困难，同样的困难之后也会频繁

---

① 雅典海军将领和民主派领袖。伯罗奔尼撒战争结束后，战败的雅典被斯巴达扶持的三十寡头统治，色拉西布罗斯遂率众抵抗。

出现,特别是中世纪的骑士军队。如今,战斗人员和非战斗人员之间泾渭分明似乎是自然而然的,在古希腊却不那么严格。希腊重装步兵的装备很沉重,而且在通常比较短的战役期间要自备给养。他们大多是有产阶级,年纪已经不小,因此如果没有一名帮手负责搬运、做饭和疗伤,他们很难撑得下来。每名重装步兵都必须有一名随从,不论是儿子、兄弟、邻居,甚至是信得过的奴隶。随从并非手无寸铁,至少腰间会有一把匕首或手斧,可能还会带一支轻矛。如果敌军拒不出战,要执行蹂躏对方土地的任务,那么这些无甲人员就比负担沉重的重装步兵更适合作战。在战场上,可以令一部分无甲人员沿着方阵两侧行动,向敌军投掷石块或者标枪进行骚扰;另一部分跟在方阵后面,以便立即抢回和照顾伤员,或者消灭落单敌人。因此,无甲人员不是单纯的搬运工,也承担着某些战斗职能。但是,简单将他们与重装步兵加起来就得出军力大小,这也是错误的。正确的方法是只算重装步兵,如果有专门说明的骑兵和射手,或许也可以加入,这是希腊人自己通常采取的办法。但是,在这样做的同时,我们必须牢记一点:此外还有数量大致相当的随从人员,而且他们承担着某些战场职能。

希腊人并未动用骑兵与波斯人作战。

重装步兵方阵的弱点在侧翼。如果正面胶着而侧面遭受打击,便大事去矣。外侧士兵人数比较少,基本抵挡不了攻击。而且,当不得不停下来转向对敌时,他们要么拖累整个方阵停住,从而令所有后排士兵无法履行压迫前排推进的特殊使命;要么使方阵解体,从侧面被包抄。

这在公元前373年的克基拉(Corcyra)战役中表现得非常清

楚。⁸斯巴达人正在围攻克基拉城,刚刚击退了一次突围。这时,另一支克基拉人出城,"排成八列纵深",袭击斯巴达军侧翼。色诺芬①继续写道:"拉西第梦人认为自己的侧翼('尖端'*,字面意思是'顶点')太薄弱,于是想要扭转方向('他们试图转身'*)。"于是,最后几排成为新的正面,同时两翼向后运动。敌军将此视为逃跑的先兆,攻击更加猛烈,结果斯巴达人没能成功转向,各个纵队一个接一个地开始逃跑。

对方阵来说,哪怕少量骑兵攻击侧翼也是很凶险的。方阵的力量会马上瓦解,因为继续前进肯定会陷入涣散状态。

本书的范围不包括方阵作为战术实体的起源,即结成战术实体进行作战的概念是如何从各自为战的概念中发展起来的。本书讲述的起点已经是重装步兵方阵毫无疑问地存在于希腊国家,并表现出极高效力的时期了。不过,我也要对之前的情况做几点评论。

无数迹象表明,征服了伯罗奔尼撒半岛一部的多利亚人(Dorian)不仅最早认识到了士兵结成紧密阵形的价值,而且率先对紧密阵形进行了高效的、合理的运用。有一段关于美塞尼亚战争(Messenian wars)的传说,内容是拉西第梦人不会追击敌军,因为他们认为保持队列严整比杀掉个别逃跑的敌人更有价值。⁹("不急于追击是他们的一个古老传统,牢记要保持阵形,而非杀掉眼前

---

① 雅典军事家、文学家和史学家(前427—前355)。他是苏格拉底的学生,著有《回忆苏格拉底》。他参加过波斯王子小居鲁士的政治和军事斗争,并以这段经历为基础撰写了《居鲁士的教育》和《长征记》。另外,他还写了一本《希腊史》。

逃窜的敌人。"*）[保萨尼亚斯（Pausanias）①,《希腊志》4.8.11]。1757年,神圣罗马帝国皇帝弗朗茨一世（Franz I）写给弟弟洛林的卡尔（Karl of Lorraine）的一封信中谈及普鲁士战法,表达的意思几乎完全相同。[阿尔内特（Arneth）,《玛利亚·特蕾莎》(*Maria Theresia*) 5：171］"他们很少懂得如何扩大来之不易的胜利战果。原因在于,他们最害怕的一件事就是队列不整,因此往往不会立即追击。"

关于方阵起源的最早记载似乎来自波利艾努斯（Polyaenus）②记载的一段传说（1.10）。赫拉克勒斯后裔（Heraclidae）与斯巴达人作战的过程中,敌方造成的伤害令他们震惊。但是,他们没有慌乱,而是命令笛手向前。于是,笛手一边奏乐一边前进,而重装步兵也及时随着节奏和韵律迈进,组成战线,稳住阵形,最后取得了胜利（"重装步兵伴着节奏和韵律前进,没有打破阵形。就这样,他们征服了敌人"）。这次经验告诉拉西第梦人：进入战场时一定要有笛手引领,神向他们承诺,只要随着笛手前进而不要逆着笛手行动,他们便会战无不胜。

在此背景下,如果没有组成阵形,笛手便什么都不是。一群不按步点行军,各自为战的人发出的不规则声音甚至会淹没笛声。

---

① 公元2世纪的希腊地理学家和旅行家,著有《希腊志》10卷。
② 公元2世纪前后的马其顿作家,著有《战略》8卷。

3 希腊军队的实际兵力

确定了希腊军队的战术性质,我们便有了估计其兵力的新起点。全套装备的价格非常昂贵,远不是每个有参军资格的公民都买得起的。而且,每名重装步兵还有一名无甲随从。因此,方阵的人数要远远少于公民的总数。

雅典曾长期按照财产多少将公民分成四等。前两个等级担任骑兵。第三等级是双牛级(zeugitae,小自耕农),每年的谷物、葡萄酒、橄榄油收入为200蒲式耳到300蒲式耳(当时叫作"桶",metretes),担任重装步兵。第四等级日佣级(Thêtes)是最低的一等,因此在雅典拥有舰队之前,他们完全不需要承担兵役。尽管如此,我们可以假定陪同重装步兵的无甲人员同样是公民;大多数双牛级公民大概连一个奴隶都没有。后来,雅典建立了舰队,同时奴隶也多了,于是第四等级日佣级就改任水手,而重装步兵的随从就由值得信任的奴隶担当。斯巴达加上美塞尼亚的人口几乎是雅典的两倍。但是,只有作为统治者的战士阶层才服兵役——紧急情况会加上具有公民权的珀里俄基人,而农奴和黑劳士是完全被排除在外的——因此重装步兵的数量并不比雅典多,大约有 2 000 名斯巴达人和 3 000 名珀里俄基人。科林斯(Corinth)和底比斯(Thebes)大概能派出 1 500 人到 2 000 人。上述数字要比过去估计的小了很多,但通过认真的史籍考据,考虑当时的各方面条件和环境,我们可以放心地认为,实情与此相去不远。

4　波斯军队

波斯军队与希腊军队恰好相反，是由骑兵和弓箭手组成的。直接针对希波战争的文献现仅存埃斯库罗斯（Aeschylus）①的著作。他在戏剧《波斯人》(the Persians) 的唱词和念白中反复强调，这是一场长矛与弓箭之间的战争。1

波斯人甚至连骑手都装备弓箭。

文献记载中的刀剑或短矛都是辅助武器。

由于主要武器是弓箭，因此波斯军队的防护盔甲很轻。步兵很可能只装备一面草秆编制的盾牌，射箭时摆在身前。阿里斯塔格拉斯（Aristagoras）②这样向斯巴达人形容波斯人的军队："他们上战场时只是穿着裤子，戴上帽子。"另一篇中提到了鳞甲，2 但很可能只有部分骑兵装备。

---

① 古希腊悲剧诗人（前525—前456），有"悲剧之父"的美誉。他参加过马拉松会战，著有《波斯人》《被缚的普罗米修斯》等剧。
② 希波战争早期人物，曾煽动斯巴达人反抗波斯，但并未成功。

但是，波斯与希腊军队的区别不止是在装备上。除了个人勇武和装备，方阵的力量在于稳固的阵形。我们已经看到，哪怕一方人数优势很大，士兵决定向前也不是因为武器，而是因为一个事实，即方阵后排对他们形成了身体和士气上的压力。波斯人不会结阵，弓箭手基本上是不会坚守的。他们倾向散开，而非团结，这是由其性质决定的。因此，将波斯军队组织成有机的战术单元需要极高超的技巧。不过，波斯人主要还是凭借个人的技能、活力和勇敢。

将弓箭手集中起来对抗重装步兵是不行的。如果纵深过于大，后排士兵的射击效率就会受到影响。如果散开的话，命中率又不行。

波斯帝国是由核心波斯人再加上众多臣属民族组成的。波斯王不从臣属民族中选拔战士。美索不达米亚人、叙利亚人、埃及人、小亚细亚人都不善兵道，只是交纳贡赋而已。希腊人和腓尼基人熟习水性，自然负责操船。希罗多德列出了波斯军队中的许多民族，我们现在认为纯属虚构。波斯人的本土——包括今天的伊朗、阿富汗、俾路支（Baluchistan）①等地区——主要是草原和荒漠，点缀着众多大大小小的绿洲，只有个别绿洲规模很大。当年如此，今日亦然。波斯人、米底人（Medes）、帕提亚人（Parthians）是同一个民族的不同分支，有点像撒克逊人、法兰克人、施瓦本人（Swabians）、巴伐利亚人，在中世纪他们都属于德意志人。将他们凝聚在一起的不只是同种同族，还有共同的信仰，即琐罗亚斯德

---

① 俾路支今属巴基斯坦。

教。要说真正好战的人群，当数游牧民族的支系，而非定居农民。波斯帝国最初很可能就是依靠游牧民建立的。统治了远方富庶文明的大片土地之后，波斯人也渐渐转型，从好战的游牧民变成了军事统治集团，即骑士。我们要这样来想象从黑海到红海的波斯总督的形象：身边簇拥着大批骁勇善战的波斯人卫士，他们一方面保卫总督安全，另一方面把守重镇要塞。依靠贡赋，波斯人不仅能够维持本族军队，还能够根据情况从善战的部落中招募兵员，补充本族军队。这些部落中有很多居住在帝国边境，保持半独立乃至完全独立的状态。然而，波斯本部总是能够征发、招募、派出士兵进行支援或轮替的，主要是从游牧民而非农民中吸取兵员。

不管是从根基还是从结构来看，波斯帝国与1 200年后的阿拉伯帝国颇为相仿。后者同样是由绿洲起步，发展成为世界大帝国的。当然，将其团结起来的是另一种宗教。波斯帝国与阿拉伯人一样，一般不会组建大军，因为帝国东西跨度太大，大军难以远途跋涉。两者都倾向于精兵战略。要想了解波斯军队的特点，除了希腊人的文献，我们也可以将其与日耳曼人的骑士制度作一类比：墨洛温（Merovingian）王朝时期，法兰克人分成小股，小部分法兰克人占据了罗马化程度高的、富庶繁荣的高卢地区，同时大部分法兰克人依然生活在老家。萨克森（Saxon）王朝、萨利克（Salic）王朝、霍亨斯陶芬（Hohenstaufen）王朝的德意志国王们凭借骑士夺取了意大利，将其掌握在手中。此处我们无须考虑东西方政治制度的差异，而只要考察军事制度的特点：依靠极少数的军人，便可维持庞大的疆土。[3]

通过希腊人笔下薛西斯与遭到流放的斯巴达王德马拉托斯

（Demaratus）之间的对话，我们能够了解两国军队的职责和差异。万王之王①夸耀说，他的卫士面对希腊人能以一敌三。德马拉托斯答道，作为个人的斯巴达人不比任何民族缺少勇气；然而，斯巴达人真正的力量在于精诚团结，法度之下，他们要么克敌，要么牺牲，永远要阵列严整。我们要特别强调：希腊重装步兵会组成战术实体，而波斯士兵不会。

希腊人关于波斯人的历史记载包含着一个根本矛盾：一方面，波斯人被描述为数量庞大，但不喜欢打仗的乌合之众，必须用鞭子驱赶才能上战场；另一方面，他们又被形容为精通武艺的勇敢战士。[4] 如果这两方面——乌合之众与骁勇战士——都是正确的，那么就不能解释希腊人的频频得胜了，两者只能有一个是正确的。显然，波斯人的优势在于人们的品质，而非数量。

在我们现有的唯一文献来源，即古希腊人的夸张记述中，公民军队战胜常备军被歪曲成了以少胜多，这是民族意识催生的心理偏差，在历史上屡见不鲜。评价大批敌军的素质太难了，于是很容易只从数量角度去衡量，这是夸张，而非谬误。对于懂得公民军与常备军之间差异的人来说，希腊公民战胜波斯骑士仍然堪称壮举，丝毫不比以少胜多的传奇故事来得差。然而，从充分理解军事史的角度来看，史实与传奇故事的区分是最紧要的。"波斯军队是乌合之众"是一种必须驳斥的观念。在马拉松会战和普拉提亚会战中，我们不必认为波斯军队占有数量优势。实际上，希腊人很可能反而人数较多。我个人认为，希腊人肯定是人数较多的一方。

---

① 即波斯国王。

波斯人是专业的战士。征伐希腊这样的大规模战争，要从波斯牧人和农民中间征兵去充实以职业骑士为主干的军队，这些新兵毕竟不是普遍征兵，而是选自庞大人口中比较擅长作战的那一类人。除斯巴达人，希腊人的公民军并不具有骁勇善战的军事传统。英雄时代久已逝去。诚然，先辈常与邻邦产生龃龉，但培养后代还是以和平劳作为主，正如农民、水手、商人、工匠一样。

我第一次在《希波战争与勃艮第战争》(*Persian and Burgundian Wars*) 中阐述大胆查理军实际上远远比瑞士军规模小这一观点时，许多学者拒斥的理由只有一句"根本不可能"，却没有给出进一步的依据。当然，关于薛西斯大军兵力的传统观点根深蒂固，放弃谈何容易。我正是预见到这一点，所以才把希波战争与大胆查理征讨瑞士人的勃艮第战争联系到一起。两场战争的进程如出一辙。经过连番战斗，公民和农民组成的军队打败了由职业士兵（骑士和雇佣兵）组成的军队。但是，流行的说法却将其转变为一场以少胜多的战斗。但是，我们已经掌握了格朗松会战和穆特（Mutter）会战的几份参战者名册，双方的都有。凭借原始资料，我们能够证明，原本认为成千上万的大胆查理军实际上远远比瑞士军的规模小。因此，这种观念变化是不能用"根本不可能"打发的。我们没有理由假定，希罗多德和希腊人比可靠的瑞士编年史作者更值得信赖。人们对后者同样相信了几百年。我们有一份瑞士人布林格（Bullinger）的记述，写作时间与勃艮第战争的距离大致相当于希罗多德写作《历史》与希波战争的距离，因此一直没有刊行。在《希波战争与勃艮第战争》中，我附上了布林格手稿的相关段落，方便同仁研究其品质与可靠性。通过这项初步显露出我的研究方法的作品，我第一次在处理古希腊史籍时有了完全的确定性。我建议每一名有志学人都采用这种方法，以免将思想的种子撒到荒芜的石滩上。此句为新版新增：可惜，我至今没有发现有学者采纳我的建议。

5 马拉松会战

根据之前的讨论,我们估计公元前490年之前的波斯军人数和雅典大致相当,可能还要略小,约为4 000人到6 000人,其中500人到800人为骑兵。此外,波斯军也有大量无甲人员,这一点跟希腊人是相同的。乍看起来,这个估计有些武断。但是,我们必须明白,只要对双方士兵的素质有了认识,从一方的兵力就能够得出关于另一方兵力的某些结论。而且,战事进程很快便会提供更多证据。一支大规模舰队载着波斯陆军渡过爱琴海,首先夺取并摧毁了优卑亚(Euboea)岛小城埃雷特里亚(Eretria),接着渡过海峡登上阿提卡半岛。雅典人当时没有匹敌波斯的舰队,因此只能在陆地迎击波斯的进攻。

波斯指挥官是达提思(Datis)和阿尔塔菲尼斯(Artaphernes),两人先选择雅典海岸某处登陆,然后攻占雅典城。如果开阔地带出现雅典军队,首先要将其击败并逐回。

按照20年前遭到放逐的雅典前统治者希庇阿斯(Hippias)的引导,波斯军选择从马拉松平原上岸。马拉松距离雅典约19英里

（约 31 千米），并无防卫，因为雅典人不知道波斯会从哪里登陆。如果雅典军队已经集结完毕，那也肯定是在雅典城内或城郊。即便雅典人精心布置了侦察工作，波斯军队开始登陆的消息立即传回城内，派军队抵达马拉松，整队备战至少也要 8 个小时。在这段时间里，波斯军队早就准备好作战了。此外，马拉松平原四面环山，只有几道隘口，波斯人可以先派弓箭手上岸，轻易占领隘口，进一步迟滞试图进入平原的雅典军。

雅典内部据说发生了意见分歧，有人主张出城迎战，有人主张据守御敌。多数人的意见，即出战胜出。雅典派遣信使去斯巴达求援。

总指挥由出身富豪的米提亚德（Miltiades）担任。与十四五世纪的威尼斯贵族相仿，身为雅典公民的米提亚德是一个海外小国——位于色雷斯（Thracia）①的切索尼（Chersonese）——的领主，他曾在那里对波斯人有过了解。他之前甚至是波斯王的臣属，不得不先期逃回雅典。

我们知道波斯人的优势在哪里。如果战斗在开阔地带展开，侧翼的波斯骑兵会攻击雅典方阵的两侧，而弓箭手会向方阵正面倾泻箭雨。由于侧面受到攻击，方阵无法有组织地打击弓箭手，难以正常作战，最后只能屈服于多兵种联合的敌军。雅典统帅的使命就是抵消雅典单兵种部队的战术劣势。如果你研究一下马拉松平原的地形，再与战报进行比对，便会明白米提亚德是如何成功地完成了自

---

① 作为地理称谓，色雷斯指的是土耳其海峡以西以北的地区，今分属希腊、土耳其、保加利亚三国。

己的使命的。

根据埃夫罗斯（Ephorus）提供的信息，克奈里乌斯·奈波斯（Cornelius Nepos）在《米提亚德传》(*Life of Miltiades*) 中写道，雅典人列阵于山脚下的狭长地带，还把树砍倒，形成了山和树木的两道屏障，以免被敌方骑兵包围。[1]

这段描述虽然没有指明位置，但与当地环境非常贴合，我们只能设想真实情形与描述相差不远。拿着一张专业地图，熟悉军事史的人很容易就能在小小的马拉松平原上找到最符合记载的地点：一个位于侧面的小山谷，今称"弗拉纳谷"（Vrana Valley）的进口处。山谷在距离进口150米处，宽度约为1 000米。对于6 000人左右的重装步兵方阵来说，这太宽了。不过，之后山谷会由于河流切削作用而变窄。从雅典有一条可供步兵通行的山路直通弗拉纳谷。弗拉纳谷占据大路的侧翼位置，而大路是进入马拉松平原的唯一通路，因此敌军必须先把雅典军逐出弗拉纳谷，然后才能向雅典城进军。

希罗多德告诉我们，雅典军从距离8道（stadion，约1 500米）处就开始向敌军冲锋。从体力上说，这是不可能的：一个重装单元在不耗尽体力、不陷入混乱的情况下最多能连续跑120米到150米。当然，专业跑步选手和原始人可以连续负重跑很远，但是马拉松会战时的雅典人早已脱离蒙昧，是一支普遍征召的市民和农夫军队。根据普鲁士条令，携带全套野战装备的士兵最多可以跑两分钟，相当于330米到350米。但是，雅典军队甚至不是由经过操练的军人和经常锻炼的年轻人组成的，而是普遍征召的公民，有农民，有烧炭工，也有渔夫，年龄可达45岁或50岁。而且，与单个的人相比，

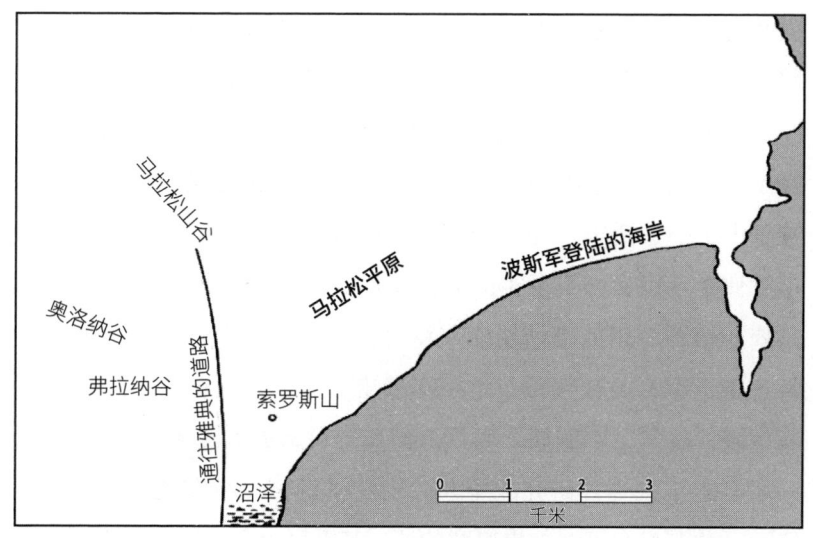

图 1　马拉松会战

密集人群跑动的难度本就要大得多。当一名现代历史学家说雅典人据说跑了 8 道时，那就相当于说，雅典人一天之内据说行军 60 英里（约 97 千米）。别人会说，参战会给神经、肌肉带来极大的刺激，达到平常在训练场操练时完全不同的境界。说得没错，不过，这不足以让一个方阵连续奔跑将近 1 英里（约 1.6 千米）。

近代军事史中的一场战斗或可作为例证。1864 年普丹战争期间，一支由冯·施鲁特巴赫上尉（Captain von Schlutterbach）指挥的普军分队深入日德兰半岛，抵达伦德比（Lundby）附近，然后遭到了丹麦优势兵力的袭击（7 月 3 日）。普军采取守势。丹麦军从距离 400 步的地方高喊"冲啊！"，开始冲锋。战报中写道："但是，部队做不到连续强行军 400 步，途中自行转为全速冲锋，然后与敌军展开肉搏战。先是个别人上气不接下气,又跑了100步,整个连队都被迫停下。从停下到再次前进之间的几分钟真是痛苦极了。"[2]

一名文献学家解释道:"别大惊小怪。阿尔忒弥斯(Artemis)[①]赐予了雅典人'怒吼冲锋'*的神力。为表感激之情,他们还给女神献上了一头活羊。"他还警告我们,莫要因为理解不透彻或内心抵触便拒绝接受一个事实:不管没有信仰的人做出了怎样的预测,只要相信神、相信自己便能取得胜利。这种观点自有其道理,尤其在中世纪,圣徒生平、十字军战史、对世间万物的描述都充斥着神迹,战争也不例外,而且人们非常讨厌去浪漫化的历史重写。一名有志于批判性研究战争艺术史的学者可以祈求圣乔治(Saint George)[②]帮助自己,如果愿意的话,甚至可以拜一拜阿尔忒弥斯和阿波罗,但是做研究时必须将他们统统排除。马拉松会战牵动着希腊人的自由,以及整个现代文明。要想理解这场战斗,关键就在于跑步的距离。首先,我们必须通过"8道"的记载确定战斗地点、战术展开和确定成败的基础。因此,我们通过一个简单的客观实验便可获得完全的确定性,而不必依赖值得怀疑的证词和不可信的编年史,这真是太幸运了。然而,客观实验表明,不管是希腊方阵还是其他密集阵形士兵都不曾连续奔跑1.5千米,也不可能跑这么远。[3]希罗多德的记述基于某种误解。不过,我们很快便会解开这个误解的谜团。

马拉松平原的中央现在有一座假山,叫作"索罗斯山"(soros)。

---

① 古希腊神话中的月亮女神与狩猎女神,是奥林匹斯十二主神之一。
② 基督教圣徒,以屠龙英雄闻名。

根据现代考古发掘，它是马拉松阵亡雅典战士的坟丘。修昔底德（2.32）明确告诉我们，在其他情况下，雅典人会把阵亡将士葬于故土，而马拉松会战特为殊荣，死者就地埋葬。毫无疑问，希罗多德本人曾站在约12米高的坟丘顶端或侧畔观察战场。坟丘位于马拉松平原周围的群山之中，距离弗拉纳谷谷口正好是8道。

希罗多德提到了8道，而我们也确实在当地找到了8道，这很难被认为是一个巧合。雅典军站在弗拉纳谷，8道之外恰好是战死者的坟丘。根据希罗多德对战况的记述，雅典军当时向前跑了8道的距离。那么，坟丘应该是战斗发生的最远处。雅典人没有把尸体搬回双方开始交战的位置，而是往前运到了最后一名战士阵亡之处。这里是雅典军追击的终点，是大获全胜的地方。此处位于平原中央，从各边都能看到，于是雅典人建起了高耸的坟丘。同样在这里，希罗多德俯瞰战场，得出了自己对战斗经过的认知。他以为，雅典军从山谷出发，连续跑了8道的距离，然后才发起攻击。实际上，8道还包含了整场战斗雅典军走过的距离，以及追击的距离。

接下来，希罗多德告诉我们，雅典军和波斯军在交战之前面对面站了3天。向他提供这条信息的雅典人也给不出理由，或者说，他们有一个好得过分的理由：米提亚德并不是真正的总指挥。按照当时的法律，军队由各位将军（strategoi）轮流指挥，每人负责一天。只不过他们自愿将最高指挥权交给米提亚德。尽管如此，为了获得胜利的全部功劳，米提亚德还是等到法律规定由自己指挥的那一天才动手。在这里，我们再次看到了军事史研究中还会反复遇到的一种心理特质。对传奇故事而言，现实动机太微妙、太难理解，也太无趣了，于是就得用个人动机来代替。不过，对我们来说，现实的关系并不难发现。传说中有一条事实是无须犹豫便可接受的——没有编造的必要——双方接战前确实面对面等待了几天。这样做对雅典人没有损失：他们身在自己的国土，补给不是问题；士兵看到波斯人不敢进攻，胆色不禁倍增；而且还有希望等来斯巴达援军。不等斯巴达人到来，马上下令发起进攻，米提亚德绝不可能自愿做出这样的事情。因此，发起进攻的一方肯定不是雅典人，而是波斯人。

现在，我认为整体战局已然清晰。得知波斯人在马拉松平原登陆后，米提亚德立即率军从雅典上路，走山路直扑弗拉纳谷，安营于距离谷口不远的地方。这样一来，便有两侧山丘和砍倒的树木作掩护。而且当接到敌方进军的报告后，雅典军可以马上进入掩护位置。对于规模不大的雅典军来说，就算加上树木，[4] 弗拉纳谷还是太宽了，方阵做不到整体纵深能达到的理想状态。于是，米提亚德将中部削弱，两翼加强，即使方阵要从掩护位置出发，两翼也能够抵挡波斯人可能发动的包抄。最优秀的、最勇敢的无甲人员大概被布置于左右两边的高地上，他们用弓箭、投石器和标枪对波斯骑兵造成压力。1911年，我亲自去过现场，发现左边的高地虽然地势不高，但四周散布着小丘，骑兵完全不可通行。马拉松与雅典之间的道路为南北向，离海滩不远，沿着沼泽延伸。沼泽地与雅典军正面平行，距离很近。除非击退雅典军，否则波斯人走不出马拉松平原。波斯人不能沿着大道行军，雅典人会从侧翼攻击行军纵队。虽然有几条通往北边的小路，但波斯人也不能走。他们甚至不能走侧面的马拉松纳谷（Valley of Marahona），因为他们总要面临一个风险：一旦部分军队进山，其余行军中的部队便可能遭到雅典人的攻击。⁵ 此外，马拉松纳谷的狭处应该也有雅典军队把守，以防止波斯人经此处绕到弗拉纳谷后方。因此，波斯人要么在雅典人选择的地形与其交战，要么回到船上，另寻登陆地点。雅典军近在眼前，波斯军在登船途中很容易受到攻击；即便在别处成功登陆，希腊地形如此逼仄，难道雅典人就不会找到类似于弗拉纳谷这样的有利位置吗？两位波斯将军肯定游移不定，可能还发生过争吵，因为他们似乎确实考虑了好几天。最后，至少能赶在斯巴达人抵达之前向雅典阵地发起进攻的意见占了上风。

如果按照通常所说，波斯人对希腊人有绝对人数优势，那么这个决定就太荒谬了。在这种情况下，波斯人应该分兵：一半部队盯住弗拉纳谷的雅典军，另一半在前者掩护下从陆路，或者凭借舰队从海路实行机动，迫使雅典军离开阵地。假如波斯人的力量果真那样强大，这条策略是再明显不过了。同理，我们只能得出一个结论：波斯人之所以没有这样做，是因为兵力太弱。之前，我们从总体态势出发，笼统地判断波斯军的规模不可能高出雅典许多。现在，我们又有了事件的正面依据。面对优势敌军，雅典军在弗拉纳谷的位置毫无用处，人数和位置从来都是相互作用的。希腊人好比公牛，波斯人选择抓住牛角实出无奈。直到此时，希腊人从来不曾挺起身子面对波斯战士。因此，搏一把是值得的。米提亚德放敌军接近己方防御阵地，这时波斯军的箭雨开始发挥作用——距离大约是100步到150步⁶——重装步兵方阵全线出击，以两倍速度跑向敌军。

跑步冲锋有双重目的：一是加强身体和心理两方面的冲击，二是躲避箭雨。诚然，雅典军薄弱中部的后排不能施加足够的压力，在波斯军的箭雨下动摇后退。但是，纵深较大的两个雅典军侧翼坚持冲锋，还没等波斯骑兵侧攻阻滞雅典军，雅典军便来到了敌人面前。大概雅典军左右两边的具有防护性质的地形屏障延伸得相当长，只有很短的一段距离是在开阔地带。接下来，前进速度和阵形纵深替代了自然屏障的作用，护甲远逊的波斯弓箭手与雅典重装步兵相遇后一触即溃。作为勇敢的人，波斯军或许战斗了一段时间，但不能长期抵挡冲击。面对来自两边的夹击，就连初胜的波斯中部弓箭手也无能为力。哪怕在开阔地带，一旦弓箭手开始逃跑，溃退士兵便涌向平原，波斯骑兵也就不能重振旗鼓了。有人会设想，在有能力的指挥官领导下，有组织、有纪律的波斯骑兵队或许还能够发起坚决的冲锋，把战斗拖入僵局。但是，我们之后会发现，这样的波斯职业骑士军队是做不到这一点的——在这一方面，大胆查理与瑞士人的几次战斗特别有教益。犹豫太久的人肯定要完蛋。每个波斯士兵都朝船奔去。由于波斯船只无疑停泊于港湾的北角，距离战场约有两英里（约3.2千米），所以不少波斯人确实回到了船上。根据希罗多德的记述，我们或许可以得出结论，追击的终点与弗拉纳谷的距离是8道，将近1英里（约1.6千米）。追击的终点也就是索罗斯山的位置。接着，米提亚德再次集合部队，攻向波斯人的船。有一段关于船下战斗的记录。两场战斗的间隔肯定很长，因为希腊人只缴获了7艘三层桨战舰（trireme），所以波斯人在这段时间里就上船起航。记载里没有讲俘虏了大批敌人或战马。如果雅典人一口气追到了下锚处，那么战利品就肯定还要丰厚得多。但是，一场胜利之后很难重新集合部队，马上发起追击。在船下还能发起第二场战斗，这就足以证明米提亚德的个人能力和效率了。雅典军阵亡192人，负伤人数可能有几百。因为雅典重装步兵盔甲完备，直接被波斯弓箭手射死的人无疑很少。根据现代的估计，雅典军伤亡约有1 000人，表明马拉松确实发生了一场恶战，而不是遭遇战。

波斯军的损失没有可靠数据。

在早期的世界军事史著作中，米提亚德是巨人般的战地指挥官形象。马拉松会战是本书研究的第一场大战，古代典籍留下的文字很简单，却描绘出了迄今为止最完整、最罕见的一种将道，即攻守兼备。从战场的选择，到等待敌军进攻的自制力，再到约束民主社会下心高气傲的公民兵，使其固守预定阵地，然后带领他们以两倍速度冲向敌军，一决胜负的统御威势，米提亚德何其伟哉！我们不难想见米提亚德对公民同胞做了怎样的战前动员，告诉他们山势能够阻挡敌军骑兵，命令他们在波斯人的弓箭下固守并等待信号。接着，米提亚德端坐马背，每个人都盯着位于方阵中部的他。他要选准时机，举起长矛，高声下令，接着由号手传令下去。这一时机的选择考虑了各方面因素。早一分钟不行，那样等跑到敌人面前，雅典军早已气喘吁吁，队形不整；晚一分钟也不行，那样敌军射中我军的箭会太多，大批迟疑和落后的士兵会拖慢方阵，最后失去雅典军队的冲击力。唯有拿出雪崩般的气势压向敌军，方可得胜。

我们之后还会探讨许多类似的情景，但没有一次比得上马拉松会战。

6 温泉关会战

马拉松会战给波斯人上了一课:要想打垮希腊人,必须集合大得多的兵力。

那么,参战军队的规模要远胜前一次,很难仅凭舰队运输解决。另外,既然此次战役的目标是征服全希腊,那么走陆路似乎会比较好;中途还可以迫使各独立民族承认波斯的霸主地位。同时,一支大规模舰队也要伴随陆军,以运送补给和压倒希腊海军,还能在陆军行动不便时由海上迂回。

关于这次战争的进程,我们的了解远不如前一次确定。马拉松会战的过程非常简单,只要去除波斯军声势浩大、希腊人连续跑了1英里(约1.6千米)这样的夸大传说,通过历史记载就能辨明整体情况。第二次希波战争要更复杂。政治考量、雅典和斯巴达的关系及希腊中部各城邦的关系,这些因素与希波战争的战略相互影响;陆军和海军的统帅也有勾连。凭借各因素的性质,各种作用力与反作用力折冲反复。在此种情况下,我们不可能用纯属传说性质的记述建立整体的现实的历史基础。不过,对我们来说,要点在于辨明：在这个世界历史的关键节点，战争艺术的状况是怎样的。尽管只能揣测大多数具体战略行动的情况，但这个要点仍然是可能达成的。

首先，希腊人符合逻辑的想法是把守北部山区至希腊本部之间的少数几处隘口，阻止敌陆军前进。不过，最北面的坦佩关（Tempe Pass）被弃守，因为往下还有多个关口，而且坦佩关内侧已经有人投靠波斯。第二道关口就是奥埃塔山（Mount Oeta）与海之间的温泉关（Thermopylae Pass），由列奥尼达（Leonidas）率军把守。

此处产生了一个总体性的问题：利用山脉守卫希腊是不是事实上的最佳方略？另外，希腊人是否由战争的性质出发，掌握了战略性运用山地的某些法则？

精心构思的现代战略对山地的运用不同于列奥尼达当年守卫家园的做法。山脉总有不止一条通道——奥埃塔山也不例外——只不过通道有近有远，有难有易而已。占据全部关口是很难的，守住所有关口更是绝无成功的可能。[1] 敌方总能找到地方越过关口，要么是凭借优势兵力强攻，要么是通过无人把守的狭谷等处（哪怕原来没路），绕到守军后方。防线只要有一处被突破，其他所有关口的守军都会陷入极大的危险。如果通知不及时，守军没有尽快后撤，退路便会被切断；哪怕完好无损地撤出，起初守军也会陷入孤立，重建联络可能也很困难。

因此，不可预料的厄菲阿尔特（Ephialtes）叛变行为并非波斯人突破温泉关的必要条件。哪怕身处敌境，通过威逼利诱和软硬兼施总能找到向导；而且迂回策略绝不是现代军事理论的产物，而是远古以来军事指挥官经常运用的策略。早在阿斯提阿格斯

（Astyages）和居鲁士（Cyrus）的征战传说中，波斯便有通过包抄击败英勇关隘守军的战例。根据希罗多德的记载，此战发生于公元前480年，情形稍似温泉关之战，波斯人抄小路翻过山脉，绕到守军后方。高卢人（公元前278年）和罗马人（公元前191年）的包抄行动也取得了成功。小路的起点是特拉契斯（Trachis），往前走一段，另有一条直通多里斯（Doris）的山路，波斯军有一支分队就是取道多里斯路。公元前191年，罗马执政官M. 阿基利乌斯·格拉布里奥（M. Acilius Glabrio）率军沿科拉斯岭（Mount Corax）翻山。行军固然难度极高、耗费极大，但依然取得了成功。[2] 以薛西斯军力之盛，足以多路齐出。不论如何，他已经将陆军分成平行推进的三路，即便正面强攻不能取胜，迟早可以从后方拿下温泉关。

　　守关只在这种情况下是有效的：不以完全阻挡敌军为目标，而只是拖延时日，迫使对方进行耗费巨大的遭遇战。如果你确实希望利用山脉驱逐入侵的优势敌军，那么战术理论就要求你集中兵力，守在峡谷或峡谷之一的出口，等敌军刚从谷中走出、人数暂处劣势、尚未布阵时发起进攻。一旦成功，必将对敌军造成巨大损失。敌军被迫退回狭窄的山谷，某些小股部队还可能与主力完全失去联系。如果敌军是多路并进，现在你就可以转攻另一路。这样一来，你就总能局部集中兵力。这条策略相当简单，从最古老的传说战记里便能找到类似的运用。在传奇故事中，第一个伟大的征服者民族是尼努斯国王（King Ninus）领导的亚述人。据说，他发兵攻打巴克特里亚人（Bactrians），巴克特里亚国王放一部分亚述军队穿过隘口进入国境内，然后发起进攻，一举制敌。但是，尼努斯毕竟兵力强盛，通过其他隘口进入的亚述军最后还是征服了巴克特里亚。[3]

因此，我们可以说，从远古时代起就有探讨如何有策略地利用山脉的理论。但是，公元前480年的希腊人并不能运用这条兵法。若要运用，他们首先要把全部军队集中于奥埃塔山侧面，并从那里发起攻势。首先，这在政治上就不可能。希腊联军是由众多小共和国军队组成的，在本土受到直接威胁之前，它们绝不会让全军远离家乡，暴露于攻势作战的风险下。另外，舰队占用了相当一部分人，特别是雅典。不过，最重要的是，考虑到波斯骑兵，希腊军队并不处于适合发起攻势的战术态势。马拉松会战的胜利是凭借掩护两翼的优秀防守阵地。希腊人若要故技重施，波斯人肯定不会再次正面进攻，而是会绕过该阵地——如有必要，波斯会动用舰队——寻机于开阔地带交战。

根据后来的史料，雅典统帅特米斯托克利（Themistocles）[4]最初力主弃守陆路，尽可能利用舰队对抗波斯。实际上，这是当时最好的方案。无论如何，迟早要有一场海战。如果雅典军队能顺利击败波斯舰队，便会为陆上决战创造更好的机会。大批船员可以上岸，拿起重装步兵的装备，为陆军提供支援，而波斯人再也不能用海上战略迂回作战了。

但是，该方案可能面临重重阻碍。各分舰队很难全部整备集合，马上启程，长途航行至赫勒斯滂海峡（Hellespont）①一带，风险实在太大。而且，直到陆军抵达希腊边境为止，波斯舰队一直谨慎地退缩。

这样一来，或许就能解释希腊人最后为何采取折中方案了：陆

---

① 今恰纳卡莱海峡。

军把守温泉关，海军在优卑亚岛北端、阿提米西安（Artemisium）丘陵附近等待敌舰靠近。雅典人之前积极参与了占领坦佩关的行动，如今他们改变主意，将全部力量投入到舰队上，而没有派军支援列奥尼达。真正的战略方案是：在优卑亚岛以北的开阔水域发动海战。因此，进占温泉关只是整体战略的一个次要的辅助性行动。将各支舰队集结于更北的位置是不可能的；实际上，舰队甚至没有全部集结于阿提米西安附近。如果集结在更南的位置，希腊中部便让给了波斯陆军，因为只要海上侧翼有舰队保护，温泉关就是唯一有希望挡住波斯陆军的地点。

经常有人会问，希腊人为什么没有加强列奥尼达的陆军。即使我们不依赖史书记载的数字，有一件事仍然是确定的：尽管斯巴达全军约有2 000人，但列奥尼达身边只有300人。由此可以推断，其他城邦大多派的兵也不多，甚至根本没派兵。不过，这种情况不难解释。希腊人并非不了解守卫山地的危险。假如阻击失败，不仅要丢掉关隘，也会损失一大部分陆军。守关军队越多，撤退时对自身造成的妨碍就越大，损失也就越大。对于撤退中的军队来说，追击的波斯骑兵和弓箭手尤其危险。实际上，少量部队便足以守住关隘。最后的失守也不是因为希腊守军力量太弱，而是因为他们缺乏警惕。然而，尽管我先讲温泉关会战，但是从希腊的整体防御战略而言，它只是一个次要的辅助性行动。把守温泉关的真正希望在于，希腊舰队在阿提米西安击败波斯舰队，随后波斯陆军放弃行动，班师回国。当然，温泉关绝无守住的希望。不考虑其他事件的话，温泉关会战确实是英雄壮举。但与此同时，希腊人不愿为温泉关孤注一掷。从纯形式的角度看，我们可以说温泉关保卫战是一个现实和军事意义上的错误，但它对士气有着重大影响，价值不可估量，因为希腊本部门户岂可不经一战便丢给蛮族。

列奥尼达明白这一层意义，也知道如何履行他的使命。接到波斯军实施迂回战术的消息后，他命令主力部队撤退，但自己与斯巴达军队坚守不动，以掩护主力部队的撤退行动，充分实现交托给他的战斗构想。斯巴达人的战死不只是牺牲，也不只是掩护，而是两者兼有。

有人批评说，列奥尼达应该撤退。有一件事可以肯定："这些批评者当时肯定会跑路"这句话出自海因里希·列奥（Heinrich Leo）①，大概是对温泉关会战的最佳阐述。

马拉松会战中，米提亚德攻守兼备的行动表明，希腊人已经掌握了将道的一切基本概念；而列奥尼达则展现了战争中的士气因素、士气的重要性和价值所在。士气不只是个人勇武和壮烈牺牲，更是作为有意识军事行动的整体战争语境下的英雄事迹。

希腊人对此是有意识的，有诗为证。文字固然与事件本身同样古老，但表达的内涵却是属于一切时代的：

"异乡人，你若到斯巴达，请转告那里的公民，我们阵亡此地，至死犹恪守誓言。"

---

① 普鲁士历史学家（1799—1878）。

7　阿提米西安海战

大约在温泉关交战的同时，两军舰队在阿提米西安展开了连续三天的海战。¹ 在后世通行的叙事中，阿提米西安被描绘为一个胜利之地。根据希罗多德的叙述，海战基本是平局，但由于舰船损失惨重，希腊一方决定撤退；而且还没等列奥尼达的悲剧消息传来，就开始撤退了。

这条叙述似乎揭示了战败，因为舰队从优卑亚岛北端撤退意味着牺牲温泉关，而牺牲温泉关意味着整个希腊中部和阿提卡半岛的人都要疏散。按照希罗多德的叙述，很多人或许会觉得，只要退到尤里普斯海峡（Euripus）就可以了，希腊陆军可以退到南边，再次对阵薛西斯。但是，指挥官们肯定明白，如果他们连温泉关都守不住，南边就更没有波斯人不能绕过的关口了，因此斯巴达人必须一路退到科林斯地峡（Isthmus of Corinth）① 才能展开防御。一方面，

---

① 优卑亚岛是仅次于克里特岛的希腊第二大岛，呈长条形，位于雅典和雅典以北的维奥蒂亚地区的东北方，与大陆隔着尤里普斯海峡。温泉关在大陆上，基本与优卑亚岛北端齐平。科林斯地峡则是南边的伯罗奔尼撒半岛与希腊其余部分的分界线。

从阿提米西安撤退可不是一个小的决定,特别是对雅典人来说,他们将失去土地和城市。撤退的决定出于万不得已,也就是说,希腊人被打败了。

另一方面,波斯军任由希腊人撤退,并未追击,这也是令人奇怪的事。波斯的海军指挥官知道己方陆军正在狭窄的关隘前作战,也知道如果击退希腊舰队,从水路包抄温泉关会有多大助益。尽管如此,在交战3天之后的第四天,据说他们并未扬帆出战,直到接到报告说希腊舰队已经离开,他们才驶出帕加萨湾(Gulf of Pagasae)入口处的锚地。假如是大获全胜,波斯人绝不会如此犹豫。

因此,希腊人对己方在三日海战中表现的记述是准确的。舰队在温泉关败报抵达之前就决定撤退的记载可能是假的。无论如何,如果我们假定温泉关败报打破了平衡[普鲁塔克(Plutarch)早就持这种看法了],导致希腊人最终决定撤兵,而最初只有少数人主张撤退,战况似乎就容易理解多了。

不论实情如何,希腊舰队肯定显示出一点:在开阔的海面上,他们与波斯人旗鼓相当,海战三日是打不垮他们的。

从这一点,我们或许可以得出结论,两军舰队的力量大致相当。希腊人试图用敌舰太大、太多、混乱不堪、自相损毁来解释记述中的矛盾(波斯舰队的数量是希腊的3倍,波斯海军却依然无法取胜),这是纯粹的杜撰。波斯海军的主力是腓尼基人和爱奥尼亚的希腊人,他们都是优秀的水手,船就是他们造的,他们也知道怎么开。波斯一方的船员大概全是专业水手,而希腊战舰诚然有一部分优秀水手,但肯定也有缺乏航海经验的公民。希罗多德本人多次指出敌方在技术方面的优越（7.179；8.10）。特米斯托克利也明确说过（8.60），希腊的船操控性要差一些。后世海军史——比如，伯罗奔尼撒战争中雅典海军占据上风——告诉我们，经过专业训练的水手能够带来极大的影响。但是，公元前480年的雅典舰队包含许多阿提卡农民、烧炭工和工匠，他们可能只受过短期集训。而且，战舰本身也是开战前两年才建造的。[2] 波斯人本来就有技术和指挥上的优势，倘若再加上数量优势，希腊人是不可能连战三日的。希腊人自称，首日海战己方有271艘三层桨战舰，那么波斯人最多有两三百艘。据说，波斯舰队还在几天前的风暴中损失了不少船只。即便风暴所带来的损失有所夸大，而且波斯军最初至多有两三百艘船，但薛西斯大概依然相信自己能够在海上荡平希腊舰队。在整个希腊舰队中，雅典出了127艘。就在几年前，雅典为了攻打埃伊纳（Aegina）还向科林斯借船20艘。直到那时，雅典才根据特米斯托克利的提议，于公元前482—前483年建起了庞大的舰队。波斯帝国当然不会知道，那个蕞尔小邦在最后时刻付出了怎样非凡的努力。因此，我们似乎不仅没有假定波斯舰队规模大于希腊舰队的内在理由，而且阿提米西安的战局——至少在风暴造成波斯舰队损失之后——更是明确地排除了这一可能性。[3] 波斯方未等舰队到齐就匆忙出战的揣测也是不攻自破。

如果上述分析都是正确的，那么，希腊舰队的撤退就很好理解了。根据希罗多德的记载，雅典在阿提米西安得到了另外53艘三层桨战舰的增援。贝洛赫表示怀疑，而且有很好的理由：雅典的人力不足以操持200艘三层桨战舰。不过，直到萨拉米斯海战（Battle of Salamis），才有成规模的各支规模较小的分舰队赶来与主力舰队会合，这是毫无疑问的。希罗多德特别明确地表示，波斯一方得到的增援与希腊一方相当。不过，按照希罗多德的说法，波斯的援军只有外岛希腊人派出的几艘船只，而希腊一方则有 55 艘三层桨战舰（不计入 53 艘希腊战舰）。于是，从阿提米西安撤退后，希腊舰队可以与后方援军会合，还能在本国港口迅速修复受损战舰；而波斯人修船可就困难多了。假如希腊人在阿提米西安海战中果真取胜，那么，前进至萨洛尼克湾（Saronic Gulf）[①]再次开战的希望当然要大得多。不过，这样做的代价肯定会很高，因为雅典舰队离开本土，会让雅典城任由敌人宰割。但是，他们原本就没有在阿提米西安海战中击败敌军，自然也就别无选择。

---

① 雅典所在的阿提卡半岛与伯罗奔尼撒半岛之间的一处港湾，内有众多岛屿，包括萨拉米斯岛。

8　萨拉米斯海战

消息传到雅典，下达命令，要公民离开这座城市，将它交给敌军，他们感到震惊绝望，拒绝听从命令，连对于"木墙"神谕的解释都没有用。最后，雅典卫城的圣蛇没有吃按月奉上的供饼，结论只能是，连圣蛇也离开了雅典。现在，雅典市民终于不再犹豫，遂遵从神意出城。

一部分人去了伯罗奔尼撒，但也有人只是渡海去了萨拉米斯岛。当时估计没有足够的运输工具将所有人及其家当都送去伯罗奔尼撒。农民大概进了山。萨拉米斯岛为市民提供了避难所，因此希腊舰队也就不能离开萨拉米斯岛了。尽管如此，根据传说记载，围绕是否要在萨拉米斯附近与波斯舰队交战这一点，指挥官内部发生了激烈争执。争执的确切性质无从得知。而且，把希罗多德的记载视为信史也是不符合规范的，哪怕我们可以排除其中的一些明显矛盾和不可能发生的事。或许，将领争执多为虚构，只包含了一个很小的事实内核：当时召开了一场军事会议，将领仔细衡量选择在萨拉米斯或别处开战的种种理由。这种歪曲看似很严重，其实在军事史中很常见，哪怕是近现代。我在此处只举两个例子，一个是布林格撰写的穆尔滕（Murten）战记，一个是布拉格会战（Battle of Prague）前夕，腓特烈与什未林（Schwerin）据说也发生了类似的争吵。诚然，希罗多德的部分记载很贴近实情，我们可以接受。但是，就萨拉米斯海战而言，我们不知道他的记载是否包含某些我们所不了解的、可能还很强烈的其他动机。

首先，我们必须提出一点：问题不是海战有没有发生，而是海战在哪里发生。如果希腊人不敢打海战，希腊就只得屈服于波斯。没有了舰队的阻碍，波斯人可以绕过地峡的护墙，实行包抄。而且，我们已经知道，希腊陆军没有在开阔地带对战波斯的自信心。因此，如果海战在萨拉米斯岛和大陆之间爆发，战败的希腊人就会被切断退路，只有少数船只能穿过迈加拉海峡（Sound of Megara）逃出，假如波斯没有把这条通道也堵住的话。因此，交战地点选在开阔水域的好处就是风险小。但是，从结果来看，这一点是不需要考虑的：如果海军战败，即便舰队没有全军覆没，结果也是决定性的，因为没有海军支持的陆军终究是抵挡不住的。此外，一旦撤至地峡，不仅萨拉米斯岛和岛上避难的雅典人要丢给波斯，也会失去埃伊纳和迈加拉。理由似乎相当充分。假如起初竟有人主张进一步后撤，恐怕就真是找不到合理的原因。实际上，传说中给出的解释不过是愚蠢和怯懦的。真实情况并非如此。我们完全能肯定，斯巴达王尤里比亚德（Eurybiades）以及科林斯统帅阿德曼图（Adeimantus，他被城邦同胞奉为英雄，萨拉米斯海战中真正的征服者）还为方案提出了其他希罗多德略过的理由。事实上，我们现在从希罗多德的叙述中发现了另一个此前无人注意的事实，它为我们提供了追寻已久的答案——如果希罗多德的叙述背后隐藏着任何事实的话。

据记载,一支由 60 艘三层桨战舰组成的克基拉舰队早已抵达伯罗奔尼撒半岛南端。克基拉人自称风向不利,无法北上,而希腊人后来公然表示质疑,认为他们是故意拖延,等待战斗结果,然后加入胜利的一方。不过,有一种情况似乎并非不可能:希腊联军指挥官一直期望克基拉舰队抵达,因此哪怕冒着最惨重的牺牲的风险,也有人愿意进一步后退,与其合兵一处,增加胜利的机会。

据说,特米斯托克利为了逼迫大家作出决断,竟然把自己全部赌上,假装投敌,将希腊人内部分裂的情况告知薛西斯,引诱他立即发起进攻。至于特米斯托克利的信件内容,希腊作者观点不一。埃斯库罗斯(《波斯人》第 336 行)的说法是,有一个人向薛西斯报信,说希腊人要趁夜逃跑,四散求生。希罗多德补充道,如果波斯人鼓帆进攻,希腊人自己就会打起来。狄奥多罗斯(Diodorus,很可能转引自埃福罗斯)① 笔下的信使说道,希腊舰队准备驶往地峡,与陆军会合。普鲁塔克的说法差不多,很可能出自同一来源。观点分歧的原因很明显:有些人没有想到,希腊人分兵对波斯国王是有好处的。如果事情走到这一步,波斯舰队不仅能够轻易打垮分兵后的希腊船只——如果它们还敢出海的话——而且能够从海路运送部分陆军至伯罗奔尼撒半岛某地,迫使希腊人撤出最后一处难以包抄的阵地,即筑墙守卫的科林斯地峡,从而奠定陆上胜局。在此

---

① 公元前 1 世纪的希腊历史学家,著有《历史丛书》(Bibliotheca historica)。

基础上，根据希罗多德的补充（希腊联军会发生内讧，部分人会投向波斯），波斯人发起进攻就可以理解了，至少是部分理解。但是，埃福罗斯认识到，单凭这样并不能充分解释波斯人发起进攻的原因。既然没有其他正面叙述，他便提出新解：不是分兵，而只是撤退到地峡，与陆军会合。尼波斯（Nepos）、查士丁（Justin）和弗龙蒂努斯（Frontinus）①等后世作者回到了最初的传说，认为波斯王收到了这样的信息："希腊人就要散伙了，你应该尽快行动，把他们一网打尽。"从没有谎话像这样把高傲的国王耍得团团转。但是，特米斯托克斯是一名真正的军人，他应该会对自己说，薛西斯收到消息之后会这样回复："这可真是好消息，总算能一次性解决他们了，而且还没有风险。"如果消息写成下面这样，看起来大概就还会更可信一些："60艘克基拉三层桨战舰正在赶来，波斯人应该赶在它们抵达前交战。"

到此为止的内容都是前两版原有的，但接下来就是新内容了。令人惊讶的是，通过周密的文献学研究，我们发现了一个全新的事实，无论从战略角度，还是从战术角度，都为萨拉米斯海战的经过提供了一个与传统观点截然不同的基础。之前关于萨拉米斯海战的所有研究都假定，普昔塔利岛（Psyttalea）就是位于迈加拉海峡入口处的莱普索库塔里岛（Leipsokutali）。前者在海战期间被波斯占领，海战胜利后陷于孤立并被摧毁。为了将埃斯库罗斯与希罗多

---

① 尼波斯全名为科利尼厄斯·尼波斯（约前110—前25），古罗马历史学家，拉丁文人物传记的先驱。查士丁是公元2世纪的古罗马历史学家，著有《〈腓利史〉概要》一书。弗龙蒂努斯（约40—103），古罗马著名作家、政治家和建筑师。

德对海战的叙述，以及两人的叙述与上述地形协调起来，人们付出了无数心血。现在，尤里乌斯·贝洛赫已经证明，前人都被"普昔塔利"和"莱普索库塔里"这两个词的表面相似性带偏了，两者实际上毫无关联，普昔塔利岛其实是圣乔治岛（Island Hagios Georgios），位于北边的海峡内部，与入口距离不近。围绕穆尔滕会战也发生过类似的情况。那场战斗有一个毫无根据的传统别称，即"教堂之战"，而教堂距离真实的战场其实很远，导致人们曲解了战场地形，进而曲解了该战的战略和战术背景。凭借贝洛赫的研究成果，我于1911年沿着迈加拉海峡的海岸走了一遍。亲眼看到海峡大小之后，我就明白战斗不可能在海峡内发生，因为空间太狭小了。战斗地点只可能在位于迈加拉海峡以北的依洛西斯湾（Bay of Eleusis）。

在此基础上，我的学生格特弗里德·齐恩（Gottfried Zinn）又研究了一遍原始文献，无可反驳地得出了萨拉米斯海战的战略和战术态势。[1] 原始文献原本看似龃龉，只能改动文字方可补救，如今看来是完全协调的。

波斯占领雅典后，整整等了14天才逼迫雅典人发起决战（占领雅典的日期是9月10日前后，海战是9月28日）。尽管之前取得了多次胜利，但波斯人面对的情况相当艰难，下决断并不容易。希腊舰队停泊于萨拉米斯岛北岸，那里有所需的沙质海岸（整个东岸几乎都是岩石）。由于岛上淡水不足以供给整个舰队（约300艘军舰，船员共有5万到6万人），部分船只大概停在迈加拉海岸外。不难设想，薛西斯肯定考虑过水陆并进，一面从海上攻击希腊舰队，一面从陆上沿着雅典至迈加拉的道路推进。但是，由于没有相关信息流传下来,我们只能认为波斯人确实没有打到迈加拉。[2] 他们大概觉得自身力量不够强,于是仅限于发动海战,这就需要周密的长时间侦察。为了赶上希腊舰队,波斯舰队要么取道遍布岛屿和礁石、蜿蜒曲折的萨拉米斯海峡,要么走迈加拉一侧的特鲁皮卡湾(Trupica Bay),它比萨拉米斯海峡还要狭窄。最后的决定是同时走两边,一旦取胜,希腊舰队便会全军覆没。两队趁夜出发,以便次日早晨由两侧大略同时进入依洛西斯湾。

接到波斯舰队驶来的消息后,希腊方立即做出准备,分兵拒敌,向敌舰前进。交战前,特米斯托克利又发表了一次动员讲话。他的意图不是把敌人堵在更开阔的依洛西斯湾以外,而是趁对方刚驶出狭窄水道、布阵尚未完成的时候发起攻击。于是,希腊先锋——之前大概就是他们在观察和掩护海峡入口——先向后方划了一段距离。接着,战斗打响了,希腊人试图包抄向依洛西斯湾前进的波斯舰队右翼。希罗多德对此的叙述是正确的。波斯人勇猛地击退了希腊军,但海峡令波斯舰队驶出的速度很慢;而希腊人的力量在任何情况下都占据优势,可以马上发挥出来。于是,尽管腓尼基人和爱奥尼亚人操纵的战舰机动性更强,如今只得退却,回到海峡之内。前面退下来的船和后面赶上去的船相互碰撞,造成了极大的混乱和严重的损失。

没有留下有关迈加拉一侧海峡战况的记载。不过,情况肯定与这一边差不多,因为雅典人告诉希罗多德,科林斯的战舰已经朝那个方向驶去了(雅典人以为他们要逃跑),而科林斯人则将领袖阿德曼图奉为胜利者。

现在,令史书记载费解难懂的传统错误认识都烟消云散了。

目前还有一处没有解释清楚：为什么埃斯库罗斯专门强调的狭窄水道只对波斯人不利呢？毕竟，腓尼基和爱奥尼亚水手的能力毫无疑问要比雅典民兵船员强。不过，此处正好显示了特米斯托克利的战略天赋，由于他的作战部署，海峡成为希腊人的"朋友"，而波斯军却发挥不出自己的航海技能。这条水道与战斗本身没有直接联系，却与通往战场的路径直接相关。

希腊在阿提米西安的开阔水域打胜了，如今舰船数目更多了，却有意于逼仄水域寻求战机。这一矛盾如今解开了，因为狭窄的海峡并不是战场本身，而只是通往战场的路径。

薛西斯的观战地都说为萨拉米斯海峡旁的山丘；而普鲁塔克有另外一处记载，即薛西斯将王座立于迈加拉边境的一座山上。如果战斗发生于萨拉米斯海峡的南侧入口，距离观战地 10 千米到 12 千米，这段记载怎么能说通呢？如今看来，这条记载未必准确，却也不无合理性。

我们终于找到了有足够空间打这场海战的地方。希罗多德笔下波斯人在右翼依洛西斯湾的动向，以及科林斯人的行为总算清楚了。

不过，在整体文献中，与齐恩新说相左的地方也不止一处。

希腊人虽然获胜，但战果并不大。他们还不敢乘胜追击，进入大海。实际上，他们以为会有新一轮的进攻。但是，薛西斯已经认定自己无法在海上征服希腊人，尤其是在克基拉舰队还在路上时。他觉得自己的舰队要是打不败希腊人，之后便无用武之地了，于是令其返航。

然而，这一事实绝不意味着波斯人输掉了战争。攻打地峡阵地诚然无益，但波斯人毕竟手握希腊中部和阿提卡半岛，希腊人也不敢冒险在陆地正面迎战。因此，如果陆军留在希腊，就地补给，希腊人——尤其是雅典人——估计抵御不住反复的入侵，最终会厌倦战争。毕竟，他们不能每年都撤出城市，渡海避难。

  因此，波斯必须做好打持久战的准备。对伟大的波斯王来说，眼前在希腊无事可做。亲自率兵征讨要求战果辉煌，而现在大概是指望不上了。恰恰相反，从军事和政治角度来说，薛西斯本人甚至应该回到亚洲。波斯军处境的弱点在于爱奥尼亚希腊人的可靠程度很低。一旦他们投向敌方，希腊境内的波斯陆军便失去了与本土的联系，处境凶险。薛西斯手下并无其他军队，因此维持爱奥尼亚人服从的最好手段就是国王的个人权威。于是，薛西斯把总指挥权交给了马铎尼斯，本人返回萨迪斯（Sardis）①并停留了一段时间。³马铎尼斯将兵力收缩至希腊北部，避免军队遭到突袭，还可以利用占领区获得补给，寻机再次发起攻势。

---

① 位于土耳其西部，曾是被波斯征服的古国吕底亚的都城，如今已成遗址。

9　普拉提亚会战

波斯军只是稍稍后退，随时可能卷土重来。希腊将领并非不知道要如何、在何处展开反击。萨拉米斯海战刚刚结束，据说特米斯托克利就提议舰队北上，进入赫勒斯滂海峡，摧毁波斯军搭起的浮桥。按照大众能够理解的方式，该方案的目标是进军色雷斯和小亚细亚半岛，鼓动当地的希腊人背叛蛮族，脱离蛮族统治。如果目的只是摧毁赫勒斯滂海峡上的浮桥，特米斯托克利就根本不用如此麻烦，大风和气候便已足够，无须希腊人襄助。

特米斯托克利的方案并未激发同胞的热情；大批波斯陆军正在蹂躏希腊人的家园，此时却要他们远征他方？到了第二年春天，特米斯托克利仍然未解释清楚他的方案，于是雅典人解除了他即萨拉米斯海战的英雄的统率权，换上他的政敌阿里斯忒得斯（Aristides）和克桑提普斯（Xanthippus）。

斯巴达人更看好特米斯托克利，这是很自然的。如果他的方案成功，马铎尼斯就不得不放弃希腊的土地，而斯巴达人也用不着打他们特别害怕发生的陆战了。

两大城邦出现意见分歧，希腊人起初无所作为。雅典人要求伯罗奔尼撒全军北上，掩护阿提卡半岛，抵御波斯人入侵。斯巴达人坚持海上远征。双方都想逼对方就范。斯巴达按兵不动，随着马铎尼斯离雅典越来越近，雅典人不得不再次放弃城市和土地，跨海避难。接下来，他们威胁斯巴达说，如果伯罗奔尼撒方面再不伸出援手，雅典就要与波斯谈判，与其议和乃至结盟了。

最后，双方达成妥协。爱奥尼亚方面接连传来消息，说他们愿意背叛波斯人。于是，无须全体舰队远征，只要派一部分去即可，一部分舰队冒这个风险也就值了，而雅典的大部分重装步兵也可以投入陆战。按照最保守的估计，萨拉米斯海战有 310 艘希腊三层桨战舰参战，加起来需要 5 万到 6 万名船员。现在，只有 110 艘战舰跨海出征，估计船员为 2 万人，由斯巴达国王利俄提基德（Leotychides）和雅典方的克桑提普斯指挥。保萨尼亚斯率领的伯罗奔尼撒重装步兵则集结于地峡，当马铎尼斯放弃阿提卡时，伯罗奔尼撒军为避免背面受敌，遂驻扎于普拉提亚附近的西塞隆山（Mount Cithaeron），以掩护阿提卡。但是，伯罗奔尼撒军没有动，对面平原上的波斯军也没有动，双方都没有发起进攻。

到目前为止，叙事尚无需考证两军规模。有一件事是明确的，波斯军自信战术能力优于希腊人，而后者也不敢在开阔地带交战。自去年开战以来，希腊一方的条件得到极大改善，因为部分参与萨拉米斯海战的联军船员登岸了，特别是雅典、迈加拉、埃伊纳和科林斯的部队。因此，他们现在能够采取前一年还认为无法实现的行动，即占据普拉提亚附近的阵地，为阿提卡提供掩护。考虑到战舰仍然需要部分船员，而希腊人同时也尽了最大努力来加强陆上力量,我们不妨假定斯巴达和雅典各有约 5 000 名重装步兵,其余城邦加起来的数目大致相当,那么全军大概就有 2 万多名重装步兵;再加上大致同等数目的无甲人员,总共是 4 万人。波斯军(加上臣服的希腊人)的兵力大概与希腊军接近。如果马铎尼斯军的人数优势巨大,乃至达到对方两倍的话,他不可能在阿索帕斯河(Asopus)僵持,一半兵力投入前线,而将另一半兵力越过西塞隆山东部的隘口之一,切断希腊军的补给线,或者从后面攻击敌人。

哪怕兵力优势没有这么大,马铎尼斯大概也能够迂回包抄希腊军,而无被各个击破之虞。他事实上肯定会这样做的。原因在于,多兵种联合的波斯军队在军事素养上至少不逊于希腊民兵,机动性要强得多,即便一股部队陷入孤立,希腊人也很难迫使它交战。得益于希腊人提供的援军,波斯在骑兵、弓箭手以外也有了重装步兵。因此,波斯人静候于阿索帕斯河只有一种令人满意的解释:马铎尼斯军的人数与希腊军基本相当,很可能还要少几千人,乃至大几千人。

根据马铎尼斯军的兵力,我们可以倒推出,前一年薛西斯手下的人数也差不太多。伤亡及护卫人员无疑得到了臣属希腊城邦和上岸水手的补充。[1] 从波斯军包含大量贵族官兵来判断,波斯军的辎重部队的人数很可能多于希腊方,达到 4 万到 5 万人的规模。这样算下来,全军约为 5 万到 7 万人,这在希腊人眼里简直是数不胜数,于是他们沉浸于最夸大的虚构之中。

普拉提亚会战的通行叙事——如希罗多德的记述——详尽丰富,却充满矛盾,至今尚未澄清。仅仅隔着一代人,传说与事实之间便远隔千里。要想对这种情况有一个正确的认识,我要再次建议读者了解一下布林格撰写的《勃艮第战争史》。从民族心理学的角度看，这也是一个特别有意义的课题，希腊与瑞士两个民族相差巨大，为何民间传奇发挥作用的方式却如此相近？两者毫无抄袭或模仿的表现，为何笔下情景与风格类型却如出一辙？

不过，每一处细节、每一条史料都不能视为确凿，因此需要去质疑，但整体重构并非毫无希望。无论传说的所有细节是多么不可靠，里面总包含一些不太可能虚构的事实，让我们有可能确定战斗结果中真正重要、典型和主要的元素是什么。但是，地理问题可能会导致进一步的偏离。格伦迪（Grundy）对普拉提亚的地形做了极其细致的考证和鉴定。我在撰写本书初版时还不知道这部作品，但我的学生路德维希·温特（Ludwig Winter）[2]根据它重构了战斗经过，我认为相当成功。

希罗多德提到了许多隘口、海湾、山丘、神庙的名字，通过与极少数可以完全确定的地点进行比对，我们有可能——确定其位置，然后再参照两军行进路线，看能否协调起来。马拉松会战和萨拉米斯海战也是同样的情况。战场地形是事件经过的重要因素，地理问题澄清之后，军事与历史疑难的面纱便揭开了。

希腊军走出西塞隆山口，向北麓前进时，波斯骑射手发起了攻击，迈加拉先头部队遭受重创，直到雅典派弓箭手来支援。走出隘口的希腊人越来越多，他们并未下山多远，而是严守山坡，于是波斯人不等己方步兵抵达便投入了战斗。

保萨尼亚斯此时采取的行动表明，他已经吸取了马拉松会战的经验，且有意遵循之。不过，这可不简单。他手下是来自大约20个独立城邦的民兵，思乡心切，渴望回归正常生活，也不理解指挥官为什么要采取拖延战略。保萨尼亚斯知道自己要做什么。他请来一名先知，向先知充分讲解了战术态势，于是先知从神谕中得出结论：只要希腊人保持守势，不越过眼前小小的阿索帕斯河，他们必将取胜。尽管后来发生给养紧缺的问题，希腊军却依然严守阵地。

过了几天，保萨尼亚斯将阵地前移，移到普拉提亚平原前的最后一座山丘，山脚正对阿索帕斯河，目标显然是诱敌出击。希腊军尽可能地散开布阵，以免完全失去两侧山势掩护的有利防御位置。

但是，马铎尼斯像保萨尼亚斯一样，明白这一战术的实施要求和先知的价值。他也找来一名先知，先知预言说波斯人绝不能越过阿索帕斯河。

马铎尼斯没有仰攻希腊军，而是命令弓箭手阻止对方从阿索帕斯河取水，骑兵更是绕过山丘，切断山后的加尔加菲亚泉（Gargaphia）和补给线。

希腊军陷入困境，保萨尼亚斯最后只得退兵。他准备撤到后方，背靠普拉提亚城，这样波斯军便不可能切断水源和补给了。撤退过程并不容易，因为波斯军近在眼前，能够轻易袭击行军中的部队。因此，希腊人决定分三路趁夜退兵，斯巴达断后。据希罗多德记载，中队（lochus）长阿蒙法里都斯（Amompharetus）不愿退兵，与国王发生争执，最后双手举起一块石头，放到国王脚下。不过，阿蒙法里都斯毕竟还是跟随大部队走了，这段故事似乎应该这样解读：他绝非违抗王命，恰恰相反，他在向国王发誓说自己会像石头一样守住山丘，掩护撤退行动。

早上，波斯人发现希腊人已经撤走，立即展开追击，赶上的时候对方尚未会合。毫无疑问，正是希腊人的分兵导致马铎尼斯抛下神谕,下令进攻。

波斯军战胜了迈加拉人和夫利西亚人(Phliasan)一路,可能是因为战局已定,迈加拉人和夫利西亚人便莽撞而缺乏组织地冲下平原;如果我们觉得希罗多德的叙述不可轻信,或许当时还有其他利于骑兵发挥的条件。雅典一路对阵波斯人的希腊盟军,通过一场沉着(但估计不太激烈)的重装步兵战斗将其击败。但是,真正的战斗发生在斯巴达人与提基亚人(Tegean)一路。

希罗多德告诉我们,波斯军向斯巴达人发起进攻时,箭雨真是遮天蔽日。斯巴达人伤亡者甚多,但他们顶住伤亡,坚守不动,因为吉兆未现。最后,保萨尼亚斯说普拉提亚的守护神赫拉前来相助,她的神庙就在斯巴达阵地的视线范围内。吉兆终于出现,斯巴达人发起冲锋,守具不足的波斯人根本挡不住重甲敌军的集团冲击。

保萨尼亚斯知道如何运用先知和祭司。只要波斯军先锋从远处向方阵射击——目的大概是引诱希腊人贸然进攻——他就命令部队坚守。直到波斯大部队接近到他选定的位置,保萨尼亚斯才举起双手,向女神祈祷。祭司看到后心领神会,马上宣布吉兆出现,保萨尼亚斯随之发出进攻信号。

到此时为止,记载中不断提到波斯骑兵向希腊人施加压力。但是,在关于这次进攻的文字里,我们完全找不到他们切入希腊侧翼的内容,而只有撤退时加以掩护的内容。因此,保萨尼亚斯肯定是选择了一处波斯骑兵无法攻击方阵侧面的战场。如今,温特已经找到了它的准确位置。普拉提亚会战与马拉松会战如出一辙。一切细节都可以质疑,但下列内容是确定的:波斯军最后冒险出击,保萨尼亚斯仿照马拉松会战制订方案，实际战斗经过也是类似的。如果没有马拉松会战，我们就不会发现字里行间的史实内核；但是，马拉松会战为我们提供了理解普拉提亚会战的钥匙。从这里开始，我要毫不犹豫地再进一步，宣称"斯巴达人顶着波斯箭雨岿然不动，起初吉兆未现，后来保萨尼亚斯祈求神助"的记载皆为信史。通行传说不免添油加醋，在我们抽丝剥茧、从中发掘历史真相的历程中，像普拉提亚会战这样清楚明白的实例无疑是极其罕见的。

在我看来，马铎尼斯之所以求战心切，是由于一条虽不见于史籍，却符合当时情势的合理战略考量似乎发挥了一定的作用，这并非毫无可能。

如果我们孤立地看待维奥蒂亚战场，需要立即决断的似乎就应该是希腊人。实际上，马铎尼斯已经转入消耗战，他命令部队从臣服的希腊人那里获得补给，再次通过掠夺物资威胁阿提卡。但是，维奥蒂亚只是战场的一部分。希腊舰队已经驶向爱奥尼亚，希望能煽动当地人叛乱。马铎尼斯不可能没有注意到这一点，希腊人无疑也会确保他了解此事。实际上，下列假设并非过分大胆：薛西斯本人在萨迪斯发现了危险，然后传令给马铎尼斯，要他尽快解决希腊军问题，抽出兵力回防和弹压、镇守爱奥尼亚。于是，马铎尼斯寻求决战的动机就更强烈了。如此一来，我们就能解释他决定首先出击的原因，尽管从战术角度来看，维持守势、等待希腊从平原上进攻要更好。

还有一处没有解释：根据希罗多德的记载，阿塔培扎斯（Artabazus）率领的另一支波斯军队没有参与普拉提亚会战。为什么？大概只是因为来迟了。

表面来看，希腊人做出分兵的决定，一面向马铎尼斯进军，一面派出庞大舰队似乎是大错特错。他们为什么不合兵一处，先打垮马铎尼斯军队，然后跨海远征呢？在这个案例中，战略要服从于战术，我们之后会经常遇到这种情况。哪怕希腊一方的重装步兵再多1万人，他们也不能下山进入维奥蒂亚平原，在对敌军有利的开阔地带打垮波斯人，而只能采取守势，占据有掩护的地形以防备波斯骑兵，试图引诱对方进攻，除此之外别无选择。为此，希腊人必须以海上远征配合，或许还要接受频繁调动，正如保萨尼亚斯命令的那样。上述事情彼此相连，真的有人相信这仅仅是巧合，是盲信预言和吉兆的结果吗？这一观点固然无法证伪，但我对特米斯托克利和保萨尼亚斯有足够的信心，相信他们胸有成竹，正如希腊人向我们描述的那样。为了实现崇高的目标，他们深知如何将战略眼光、英勇气概与巧计诡道结合起来，既能从远处观察大势，又不惮于采取最极端的手段，披上叛逆的外衣，利用大众的迷信，堪与米提亚德、列奥尼达比肩而立，不亦人杰！

BOOK II
第二篇

The Greeks at Their Height
鼎盛时期的希腊军队

1　伯罗奔尼撒战争之前的希腊战术

在整个公元前5世纪，曾经击败波斯人的重装步兵方阵仍然是希腊的基本战术阵形。

对非职业公民军队来说，重装步兵方阵符合逻辑的战术阵形。它对单兵的要求很简单，需要的训练也少。每个人都要学会身披重甲移动，使用长矛，坚守纵队，保持规定方向。复杂操练是不需要的。全体士兵组成一个封闭的阵形，直行向前，接近敌军正面时跑步发起进攻。根据希罗多德的记载，这种接近后跑步进攻的战法首次出现于马拉松会战。

在一场普通的重装步兵战斗中，双方都会往右偏，而左翼略微落后，因为每名士兵都知道自己的右手侧没有盾牌保护，相对薄弱，于是就会努力从右侧打击敌军。因此，两军接触之后——双方的右翼很容易发生部分重叠——右翼都会战胜对方的左翼。接下来是两军右翼再次交战。此时，之前的正面往往已经成了背面，而背面现在成了正面。这才是决定胜负的时刻。

无论如何，这一特点并未引出任何战术意义上的结论，战斗的基本样式仍然是面对面互冲,没有任何谋略。

纵然这种战术的弱点早在希波战争前便已为人所知,纵然人们意识到它有缺陷,但它还是被延续了下来。早在公元前511年,斯巴达人就在雅典不远处的平原败于帖撒罗尼迦人(Thessalonian)的骑兵(希罗多德,第5卷第63章)。整个希波战争期间,希腊人都很惧怕波斯骑兵。甚至在普拉提亚会战中,希腊军队的几支分队还被底比斯骑兵追上,损失惨重。

然而,我们从未听说过希腊人试图从原则的高度,通过采用新阵形或新战术的手段来弥补这一缺陷。重装步兵方阵以外的骑兵、弓箭手和其他轻装士兵一直是辅助性力量,或许在某些情况下会发挥有力的作用,但并不被认为是军队的重要有机组成部分。早在希波战争期间,情况基本就是如此。如果说在希波战争期间,我们从未听说过希腊一方骑兵的记录,那么我们就不应当将其理解为希腊人没有骑兵,只是数量稀少的希腊骑兵不敢冒险骑马与波斯人对战而已。于是,大部分骑兵估计都把马匹留在了家里,作为方阵里的重装步兵参战。

不管是斯巴达还是雅典,条件都不适合组建一支真正强有力的骑兵部队,[1]哪怕在某些情况下,骑兵确实起到了至关重要的作用,比如雅典发动的西西里(Sicily)战役。[2]

在我看来,与骑兵一样,雅典的弓箭手必须被视为精锐部队。[3]哪怕他们的装备不如重装步兵昂贵,但弓箭手真正形成战斗力所需的训练却要多得多。一名重装步兵很快就能训练完毕,加入方阵,大家会裹挟着、推动着他向前进。而为了接近敌军,并在受到攻击时迅速撤回,弓箭手不仅要射术精湛,更要行动敏捷、协同有序。

因此，他们必须有自立意识、警惕性高，有判断力、头脑清醒。在有尚武传统的民族中，人们小时候就通过训练获得了这种品格。在高度文明的国家，比如当时的雅典，这种品格是在中上层阶级内形成的，他们有足够的时间和闲暇来锻炼武艺。因此，我会在一个特定的雅典公民阶层中寻找弓箭手，这些人的儿子养不起马匹，但与大多数公民相比，他们能够投入军事训练的时间和精力还是要多一些。另外，真正的良弓也不便宜。

除了弓箭手，远程兵种还包括投石手和掷矛手。操作投石器需要很高的技巧，只有某些地方的人才能掌握这项技能，当地的年轻人从小就遵照传统而练习使用它。比如，罗德岛（Rhodes）就有这个传统，罗德岛投石手是很抢手的雇佣兵。

如果掷矛手像投石手一样没有自卫武器，掷矛手就比不上弓箭手，也比不上投石手。但是，掷矛手的武器有可能是用作轻型防具的。因此，掷矛手部队主要是在北方的半希腊部族中组建的。在这些部族中，人们没有能力大量制造全套盔甲，于是就成立了特殊的投矛手部队，即轻盾兵（peltast）。轻盾兵装备一面轻型圆盾、一顶帽子（很可能是皮革或夹层亚麻布材质的硬帽）、几支投矛、一把剑。今天的班图人（Bantu）和苏丹黑人（Sudan）能把矛投出40步远。

在人数相等的情况下，轻盾兵自然不会正面对抗重装步兵。但是，组建一支数量占优势的轻盾兵部队很容易。[4] 而且，在复杂地形下，轻盾兵行动更灵便，能够对重装步兵方阵侧后发起非常有效的进攻。在这种情况下，弓箭手和投石手对重装步兵甚至能构成更大的威胁；但轻盾兵也有一项优势，那就是在危急时刻可以正面一战。重装步兵和弓箭手的运用范围都相当狭窄，而轻盾兵什么都能干。轻盾兵可以从远处投矛，而且进退自如。由于装备盾牌，他们的防护水平刚好足以参与近战。

无武装的随军仆役或辎重队维持着希波战争时期的特点。在埃斯库罗斯的《波斯人》剧中（第441行），雅典人在决定发动萨拉米斯海战后渡海登上普斯塔里亚岛，先是向被孤立的波斯人投石，然后才投入近战。修昔底德《伯罗奔尼撒战争史》（*History of the Peloponnesian War*）第1章第106节中也记载了类似的事迹：雅典重装步兵堵住一个被切断联系的科林斯作战单位，然后"轻装士兵"*用石头将科林斯人杀死。在这里，我们或许会看到一点变化：无论如何，在雅典军队中，上战场充当仆役的奴隶越来越多了。纯粹从军事角度来看，不管这一变化带来了怎样的弱化效果，经过专业训练的轻装士兵带来的更广泛贡献都足以将其抵消。

在战斗阵形中，骑兵、轻装士兵和轻盾兵均布置于重装步兵方阵的侧翼。

在有利条件下，骑兵或轻装士兵有时会在战斗中有力地支援重装步兵，决定战局胜负，甚至独自击败一支重装步兵。

尽管伯罗奔尼撒战争时期的战术阵形看上去或许已经很简单了，但工事和攻城技术还要更加原始。希腊人建起的城墙相当简单。就算守军数量只是勉强够用，城墙似乎也被视为坚不可摧。哪怕攻城方占绝对人数优势，他们既不懂也不敢强攻，而只会等待守军耐不住饥饿，自己出城。

2　伯利克里战略

如前所述，希波战争至伯罗奔尼撒战争期间的希腊战术没有多大变化。尽管如此，后一场战争依然提供了审视前一场战争的全新角度。希波战争的主要特点是，作战双方的装备和战术差异巨大。伯罗奔尼撒战争则是希腊人的内战，装备和战术都是一样的，特点在于一方占据海上优势，一方占据陆上优势。这种状况形成了一个全新的战略问题。希波战争的基础是大规模决战，胜负只有两种结果：要么是万王之王击败并降服希腊人，要么是惨败。伯罗奔尼撒战争旷日持久，长达 27 年，陆战或许有几场，但并无重要的决战。直到意外发生，斯巴达人建成一支堪与雅典匹敌的海上力量，战争才真正结束。

战争爆发时，双方都不知道事态会如何发展。他们脑子里只有一个念头：既然一方有陆上优势，一方有海上优势，而且双方的差距那么大，较弱的一方就绝不会冒险发动像萨拉米斯海战、普拉提亚会战那样大规模的战术决战。于是，他们必须面对一个全新的、不同寻常的战略态势：久拖不决的消耗战。

现在，我们遇到了世界史中最复杂却也最常见的现象之一。正常情况下，"战争"这一概念要求一方主动抓住并打败另一方，以使其屈服于自己的意志。要集中全部力量，毕其功于一役；或者继续猛击，直到决出胜负。战略的任务就是为决战做好准备，尽可能争取最有利的条件。但是，我们现在遇到了一场战争，各种原因导致其不能发生这样的决战。之后还会多次遇到这种情况。尽管如此，一方还是找到了屈服敌方意志、达成战争政治目标的方法。

与马拉松、温泉关、萨拉米斯和普拉提亚会战一样，希腊又出了一位人物，他把握住了新使命最深刻的内涵，并凭借第一流的笃定精神完成了使命。

伯利克里是一名雅典人。他明白，母邦的陆上力量比不上伯罗奔尼撒-维奥蒂亚联盟。他从这一事实得出了必然的逻辑结论：要彻底疏散阿提卡乡村地区的人口，交给敌军处置。"如果我认为能够说服你们的话，我就会要求你们亲手毁掉自己的田地。"他对雅典人说道。农村居民必须搬到城内以及连接城区和两座港口［比雷埃夫斯（Piraeus）、法勒隆（Phalerum）］的长壁之间。敌军固然蹂躏阿提卡乡间，但雅典海军也还以颜色，封锁敌方港口，切断敌方城市之间的一切贸易，而且四处登陆，发起突然袭击，破坏敌方的乡间，不逊乃至胜于敌军对本国的摧残。这种战争行为——几乎可称之为"无为战"——能带来怎样的结果呢？压倒性的决战是不可能的。一切都取决于哪一方首先忍受不了痛楚，哪一方首先精疲力竭。我们可以设想出完全不流血的战争方式，但是对某处强力一击并非不值得考虑，这有利于软化敌方意志。向雅典公民解释自己的方案时，伯利克里提出了上述方针。但是，他还补充了一个事实：

必须抓住"不待之机",这可谓先见之明,庙算详备。究其本质,消耗战放弃了毕其功于一役的可能性;将帅过分谨慎的危险随之而来。凡是战争,总有紧要关头,唯有勇者方可把握。不过,谋事在人,成事在天。敌方兵力到底有多少,又有哪些不可预料的相关因素,都是指挥官不可能确切知道的。就在犹豫、估计、研判形势的当口,时机便再次溜走。如果他总是抱着战争结果不在于冒险决断,而在于逐步消耗的念头,那么决定是否行动就要加倍困难,乃至10倍困难。在消耗战的大原则以外,伯利克里还提出必须利用"不待之机"。要想透彻理解这句话,我们必须将理论继续运用于后世的战争(我们会反复看到,指挥官常会耽于消耗战略,避免做出有风险的决策)。

雅典人断定,伯利克里指挥过9场胜利的战斗。我们对这些胜利所知甚少,无法据其判断伯利克里的战略才能。但是,通过伯罗奔尼撒战争的整体进程和无数次捷报,我们必须认为他不只是伟大的政治家,更是世界史上的伟大军事家。为他赢得殊荣的并非作战计划(名将不在论兵,而在战功),而是随之而来的巨大决断力和个人权威。他从不半途而废,而是全神贯注,不吝惜任何必要的牺牲,哪怕是整个阿提卡乡间。面对民主制度下的公民大会,他能够让群众听懂他的决策,并获得他们的认可。这一决策的执行是不逊色于任何胜利的战略行为。公元前480、前479年,随着波斯人的逼近,雅典人不仅让出了阿提卡乡间,连城市也一并放弃。这一决定本身或许更甚于伯利克里的决策,但性质却截然不同。前者是绝望的行为,如果不想被征服,雅典人就别无选择。收复故土的战斗没过多久便打响了。在伯罗奔尼撒战争中,疏散同样无可避免,其必然性却并非一目了然。恰恰相反，唯有通过反思性的战略判断方可澄清；而且，该战略并非暂避一时，而是经年累月的长期战略。即便在今天，偶尔还有学究否认疏散的必要性，从而更加证明了伯利克里心智之强大：这项战略如此难以把握，他却说服了掌握主权的雅典公民接受它。

雅典人长期践行了伯利克里的作战计划。最初的一年半里——或者伯利克里担任城邦领袖期间——计划的每一个细节都得到了明智而积极的贯彻，各项措施配合无间。哪怕伯利克里下台，去世后，雅典人动力依然不减，但其行动却不再协调和规律，而是随着偶然的时事压力和演说家们的想法而摇摆。尽管如此，雅典仍然明显保持着优势，就连夺去了全城四分之一公民生命的多次可怕的瘟疫，也没有将它摧折。最终，持续的游击战甚至带来了大胜的契机。420名拉西第梦人（Lacedaemonians）被困在斯法克特利亚岛（Sphacteria Island）[①]上，部分阵亡，其余292人被俘，被俘者中包括120名斯巴达人。

凭借这次胜利，伯利克里的作战计划终于在本人去世5年后达成。当然，我们不应该假定雅典人的目标是征服全希腊，就像罗马人征服全意大利那样。伯利克里和任何雅典政治家都没有这般念头，雅典还是太弱小了。要想征服全希腊，不仅要多次取得陆战大胜，而且最重要的是围攻并夺取底比斯、迈加拉、科林斯等敌方城邦。与现代欧洲战争一样，雅典在伯罗奔尼撒战争中的目标以彰显自身地位、维持力量均势、扩张势力范围为限。

---

① 位于希腊南部的伯罗奔尼撒半岛西端。

伯利克里死后，雅典再没有出现有能力、有影响的政治家，因此错失了以有利条件议和的机会。但是，哪怕安菲波利（Amphipolis）①负于天才的斯巴达指挥官伯拉希达（Brasidas），雅典仍然能够缔结和约。雅典的地位得到了充分认可，而雅典本就没有其他必须达成的目标。

8年之后，战端再起。这一次，雅典人战败了，因为他们把伯利克里的一条重要建议抛诸脑后。他曾警告雅典人，"交战期间，不要试图征服新的目标"。

早在公元前424年，雅典人便被斯法克特利亚岛的胜利冲昏了头脑，计划发起大规模的陆上行动，结果却在第力安（Delium）②遭遇惨败，至少损失了1 000名重装步兵。但是，雅典人在缔结了实为停战的和约之后，又出兵攻打西西里，损失了约6 000名公民，[1]还赔上了一支庞大的舰队及其装备。转折由此开启。爱奥尼亚人敢于脱离雅典，伯罗奔尼撒人渡海而来，更与波斯国王结盟。雅典人不是联军的对手，最终海战落败，只得屈服。

---

① 位于希腊东北部海滨。
② 位于希腊中部的维奥蒂亚海滨。

3　雇佣兵

希波战争期间,希腊军队由征召的公民组成;而到了伯罗奔尼撒战争接近尾声的时候,情况发生了变化。

实际上,"全民皆兵"*,征召全体公民上战场的情况极少发生。正常情况下,城邦会派出指定兵力的陆军或舰队,以雅典为例,征兵过程大体如下。公民分成10个部落(tribe);每个部落又分成三个三分部(trittyes),分别在城市、沿海、内陆;每个三分部又有若干区(demes)。征兵总数摊派到各个单位,根据规则,男性轮流上阵。不过,这样的常规轮流可能会引发严重的不平等。每次出征的时间长度和困难程度差别很大。重装步兵由有产阶级充任,出征的频率比舰队水手低得多。早期战役时间不长,给养由公民自备,参与作战还不会完全打乱本职工作和商业贸易。往往发生于海外的长期战争就截然不同了。为了让长期战役成为可能,城邦开始给士兵支付薪水。实际上,薪水还是很高的。[1]这笔钱来自雅典的盟国。因此,盟国免服兵役,至少负担要轻得多。[2]雅典公民代替他们出战,在此过程中培养了极高的军事素养。尽管他们仍然是公民，但已经具备了职业军人的某些特征，他们也完全明白这一点。第一次叙拉古（Syracuse）①之战前夕，雅典指挥官尼西亚斯（Nicias）提醒手下将士：他们与对方的公民兵是大不相同的。³因此，我们不妨设想，每当雅典要为一场战役征兵时，总不会缺少雅典人或外邦人主动报名，或者奴隶会被迫上舰服役。种种迹象表明，当时并没有专门的水手服役名单。紧急情况下，全部无职人员都要应征入伍。⁴重装步兵服役就不同了。当然，服役不仅是履行个人义务，也是征税的一种形式，因为重装步兵的昂贵装备要个人负担。因此，重装步兵有一套专门的征召流程。而且，在全体公民名单以外，还有一张符合重装步兵资格的公民名单，叫作"兵册"（Catalog）。尽管如此，我们不妨设想，即便有人不愿意上战场，找人替补也并非难事，⁵而城邦也不会拒绝合适的替补。从这个角度看，城邦公民可以各行本业，而替补兵员并不一定会损害作战效能，甚至会改善作战效能。当然，重装步兵服役本身并不是严格的个人义务，而是每户出一丁加一名随从。因此，由父亲还是儿子，哥哥还是弟弟，乃至远亲还是邻居筹办重装步兵的装备，为全家服兵役，可能从一开始就被认为是家族内部事务。而且，伯罗奔尼撒战争爆发时，为了加强征召重装步兵的实力，城邦用公有装备武装了一批日佣级公民。⁶如果西西里远征登陆的重装步兵里有1 500人名列"兵册"，另有700名日佣级公民，那么这意味着，要么只有1 500名上层等级的公民报到参战，要么雅典认为不应该派遣太多有产公民去海外，于是每个部落只征150人，另募700名日佣级

---

① 位于西西里岛东岸，起初是科林斯的希腊人建立的一座海外城邦。

公民，由城邦提供装备。后一种的可能性更大。

因此，早在希波战争结束后不久，除普遍征兵的情况，雅典的海军水手就完全由雇佣兵担任了。伯罗奔尼撒战争期间，重装步兵也逐渐雇佣兵化。

其他城邦也出现了类似的情况。伯罗奔尼撒战争前几年，反雅典联军的大部分城邦只派出三分之二的公民重装步兵入侵阿提卡，他们在抄掠乡间几周之后便回国了。反雅典联军很快就发现，这种办法是不能让雅典屈服的。最后，斯巴达将军伯拉希达率部北上色雷斯，通过雅典的殖民地和结盟城邦来打击它。这支部队不能由暂时放下本业，自备给养出征的公民兵组成。斯巴达人向来自诩为纯粹的军人，无民务缠身。但是，这支部队也并非由他们组成。这样一场长途跋涉的战役若要带走一半，哪怕只带走四分之一符合兵役资格的斯巴达人（不过五六百人而已），都是完全背离斯巴达城邦的组织架构和斯巴达人的观点和主张的。斯巴达人的做法是：召集身材结实的农奴黑劳士，将他们训练为重装步兵。为了确保其忠诚，斯巴达人自然要为他们提供给养，还有一定的报酬。于是，由于发动战争的内在必然性，斯巴达走上了与雅典相同的道路。

4 公元前 4 世纪对原有战术体系的完善

伯罗奔尼撒战争纵然旷日持久、过程曲折，却依然没有催生新的战争艺术形式。它确实为希腊带来了职业军制。希腊人对专业雇佣兵早有认识。僭主手下有卫队，而卫队正是其威权所系，如萨摩斯僭主波利克拉底（Polycrates of Samos）和雅典僭主庇西斯特拉图（Peisistratus of Athens）。¹ 据说，波利克拉底甚至有一支 1 000 人的弓箭手部队。² 埃及法老和吕底亚（Lydia）国王都有希腊雇佣兵。但是，这些部队毕竟达不到决定性的规模。雇佣兵制真正成为希腊民族、希腊历史的重要因素，基本上是伯罗奔尼撒战争的产物。但是，值得考虑的不只是数量庞大的私兵，更重要的是雇佣兵首领取得了全新地位，职业军官由此出现。

这一转折是由雅典的德摩斯梯尼（Demosthenes）①、拉马库斯（Lamachus）和斯巴达的伯拉希达、吉利普斯（Gylippus）以及莱

---

① 雅典雄辩家和民主派政治家（前 384—前 322），极力反对马其顿入侵希腊，失败后自杀身亡。

山德（Lysander）带来的。伯罗奔尼撒战争刚刚结束，时任小亚细亚总督的波斯王子居鲁士就起兵反叛兄长波斯国王阿塔薛西斯（Artaxerxes）。居鲁士雇佣了至少1.3万名希腊士兵，他们只受经验丰富的各级军官统辖。

当然，公民兵逐渐转向雇佣兵的一个结果是完善和强化了训练。换言之，斯巴达人的训练纪律同样适用于其他希腊城邦的军队。修昔底德写道（6.66），斯巴达的军队里几乎全都是指挥官（"统治者的统治者"*）。《拉西第梦政制》（*State of the Lacedaemonians*）的作者写道，斯巴达以人人跟随排长（enomotarch）为训练原则，因此很容易就能摆出最复杂的阵形。训练方法的具体发展过程已不可考，但这种发展是符合事物本性的，而万人远征军回国途中的若干迹象也表明确有进步。某些情况下，军队的下级行政单位能够作为小的独立战术单元行动，而且凝聚力很强，以至于在一次与法那培萨斯（Pharnabazus）的战斗中，仅有少数骑兵掩护侧翼的重装步兵竟敢进击波斯骑兵［《长征记》（*Anabasis*）6.3.30］；唯有训练才能达到这样的凝聚力。为了代替骑兵，方阵后30米处布置了几支规模为200人的重装步兵分队（6.3.9）。因此，为了配合之前讲到的增加的骑兵数量，步兵的军事素养也有所提高了。

此外，我们还能发现另一种崭新的作战阵形。科尔基斯（Colchian）①人据守于万人远征军面前的一座大山，挡住了他们的去路。常规的紧密方阵不会奏效，因为崎岖地形必然会导致方阵在前进过程中瓦解。于是，根据色诺芬的建议，部队被分成80支规模

---

① 今格鲁吉亚西部沿海地区，希腊神话中的伊阿宋曾到这里寻找金羊毛。

较小的纵队，每队约 100 人。纵队狭长，大约是五乘二十人，两队之间留有一定空隙。这样一来，各纵队可以自行探索道路，外侧的纵队更可以包抄敌人。轻盾兵分成左、中、右 3 队，中队伴随重装步兵前进。如果对面是希腊方阵，他们就不可能采取这样的前进方式。除了中部是轻盾兵、重装步兵混编，各自独立的重装步兵纵队不可能挡住紧密重装步兵方阵的冲击：两军接触时，每个纵队前部的左右两边会同时被打垮，还没等我方对敌方两翼的包抄发挥任何作用，我方中央各纵队早就尽数落败。沉重、紧密的正面自然要强于稀疏的正面。但是，针对依赖山势掩护甚于武器自卫、统率力不足以选择恰当时机发起协同攻势的蛮族，在这样的地形，面对这样的敌人，小规模、大纵深、稀疏排布的纵队就是最适合的战术阵形。科尔基亚人不敢插入空隙，因为他们害怕邻近纵队攻击后方，切断自己的退路。这是灵机一动的临场发挥，虽然达成了目标，但不论是当时还是之后，都没有从理念上推动希腊战术的发展。

雇佣兵建制对轻盾兵特别有益。优秀的轻盾兵比重装步兵要求更高。方阵战法死板，中等训练和中等勇气的人都可以加入，方阵会把他们整合起来，提升他们的价值。但是，一名并非优秀战士的轻盾兵基本没有价值。每当装备更好的重装步兵迫使他后退时，轻盾兵都必须瞅准时机，再次出击。一切都取决于此。为了做到这一点，每名士兵都必须有着强大的内在动力，而长官也必须对手下完全信任，把他们牢牢地掌握在自己手里。有此能力的指挥官能凭借它做成很多事，而通过实战经验和长期训练部属，这样的领导者已经出现了。

雅典雇佣兵首领伊菲克拉底（Iphicrates）指挥轻盾兵取得了赫

赫战绩，以此闻名。轻盾兵过去一向被视为半蛮族性质的兵种，伊菲克拉底却使其成为希腊军事专业化的真正代表，同时对其武器装备进行了改良，原来的短剑换成长剑，短标枪换成长矛。这两种加强的轻盾兵与重装步兵近战能力的变化据说就是由伊菲克拉底引入的。但是，按照尼波斯的说法，重点不在于器物的创举——严格来说，根本算不上创举——而在于由伊菲克拉底在部属中推行的优秀军纪规章。伊菲克拉底借此令向来不受重视的轻盾兵大放异彩。色诺芬告诉我们［《希腊史》(*Hellenica*) 4.4.16］，由于惧怕伊菲克拉底的轻盾兵，阿卡迪亚（Arcadia）①的重装步兵竟然不敢走出城墙。但是，面对冲过来的拉西第梦重装步兵（青年兵置于前排），这次轮到轻盾兵害怕了，他们不愿走近到标枪能击中的距离。于是，尽管青年拉西第梦重装步兵的负重较大，但他们接受过良好的跑步训练，仍然上前击败了轻盾兵。

不过，有一支过分自信的拉西第梦大队（mora）在科林斯城下行军时，走到勒豪姆（Lechaeum）②遭到伊菲克拉底的优势兵力突袭，并被打垮。轻盾兵不断朝行军中的重装步兵射击，待对方发起攻击时，又退向己方的重装步兵阵营。赶来支援拉西第梦人的骑兵队兵力太弱，毫无战果。色诺芬谴责拉西第梦军犹豫不决（《希腊史》4.5）。

在阿拜多斯（Abydos）③，伊菲克拉底赢得了一场类似于勒豪姆

---

① 伯罗奔尼撒半岛中部地区，没有被斯巴达人征服，得以保持自治地位。日后成为田园牧歌式生活的代名词。
② 科林斯附近的一处港口。
③ 达达尼尔海峡亚洲一侧的一处良港。

的胜利。当时,拉西第梦重装步兵正在下山,排成稀疏的长队,结果遭到伊菲克拉底的轻盾兵突袭(《希腊史》4.8.37)。

不久之后,阿格西莱(Agesilaus)在阿卡纳尼亚(Acarnania)① 遭到了类似的攻击。在骑兵支援下,伊菲克拉底对敌方轻盾兵造成重大损失,并驱逐了对方的重装步兵预备队,于是他继续上路,畅通无阻(《希腊史》5.6)。

早期作为雇佣兵出现的色雷斯(希腊北部)轻盾兵的武器装备很可能并不统一。佩戴长剑还是短剑,穿胫甲、皮靴还是普通凉鞋,全看个人。武器装备首次统一,大概要等到伊菲克拉底等希腊人统率的常备雇佣兵役制确立时。

我们不能确定骑兵在这一时期是否也取得了进步。最重视骑兵的是维奥蒂亚人,他们还发展出了骑兵与快速轻步兵(hamippen)混合作战的理念。[3]根据色诺芬的说法,阿格西莱意识到,在亚洲开阔地带作战,没有骑兵什么都干不成,于是组建了一支骑兵部队。[4]色诺芬本人为这支部队写过两部作品。骑兵问题要放到下一篇介绍马其顿军队时详述。

这一时期,希腊人在攻城术方面取得了巨大进展。早在埃及人和亚述人的壁画浮雕中,我们就能看到攻城器械。但是,即使到了伯罗奔尼撒战争时期,希腊人也还不擅长运用攻城器械。诚然,伯利克里攻打萨摩斯时就建造了攻城器械。在普拉提亚围城战中,伯罗奔尼撒人也尝试过筑坝水攻、攻城锤攻、火攻等手段,但无一奏效,最后只好封锁城市,采用饥饿战术。希腊人第一次真正学会攻

---

① 古希腊地名,位于伯罗奔尼撒半岛西北,与其隔海相望。

城术似乎是师从入侵西西里岛的迦太基人。公元前409—前405年，迦太基人利用坑道、攻城塔、攻城锤[5]拿下了塞利努斯（Selinus）、希米拉（Himera）、阿克累加斯（Acragas）、盖拉（Gela）诸城。叙拉古僭主老狄奥尼修斯（Dionysius the Elder）是攻城器械大师，这门技艺从西西里传到了希腊。

　　大约同期，石炮、弩炮开始被建造。叙拉古发明了扭力投石机（petrobols）。三层桨战舰也扩大为五层桨战舰（penteres）。据狄奥多罗斯记载，狄奥尼修斯在叙拉古聚集了世界各地最优秀的技师，他亲自参与建造激励匠人、奖励精勤，并邀请他们一同用餐。[6]于是，他们殚精竭虑，设计出了种种新式投射武器和攻城器械。[7]

5　色诺芬理论

作战技术的进步孕育了军事理论的发展。军事理论的起源大概是观察到武器各有优点。欧里庇得斯（Euripides）的悲剧《赫拉克勒斯》（Hercules）为雅典人对此话题的热烈讨论提供了一个特殊的线索。作者并没有讨论军事理论的现实必要性，而只是用诗句的形式再现自己的话语，以此娱乐大众。他笔下的莱库斯（Lycus）将赫拉克勒斯贬损为一名头脑简单的弓箭手，莱库斯因此与安菲特律翁（Amphitryon）①发生争执。

莱库斯说［转译自维拉莫维茨（Wilamowitz）德语译本］：

赫拉克勒斯到底算什么？
搏击野兽，博得勇名。

---

① 安菲特律翁是一名底比斯将军，也是赫拉克勒斯名义上的父亲（事实上，赫拉克勒斯是宙斯化身为安菲泰隆的样子与安菲泰隆妻子生下的儿子）。莱库斯是底比斯僭主，趁着赫拉克勒斯去活捉地狱三头犬刻耳柏洛斯的机会判处安菲特律翁死刑，后者不得不到神庙中避难。这段对话就是在神庙中发生的。

他或许勇敢，但仅此而已。
毕竟，他无盾牌蔽体，
亦无长矛在手。
他的武器是懦夫才用的弓箭，
他的长技是逃跑。
没有一个弓箭手展现过男子汉的气概。
男子汉要双脚站定，长矛紧握，
从不向旁边迈出一步，
只盯着前方挺拔的枪林，
全身肌肉动都不动一下。

安菲特律翁答道：

弓箭是最合逻辑的发明，
你竟然也反对。请你听好。
矛手是长矛的奴隶，
一旦矛头断裂，他便门户洞开，
因为他只有一件武器护身。
如果战友不是好汉，
邻人的怯懦也会令他落败。
再来看弓箭手，
他有一大优势，而且是最大的优势：
哪怕已经射出了一千支箭，
他仍有自卫的武器。

第二篇 鼎盛时期的希腊军队

他从远处射箭，敌人感觉自己被射中
却看不到射箭的人是谁。
但是，他站在隐蔽的位置，
不会把身体暴露给敌人。
这是在打仗。
最了不起的本领，就是无论运气好坏，
也要打击敌人，保存自己。

大约在同时，伯罗奔尼撒战争期间，几名智术师开始讲授战争艺术。但是，要说系统分析战争行为的本质，并将自己的发现呈现出来，色诺芬当属第一人。他已经认识到并反复强调，战争不是技艺，它要求发挥整个人的全部能力。他笔下的苏格拉底说道："战术只是战争艺术中很小的一部分。"[《回忆苏格拉底》（*Memorabilia*）3.1]。战地指挥官还必须了解装备的方方面面，为士兵提供生活所需。"他必须精明、活跃、认真、耐心、专注，既严格军纪，又爱兵如子，既直来直去，又巧计百出，既警觉，又善诈，既愿意孤注一掷，又渴望只赢不输，既慷慨，又贪婪，既用人不疑，又藏着心眼。"他必须融合先天品格与后天培育为一体。另一个段落（3.4.3）写道，渴求荣耀对指挥官是有益的。《居鲁士的教育》（*Cyropaedia*）是一部历史小说体例的兵法和政道教科书。尽管它是重要的文学著作，许多实战军人也读过它，但我们的目的是研究战争艺术的历史，就此而言，该书教益不大。心理和士气因素是战争永恒的主题，虽然色诺芬给出了卓越的论述，但是对于易变的、历史的作战样式，色诺芬的文字相当简略，乃至荒诞不经。因此，一定要小心，不要把小说当成现实。色诺芬时代的战争样式非常简单，没有什么好说的。色诺芬也并非那种穷究现实、阐发并解决新问题的开创性人物。每欲开创，他总会失败。他是一名实战军人，提出的理论却极不现实。

每一名希腊将领总要思考一个问题：方阵纵深和宽度的关系。比如，1万名重装步兵是排成1 000排，每排10人好，还是500排，每排20人好？一个适合包抄，一个冲击力强。[1]令人惊讶的是，我们在古代文献中完全找不到针对这个问题的现实观察。实际上，连方阵的常规样式都没有确切记载。8列纵深频繁出现，我们之前都将其视为常规样式，可能实情也是如此。但是，放到个例就是五花八门，不仅是因为特殊需要，还有任意性的因素。修昔底德写道，曼提尼亚（Mantinea）会战①期间，分队长官竟可以按照自己的想法，排出各异的纵深，殊为费解。在第力安会战中，底比斯人的方阵纵深为25人；其他部队纵深各异，不过纵深都要小得多。色诺芬利用一场居鲁士和克劳苏斯（Croesus）之间的虚构战斗，讨论了这个问题。居鲁士得报，埃及军队的纵深达100人，而他的部队纵深只有12人。一名下属担心，对方的方阵纵深这么大，己方能不能顶住压力。居鲁士答道："如果方阵的深度超过了武器的攻击范围，武器就不会造成更多伤害。"不管从哪一个方面来看，这句反驳都不能令人满意。哪怕纵深只有8人或12人，半数以上的武

---

① 曼提尼亚位于伯罗奔尼撒半岛东北部海滨。斯巴达取得伯罗奔尼撒战争胜利后不久，底比斯起而反对斯巴达霸权，并在曼提尼亚一举将其击败。可惜没过多久，马其顿就崛起为新的霸主。

器也不能直接击中敌人。大纵深的优势在于冲击力,色诺芬这样的人绝不会不知道。而且,他还要亲身体验这种优势,别人也会请他回忆往事,验证方阵的威力,叙述它的发展。

另一个希腊军人肯定会考虑的问题是,重装步兵与远程武器如何协调。实际上,到此时为止,不同兵种还是各自为战,没有相互配合的战术。投射武器有效支援友军以对抗重装步兵的战例极少。色诺芬要居鲁士把投矛手置于重装步兵后方,弓箭手在投矛手后,两者分别越过前排士兵的头顶射击(4.2)。他告诉我们,远程兵种在近战中是撑不住的,但有了重装步兵的掩护,他们就可以越过重装步兵投矛和射箭。

假如这种配置有现实可行性的话,自然会威力极大,也会有真实运用的战例。但是,这纯属纸上谈兵。越过重装步兵,呈抛物线轨迹投射出的矛箭最多是用处不大;[2] 在重装步兵方阵高速冲锋的时候,更是完全用不上矛箭。若要投射武器在短兵相接之前切实杀伤、削弱敌军方阵,距离就一定不能太远,或者重装步兵方阵自带远程火力。色诺芬是一位实事求是、头脑清晰的作者,怎么会有"射手要置于方阵之后"这样的天方夜谭呢?理论很容易脱离实际,历史中不乏这样的例子;若非如此,色诺芬的行为还真是不好理解呢。伟大的战争实践者拿破仑一世在《七年战争论》(*Seven Years' War*,评论2—11,第12章)中写道:第三排步兵的软木鞋跟高达3英寸到5英寸(合7.62厘米到12.7厘米),这样就能越过前排士兵的脑袋开枪。试问:他们是开火前才把鞋穿上,还是说,他们要穿着这样的鞋行军?简直跟色诺芬如出一辙。不仅我们的老朋友荷马会打瞌睡,最伟大的将军有时也一样。

有一条规定似乎要更现实：宪兵应该安排在最后，确保无人畏葸不前，在极端情况下击杀逃兵。但是，细审之下，这同样是空谈，现实中也没有指挥官会采纳这个规定，因为宪兵的勇气由谁来确保呢？若真是值得完全依赖的勇士，放到前排无疑要比后排更好。

色诺芬触及的第三个问题是预备队。希腊重装步兵进攻时，会结成一个紧密的方阵。在后方留下部分士兵可备不时之需，但初次攻击的力道也会随之削弱。前面讲过，凭借对现实需要的天才辨别力，色诺芬对战法那培萨斯时留出了一支规模不大的预备队，目的是反击波斯骑兵可能发起的侧翼攻势。预备队理念的影响无远弗届，但《居鲁士的教育》中却没有提及，书中最接近这一思想的段落是以一场虚构大战为背景讨论骑兵布置（7.1）。居鲁士起初命令骑兵按兵不动，等敌方骑兵包抄我方侧翼时才投入战场，进行反包抄。

不过，色诺芬对镰刀战车的评价倒是详细得多。他还建议（6.1.30），方阵后面安置高大木塔，每塔20人，由八轭十六牛拖入战场。他还讲到自己做过实验，证明木塔运输方便。他解释道，一辆辎重车的牛队可以拉动 25 塔伦特（talent）[①]（约 650 千克）的货物，一座木塔只有 15 塔伦特（约 390 千克）重，更是不在话下。

他讲了一个小故事（2.3.17），本意是表明近战武器远远优于投射武器。单凭这个故事，便足以补偿上面那些不妨视为虚构的细枝末节。一名连长（taxiarch）将手下分为两队，一队持棍棒，一队持泥丸，令其交战；次日交换武器，再战。居鲁士请连队士兵吃饭，问他们身上的包是怎么来的，战况如何。他们一致同意，投丸

---

① 古希腊罗马时代的重量单位。

手用泥丸确实把他们身上打出了淤青，但后来他们也用棍棒痛打投丸手，开心极了。根据色诺芬的说法，居鲁士因此决定采用近战武器，直接攻击敌军士兵（2.1.7—2.1.9；2.1.21；2.3.17）。但是，在作品的末尾，波斯人的习惯据说又变了。有报告称，他们再次成了投射武器战士，而且虽然装备弯刀，却仍然避免与敌人近战。

考虑当时的希腊军队正处于轻装兵种——尤其是轻盾兵——发展和完善并多次击败重装步兵的阶段，色诺芬依然确定无疑地强调短兵相接的近战兵种要更强，他的话便更显分量。我们不妨设想，善于反思和分析的希腊人或许也会经常论证说，重装步兵方阵也能以同样的方式被彻底击败和消灭。

但是，历史传统令希腊人不能忘记一点：在希波战争中，长矛兵打败了弓箭手。希腊人在实践中没有偏离方向，色诺芬也没有。方阵一直是希腊陆军的主力，而其他兵种无论取得了怎样的进步，从来都是辅助性的。

除了《居鲁士的教育》，色诺芬的军事专著中也包含许多有意思的细节，包括关于拉西第梦城邦的著作，还有两篇与骑兵相关的论文，主题分别是骑术和骑将。

第一部直接面向实践、不包含任何文学色彩的综合性军事理论著作来自斯廷法利斯湖的埃涅阿斯（Stymphalian Aeneas）。他是阿卡迪亚人，该著作创作于公元前357年前后，其中将色诺芬的著作作为引用来源。该书原有多部，仅存一卷，主题是守城，内容不是很丰富。全书的主要内容应该是防叛、计谋、密文、通信、总述等。不过，现存部分基本只讲了攻城器械和守军反制手段；而且，即使这点内容可能也是伪托。

6　伊巴密浓达

前文中自希波战争以来，希腊战争艺术的一切拓展与完善都不构成原则上的变化或偏离。但是，底比斯将军伊巴密浓达（Epaminondas）却做出了一项根本性的创新。

这项创新与传统方阵战术的一个纯属偶然的外部现象相关，即方阵会往右偏。此事本无重大影响，不过是因为左手持盾。但是，由此衍生出的一个结果是，两军方阵的右翼通常都会取胜。

于是，伊巴密浓达强化了左翼，加大纵深——留克特拉会战[①]中是50人——而命令通常跑在前头的右翼向后退。因此，通常会取胜的右翼碰上了得到巧妙加强的敌方左翼；而左翼同样没有战果，因为左翼接近敌人时，习惯性地犹豫不决，再加上敌方右翼退后，这一侧不会爆发激战，或者进入后程才发挥全力。

纵深加大，正面宽度必然会变小。于是，在双方兵力相当的情况下，敌方右翼就可以包抄底比斯的左翼，造成正面和侧面同时

---

① 　此战发生于公元前371年，斯巴达人被底比斯人击败。

遭到攻击的情况。一旦发生这种情况，加大纵深是否更优便是一个大问题。如果敌军正面顶住冲击，交叠部分又完成侧翼包抄，大纵深的纵队便会受到两面夹击，很难守得住。因此，大纵深阵形一定要有骑兵配合，以掩护缩短的侧翼。但是，伊巴密浓达将步兵和骑兵进行了有机而有效的结合。现在，左翼虽然缩短，却无被包抄之虞，因此能够全力抵挡敌方右翼，甚至可以反守为攻。评论曼提尼亚会战时，色诺芬说道：底比斯的大纵深纵队冲破了斯巴达方阵，就像撞击敌舰的三层桨战舰一样。

伊巴密浓达的阵形叫作"斜形方阵"。前面讲过，方阵对冲时原本就会斜行。但是，斜形方阵成为一种战术理念要归功于伊巴密浓达，他巧妙地命令通常会往前压的右翼后退，同时加强和前置左翼。之前，两军方阵的右翼都会往前压，方式是一样的，因此尽管队列倾斜，双方接战时仍然是平行的。然而，按照伊巴密浓达的布置，双方接战时不是平行的，而是呈一个锐角。于是，过去的平行交战变成了侧翼交战。只有一翼承受对方冲击，另一翼甩在后侧，尽可能拖延参战时间，凭借其存在和威势牵制一部分敌军，使其不敢盲动。此目标所需人数较少，省下来的士兵可以加强实施攻势的一翼，以形成兵力优势，从而击溃敌军右翼。而敌军左翼本来就自以为实力较弱，再看到溃退的右翼，自然便会屈服。

第力安会战中，上述战术的特点显示得淋漓尽致，即大纵深和骑兵保护底比斯方阵两侧。伊巴密浓达阵形包含的新观念可以从两翼中看出来。如果这位底比斯将军缩短、加深右翼，不会有任何结果。两军右翼原本就是通常取胜的一翼，不需要专门排布。斜形方阵的全部价值就在于，它能确保己方左翼战胜敌方右翼。

然而，新观念通常会迅速传开，不拘一格。留克特拉会战中，维奥蒂亚军很可能精心选择了左翼有自然掩护的位置，令敌方难以包抄。曼提尼亚会战中，掩护骑兵则得到了专门训练的轻步兵（hamippen）支援。

为了表现色诺芬的军事洞察力，我们还应该提到一点：他认为，伊巴密浓达的意义绝不限于发现了新的战术，而且特别赞美了伊巴密浓达："让手下将士惯于不避艰险、不舍昼夜，哪怕给养微薄，军纪丝毫不减。"

BOOK III
第三篇

The Macedonians
马其顿军队

1　马其顿军制

马其顿国王腓力二世（Philip II）继承并发扬了伊巴密浓达的战术思想。马其顿位于开阔平原，以农业立国，城镇人口极少。大批农民和牧民负担不起重装步兵的装备，也很难聚集起来，组成大规模作战单元。都城佩拉（Pella）大致位于全国中心，从边境走过来需要四五天时间。于是，马其顿形成了专门的军事贵族阶级，他们骑马作战；而平民只能组成轻盾兵，没有战术章法，被视为辅助兵种，无法正面对抗希腊重装步兵。

修昔底德（4.126）笔下的伯拉希达对希腊人和蛮族人的作战方式做了区分，可谓恰如其分。面对人数占绝对优势，且骁勇善战的伊利里亚（Illyrians）[①]人，这位斯巴达指挥官只得撤退。士卒们都吓坏了，他却对他们说道：

> 蛮族令人害怕的地方只有长相、人数、呐喊和炫耀的

---

① 古地区名，位于今巴尔干半岛西部，亚得里亚海东岸。

兵器而已。但是，他们不能坚守阵形，也不以后撤为耻，因此在近战中不堪一击。不过，只要或战或退全由个人，后撤的理由总不会缺少，所以，蛮族宁愿远远地威胁敌人，也不愿意短兵相接。[1]

另外，真正的马其顿战士阶层（即贵族）人数不会太大，因此，马其顿向来是一个军事弱国。唯有凭借腓力二世建立的稳固君权，才打造出一套迅速超越所有邻邦的军事制度。除了招揽的希腊雇佣兵，腓力二世还征收军费，征召国民组成常备军加以操练，创制与众不同的新式阵法，通过精湛的战术向希腊世界展示了战争艺术的全新境界。

我们先讲骑兵。

骑　兵

在我们的印象中，希腊骑兵会组成松散的小队作战，有护甲，偶尔也会近战，但装备的矛主要用于投掷，而非刺击。

色诺芬写过两部关于骑兵的作品：《论骑术》(*Concerning Horsemanship*)和《论骑将》(*The Cavalry Leader*)。他认为骑兵装备两支短矛优于一支长矛。[2] 长矛携带不便，比较脆弱。短矛则方便携带，也比较坚固，一支用来投掷，一支则四面刺击。[3] 除了矛，骑兵还有一把剑或弯刀。色诺芬认为弯刀更优，因为这样便可以从下向上挑击。色诺芬建议人马俱甲。马镫尚未发明，骑兵坐在固定于马身的毯子或垫子上，因此，当时骑兵刺击需要的臂力远大于现在。今天，战马的冲力和骑手全身的重量都可以加到冲刺的力道中。留存至今的希腊陶罐描绘了林林总总的战斗场景，而我从没有见过符合当代动作规范的骑兵（骑枪夹紧于躯干和前臂之间）。在那幅据推测描绘伊苏斯（Issus）会战① 的镶嵌画中，亚历山大大帝松握着一支很长的矛。

就武器装备而言，马其顿骑兵类似于希腊骑兵。马其顿贵族骑兵号称"王伴骑兵"（hetairoi），武器是投刺兼用的矛[4]和一把剑。色诺芬口中的马铠似乎并不常见。王伴骑兵还携带盾牌。[5]

相对于希腊骑兵，马其顿骑兵的首要优势大概是纪律；马其顿骑兵中队（ilai）凝聚力很强，或许可以算作"战术单元"。"一群骑手"（mounted men）和"骑兵"（cavalry）的区别可能就在于，前者是单个骑手的集合，而后者是严整的骑手单元。

有鉴于此，第一支真正的骑兵就是由马其顿组建的。出于许多我们之后会讨论的原因，从骑手发展到骑兵远比组建步兵单元困难，因此，狭小的希腊共和城邦没能超越重装步兵方阵阶段就是自然的事。马其顿国王的君主权威迫使天性散漫的骑手结合为严整的单元，服从单一意志的领导。

马其顿没有组建混编部队（hamippen）的迹象，由此还可以得出一个结论：与维奥蒂亚相比，马其顿拥有更多组织严密的战术单元。

---

① 此战发生于公元前333年的安纳托利亚半岛西南部，波斯王大流士三世大败于亚历山大大帝。

除了王伴骑兵,马其顿还有"萨里沙骑兵"(sarissa-bearer),装备是萨里沙长枪,许多人认为他们是轻装骑兵。尽管如此,我没有找到任何资料来支持这种看法。事实上,由于他们装备萨里沙长枪,符合逻辑的结论应该是:他们是重骑兵。诚然,王伴骑兵主要进行肉搏战;不过,在某些情况下,他们也会采取传统战法,将矛掷出。萨里沙长枪太长,不能投掷,因此与王伴骑兵相比,萨里沙骑兵要更加无条件地投入近战,这表明他们要穿戴护甲,进而得出他们是重骑兵的结论。战斗过程中,萨里沙骑兵的运作方式与王伴骑兵相同,而后者还有额外的侦察、追击职能。那么,这两种部队在武器装备方面的差别可能很小,其可能只是出身不同而已。

与大流士交战期间,亚历山大还组建了一支亚洲弓骑兵部队。

方　阵

"王伴"很可能是马其顿骑手的传统称呼。对于新组建的步兵部队,腓力国王赋予他们"步从"(pezetairoi)的荣誉称号。步兵按照希腊人的方式操练,结成紧密的战术单元,即方阵。尽管如此,两者还是有一定区别的:马其顿方阵的紧密程度比普通希腊方阵要高,而且装备萨里沙长枪比希腊人的矛要长,可以多排齐刺。腓特烈大帝同样要求步兵组成更紧密的阵形:4排队列,每排间距为3步,而非传统的4步。目的是增加同时开火的火枪数量。[6]

我们不知道古典时期马其顿萨里沙方阵的具体组织形式,特别是不知道当时的萨里沙长枪的长度。据我推测,第一排或前两排装备单手握持的传统重装步兵矛，后面几排才装备长枪；而且，长枪或许没有长到必须双手使用的程度。[7]

马其顿为何要改变传统的多利亚（Daric）阵形？原因没有流传下来，但我们可以从常理推断。

不妨设想：凭借数百年的经验，希腊人深知如何制造自己的主战兵器，矛。长短、轻重、粗细均有精心度量，合于实战。矛要尽可能长，以便刺中敌人；又不能太长，以免单手运用不灵，或者能够轻易避开刺击。从陶罐人物来判断，矛略长于人的身高，因此在两米上下。[8] 尽管如此，变种或许有很多。直到今天，军界对骑枪的最佳长度都没有取得一致意见。德国骑枪长度是 3.52 米，俄国是 3.16 米，法国是 3.29 米，奥匈帝国是 2.63 米。[9] 马其顿如果有过实战经验，却依然采用了比最长的希腊矛还要长的长枪，那么在肉搏战中就要陷入劣势，而紧密队形不利于单个士兵的灵便活动，更加放大了这一劣势。但是，萨里沙方阵的威力大概不在于肉搏，而在于全体冲锋带来的巨大冲力。另外，如果方阵站定，采取防御姿态，敌军就几乎不可能穿透枪林。

腓力采取这一阵形的原因，大概是他明白，在相似的条件下，手下新组建的部队挡不住经验丰富、信心充沛的希腊重装步兵。另一个可能的原因是，他最初无力为全军购置价格不菲的全套重装步兵装备。阵形更紧密的话，单兵格斗的机会就比较少。如有必要，后排不穿全套护甲也可以应付。当然，这是一个不确切的猜想而已。要点在于，这种形态的马其顿方阵不应该被视为一种更完善的新式阵形，而是原有步兵的缩水版。这种新出现的方阵比原来的方阵更笨拙、更容易陷入混乱，而且侧翼更易遭受攻击。除了群战，士兵还有许多独立作战的任务。对于这些任务,手持"萨里沙"的步兵就很不适合去做了。传统的多利亚重装步兵方阵既能作为战术实体实施集体行动,单兵战技也很优秀。就其本身而言,它是更高级的战术阵形。尽管如此,到了腓力和亚历山大的时期,这一区别并非特别重要。在当时所有值得一提的战斗中,马其顿方阵行动自若,与旧式方阵基本没有区别,几乎可以忽略区别。不过,有几处迹象表明,后来使得这一差别显著起来的变化——长枪更长、阵形更密——至少从腓力时代就有了苗头。

精锐部队持盾护卫(hypaspist)的装备与旧式重装步兵如出一辙,可能要略轻。马其顿人确信,在近战格斗中,灵活性的提高可以弥补较轻护甲的不足。在战场上,持盾护卫位于负责发起进攻的骑兵和速度较慢、人数众多的萨里沙方阵之间,起到连接的作用。

马其顿的轻盾兵、弓箭手、投石手等轻步兵也很强。[10]

混编战术

马其顿取得的进步在于,融合各兵种,使其相互配合、运转如一。伊巴密浓达为融合各兵种做好了铺垫,但仍然以步兵为主力,骑兵仅为辅助。

从一开始,腓力的骑兵实力就远远强于任何时期维奥蒂亚的骑兵,收服色萨利(Thessaly)[①]之后还要更上一层楼。因此,他的

[①] 位于希腊中部偏北,维奥蒂亚与马其顿之间。

骑兵不仅能够击败敌军的骑兵，更能突击敌军的步兵侧翼。我们知道，自马拉松以来，希腊重装步兵方阵就对此极其敏感。

于是，从现在起，骑兵不再是辅助兵种，而是与步兵平起平坐，乃至担任主攻的兵种。甚至可能出现这种情况：当方阵与敌军接战时，对方的一翼已被击败，同时马其顿骑兵从侧翼攻击方阵主体。另一种可能的情况是：敌军承受不住攻势压力，全局溃逃，方阵甚至都没有进入战斗。

吕斯托和克希利（H.Köchly）甚至要更进一步。他们相信，骑兵如今是主战兵种，而方阵只是影子，而非光源，人数占大头，却不是军队的核心。根据两人的说法，方阵现在的任务只是坚持战斗，组成牢不可破的守御人墙，直到骑兵奠定胜局。认真分析亚历山大的战斗便可发现，这种说法是过头了。重装步兵为胜利做出了积极的、正面的贡献，持盾护卫和方阵都是。骑兵则有灵活的轻装步兵支援，后者运用标枪、弓箭、投石器为骑兵开路，同时进行一般性的助战。

马其顿军队组织的长处恰恰在于各个单位的紧密结合。指挥官是一个综合的概念，统御全军，既是军队的缔造者，也是军队的领导者。马其顿的战争艺术是忠诚的产物。

由于希腊方阵自身的特点，伊巴密浓达在创造侧翼战术，取代平行战术时，只得以左翼进攻，右翼后退。腓力不需要墨守这一成规。他可以根据地形条件，将骑兵布置于更适当的一翼。在流传至今的战记中，奠定胜局的几乎总是右翼骑兵。这一事实并不是根本性的，而是由之前的希腊传统所致，或者只是纯粹的巧合。

统一指挥、统一号令的另一个结果是：马其顿继承并发展了先进的攻城术。直到公元前 4 世纪中叶，叙拉古僭主狄奥尼修斯的发明在希腊还少有人知。腓力则用尽各种攻城方法，打了两场大型围城战，分别在佩林苏斯（Perinthus）和拜占庭（Byzantium），技术细节无暇详述。但是，在战争艺术的整体发展上，这一事实本身拥有极大的意义。如果亚历山大只能用旷日持久的饥饿战术，而不是斗智斗力，强攻、拿下哈利卡纳苏斯（Halicarnassus）、提尔（Tyre）、加沙（Gaza）等城市，那么他的战略便毫无可行性。

2 亚历山大与波斯：格拉尼卡斯河会战

同时代的人对亚历山大出征亚洲的兵力估计各有不同。但是，我们可以认为步兵 3.2 万人、骑兵 5 100 人是合理的数字。[1] 在格拉尼卡斯河（Granicus）①会战和伊苏斯（Issus）会战中，参战人数约为 3 万。根据阿里安（Arrian）②的记载，高加米拉（Gaugamela）会战有 4 万名步兵和 7 000 名骑兵参战；不过，后方已征服地区应该还有大量卫戍后勤部队。无论如何，亚历山大的大军都要远远胜过当年征讨希腊的薛西斯，很可能要多一倍。

各位希腊作者对大流士对抗马其顿的军队数目极其夸大，一如对薛西斯征讨希腊大军的记载。文献中的波斯军人数稳步增加：格拉尼卡斯是 10 万人，伊苏斯是 60 万，高加米拉是 100 万步兵加 4 万骑兵。

---

① 位于安纳托利亚半岛的西北方，靠近特洛伊。
② 希腊史学家，生于公元 86 年，死于 146 年，著有记述亚历山大大帝功勋的《远征记》。

这些数字完全不可采纳。我们不知道亚历山大当年打败的波斯军队兵力如何。本书初版中，我曾质疑到底占据数量优势的是亚历山大，还是波斯人。

但是，在写完梳理中世纪军事制度的第 3 卷之后，我回过头来重新审视波斯帝国的状况，由此得出的结论完全摧毁了传统的"波斯人数占优说"的基础。波斯帝国东抵兴都库什山，西达博斯普鲁斯（Bosporus）海峡，北至高加索，南界撒哈拉，疆域何其辽阔！于是，人们便得出结论，认为她也能够召集庞大的军队。但是，如果军队规模总是与臣民人数对应的话，奥托（Otto）王朝、萨利安（Salia）王朝、霍亨斯陶芬王朝时期的德意志帝国能够征召的军队该是何其庞大——可事实上，皇帝们的军队又是何其小啊！军队大小并不取决于人口多少，而取决于军事观念。由中世纪的历史可知，骑士为主的军队总是规模很小的。我们已经知道，薛西斯治下的波斯军队以骑士为主，并采用相应的编制。阿黑门尼德（Achaemenid）王朝波斯王的大部分子民完全不会打仗。战事政务由波斯本族的战士阶级负责。哪怕到了大流士三世（Darius Codomannus）时期，波斯本族战士的勇气也能得到希腊人的认可，但其人数实在太少，以至于波斯王试图以外国雇佣兵加以扩充，主要是希腊雇佣兵。相对于疆域远达印度的整个波斯帝国来说，马其顿和希腊面积虽小，产生的战士却要多得多。

若想明白此处，最好的办法是研究 15 世纪末的欧洲军事史。德意志境内的阿尔卑斯山民与古希腊人有许多可供比较的点。他们形成了一套全民皆兵的军事体系，以区区几处山谷谷民之力，抵挡住了令周边更大的民族恐惧不已的大军。不妨设想，若有一位国王,他既有一支骑士加步兵组成的强干军队,又像亚历山大降服希腊人一样掌握了瑞士军队,他必能征服整个欧洲,一如当年马其顿横扫亚洲。亚历山大既是帝国统治者,又是一个全民尚武的联合体的统帅。波斯王的帝国诚然大得多——以地理而言,简直无边无际——但最上面的军事阶层人数稀少。在此之前,小居鲁士和他的1.3万名希腊雇佣兵,以及斯巴达王阿格西莱在小亚细亚征战史已经表明,老大帝国的实际抵抗能力是多么脆弱。而亚历山大与大流士的最后一战将表明,哪怕在波斯腹地的边界地区,凭借波斯本族也无法集合一支真正的大军。

由于希腊雇佣兵助阵,波斯军队由重装步兵、弓箭手和骑兵组成,与马其顿军队相同。阿里安说,在格拉尼卡斯河会战中,马其顿骑兵处于下风,因为他们用投掷的标枪对抗刺击的长矛。但是,他本人也详述过马其顿士兵如何投掷长矛而波斯人如何用剑挡开。因此,双方在装备和作战方式方面并无重要区别。波斯军兼有本族骑士、弓箭手和希腊重装步兵,与对面的马其顿军队颇为相似,只是两军各个兵种的投入程度或有不同。

亚历山大东征的一个重要先决条件是,他的父亲已经令希腊人顺从于马其顿霸权。在一份庄严的宣告中,科林斯联盟(Corinthian League)宣布这场战争是希腊民族之战,亚历山大大军的半数乃至更多都来自希腊。[2] 然而,最重要的一点甚至不是希腊人的积极合作,而是平定希腊以稳固后方。当年,波斯人在希腊本土挑起战火,迫使斯巴达王阿格西莱中断对波斯作战。但是,亚历山大不仅以希腊为后盾,还有余力在马其顿保留一支由安提帕特(Antipater)统领的1.2万名步兵、1 500名骑兵的军队,以保本土高枕无忧。

格拉尼卡斯河会战

希腊人对格拉尼卡斯河会战相互矛盾的报告，足以证明希腊人对波斯兵力的判断纯属臆断。狄奥多罗斯给出的数字是 10 万步兵加 1 万骑兵。阿里安却明确表示，马其顿的步兵规模远高于波斯。他没有提及波斯军队的总人数，只是说波斯军队包含两万名希腊雇佣兵和两万名骑兵。按照常理分析，敌军给出的最低兵力估计总是比较可信的。但是，阿里安的记载却自相矛盾：毕竟，除了希腊雇佣兵和波斯骑兵，肯定还有波斯步兵。如果波斯的步兵总数比马其顿少得多，而马其顿军又不会超过 2.5 万人，那么波斯军不可能仅希腊雇佣兵就有两万人。我们只好假定，波斯的实际步兵兵力要比马其顿弱得多。至于哪一边骑兵更多，我们无法确知，不过很可能是马其顿，因为波斯军的行动没有显示出人数占优的意识，对骑兵尤其如此。波斯人没有找一处开阔平原做战场，而是选择了天险格拉尼卡斯河作为阵前屏障，等待马其顿发起进攻。格拉尼卡斯河的任何一处大概皆可徒涉，但波斯列阵的右岸地形高陡。

有人可能会设想：波斯人根本不想在这里交战，他们只是占据此处，期望亚历山大不敢在如此不利的地形发起进攻，而是会转移位置，这就要花不少时间。趁此期间，波斯可以转移到欧洲。但是，从波斯人的整体行动来看，战场选择毫无疑问是完全从战术考虑出发的，这也得到了一切正面记载文献的支持。这是战争史的一个新现象：波斯人知道自己处于弱势，努力寻找有利地形，于是选择了一处前方有阻碍的地点，目的是增大敌军进攻的难度。

马其顿军的中央为重装步兵，骑兵和射手构成两翼。亚历山大本人身处右翼的王伴骑兵中间，旁边内侧是持盾护卫。由骑兵和射手组成（或许还有一队持盾护卫支援）的右翼首先渡河，轻松击退波斯骑兵。尽管史籍对仰攻右岸的描述很详细，但战术展开情况仍然不太清晰，一方面是因为我们不知道兵力强弱对比，另一方面是文献没有记述波斯徒步弓箭手的活动。很难相信波斯人当时没有徒步弓箭手。一般情况下，对达成最大战果必不可少的恰恰是这一兵种。

但是，根据希腊人的记载，徒步弓箭手恰恰是最不适合守卫陡坡的兵种，以至于只有波斯骑兵投入战斗，哪怕马其顿军没有数量优势，落败于射手与骑兵联合的马其顿军也是再自然不过。

于是，理解这场战斗的多个关键因素没有显现出来。我们掌握的只有以下信息：阵前天险对波斯人毫无用处，我们之后还会经常讲到这种现象，而且战斗结果是由右翼的骑兵和射手所决定的。波斯骑兵刚刚逃离战场，之前与敌军隔河对立、一直无所作为的希腊雇佣兵方阵就遭到正面中部是马其顿方阵、两翼是骑兵和射手的夹攻，未经激烈抵抗便或死亡或被俘。

阿里安对此战的记载最佳。根据他的说法，马其顿共有 85 名骑兵和 30 名步兵战死。若真如文献要我们相信的那样，雇佣兵几乎全军覆没，上述战损数据实在是难以置信。这些雇佣兵卖命的要价可是很高的。不过，雇佣兵的总数和死亡人数很可能并不多，大部分很可能都成了俘虏。果真如此，马其顿的战损数据看起来就相当可信了。数量庞大的步兵根本没有交战，这样就能解释骑兵为何占阵亡总数的四分之三了。阵亡 115 人，那么负伤者估计就有 500 到 1 000 人。诚然，这个伤亡数字并不大，而且表明波斯军的抵抗并不坚决。但是，如果真正的参战者不超过 6 000 人的话，那么上述伤亡数字就不难与波斯骑士奋勇战斗、令亚历山大本人陷入险境的记载协调起来。当然，以上皆为推演，而非确定的史实，断不可自欺欺人。如果一个人认可希腊雇佣兵被消灭殆尽且人数超过两万，那么，他也可以在文献中找到依据；该文献还提出马其顿步兵损失不过 30 人。我们没有正面的证据来拒斥希腊雇佣兵被消灭殆尽且人数超过两万而接受马其顿损失不过 30 人，但有一点是确定的：两者相互矛盾，必须放弃其一。

3 伊苏斯会战

伊苏斯会战¹的战略背景值得注意：两军从同一道山脉的不同隘口擦肩而过，最后以各自的后部面向敌军。亚历山大之前绕过位于地中海东北角的伊斯肯德伦湾（Bay of Iskenderon，今亚历山大勒塔），从小亚细亚进入叙利亚，南行约一日后调转方向，正面向北列阵。大流士从东边来，之前翻过阿马努斯山脉（Amanus Mountains），如今位于伊苏斯的海岸平原，正面朝南。亚历山大的兵力很可能与格拉尼卡斯会战时相当，因为大批援军补充了伤亡人数和留守小亚细亚的部队。

波斯军人数不可能太多，因为尽管有规模庞大的王室人员，他们在山岳中行军耗费的时间和占据的空间都与马其顿军相当。文献记载，3万名希腊雇佣兵站在波斯王一边参战。这一数字不仅毫无根据，而且令人难以置信。格拉尼卡斯河会战的希腊雇佣兵只有极少数逃回，即便爱琴海仍然有波斯舰队，波斯人煽动希腊人反对马其顿统治，而且总督们不断地把希腊雇佣兵输送给大流士，²我们仍然不禁要问：这3万人到底是从哪里来的？除了斯巴达，所有希腊城邦都与亚历山大结成同盟，庄严宣誓对波斯发动全民族战争，联军已经宣布对盟友和马其顿国王刀兵相向者皆为叛逆——这些因素都是招募雇佣兵的妨阻,哪怕发生了某些史籍无载的难以置信之事,即有些城邦已经重新与波斯订约,而舰队也做好准备向叙利亚输送招募来的兵力。

因此,一方面,大流士手下的希腊步兵不可能太多;另一方面,与格拉尼卡斯河相比,伊苏斯距离波斯腹地要近得多。我们不妨推断,参战的波斯本族骑兵和徒步弓箭手也要多得多,或许还有亚洲内陆其他各族加入。因此,波斯军在骑兵上可能要强于马其顿;步兵则必定不及,特别是因为各兵种组织方式的差异。尽管除了希腊士兵,文献中还提到了卡达克部队(Cardaces)①,但波斯的重装步兵依然较少,而弓箭手则较多。[3]

为了发挥强项,听说亚历山大已经调转方向,向己方开进后,波斯人便抢占了阵地。

亚历山大不可能将全军带上战场,一部分部队要保护后方,防守贝兰关(Beilan pass)②出口处的米里安德鲁斯(Myriandrus)大营,因为他不知道大流士是将全部兵力开进伊苏斯平原,还是另遣一军继续沿贝兰关前进。他将这一任务交给了希腊盟友的军队。当盟军突然转向、朝战场开进时,这支部队距离前线最远。[4]

波斯军稍稍向前,迎战马其顿。他们没有停留于宽度约5英里(约8千米)的伊苏斯平原中部,沿德里-柴河(Deli-Tschai River)布阵,而是到南边的皮纳鲁斯河〔Pinarus River,今帕亚斯

---

① 波斯帝国的一支职业重装步兵部队,编成于亚历山大东征前不久。
② 即叙利亚诸关。

河（Pajas）] 沿岸列队。当然，波斯骑兵在德里-柴河以北平原的行动会更灵便，而那里的马其顿军不足 3 万，绝不可能排开长达 5 英里（约 8 千米）的阵形，左右两翼必有其一要被波斯骑兵包抄。但是，德里-柴河大部徒涉无碍，就连河岸陡降处也是基质松软。因此，面对更强大的马其顿方阵进攻时，这条河无法保护波斯步兵。假如波斯骑兵优势很大，欲想速战速决，那么沿这条河布阵倒也无妨。未等马其顿方阵对波斯步兵构成威胁，侧翼突击的波斯骑兵便可阻滞其攻势。然而，由于波斯骑兵优势不大——如果确实有优势的话——而我们可以肯定波斯王是一位善思明辨之人，于是他按照本民族的传统，再加上希腊人的建议，选择列阵帕亚斯河，此处比伊苏斯平原中部更适应波斯军队的需要。由于杨克（Janke）对地形的描述尚有几处疑点，我亲自进行了考证，在此要感谢参与修筑当地铁路的资深工程师霍斯巴赫（Hossbach）提供的资料。复述如下。

考证结果是：皮纳鲁斯河上游两岸皆为陡峭石壁，渡河几无可能。即使到了中游，骑兵依然不可能渡过该河，步兵也要费一番周折。只有下游的 1 600 米可供步兵徒涉，而骑兵只能从河口以上的 500 米渡河，而且依然难度很大。

文献明确记载，马其顿军左翼滨海列阵，所以实际交战正面应该就是这 1 600 米。波斯军依地势布阵，临海的右翼为主力骑兵，左边是希腊重装步兵，再左边是卡达克重装步兵，其民族不确定，可能是库尔德人（Kurds），甚至是波斯人。文献中没有确切记述波斯弓箭手的位置，根据形势判断，应该是沿着整条河岸布置，以便敌军渡河时发箭射击。[5] 另外，河流上游（靠近山脉）有几处可能的

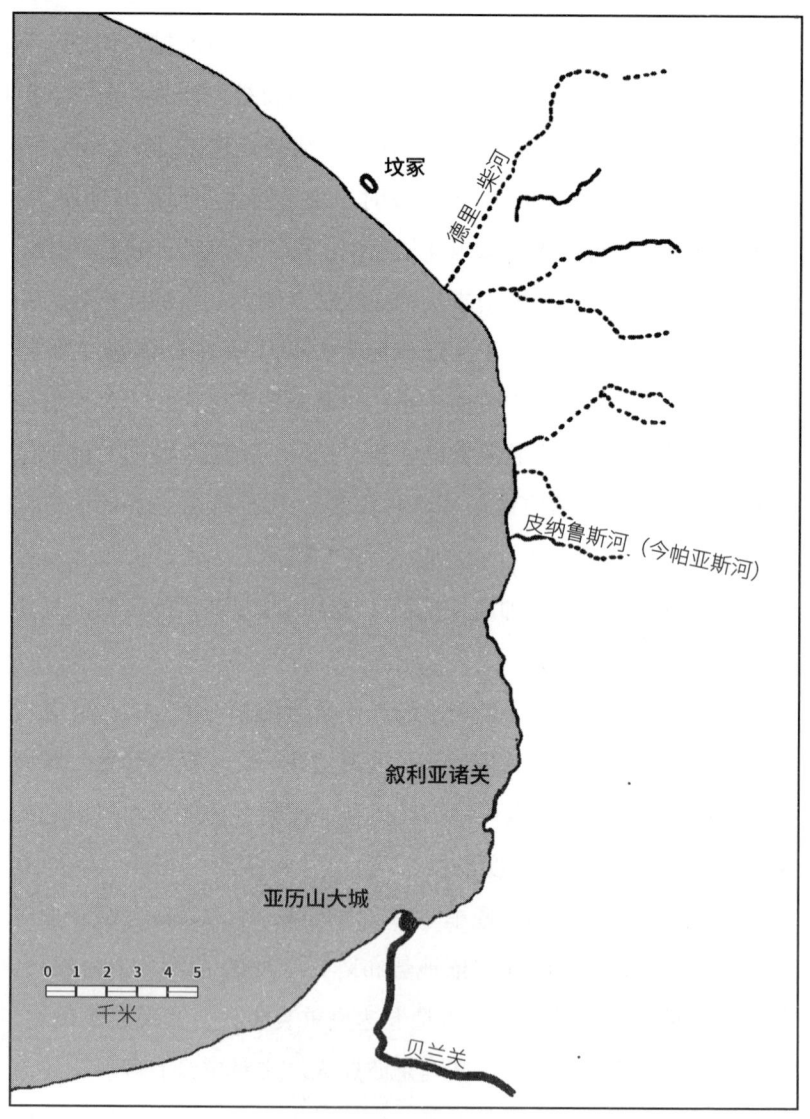

图2 伊苏斯会战

渡河点，很可能也有弓箭手掩护。"波斯军正面"不是一个绝对的概念，由步兵或骑兵组成的紧密和连续的阵线只有 1 600 米左右的宽度，而弓箭手或许还要沿河上溯 3 千米左右的距离。[6]

一小队波斯军被挤到了向小平原方向延伸的山的尖坡，这样一来，当马其顿人靠近波斯防御阵地时，他们就可以威胁其右翼，最后还能威胁其后卫。

这样看起来，波斯人的阵地似乎固若金汤。力量较弱的步兵有前方的地陷掩护；而骑兵既可以在敌军试图沿海岸线突击时予以迎击，也能向前进军。

大流士于此四处修建工事，等待敌军进攻。战线每一处似乎都是守备周密，马其顿绝无机会突破。然而，如果亚历山大后退，他与本土的联系便会切断，全军必定就会覆没。波斯人有腓尼基人相助，掌握着制海权。亚历山大早就把全部兵力投入陆地，兵力最终将过于弱小，无论如何打不过波斯舰队的马其顿舰队。一旦此次攻势受挫，马其顿军再次进攻的风险便非常大。因此，波斯人无需正面决胜，逐退马其顿军，而只需坚守不出，等敌方被迫放弃进攻即可，坐收全功。

文献多次指出，此地逼仄，兵力优势极大的波斯军施展不开，大流士的错误决策实在不可理喻。作者们相信，他应该到叙利亚平原某处等待亚历山大进攻，如此骑兵便可包抄马其顿军。这条建议对大流士有否助益，从高加米拉之战就能看出来。毫无疑问，在将帅的鼓励下，上述说法在马其顿全军四处流传。大战在即，激励士卒必胜信心是不能靠讲道理的。

实际情况远非如此。如前所述，假如波斯军果真有巨大的人数优势，他们完全有能力选择一处与其兵力相适应的战场。伊苏斯平原宽达5英里（约8千米），足够容纳相当于马其顿军3倍乃至5倍的大军。然而，这是绝不可能的，原因显而易见：即便波斯王掌握的兵力果真如希腊人普遍认为的那般庞大，他也不可能如此迅速地越过阿马努斯山脉，抢占伊苏斯平原阵地。至于亚历山大是否相信波斯军力庞大，我们并不知晓。无论如何，在米里安德鲁斯［亚历山大勒塔（Alexandretta）①附近］接到报告说波斯人突然出现于背后时，亚历山大颇感振奋的主要理由应该是敌军人数不多，而不是空间太小，敌方大军施展不开。不管是哪一种情况，马其顿国王肯定能够认识到己方突然陷入极其不利的战略态势。马其顿军与基地的联系被切断了，波斯人却没有。如果波斯军战败，他们也可以顺着来时的阿马努斯山路撤退；而马其顿军一旦战败，哪怕只是小败，这场战争也就输了。

　　文献中记载了亚历山大如何将手下军官集合起来，激励他们。随后他翻身上马，从全军的每一支部队面前驰过，要求他们勇往无前，并让他们坚持下去，告诉他们战胜波斯国王便能赢得整个亚洲。

　　正如文献所述，波斯人之前占据战略优势纯属偶然，并非在计划中，这当然是正确的。波斯人以为亚历山大曾因患病等情况而在奇里乞亚（Cilicia）②逗留了很长一段时间，眼下也不会向叙利亚进军。波斯王已经集结了军队，不可能无限期地留在叙利亚，而坐视

---

① 今哈塔伊，位于土耳其南部地中海沿岸，与叙利亚接壤。
② 古地区名，位于土耳其东南沿海，亚历山大勒塔在它的南边。

马其顿人轻松征服小亚细亚,于是波斯王最终决定穿越山区进军。然而,波斯军和马其顿军恰好于同一日开拔,通过不同的隘口相向而行——理所当然,这种情势有利于波斯人。

一直有人在问:波斯为什么不把守各个隘口,切断亚历山大与本土的联系呢?答案不难找到。我们从温泉关会战中已经明白,把守隘口是极其危险的行为,尤其是在攻方步兵占优、守方骑兵占优的情况下。更糟糕的是,亚历山大可以不管守关波斯军,回军深入叙利亚。如果他果真担心波斯人封闭身后的"叙利亚诸关",那也不是因为他可能因此战败,而是因为他渴望的大决战要被无限期推后了。因此,波斯人将隘口让给马其顿军,在有利条件下布阵,与对方展开阵地战,这并非失察,而是充分了解当时的形势。必有一场战术决战,早晚而已,而现在正是波斯人所能取得的最有利条件。波斯人布阵于帕亚斯河对岸,邀击马其顿,而亚历山大迎接了挑战。

众神赐予波斯人身体上的优势,波斯人也尽可能加以利用。但是,身体上的优势恰恰造成了心理上的劣势。

亚历山大小心地率领军队走出叙利亚的隘口。随着空间的开阔,他逐渐将部队由行军纵队部署为线性阵形,射手和骑兵分别位于左右两侧,重装步兵居中,沿着1千米到1.5千米宽的正面缓缓前进。中间多次停下整队,以免陷入混乱。[7]骑兵主力位于右翼,由亚历山大亲自统领。但是,当马其顿国王发现临海的波斯军右翼有大批骑兵后,他便派遣之前一直跟随自己的色萨利骑兵从后边绕过步兵方阵,加强己方左翼,于是现在左翼就变成了骑兵较强的一翼。

波斯在山上驻扎了一支分队,以威胁马其顿右翼,结果该分队被马其顿军的侧翼护卫赶到了更深的山里。接着，亚历山大只在山里留下300名骑兵和一定数目的弓箭手作为掩护，其余部队就地列阵，对波斯人形成了包抄之势。但是，在此处不可徒涉皮纳鲁斯河，因此马其顿军对波斯人无法构成伤害。

但是，上游有一处渡口，杨克认为在距离河口2.5千米处，霍斯巴赫认为是3.5千米。亚历山大和手下骑兵肯定是从渡口过河的。马其顿人自称，亚历山大发起的一场骑兵冲锋就把敌军打退了。这当然是不可能的，因为通道太狭窄，河岸坡度太大，而且河床多石。这条记载只能视为恭维之语，不可采纳。但是，马其顿射手和轻装骑兵驱逐了渡口处的波斯守军，随后马其顿骑兵迅速过河，打退并追击对面的波斯骑兵是完全有可能的，因为这一翼的波斯兵力本就不强。因此，根据各方面形势，我们只能假定情形就是如此。

与此同时，作为主力的方阵陷入苦战。重装步兵挤进皮纳鲁斯河谷时遭到了波斯弓箭手的射击，等他们总算来到对岸，阵形在前进过程中已经散乱，岩壁又有无数不可通行的地点，于是被波斯人雇佣的希腊重装步兵赶下了河。文献多次强调马其顿阵形不整，而且直到此处这都被归因于自然因素，被认为是渡河过程和崎岖石壁导致的。但是，只要认识到右翼的骑兵之前完全不能从皮纳鲁斯河中段渡河，我们就必须考虑方阵左翼（原文如此）缺乏掩护对反复强调的阵形不整产生了何种影响。不难想见，当方阵里的重装步兵爬上对岸时，遭到了希腊雇佣兵的反击和侧翼攻击，只能被赶下河。

换到波斯骑兵众多的左翼来看，不仅马其顿骑兵的进攻被击退了——如果还算得上进攻的话——而且波斯人紧接着发起攻击，渡河来到皮纳鲁斯河左岸,令色萨利军身处险境。

战斗的决定性转折点是:马其顿右翼包抄了敌军战线,赶来支援陷入苦战的中军。亚历山大率领骑兵强渡皮纳鲁斯河,命令方阵的两个连队(taxis)跟在后面来到对岸。在王伴骑兵和持盾护卫追击波斯渡口守军以及身后同样开始逃窜的卡达克部队的同时,这两个连队转向希腊雇佣兵方阵的左翼。波斯王大流士本人及其幕僚很可能躲在希腊雇佣兵后方,或者希腊雇佣兵和卡达克部队相接的地方。大流士发现己方左翼被击败,便觉得大势已去,准备弃阵逃跑。国王都要跑了,侧翼又受到马其顿方阵士兵攻击,于是希腊雇佣兵放弃河岸阵地,开始后撤。

直到此时为止,战况实际上是平分秋色,右翼波斯骑兵取得的优势不亚于马其顿右翼对波斯左翼的优势,该优势甚至可能要更大。我们不妨想象,得胜的波斯骑兵可以从河岸一侧轻易攻击马其顿方阵的侧翼,便如马其顿军从山脉一侧攻击希腊雇佣兵的侧翼一样。但是,这并没有发生。

主要原因不是马其顿军队的个人能力或战术水平更高,或者军人国王亚历山大的战斗精神,而在于双方的战斗理念。马其顿取攻势,而波斯取守势。在前面讲过的马拉松会战中,由于种种特殊情势,米提亚德统领的希腊人被迫展开防御,却在适当的时机转守为攻,奠定胜局。按照波斯人的有意谋划,伊苏斯会战是纯粹的守战。他们列阵于天险之后,从一开始就不可能发起进攻。右翼波斯骑兵据说作战英勇,无疑还占有人数优势,他们甚至渡过了皮纳鲁斯河,却依然没有取得真正的胜利,原因何在?文献中没有明确记载。从整体态势来看,我们可以毫不犹豫地推断:之所以没有打赢，是因为统帅从未想过出击战胜敌人。首先，史料表明，这一侧战斗的打响时间要比另一侧晚得多。亚历山大明智地命令右翼前出，只要他渡河成功，便必然取得优势；同时命令左翼按兵不动。此外，我们现在知道，由于河床多石且崎岖，骑兵往来极为不便。等到这一侧的战斗开始，另一侧很可能已经分出了胜负。就像亚历山大的左翼一样，如果波斯人拿出马其顿人的劲头发起进攻，那么占人数优势的波斯右翼就不难取得胜利。

有一份文献（库尔提乌斯①，Curtius）谈到色萨利骑兵诈败，以拖延敌军。这是色萨利骑兵自己的说法，他们认为自己在胜利中也有一份功劳。但是，如果敌军没有停下脚步，而是无情地继续追击，"诈败"很快就会成为溃败。然而，波斯军队列阵于皮纳鲁斯河及其岩壁之后，甚至在河岸高处修筑了防御工事，原本准备以逸待劳。难怪波斯骑兵虽然作战顺利，却并没有脱离战线太远。渡河之后，他们自然也指望不上其他部队的协助。一击得手，他们便心满意足，退回了己方阵地。

由于同样的原因，侧翼山地的波斯分队也没有发挥作用。面对马其顿军的攻击，他们只能迅速退回高处，别无选择。他们处于孤立位置，如果在波斯主力固守阵地、一动不动的时候接战，肯定会被打败。等到马其顿军与波斯主力交战，侧翼的波斯分队还是不能从后方攻击马其顿军，因为亚历山大在侧翼留下了一支护卫。于

---

① 全名为昆图斯·库尔提乌斯·鲁弗斯（Quintus Curtius Rufus），公元1世纪的罗马历史学家，仅有《亚历山大大帝传》（*Historiae Alexandri Magni*）一书存世。

是，该波斯分队很可能在等待时机，马其顿军一旦受挫并被追击，波斯分队就会再次出动，挡住敌军退路；或者，波斯分队至少在等待主战场形势有利再出动，而由于波斯军主战场失利，波斯分队只好无所作为。整场行动变成了毫无用处的示威，因为亚历山大根本没有被吓到。孤军参战历来鲜有成功，我们不应苛责其怯懦。

由于希腊雇佣兵方阵开始后撤，右翼波斯骑兵也认识到仗已经打输了，于是逃离战场。现在，希腊雇佣兵的境地可谓危如累卵。波斯骑兵抛弃了他们，他们又遭到步兵和骑兵的联合攻击，至少后退了7英里（约11千米），穿越了一片不仅不利于撤退而且还有几条深深的河床挡路的平原。如果马其顿骑兵将其遏制，马其顿步兵方阵再发起进攻，希腊雇佣兵必将全军覆没。实际上，希腊雇佣兵确实蒙受了极其沉重的损失。但是，不少人还是抵达了一处关隘，逃之夭夭。他们都是经验丰富的老兵，明白自己必须做什么。他们没有化整为零，而是维持着紧密阵形，仍然能够抵挡进攻。[8] 马其顿方阵主力大概花了很长时间才越过皮纳鲁斯河崎岖高耸的石壁，令希腊雇佣兵先跑出了一段距离。至于亚历山大，他看到胜负已分，便准备亲自追击波斯王。原本列阵于希腊雇佣兵前方、负责守卫河岸的波斯射手大概也随着希腊雇佣兵撤退了，途中还用标枪和弓箭击退了色萨利骑兵和其他骑兵。在高加米拉会战中，波斯王一方仍然有希腊雇佣兵；不过，其中大部分（库尔提乌斯认为有8 000人，阿里安则认为只有4 000人）没有参战，而是向腓尼基前进，在的黎波里（Tripoli）上船离开。

根据希腊人的记载，马其顿军在这场战斗中的阵亡者为150名骑兵和300名步兵。此数未必绝对准确，但与战场形势和战斗经过也无矛盾。此外，骑兵的损失相对步兵较严重也是典型的状况。450人阵亡的话，负伤者估计在2 000人到4 000人之间。

马其顿军伤亡不多，这又让我回到了那个重要的问题：波斯军的兵力。我们已经看到，从文献来看，战场必定就是皮纳鲁斯河；而只有马其顿步兵数量占优的情况下，这才是合理的。有一条证据链可以表明，波斯军之奋勇是连对手都不否认的，但其参战兵力并不占优势；证据链的最后一环正是胜利者的阵亡人数，它表明这场大战赢得并不艰难。

过去，人们对战场地形的认识不如现在准确，于是认为——不仅是可以认为，而且是不得不认为——伊苏斯会战与马其顿军的其他战役一样，采用右翼在前的斜形阵。我们已经看到，由于右翼要进行长距离运动，马其顿军的阵形做了重大调整。文献中没有具体记述这次行动，也没有说明右翼从中部脱离的情况。不过，这一点很容易解释。我们只有二手文献，文献作者——尤其是阿里安——并没有亲临战场，勘察地形。原始资料对亚历山大顶着箭雨、一马当先、率领骑兵击破敌军左翼、迫使其后退的描述又极为夸大，模糊了整体战况。由于这种状况，现代学者明白了地形不利于行动后，便宣称战斗绝不可能发生于皮纳鲁斯河，得出战场必定位于德里-柴河的结论。但是，这样一来就有多个不可回避的矛盾，迪特贝尔纳（Dittberner）已经给出了富有说服力的证明。德里-柴河说与文献对地形的描述矛盾，与文献对双方行军路线的极其准确的叙述矛盾，而且与战略态势矛盾。皮纳鲁斯河就是今天的帕亚斯河，这是事实。就算我们不能采信亚历山大亲自率领骑兵冲锋的记载，指挥得当的功劳仍然属于他。当认识到眼前地形无法通过时，他便灵活权变，命令右翼离开战场中部，以迂回的方式达到他的目标。正如他之前派遣部分骑兵加强更需要骑兵的左翼一样，他现在又命令部分重装骑兵加入负责包抄的一翼，以便通过侧面攻击将希腊雇佣兵方阵驱离从正面无法突破的阵地。

或许可以说，亚历山大根据实际情况调整了侧翼进攻的手法，同时又没有违背其宗旨。他之所以能取胜，其高效组织的贡献毫不亚于士兵的勇猛与人数优势，这令他牢牢掌控着将士，在任何时候都能够按照自己的意志和远见指挥他们，调遣自如。亚历山大的将道与上述因素同样重要。他是敏锐的，将通路握在手中；他是自信的，不惧己方侧翼的波斯军，也不怕看似难于登天的困难地形；他是聪慧的，不拘泥于常规，加强了通常要后撤的一翼；他还是勇猛的，为全军注入了勇往直前的精神。

4 高加米拉会战

在伊苏斯取胜后,亚历山大首先征服了腓尼基和叙利亚,接着在提尔和加沙打了两场激烈的攻城战。然后,他继续进军,准备拿下埃及。埃及战役经常受到批评,以至于要想解释它,只能推说古人并不清楚各地的相对位置,因此亚历山大没有意识到进军埃及会暴露他与巴比伦方向的交通线。[1]

但是,我认为亚历山大完全知道自己在做什么。不妨假定,伊苏斯会战的后一年(公元前 332 年)里,叙利亚再也没有出现大队波斯人马;即便出现了,肯定也被亚历山大消灭了。为了给接下来深入波斯腹地的战役打下稳固基础,亚历山大不仅需要掌握叙利亚,同样需要掌握埃及。当然,一名将军率领少量部队即可解决这一问题;但是,从来没有人说,亚历山大因为征服埃及而迁延时日,留给了对手重整旗鼓的时间。诚然,马其顿军越快进入波斯本土,大流士组建新军的时间就越少。但是,亚历山大的兵力同时也在加强。在伊苏斯会战中,他身边的兵力大概只有 3 万出头,还有扣除战斗伤亡,以及围城战、驻守叙利亚的部队人数。那么,如果另遣一军攻打埃及，渡过底格里斯河的兵力就恐怕连两万都达不到——假如有援军的话，那也不过 2.5 万到 3 万人。但是，他在高加米拉会战中投入了 4.7 万人，而且这个数字好像并非过分庞大。因此，我们必须再次称赞亚历山大的智勇双全。年轻的马其顿国王击败对手后没有盲目突进，而是首先集结深入广袤敌境所需的兵力，利用这段间歇期建立了马其顿在埃及的统治地位，与埃及诸神携手，获益颇丰。

大流士没有趁可怕的敌军渡过幼发拉底河与底格里斯河的中途发起进攻，而是静候于两河以外的广阔平原，该地距离尼尼微城（Nineveh）的废墟不远。据说，希腊雇佣兵到此时依然追随大流士，但战斗途中，只有极少数人发挥了进一步的作用。根据记载（狄奥多罗斯，17.55），波斯王给士兵们配备了更长的矛和刀剑，因为马其顿人就装备这样的武器。由于波斯人之前的主战武器是弓箭和标枪（希罗多德也提到希腊人的矛更长），这一改变大概可以这样解释：在希腊追随者的帮助下，他希望组建一支由亚洲人组成的重装步兵方阵，因为长矛不能用于投掷而只可近战，波斯人也不是瞎子，他们明白紧密方阵是运用长矛的最有效方式。但是，不论此说真假，重装步兵方阵这样的战术实体是不可能临阵组建，而是需要操练的。

这让我们想起了卢塞恩市（Luzern）驻法国（当时的国王是路易十一）大使迈尔基尔·鲁斯（Melchoir Russ）于 1480 年送回国内的一份报告："国王陛下正在重整陆军，仿照德国样式制造了大批长矛和长戟（halberd）。如果他也能'制造'出使用这些武器的人，那就无需外人相助了。"[2] 战争的艺术需要武器，但本质上并非由武器构成。在高加米拉会战中，我们完全不知道波斯人的方阵有何作为。

伊苏斯一战证明，天险挡不住重装步兵方阵的冲击。大流士真正寄予厚望的新式武器是镰刀战车和少量战象。

此外，与伊苏斯会战一样，波斯军队的真正强项在于骑兵，此固为常理。出于这一原因，大流士放任亚历山大渡河，以便在自己选定的战场上等待敌军。这是一片广阔的平原，亚历山大可以不受阻碍地部署波斯骑兵，并且充分利用自身的骑兵优势。按照阿里安的记载，亚历山大在高加米拉会战有7 000名骑兵，那么，我们可以假定，大流士可能集结了1.2万名骑兵，但不可能更多，因为1.2万名骑兵聚集于一处已经庞大到无法管控，哪怕组织、补给、领导的水平都非常高。³ 大流士的步兵状况难以揣度。波斯人的传统兵种弓兵的阵形纵深只能有区区几列，如此方可奏效。在重装步兵方阵面前，排成松散队形的不习兵事之人毫无用处。波斯人熟知兵道，自然明白这一点。他们宁愿让这些人纯粹为骑兵提供支援，也不会顶着补给困难，征召大批无用的士兵。如果波斯人果真尝试过组建重装步兵方阵，那么，从战斗经过来看，他们在这一方面并未取得任何成绩。因此，除了骑兵、战象和镰刀战车，波斯步兵的数量大概相对处于弱势——肯定不会超过马其顿军——而且很可能要少于对方。不过，波斯本族骑兵得到了斯基泰人（Scythian）[①] 可能还有印度雇佣兵的增援。

我们掌握的文献既有精准确凿的报告，尤其是关于阵形，也有

---

① 古代民族，生活在欧洲东北部、东欧大草原至中亚一带。

士兵们围着营火讲的传说故事。连最主要的文献，即阿里安的《亚历山大远征记》也不例外。不过，通过辨析史料，我们可以有相当把握地剔除传说的成分。

最离谱的一个传说是：与伊苏斯会战和格拉尼卡斯河会战一样，波斯军队在高加米拉同样试图列阵于天险之后，某些地段还设置了陷阱和铁蒺藜。但是，这种说法遭到了阿里安本人的驳斥，他认为这只是马其顿士兵自己的疑虑罢了。实际上，他声称情况恰恰相反，波斯一方平整了战场，清除了阵前的障碍物，为镰刀战车创造发挥的空间。

由于记载中没有讲到马其顿士兵在战斗过程中掉入陷阱，或者踩到铁蒺藜，我们可以将这些歪曲信息从信史中排除。但是，我们也可以排除平整战场以方便镰刀战车发挥的说法，因为波斯人毕竟不可能预知马其顿军将从何处进攻，而且平整工作要花好几天的时间。只要这样说就足够了：波斯人找到了一片相对开阔、少有起伏的平原，以便骑兵和镰刀战车兵两大主力兵种机动无阻。如果镰刀战车兵成功扰乱了马其顿方阵，阻止其前进，而占据优势的波斯骑兵包抄马其顿骑兵并将其击退，那么胜利便会垂青于波斯一方。根据记载（色诺芬，《希腊史》4.1.19），法那培萨斯总督曾用两辆镰刀战车击破了一支700人的希腊方阵，随后投入骑兵，将其消灭。[4]

失去骑兵的步兵方阵无法抵挡波斯骑兵和射手的联合攻势，其会被逐渐消灭。

根据希腊人的记述，他们在战利品中发现了波斯的布阵图，布阵图内容详细地流传了下来，但并没有提供任何重要信息。唯一值得注意的是，从种种表现来看，波斯不仅侧翼是骑兵，连中军也是步兵和骑兵混编。这是波斯步兵数量并不多的又一个表现。

亚历山大再次表现出了随机应变的能力。他手握大量步兵,却没有拉长战线,那样会极大地阻碍行军秩序;而是加大纵深,并命令后军若从后方遭到攻击,便转向迎敌。但是,在开阔平原上,亚历山大主要是利用呈斜角布置于两翼的骑兵和轻装步兵部队来抵挡敌方优势骑兵的包抄行动。于是,这些骑兵和轻装步兵部队排成大纵深队形跟随战线推进。本来是大纵深的纵队,既可以展开部署,延长战线(因此,右翼后方的骑兵纵队脱离左翼前出),也可以迅速插到方阵侧面,排成弧形迎击来袭敌军,最后一旦方阵前进过程中出现缺口,他们可以从后面补上。

马其顿军就是排成这样的阵形穿过平原、迎战波斯人的。根据文献记载,亚历山大手下有 4.7 万人。假设有几千名伤员和守营兵留在后方,这仍然是一支庞大的队伍,列阵之后很难有序进军,速度也快不起来。

波斯关于镰刀战车的作战计划失败了,战象则完全不见于关于作战经过的记载中。当镰刀战车蜂拥冲向马其顿方阵时,亚历山大令射手瞄准驭手射击,或者绕着战车走,伺机把驭手拖下来。失去驭手之后,一部分战马受惊逃跑,而对于冲到方阵面前的战车,士兵们纷纷让开,只有少数人被镰刀割伤。[5] 与此同时,双方骑兵在侧翼展开争夺。波斯骑兵试图包抄马其顿骑兵,呈斜角排布的后者则展开迎敌。你来我往,争斗不休。当步兵方阵解决了镰刀战车,重新向前推进时,战局尚在两可之间。马其顿右翼之前脱离了左翼,向前推进;现在,它赶来支援骑兵,猛攻波斯军队,导致对方狼狈逃窜。

马其顿方阵在前进过程中露出一个缺口，波斯和印度骑兵很可能从中间穿了过去。但是，这些缺乏纪律的部队虽然向马其顿营地奔去，但没有从后侧攻击马其顿军队，因此对战局没有造成任何影响。

有一段时间，帕米尼奥（Parmenio）指挥的马其顿左翼受到了强大压力，后来右翼得胜，左翼脱离了危险。

与之前两场战斗一样，高加米拉会战决胜于侧翼，且同样是攻方右翼得胜。在高加米拉会战中，马其顿右翼得胜的确切原因不载于史籍。从兵力分配来看，右翼显然并不强于左翼（吕斯托与克希利甚至揣测是相反的情况），对面的波斯军左翼也并不明显偏弱。

据狄奥多罗斯估计，马其顿方约有500人阵亡，负伤者甚众，他的估计似乎可靠。[6]

5 海达斯佩斯河会战

根据人们普遍认可的估计，亚历山大远征印度的军队多达 10 万到 12 万人，相当于跟大流士作战时的 3 倍。尽管如此，这个流传下来的数字并不可靠，[1] 本身不值得相信，甚至是毫无可能。决战地点是海达斯佩斯河（Hydaspes）①，对手是波鲁斯（Porus）。根据阿里安具体而无可置疑的记述，亚历山大的兵力为 1.1 万，其中 5 000 人为骑兵。[2] 若是认为亚历山大会为了打击不可能做出激烈抵抗的敌人，动员的兵力竟比打垮大流士统领的老大帝国还要多好几倍，这实在不符合逻辑。此外，随军补给队极其庞大，甚至包含妇女和儿童。[3] 因此，如果战斗人员就有 12 万，总人数便会有几十万之多。这么多人不可能像亚历山大那样轻松快捷地行动，更不可能一次全部翻越海拔 4 000 米以上的兴都库什山口。从海达斯佩斯河会战有 1.1 万人参加这一事实出发，再考虑河对岸有不少部队留守，

---

① 今杰赫勒姆河，是旁遮普地区（旁遮普意为"五河"，现在分属印巴两国）最西边的一条河流。

而且亚历山大不太可能在战场兵力不到总兵力三分之一的情况下就展开决战，我们估计亚历山大全军人数在 2 万到 3 万之间。

关于波鲁斯军的兵力，希腊文献的记载五花八门，显是臆断。狄奥多罗斯（17.87）说波鲁斯有 5 万多名步兵、3 000 名骑兵、1 000 乘战车和 130 头战象。阿里安说有 4 000 名骑兵、300 乘战车和 200 头战象。普鲁塔克说有两万名步兵、2 000 名骑兵。库尔提乌斯说战象只有 85 头。有一点很重要：所有文献都认为马其顿骑兵占据数量优势，按照阿里安的说法是 5 000 对 4 000，狄奥多罗斯的记载是 5 000 对 3 000，普鲁塔克的记载是 5 000 对 2 000。印度人的强项在于战象，我们取最小数目，即 85 头。

波鲁斯不敢挑衅亚历山大，不敢与其一决胜负。他以为，丰水期的海达斯佩斯河足以阻止马其顿人渡河。此计不可能成功，因为有头脑、有斗志的敌人迟早会在上游或下游找到渡口，派遣一部过河，发动奇袭。文献里记载，另一位印度王公准备援助波鲁斯，因此波鲁斯可能并没有错误地认为河流便是万无一失的天堑，而只是稍待数日以期望援军抵达。[4]

决战的起因是亚历山大率领 1.1 万人从两军对垒之处沿河而上 18 英里（约 29 千米），击败一支别军，于是波鲁斯率主力迎敌。

与马其顿军一样，波鲁斯将骑兵分为两翼，并有战车支援。波鲁斯的战车大概并非镰刀战车，而是运载弓箭手的轻便载具。

尽管如此，我们知道印度军的骑兵并不强，其优势在于象兵。象兵位于战线中部，与步兵混编，阵形颇为奇特。除象夫，每头战象上有一个小塔和几名射手，彼此留出很大空间。步兵紧随其后，甚至会插到战象之间的空隙中。由于阿里安明确提出印度步兵组成了第二条战线,我们大概既没有权利说他们组成小队排开,也不能说他们与战象隔着一段相当的距离。按照希腊人的说法,印度步兵的整体阵形就像塔楼和城墙一样,战象后面是很浅的横队,战象之间则是一个个纵队。据称,波鲁斯以为希腊人不敢冒险插进战象之间的空隙。战马会被大象吓住。步兵同样不会犯险,如果他们试图从侧面攻击战象,就要害怕印度的步兵;如果径直攻击印度的步兵,又要担心战象转身践踏。

文献里没有具体说明印度步兵的装备。希腊人称他们为重装步兵,但我们可不能假定他们像希腊或马其顿方阵那样,是紧密的近战单元。象兵部署于步兵前这一点似乎表明,印度人指望象兵来奠定胜局。印度步兵是附属兵种,比波斯军犹盛。按照希腊人的记述,印度步兵的作用是掩护象兵。[5] 尽管如此,印度步兵或许还是远远多于亚历山大带来的6 000人。

马其顿摆出了常规阵形:方阵居中,两翼为骑兵,[6] 其中通常由国王亲领的右翼沿河行军,国王现在将右翼交给科纳斯(Coenus)指挥。左翼无地理依凭,更容易遭受攻击,却也最适合执行迂回包抄的命令,由亚历山大率领。不过,他命令方阵不要前进,直到自己率领的骑兵令敌军陷入混乱。出于这一原因,他不仅命令骑兵正面攻击敌军,同时还绕了一大圈,迅速从侧面发起进攻。

我们可以肯定,马其顿骑兵的战术训练优势甚至比人数优势还要大,因此在两翼都取得了胜利。印度战车抵挡队形紧密的马其顿骑兵冲锋的能力还不如印度骑兵,落败者向战象后方逃窜,马其顿骑兵紧随其后。攻势在战象面前停顿了下来,而且肯定有部分象兵调转方向，越过己方步兵迎战马其顿军。战马惊慌失措，如何催促也不肯接近"巨兽"。亚历山大徘徊印度边境有一年多时间，进入印度境内又有数月，更有多名印度王公献上战象，以结盟好。因此，对马其顿人来说，这场战斗说不上出乎意料。由于马匹恐惧大象，亚历山大之前并未冒险渡过海达斯佩斯河，而是采取了迂回战术。文献完全没有提到马其顿人是否尝试训练马匹，使其适应大象的样貌和叫声，这或许有些令人意外。无论如何，马其顿人第一次被迫撤退，而波鲁斯也开始攻击马其顿骑兵和对面的步兵方阵，于是战斗全面展开。

希腊文献竞相描绘这场战斗的可怕程度。不论马其顿人的阵形如何紧密，战象还是突破了敌方战线。马其顿人或遭象足践踏，或被长鼻卷住，有的被抛到天上，有的被象牙穿透。同时，战象上的射手却引弓不息，尤其是强大的波鲁斯王本人。

尽管如此，最后还是马其顿得胜。箭矢和标枪将象夫击落，"巨兽"遂无人驾驭。最重要的是，部分大象遭受重创，拒绝前进，甚至会掉头往回跑。

象兵攻势刚刚减弱，印度人马上就输了。他们的步兵虽然被认为多于马其顿，但没有能力抓住战象起初造成的混乱所带来的优势，凭借近战打败马其顿方阵。村外，印度的整场攻势一开始便受阻于初战告捷、乘胜来到战线后方的马其顿骑兵。他们即便起初被战象震慑，也没有退出战场，而且仍然位于战象和印度步兵的后方。

优势巨大的马其顿骑兵追击印度骑兵，而后者再次冒险出击，最后回归战象一线。亚历山大颇有先见之明，命令纵深不大的步兵方阵一开始不要妄动；面对印度象兵和步兵的全力攻击，方阵有可能抵挡不住。但是，后方骑兵的不断交战无疑从一开始就削弱了印度军推进的信心和能量；一旦攻势陷入停顿，印度军便形同被围困，逐渐被挤压。战象不可避免地掉头往回跑，践踏己方士兵，而外圈的马其顿士兵会给仍然在前进的大象让出道路，只以箭矢将其驱回，然后紧随其后，将敌军向马其顿骑兵的方向推挤。

就这样，很大一部分印度军队被消灭了。大部分战象和波鲁斯王本人都成了战俘。

根据阿里安记载，马其顿此战只有310人阵亡，其中230人为骑兵。如此小的阵亡数字不禁令我们质疑：战斗是否果真有文献描述得那样激烈艰难。但是，首先，如果我们考虑一个事实，即参加过海达斯佩斯河会战后来继承亚历山大的事业、列土封疆、自相攻伐的马其顿将军将越来越多的战象编入军队，或许就可得出关于此战性质的一个结论。其次，马其顿人肯定对大象的巨大战果和军事效能留下了深刻印象，而且胜利来得并不容易。因此，当我们读到狄奥多罗斯的记载，即马其顿损失了280名骑兵和700多名步兵时，往往会倾向于采纳他的说法，而非阿里安的。一支1.1万人的部队阵亡近千，负伤者也有数千，表明这确实是一场恶仗、硬仗。最后，越过海达斯佩斯河、来到印度军后方的马其顿军必定发挥了一定的影响，甚至要早于他们实际发起攻击的时间。这支部队当时还在追击敌军，因此可能没有被计入主力的伤亡数目中，导致数据偏低。

6　作为统帅的亚历山大

在陆上和海上，希腊城邦之间的大战小仗无数，总体来说，只有负面的、毁灭性的、阻碍性的效果，却从未一统。雅典人在西西里战役和伊哥斯波塔米（Aegospotami）海战①的落败终结了雅典的霸权，却只让斯巴达获得了领先地位，而非主导地位。斯巴达的内部力量甚至不如之前的雅典强大。哪怕是阿格西莱取得的克罗尼亚（Coronea）大捷都没有产生重要的积极后果，伊巴密浓达的留克特拉会战和曼提尼亚会战也是同样，因为他们的军队和城邦一样后劲不足，无法利用战场上的胜利，将其拓展为长久的新秩序。我们一次又一次地称颂伯利克里的智慧。他治下的雅典拥有一切充分的资源，可他没有受此误导而采取追求无条件胜利和征服的战略，他拒绝追求无益的胜利。若非实现手段已经齐备，两位马其顿国王的巨大成功绝无可能。德摩斯梯尼告诉雅典人，[1] 腓力国王麾下不

---

① 伊哥斯波塔米海战属于伯罗奔尼撒战争，发生于公元前 405 年，雅典战败且次年即投降。

仅有重装步兵方阵,还有轻步兵、弓箭手和骑兵。他说,如今情势不同于先代;在过去,斯巴达人只在夏天打四五个月仗,入侵他国,入冬便班师。他接着说道,如果马其顿国王无法在开阔地带找到敌人,就会利用攻城器械围攻敌方的城市。他们无所不往,冬夏齐一。整体的关键在于:职业军队已经取代了公民兵。腓力步步为营,持续不懈地努力,最终赢得霸权并传给了自己的儿子,令亚历山大能够考虑开创最伟大的功业。同时,随着资源的增长,以及军事力量的外向与内向发展,战争行为本身的样貌也发生了改变,开始出现新的作战样式。亚历山大不仅战场得胜,更能充分利用取得的胜利。他马不停蹄地追击,消灭了敌人的战斗力;他战略和政略兼用,降服诸国,为新的征程打下基础。马其顿骑兵的追击行动、穿越高山荒漠的行军所取得的成就都是不亚于会战破城本身的重大军事成就。[2]在高加米拉会战后的追击战中,许多马匹精疲力竭而死。

亚历山大不仅是了不起的战将,更是一位统帅。但是,他的成就还不止如此。

他集征服世界的战略家与勇猛无匹的骑将于一身,可谓独一无二。他技艺娴熟地率领部队迎向敌军,克服地理屏障,将其部署于隘口以外。他根据具体情势的差异,每次都以不同的方式结合各个兵种,以求达到最佳效果。从战略角度,他确保了基地和交通线的安全,恰当地考虑了补给问题,直到准备停当、装备齐全,方才一鼓作气、追击敌军、力竭方止。每逢野战,必握剑持矛,一马当先,率领身后的骑兵突击纵队冲破敌阵;每逢攻城,一骑绝尘。在整个战争的发展史上,战争行为的各个要素如此接近,唯有此时而已:他既是一名统帅,又能遵从自己的本性,亲自上阵杀敌。当时的战略和战术行动非常简单,两者的统一几乎用不着专门指出,尤其是从米提亚德、列奥尼达到伊巴密浓达的时代为止。由腓力开创、亚历山大完善的统率术发展成了一项极其庞大而复杂的有机职能,遂与个人参战相分离。而亚历山大以其不竭之力量、无比之自信,仍然维持着战略和战术的统一,我们不禁要高山仰止。他是一位天才,认识到了新条件提出的一切新要求和提供的一切新可能,包括军队的组织和规模、被征服土地的范围和性质。后人经常强调他如何看到并利用了乘胜追击的优势,实现了希腊公民统帅时代从未有过的功绩。这是正确的。³伯罗奔尼撒战争期间,斯巴达人从没考虑过围攻雅典城,而在伊苏斯取胜之后,亚历山大凭借娴熟的手段围提尔城 7 个月,最终强攻得手,遂收全功。在印度,他要面对与新的象兵作战,并在战象面前渡河的问题。他解决了这个问题,途中不断亲身犯险,却没有意识到如果士卒的命运降临在他头上,于肉搏中战死,他的全部功业便会随之而逝。

  行文至此,我要指出一点:统帅与战士的统一在亚历山大这里依然成立,但在战术预备队原则出现之后,其最终必然要被放弃。亚历山大之所以可以亲自搏杀,是因为在发出进攻指令之后,统帅的活动便结束了。一旦部队开始交战,统帅对士兵保有的掌控力便极其有限。诚然,我们在亚历山大身上也能看到他在交战过程中发挥了一定的指挥作用;一翼战胜敌人后,不应盲目追击败军,而要集合整队,打垮仍然坚持战斗的其他敌人。但是,这项工作并非属于最高统帅的职责,而属于指挥个别部队的范畴,而且仍然伴随着指挥官亲自参战的现象。随着参战时间、地点要听从由统帅亲自指挥的预备队原则发展起来,将领亲自参战的习惯才消失。

7 继业者

亚历山大的世界大帝国分裂为若干小帝国——皆由他手下诸将创建。实质上，它们就是今天所说的军事君主国，而亚历山大时期还没有这样的说法。最大的军事君主国叙利亚，没有自然、民族或地理的任何根基。埃及帝国虽无民族的统一性，至少有地理的基础。马其顿帝国具有一定程度的民族国家性质。

究其本质，将这些国家聚合起来的军队属于雇佣兵性质。蛮族大批涌入军队，或多或少同化到了马其顿-希腊体系之中。军队素质可能有所下降，因为笼罩在征服世界和亚历山大本人周围，而且很可能反映在全军身上的那种浪漫的、理想的光环消散了，而征伐也随之堕落为小帝国之间毫无意义的攻杀，打仗成了一种纯粹的行当。但是，雇佣兵毕竟是拥有专业素养的职业军人，我们没有理由否认接下来一个半世纪里希腊化诸国军队的这一性质。有明确证据表明，当时设有教头，操练甚勤。[1] 马其顿原本是一个半蛮族国家，经两代雄主激励，编成一支精兵，如今已经发展出一门军事技艺。部分雇佣兵编为常备军。[2]

就军事史而言，希腊化时期提出了三个不同领域的问题。

首先第一个问题是战象兵。这一新兵种是该时期的一个实实在在的问题。它们如何与传统编制整合？如何与步兵、骑兵混编？这一新元素在多大程度上是由既有元素衍生而来？双方皆有战象的战斗是怎样的样式？

第二个问题是步兵方阵的内部发展，即萨里沙长枪的逐渐加长。

第三个问题是各兵种之间的关系。克希利和吕斯托提出，骑兵逐渐成为唯一的决定性兵种，规模不断增大，而步兵方阵并不实际参加战斗，只是坐等骑兵分出胜负，骑兵胜则胜，骑兵败则败。这一时期的军事史能得出的直接结论很少。诚然，文献有不少（狄奥多罗斯和普鲁塔克），但其内容极不可靠，其中或有不少真实的成分，但很难确定无疑地与虚假记载分开。同理，很多看似可靠的内容虽可引述，却达不到我们的目标，也就是构成得出结论的基础。

在讨论第一个问题即战象问题之前，我们要先依次回顾有战象参加的战斗，直到最后一场，即塔普苏斯会战（battle of Thapsus）。

同理，讨论第二个问题时我们首先要直面实际战例，即马其顿人与罗马人的最后几场战斗，然后再来讨论萨里沙长枪的问题。从军事角度来看，伊庇鲁斯①国王皮洛士（King Pyrrhus of Epirus）也属于亚历山大的继承者。对于他，我们最好结合罗马军事史来谈。

我们可以马上回答第三个问题（骑兵与步兵的关系）。只要认真考察文献，就会发现吕斯托和克希利做出的事实性假说并不成

---

① 伊庇鲁斯位于希腊西北部。

立。自亚历山大之后，步骑数量关系并无显著变化。

因此，除了战象和更长的萨里沙长枪以外，马其顿军事制度自亚历山大以后一直没有变化。我们还可以说，自诩独立却地位不稳的希腊城邦复制了经过马其顿完善的战争艺术，最终连萨里沙长枪也被包含进来。

令人震惊的是，在高卢人入侵时期，亚历山大的继业者们应战不力。个中缘由与具体的参战者无涉，而显然在于：他们的全部作战技艺都不足以阻挡好战蛮族的自然威力。只有叙利亚雄主安提柯一世（Antiochus I）和他的战象才挡住了高卢人的脚步。史料中留下了他的一句话："我们竟要靠这16只动物来拯救，我真是感到惭愧。"不过，这些事件的细节并无详尽记载。

BOOK IV
第四篇

Ancient Rome
古罗马

1　骑士与方阵

　　假如将论述建立在之前介绍希腊军事史那样的基础上，罗马军事制度和战争经历就只能从第二次布匿战争①讲起了，因为直到此时才有真正可靠的史料能够清晰勾勒出战斗的经过和罗马战法的特点。但是，与史料本身的情况一样，罗马的历史编纂传统也与希腊大相径庭。我们能够可靠地追溯罗马政治制度的发展，这是希腊人远远不及的。就我们的目标而言，这一差异导致了另一个过程。希腊城邦的体制要么趋于停滞，如斯巴达，我们对其只有模糊的认识；要么发生剧烈变动，以至于亚里士多德列出了雅典前后相继的11种体制。罗马固然经历过多次动荡，整体上却能维持发展的延续性。[1]王制改行共和无疑是一场革命，却仍然承袭了旧政治制度的若干重要基本理念。而且，哪怕已经过了很长时间，先前历代的痕迹依然可辨，即能够引导我们追溯没有直接史料记载的古代。后世

---

①　第二次布匿战争是罗马与迦太基三次战争中最长也最有名的一场战争，前后共17年（前218年—前201年）。

的投票制度保留了先代的部分军事组织要素。古罗马早期的史料记载纯属传说,全无独立的可信度,只有明显的战争和战斗时间、指挥官姓名例外。但是,古罗马史学家从很早就有记录政治、法律和军事制度变迁的传统,这些记载经常能得到当下的印证,因此没有完全沦为臆想,而且从历史角度来看,我们可以说是它们"规训"了传说。

如果这种法政传统没有蒙上厚重的政治偏见,也没有在若干要点上完全错误的话,那么历史研究得出可确证的结果就要容易得多了。但是,随着时间的推移,史学家找到了辨别和排除谬误的方法和手段。哪怕是富有批判精神的早期史学家也曾天真地重复着塞尔维乌斯·图利乌斯国王(King Servius Tullius)[①]的人口普查结果,即罗马公民总数为8万。但是,我们今天可以通过领土面积和罗马城本身的规模来检验这些数据,结果是它们并非实情,从它们引申得出的一切政治制度史也要一同被推翻。

只要考虑到上述以及类似的保留意见,我们就可以一定程度上信任流传至今的记载。凭借将史实与传说、错谬、误解和其他不免会出现的错误区分开来的工具,我们可以清晰、明白、确定地了解那段时期的历史。作为有明确历史记载的时期的序幕,这些信息若能前后相继而无矛盾,那便必然是正确的;若无法理解,甚至不能被视为例外、揣测、偏误等,那便不能采纳。

许多迹象表明,骑马战斗在古意大利的重要性远高于古希腊。

---

① 罗马王政时代的第六任君主,前578年—前534年在位,他按财产多寡将罗马人分为5个等级并对其进行了人口普查。

第四篇 古罗马

本书初版只讲了这样一句,但提到日后会继续阐述;现在,我也要将其留到后面接着谈。为了阐明在拉丁人的经济条件下,骑兵有着怎样的社会意义,我首先需要从宏观上论述中世纪的骑士制度,并追溯它的起源。只靠几句干瘪的话无法真正洞悉这些军事社会形式的价值。本书第三卷已经面世,因此我不妨将中世纪作战样式的结论转用到史前时代的罗马军队中。[2] 有一点值得考虑:意大利高度发达的马上战斗是催生罗马贵族(patrician)阶级的一个因素。

在古代,在平坦的意大利中部,骑兵作战水平要远远高于希腊中部和伯罗奔尼撒半岛,这既是自然之理,也见诸史籍。诚然,李维(Livy)① 的《建城以来史》(*History of Rome*)前几卷记载的大小战斗都应该被视为纯粹的神话,但骑战的优越地位实在太突出,以至于从中能窥见现实。若有人不愿采纳这一点,认为这些记载都是为罗马世家大族编造的东西,我们还有卡普阿城(Capua)的历史可为见证,虽然这只是间接证据,但是仍然颇具分量。卡普阿城就在罗马城附近,是整片地区最重要的城市之一。李维告诉我们,第二次布匿战争之初,卡普阿的步兵心无斗志,骑兵却水平很高。[3] 他描述了两名持矛骑手的一次交手经历,颇似我们熟悉的中世纪骑士。两座城市发展的区别大概在于:卡普阿当时依然拥有一支战技娴熟的骑兵,步兵却已无用;而罗马通过编制、操练、纪律,将大量公民发展为有用处、有能力的士兵。但是,骑兵长期享有几乎达到排他地步的优越地位,最终奠定了拥有骑兵装备、作为骑兵

---

① 古罗马著名史学家(前64或前59—17年),罗马史巨著《建城以来史》的作者。

参战的贵族与普通务农公民之间的截然区分。连罗马史大家特奥多尔·蒙森都认为，贵族阶级是最早的公民，而平民是外来户。换言之，阶级是按照籍贯划分的。但是，这种说法与史料完全相悖，连蒙森本人也不讳言，它大概只是找不到其他解释情况下的权宜之计。破解的关键要借用中世纪史的一个事实，即市民和农民组成的步兵编练为战术单元，习惯集团作战的方式之前，骑士都对其拥有不同寻常的优势。有一段时间，罗马还没有军团方阵。罗慕路斯（Romulus）①手下就有一支军团的说法没有可靠来源支持，应当为传说。当时的决定性力量是罗马骑士。我们必须认为这一群体的核心是古老的部落首领家族，他们逐渐全部或大部分迁入罗马城，这可能如希腊史籍中记载的那样，是由于某种"聚居倾向"*。这些家族富裕而好战，坐镇城市，遥领乡村。罗马城是贸易枢纽，是海运与广大台伯（Tiber）河流域的接驳点，首领家族的经济地位得到了极大发展。武力与放债双管齐下，他们主宰了农民和市民聚居的整个平坦城区。最古老的罗马史料中到处都是贵族镇压平民的残暴行为。

不管贵贱之别在后世如何悬殊而不可跨越，史料都令我们相信，贵族地位在最初并非铁板一块，存在着古老家族和新晋家族的区别。事业成功且有能力、有意愿承担军役的商人很可能被吸收到了世家阶级中，正如中世纪城市的骑士家族后来与新兴商人结合为同一个阶级。但是，与中世纪城市相比，传统军事部落首领家族的成分似乎要更强，而商人的成分较弱。无论如何，军人都是贵族阶

---

① 罗马建城始祖。

层不可或缺的一部分。显然，这一过程不是纯粹经济性质的。基于纯粹的经济标准，由少数命运垂青的家族组成的统治阶层不可能得到拉丁人大众的认可。[4]但是，随着掌握武力优势的战士与无情剥削底层的豪贾的结合，脱胎于旧贵族的新贵族阶层出现了，其终于走到了不屑与平民、公民通婚的地步。作为众神钟爱的小团体，他们要求取得主导地位，也确实掌握了主导地位。

在古罗马的最早期，建立在军事和经济基础上的显贵家族数目很小。因此，与中世纪城市的情况一样，对外的军事力量相当弱小。于是，根据一份值得信任的文献记载，罗马被邻近的伊特鲁里亚王公统治。

这座拉丁人的城市后来自行摆脱了外来统治者。随着抗争的发展，罗马完全有可能为纯粹基于骑士的旧军事体制的拓展与转型提供条件，加入了征召全体公民和农民组成的紧密方阵。只有掌握绝对权力的国王才可拥有此种组织。罗马诸王不世袭，也不是希腊意义上的僭主，而是终身任职的最高官员。从希腊的角度来看，他们最恰当的称呼可能是"执政官"（archon）；为了方便现在人的理解，可以说是"总督"（doge）。与最早期的威尼斯总督一样，罗马诸王手下有元老院（Senate），行参议之职。但是，元老院几乎无法驾驭国王。在这一时期，国王想要王位世袭的欲望或许也引发了内部冲突，如同早期的威尼斯。但是，终身官职的原则被保留了下来，并发展出不可动摇的最高权力，既因为罗马不存在通常与世袭王权相伴的温情脉脉的族长地位，也因为国家形势危急，如此重任只能托付给最强者。征召武装民兵，组成步兵方阵的人正是这样的一位统治者。

他将罗马整体分为20个部落（tribe），4个在城市，16个在乡村。每个部落分为4个百人队（century），其中3个百人队的队员要准备护甲上阵。当时尚为远古，自然不能指望每个人都有全套重装步兵的装备，大多数人只有必备的盾牌和头盔而已。第四个百人队是由轻装步兵（psiloi）组成的，轻装步兵相当于希腊的轻盾兵，同时承担听差、车夫和次要作战任务。由于士兵要自备装备，成为重装步兵需要一定的经济实力。若有无产者编入，国家须为其提供武器。[5]

在雅典，每名重装步兵都配有一名轻装随从；而在罗马，服兵役要艰苦朴素得多，3名重装步兵才有一名轻装随从。在雅典，随从往往由奴隶担任；而在罗马，随从也是公民，可以承担作战任务。

到了废除王制的时候，罗马疆域有所扩大，组成了第21个部落，即克鲁斯涂米安（Clustuminian）部落。但是，它的4个百人队全都是轻装步兵，于是轻装随从和重装步兵的比例上升为2∶5。现在，罗马总共有84个百人队的步兵；此外还有6个百人队的骑兵，两个百人队的铜匠和木匠，两个百人队的号手，还有一个百人队是军需官和书记员（accensi）。

王制废除时的罗马领土不大，不过370平方英里（约983平方千米），远远不到阿提卡半岛面积的一半。步兵方阵初建的时候罗马领土还要更小。国土狭窄，城市本身也大不到哪里去，否则早就收服了周围的各个小城。维伊（Veii）是一座乡镇，距离罗马城门不过9英里（约14千米），结果直到一百多年后才纳入罗马境内。城市的面积和人口总是存在一定数量关系的。当时罗马地区每平方千米的人口数最多 58，这样算下来，总人口就在 6 万左右，还要减去几千名奴隶。[6]

自由民总数按照最高上限 6 万人来算，那么符合兵役资格的 17 岁到 46 岁男性估计在 9 000 人到 1 万人之间，年老体弱者估计有 5 000 人到 6 000 人，全体成年男性公民数约有 1.6 万。

从这些数字来看，部落和百人队显然不是抽丁片区，而是民兵单位，包括所有符合兵役资格的男性。除非所有男性都被集合到一起，否则如何称得上"百人队"呢？如前所述，有资格上战场的男性共有 9 000 人到 1 万名，分为 95 个百人队（84 个步兵百人队，5 个辅助百人队，6 个骑兵百人队）。

末代国王，史称"塔克文·苏佩布"（Tarquinius Superbus），被废黜放逐之后，罗马建立了新的制度，用两名任期一年的官员取代一名终身任职的国王。新官员起初叫作"先导官"（praetor），后来叫作"执政官"（consul），以军队组织百人队为单位，由人民选举产生。从此以后，百人队便不只是民兵编制，也是政治选举实体。罗马政体变迁不定，这项规定却始终如一。罗马人最初的军事组织就是这样为我们所知的。

为了将民兵编制用于选举执政官（先导官）的政治目的，超出服役年限的老年人也要被组织起来。于是，除 84 个青年百人队（juniore）之外，另设 84 个老年百人队（seniore）。不管是有意设计，抑或纯属巧合，这种组织形式赋予年老公民远大于年轻公民的话语权。骑兵百人队和辅助百人队不分青年和老年，由此我们或许可以得出结论：究其性质，骑兵百人队与步兵百人队有些许不同。后者是纯粹的民兵编制，因此只要承担兵役职责，便不会被纳入老年人队。另一方面，骑兵百人队应当被视为由骑马者共同组成的团体，老人同样是其成员，而且相应于其骑士性质，他们仍然会驰骋沙场。同理，铜匠、木匠、乐手、书记员都是专业团体——不妨称之为"行会"——本应包含老年人。

人们早就发现早期罗马军事组织与后世选举流程之间的这层关系，现在不仅可以通过显而易见的军事分配原则确证，更能通过数字相合加以澄清。罗马共和国初期，全国分为 21 个部落。迟至公元前 2 世纪，一个军团的常规兵额——全体民兵数量的一半，由两名执政官之一统领——都是 4 200 名步兵。这两个数字流传至今，从无异说或疑义，而且彼此相合不可能是纯粹的巧合。我们可以这样来解释：共和国建立时，步兵民兵的一半就是 4 200 人，骑兵则为 300 人。"4 200"这个数字本身属于偶然，但因循成习，被定为常规兵力人数。文献中出现的第三个数据与其他数据并不完全吻合：青年百人队的数目是 85 个，而不是我们以为的 84 个。不过，这个小小的偏差有一个非常简单的解释。尽管数字有错误，但它仍然可以佐证其他两个数字，从而确证整个体系。

直到百人队由军事单位转向选举实体时，老年百人队才加入进来，这是毋庸置疑的。46 岁以上服役的民兵实属罕见，自然不会常设编制，重新走一遍繁重的登记流程。[7]因此，事件过去两三百年后的史家记述卡米卢斯（Camillus）征战四方，还提到老年百人队的存在，这是绝对不可信的。

普遍兵役制的执行力度、征召范围都是能想象到的最严格。这是罗马军事制度的基本原则，草创于王政时代，共和国因循之。

即便我们考虑雅典为建设海军而付出的努力，罗马军制也远比雅典严格，而罗马当时还没有海军。毕竟，除了个别不长的时间，雅典海军的船员主要是雇佣兵，甚或是奴隶。

罗马的军事制度甚至比斯巴达走得还要远，因为构成斯巴达人口大多数的农夫不是自由人。他们既没有资格，也不被要求服兵役。这条原则直到伯罗奔尼撒战争期间才因为形势需要而打破。

罗马军制更了不起的一点是，与雅典不同，士兵上战场作战的报酬并不来自附庸民族的贡金，而只能来源于税金。历史文献记载，为士兵支付报酬始于维伊围城战；而蒙森则认为，支付报酬要早得多。他很可能是对的。就算到了罗马统治全意大利的时候，世家大族仍然以维持传统的朴素生活方式自诩。这座位于台伯河畔、被良田环绕的古代大商埠从来都不缺致富手段。但是，财货不是供自己享受的，而是要奉献国家的。后来生活条件发生了巨大的变化，但这种态度在罗马公民中间延续了很长时间。希腊人的历史传说中也讲到了斯巴达王吕枯耳戈斯（Lycurgus）立法反对奢侈，还有贫困却不可腐蚀的雅典人阿里斯忒得斯。但是，在希腊人的经验中，他们毕竟都是奇人。辛辛纳图斯（Cincinnatus）、库里乌斯·登塔图斯（Curius Dentatus）、法布里修斯（Fabricius）① 则更能代表古罗马人的典型面貌。

公元前 510 年，百人队兼为民兵编制和选举团体。后来，这两项职能自然地分道扬镳。有些战争没有征召全体兵员，而只是选出

---

① 辛辛纳图斯（前 519—前 430）临危受命出任独裁官，退敌后很快就回归农庄。库里乌斯·登塔图斯（去世于前 270 年）4 次当选执政官，以粉碎反抗罗马统治的萨莫奈人起义而闻名。法布里修斯为人清正廉洁，与入侵罗马的伊庇鲁斯国王皮洛士谈判时令对手感佩。

一部分参战。国家越大，征途越远，时间越长，就越难让全体男性远离家乡。因此，募兵制取代了普遍兵役制，而划片募兵自然不是按照小的百人团，而是较大的区，即部落。于是，"百人队"就分裂为两个相互独立的概念，而且与原意"一百人组成的团队"失去了联系。一方面是政治含义，即选举人团；另一方面是军事含义，即军团的下级单位。随着罗马疆域的拓展，新的部落组建了——多达35个——随之诞生了新的选举百人队。在某个未知时刻（可能是公元前304年），最初的6个骑兵百人队增加到了18个。

至于古罗马早期民兵的战斗阵形，我们可以完全按照传统希腊重装步兵方阵的方式加以描述，因此不妨将希腊的名称搬到罗马。诚然，这一点没有任何正面史料证实。但是，从内部因素和后续发展来看，最早的罗马人不可能拥有只以剑为装备的作战单元，因此持矛重装步兵的线形阵，即方阵，似乎是唯一的可能。

军团是军政管理单位，而不是战术单元。军团的存在依赖于一个偶然的事实：两执政官体制初建时，每人分别率领全体民兵的一半，恰好是4 200名步兵和300名骑兵。[8]后来，参战人数和兵种发生了翻天覆地的变化，而每个军团的常规兵额却保留了下来。军团人数并非盲目拘泥。一个军团的兵力往往远低于此数，有时步兵人数会增加到5 000，最后增加到了6 000，很可能是马略（Marius）军改的结果。然而，基本原则没有变。随着军队规模的扩大，每个军团的兵额没有无限制膨胀，但军团的数目确实增加了。

早期军团的下级单位是百人队，百人队与军团一样没有战术意义，只是管理单位。

当罗马成为庞大联盟的首都和第一大城市，并要求盟友派兵支援时，这些单位没有被编为军团，那样做是没有意义的，因为军团毕竟只是管理实体，而每支盟友的援军必须保持自己的特定管理架构。基本原则是，出兵时罗马和盟友各半。那么，总体来说，只要把参战军团数目加倍就能得到一支罗马军队的总兵力了；当然，现实中大大偏离基本原则的情况肯定不少。[9]

罗马要求盟友出的骑兵数是罗马本身的两倍。

罗马非常慷慨地将公民权整体赠予外邦，这种做法令这种关系的延续成为可能。不过，那是我们现在研究的时代之后很远的事情了。

2 支队方阵

萨莫奈历次战争（Samnite Wars）[①]前后，原有的简单方阵发生了变异，最终导致支队方阵（manipular phalanx）的诞生。

发展的各个阶段已经无法辨别，但结果是完全清楚的。罗马人与汉尼拔交战的时候，仍然采用这种编队。

现在，重装步兵被分为三线：青年兵、壮年兵和老年兵。青年兵（hastati）的年纪最小，1 200人；壮年兵（principes）同样是1 200人；老年兵（triarii）为600人。这种阵形不再采用旧的、由100人组成的百人队编制。但是，"百人队"的名字留了下来，用来指称军团的最小单位。青年兵和壮年兵的一个百人队的人数为60人。两个百人队为一个支队（maniple）；三部分各有10个支队，加起来有30个支队。但是，一个老年兵支队的人数只有青年兵、壮年兵的一半。

---

① 罗马共和国初期与东南方山区的萨莫奈人进行了3次战争（前343—前341；前326—前304；前298—前290），逐步将其征服同化。

每个支队配有 40 名无甲人员。因此，之前的 3 000 名重装步兵配 1 200 名无甲人员的比例被保留了下来。一个 60 人的老年兵支队与 120 人的青年兵、壮年兵支队配属的无甲人员相同，这一点自然与无甲人员的随从性质相关。老年兵单位的士兵年纪较大，比年纪较轻的青年兵、壮年兵享有更多个人福利。

采用新阵形是出于战术原因。

传统方阵固然简单，但很容易陷入混乱。一方面，加长战线的难度极大，连齐步前进都不容易，这里出现缺口，那里挤作一团。这种事情甚至会在平整的训练场上发生，只要地形有任何不规则或障碍物，或者行进路线稍微往左或往右偏一点，正直行进就是不可能的事。另一方面，传统方阵很难以适当的组织度迎敌；[1] 士兵相互紧靠，难以施展兵器，而战线出现缺口时，敌人又能插进来。甚至对进军不整的担忧都会导致军心动摇，色诺芬就讲过一个案例（《长征记》4.8.10）。支队方阵被认为弥补了这一弱点。

哪怕是希腊和马其顿人的方阵，我们也可以肯定地说，它们并不是完整连续的一条线，每个单元之间留出了小的空隙，方便有序行军。交战之后，后排士兵会涌上前来，自然就把空隙补上了。现在，罗马人对这些空隙做了系统的编排。

青年兵共 10 个支队，每个支队都是二十乘六的普通扁长队形，支队之间留有小的空隙。由于每个纵队的规模都不大，所以空隙的出现频率非常高。青年兵后面是第二排的壮年兵，两排交错排布，每个壮年兵支队都能得到两个青年兵支队掩护。最后是老年兵支队。

每个支队的两个百人队左右分立，各占支队正面宽度的一半。

每个支队保持紧密阵形。如果两个支队挤作一团，那也不会影响到整个方阵，被挤压支队旁边的空隙就能被吸收，最多影响到再旁边的一个支队，阵形就会闭合。而另一边露出的缺口会在百夫长的指挥下，由后面的壮年兵百人队（或整个支队）上前填补。极端情况下，最后方的老年兵支队会重复上述过程，顶上前线。

两军接触后，仍然存在的小空隙会自动封闭。

在方阵中，挤压和分离是自然交替发生的。若有一处发生挤压，另一处很可能就会出现缺口。因此，必须找到一石二鸟的解决办法。如果将传统方阵分割开来，以避免挤压及其造成的混乱，缺口就很容易出现。实际上，空隙往往会让情况更糟糕。因此，空隙有必要规定一个上限。只有尽力封闭出现的每一个缺口，空隙数量才可以加大。罗马人的办法是将军团分为青年兵、壮年兵和老年兵3列，并让每个空隙周围都有多个支队。组成方阵时，纵横两个方向都要对齐。

这个过程很简单，但也很了不起。希腊人就做不到。先决条件是罗马人的严格纪律，这是希腊人没有的。下达给每名士兵的指令似乎简单极了：只要前方出现缺口，每个人、每个百人队、每个支队都要立即上前填补。但是，放到实战环境下，这件容易的事便难得异乎寻常。战斗喧嚣，令人激动，生死威胁近在眼前，这条命令并不总能得到遵循。但是，前线战士看到旁边出现了缺口，他就会产生犹疑和不安：我应该填补哪一边？如果缺口没有填补就面对敌人，前排的战士肯定要完蛋，因为敌人会从这里插进来，从侧面攻击他。

我们之前引用过欧里庇得斯（2.5）的话，方阵里的重装步兵

第四篇 古罗马

不只依赖自己和自己的勇气,更依赖身边和身后的战友。因此,缺口不仅要被堵上,而且为了维持前排战士的士气,充分发挥他们的力量,必须给他们一定的保障。

但是,第二列支队、第三列支队上前填补缺口不能只靠一个人的敏锐和善意。动作太快不行,因为本来就应该留出小空隙,而且空隙扩大或许只是暂时的现象,持续时间很短。但是,当缺口足够大的时候,士兵必须无条件地、绝对可靠地向前填补;如果晚了一步,战斗就可能失败。因此,支队阵形需要极其确定、坚定的领导。青年兵必须有一个保障:旁边壮年兵支队的百夫长会在恰当的时间下令,带领手下支队填补受到威胁的位置。军团士气全系于青年兵坚信壮年兵会这样行动。

支队的编组和目标还导致罗马人发明了军旗。对希腊人来说,军旗一直是陌生的事物。在任何情况下,士兵都不能脱离自己的支队。为此,每个支队都被授予了一个醒目的核心标志:军旗。交战期间,军旗没有直接的重要意义。它只是整队过程中的辅助工具,径直向敌人行进时,士兵无疑是不会考虑与军旗对齐的,而必定会全神贯注于前方。肉搏战险象环生,士兵更是只能关注敌人,最多朝左右瞄一眼,看旁边的人还在不在。

支队军旗的首要作用大概要到平时的训练中寻找,到调整个体状态,使其在任何条件下都不和支队分离的过程中寻找。这就是锻炼凝聚力的过程,军旗在其中不仅起到标志的作用,更有保持队形的实际功用。

支队阵形完全遵循方阵的基本原则,但又赋予其行动大大灵便的可能性,哪怕是不利的地形。不论发生什么情况,它都不会陷入混乱，总是能够以紧密完整的正面迎敌。精心设计的作战单元取代了僵化的单元。方阵现在拥有了关节。

除了前进速度快、有秩序，方阵内安插空隙还有一个优点。我们已经看到，传统方阵只能运用极少量的轻步兵。现在，即使重装步兵本身仍然是紧密阵形，第一线前方也可以布置相当数量的射手。因为他们可以从空隙中后撤，而不会造成混乱。[2] 但是，我们绝不能相信，整个军团的1 200名轻步兵都会这样运用。如果重装步兵阵形的纵深为15列，并且宽度就是200人，那么前方的散兵线纵深就是6列。但归根结底，最多只有前后相接的两列能够发挥作用。[3]

根据李维的《建城以来史》里的一处注释，[4] 每个青年兵支队只有20人承担上述职责，全军团就是200人。因此，估计侧翼还有轻步兵。另一群轻步兵跟在重装步兵后面，以便照顾伤员；余者留在后方，守卫筑有堡壕的营地。

伴随着被采用了的支队方阵，罗马人的装备和战法无疑也发生了相应的变化。旧式罗马重装步兵与希腊人一样，持矛作战，有一把短剑、匕首或短刀作为副武器。现在，罗马军人会把矛投出，然后向敌人发起冲锋，用剑解决战斗。虽然矛有长度优势，但并不适合与佩甲的敌人作战。[5] 通常的持矛手法是"下握法"（借用德国军队的术语），[6] 刺击准度不够，力道也不是很强。因为小臂和手几乎是垂直的关系，相当不自然。只有从下向上刺出，方可发挥全力。现在的骑兵主要采用"上握法"，是用上臂和身体夹紧长枪。这是骑兵发起进攻的手法，大略瞄准即可。只要能击中盾牌或躯干的铠甲，将对方击落下马就算达到了目的，而无须靠长矛伤人。重装步兵是不能用上握法的，他们必须紧盯佩甲对手的薄弱点，以便有效地击中他。

就这个目的而言，尖锐的重剑或轻便的短剑比长矛适宜得多，[7] 矛剑并用，先矛后剑无疑会发挥双倍的效力。罗马人就是这样做的，先把专门为此制造的投矛（pilum）[*8] 掷出，动摇敌军，然后用剑突破阵线。我们可以假定，设计支队阵形的军事当局也下令推行了以投矛加强肉搏战效能的做法。

正常来说，只有前两排能够将矛掷出，其余人是将矛握在手里的。老年兵极少有机会投矛，他们甚至不用投矛，而是沿用重装步兵的刺矛（hasta）。[9]

支队按照年龄编组同样值得一提。在罗马之前采用的传统方阵中，装备最好、最可信赖的士兵站在第一排。现在，年纪最小的人被放到了最前面，而年纪最大的人在最后面。这表明罗马军队既遵循军事原理，也坚持公民原则，而且两者发生了融合。在大纵深方阵中，最后排的士兵极少暴露于危险面前，除非在全军溃败时，他们会被流矢击中。纯粹的公民军队不能仅根据老幼来分配危险或安全的位置，因为公民之间一律平等。纯粹的雇佣兵军队更不可能，因为每个人拿的卖命钱都是相同的。但是，在按军队编制的民兵中，服役时间长的家长自然会把自己放到后排，然后对年轻的士兵说："现在轮到你上前了。"德国也是这样。本土防卫军（Landwehr）主要负责守备后方，而不是野战。对德国人来说，"本土防卫军来了"（Die Landwehr kommt）的意思不是"现在必须派出最优秀的精锐部队了"，"现在轮到老年兵上了"（Res ad triarios venit）也一样。它的意思是"形势危急"。面对年轻士兵，本土防卫军同样颇为自许，但这绝不意味着本土防卫军应该被视为精锐部队。

因此，主要的战斗职责要由青年兵承担。与希腊人一样，在青年兵内部，前排无疑是挑选出的精兵。

3　罗马人的操练、扎营和纪律

如果士兵没有训练，方阵是不可能结成并行动的。我们必须设想，从方阵思想萌发的第一天开始，一定数量的操练就发生了。斯巴达和希腊雇佣兵都有系统的操练方法。毋庸置疑，重视纪律的罗马人不可能不采用这个好办法，而支队阵形比希腊-马其顿方阵还需要更多的操练。关于支队方阵的专门操练过程，有一条严重夸大的记载曾长期把研究者带入歧途；不过，若将这条记载的虚谬去掉，它或可被视为很好的描述。

支队军团的首要使命是行进过程中保持各支队的紧密阵形，并以百人队或支队为单位，由第二排、第三排的士兵及时、有序地填补第一排出现的漏洞。支队之间最初要留出一个支队宽度的空隙，行军开始后，百夫长们要密切关注空隙以保持距离。

当然，在战场情况下，支队间的空隙不可能这么宽，因为每个空隙都为敌人提供了一个插入点。

但是，士兵在训练场上，正是按照这样的方式来练习难度极大的向前齐步走的。军旗在每个支队的第一排，协助保持前进方向、步伐和间距。最后，真正的考验是壮年兵向前插入青年兵之间的空隙，然后继续向前，作为第一排前进，而青年兵留在后面，收到命令后再次上前填空。老年兵也要参加操练，这是毋庸置疑的，不过具体情形尚不清楚，因为只要战场上没有因混乱或伤亡而出现缺口，老年兵前面总是有青年兵或壮年兵支队的。

在扎营方面，罗马人和希腊人的差异不亚于支队带来的变化。

关于希腊军营的记载很少。在论述拉西第梦国家的著作（第12章）中，色诺芬告诉我们，拉西第梦人阵营严谨，如无地形限制，营地均为圆形。但是，色诺芬没有讲他们是否通常会设置防御工事。从整体语境来判断，我们几乎可以肯定是有工事的，而且偶尔也能看到设防营地的记载。[1] 然而，我们显然也不能说营地设防是拉西第梦的一项传统，其他希腊人就更谈不上了。即便是亚历山大大帝和继业者，其营地也只在特殊情况下才会设防，通常情况下很可能并没有工事。波利比乌斯（Polybius）① 明确提出（6.42），为了免除挖壕沟的麻烦，希腊人总会寻找有天然屏障的地方扎营。[2]

但是，从很早的时候开始，每次扎营都要挖壕沟和树营栅就已经成为一项坚定的原则，没有例外。不管有多麻烦，好处是有许多的。希腊人寻找地形屏障的习惯自然有误导作用，不时会让他们满足于其实相当微弱的庇护，从而遭到奇袭。指挥官不喜欢要求手下士兵去做他们没有形成习惯的事情。行动的进程必然要不断地受到这一考量的影响。凭借士兵接受的训练和养成的习惯，罗马指挥官在任何时候、任何地点都有权威的保障，因此能够发动比希腊人范

---

① 古希腊政治家和历史学家（前200—前118），有《通史》残篇传世。

围大得多、时间长得多的行动。如果没有设防营地，罗马不可能有条不紊地征服整个意大利，并以其为罗马民族体系的基础。哪怕仗打败了，营地也能提供暂时的庇护所。

不过，波利比乌斯提到的一个间接结果几乎同样重要。希腊人依势扎营，寨无常形。罗马人则有一套完整和具体的方案，³ 每个单位、每名士兵都有明确的位置。营地为矩形，有四个大门，帅帐居中。营内道路都是直线，而且有清晰的方向指示牌。因此，营地出入自然通畅，哪怕是发生紧急警报的时候，每名士兵也会立即知道自己的岗位。

在李维的书中（44.39），埃米利乌斯·保卢斯（Aemilius Paullus）在皮德纳会战①对士兵发表讲话，其中对营地有这样一段评述：

> 在你们的祖先眼中，营地是一支军队长久的避风港，既可以出寨迎敌，如果被战斗的风暴击败，又可以暂避一时。营地是胜利者的休憩所，是战败者的避难所。军营是我们的第二故乡，营栅就是城墙，军帐就是每名士兵的家。

扎营设防的规矩为罗马人带来了超乎寻常的负担。士兵不一定总有时间和机会来现场砍树扎营，于是除了沉重的重装步兵装备、给养、工具、斧头、铲子、锯子，他们往往还要自备木桩。⁴

我们知道，每名希腊重装步兵都需要一名听差或随从，而每5

---

① 此战发生于公元前168年，执政官埃米利乌斯·保卢斯率领的罗马军队击败了马其顿国王珀尔修斯，灭亡了马其顿王国。

名罗马军团战士才配有两名轻装人员。波利比乌斯说（18.18），希腊人觉得自己连扛着武器行军都做不到，而罗马人连搬上工事用的木桩都不觉得是难事。恺撒［《内战记》（*Civil Wars*）1.78］经常提到，外邦的辅助部队承受不了军团士兵的负担。

罗马有一则传说（李维，5.27.8），讲卡米卢斯说过，罗马人征服敌手靠的是"勇气、勤奋和武器"（virtus, opus, arma）。在罗马的征途中，勤奋——也就是任劳任怨地挖壕沟——起到的作用一点也不比勇气、武器来得小。

希腊和罗马军制的一切差别最终都可以追溯到纪律上。诚然，雅典统帅有一定的处罚权力，但根据亚里士多德的说法，他们并不会实际运用它。[5] 哪怕是明犯军法，比如拒不应征、怯战、临阵脱逃，犯人也不会立即受到惩罚，而是要等到战役结束后，指挥官会在雅典公开对其加以谴责。[6] 修昔底德（6.4）以相当温和的语气写道：在伯罗奔尼撒战争期间，德摩斯梯尼提议加固派娄斯城（Pylos）——这一行动最终导致了斯法克特利亚会战大获全胜——最初竟然得不到其他指挥官和士卒的支持。一直到恶劣的海况让雅典人不得不滞留派娄斯很久之后，士兵们才实践了指挥官的想法，而且是因为闷得慌。

在《回忆苏格拉底》一书中，色诺芬笔下的伯利克里抱怨道：雅典人很听健身教练和合唱指挥的话，雅典的骑士和重装步兵却总与长官发生争执（3.5.19）。只要有可能，雅典人总会反抗长官，并以此为荣（3.5.16）。苏格拉底为此找到的原因是，指挥官自己完全不懂战争的艺术。指挥官应该选择凭借优越的知识和能力而赢得部下衷心服从的人，就像健身教练和合唱指挥那样。

第四篇 古罗马

普鲁塔克《希腊罗马名人传》第 23 章的传主是福基翁（Phocion）①，里面写到有人问福基翁，雅典人何时应该对马其顿开战。他答道："当我看到年轻人愿意从军、富人愿意纳税、演说家不再贪污公款的时候。"

斯巴达人以服从权威闻名。凭借高度的凝聚力，这个战士共同体统治着数量众多的臣民。但是，只要认真考察就会发现，斯巴达人的纪律主要是教学纪律，而非真正的军纪。军纪始自统帅权威，这本为题中之意。但是，在斯巴达，统帅权威是非常有限的。斯巴达有一套复杂的政治制度，由世袭国王担任军队统帅。但是，国王并无实权，而是相当于贵族阶级内部的首席。而且，为了防止国王以统帅身份扩张权力，统帅权威受到了极大限制。斯巴达实行双王制。起初，两名国王在战场上共同掌握最高指挥权；公元前 510 年前后，这种做法由于弊端太大而被取消，转而用其他手段来确保国王权威不会太高，哪怕是在战场上。否则，王室地位必将被大大提振。7

据说，保萨尼亚斯在普拉提亚见过一名斯巴达军官阿蒙法里都斯不理解国王的命令，于是拒不执行命令，还与国王发生争吵。后来，国王上阵时还有多名监军（ephor）相随。公元前 418 年，阿吉斯国王（King Agis）计划在不利地形与敌人交战，而且已经带着队伍走到了敌方投石兵的射程之内。这时，一名长老监军向国王高呼，说国王不过是饮鸩止渴。于是，国王就带着部队回来了。不久之后发生了曼提尼亚会战，两名军官抗命，没能完成指定的行动目

---

① 雅典政治家和军事将领（前 402—前 318），致力于维护雅典独立，但最后不得不对马其顿妥协。

标。但是,两人没有当场被国王处罚,而是回国之后才被判处放逐之刑。

在希腊雇佣兵出现时,他们自然要形成一套不同于公民军队的纪律。色诺芬在《回忆苏格拉底》中写道,早在他与伯利克里谈话的时候,苏格拉底就盛赞海军的纪律比陆军好。斯巴达王伯拉希达编练黑劳士重装步兵方阵,然后率队出征色雷斯,他肯定治军甚严。克利尔库斯(Clearchus)是《长征记》中最有名的一位军人。色诺芬告诉我们(2.6.10),他定下了一条原则:士兵畏惧长官应胜过畏惧敌人。只要看到手下退缩,长官就要挥棒去打。但是,色诺芬本人在撤退过程中打了一名不肯帮助患病战友的士兵,结果被打的人在全军大会面前倒打一耙,幸亏色诺芬重申了责打的理由,这才免于受罚。

现在来看马其顿。国王亲自领军,在确保权威的情况下,军纪无疑是很好的。情节严重时,国王会在全军面前亲自施罚违规者。[8] 在亚历山大之后,继业诸王的军队是常备雇佣军,当时肯定采取了雇佣兵特有的纪律,因为若无军纪约束,雇佣兵便会松散而不堪用。波利比乌斯(1.66)明智地指出,雇佣兵在和平时期没有价值,只是反叛的渊薮。继业者严加操练士兵也有这方面的原因。波利艾努斯(Polyaenus, 3.9.35)说过,伊菲克拉底从不让士兵闲着,免得他们想要改弦更张;不过,这些活动并不包括操练,而是挖沟、砍树、搬动装具、转移阵地等。

归根到底,即使我们不能说希腊人完全不了解军事纪律的基本原理,这个观念也要等到雇佣兵时期才会出现。按照波利比乌斯的说法,希腊人从来没有学会真正的服从。走进罗马军营,我们马上

第四篇 古罗马

就能感受到一种完全不同的氛围。只有在罗马人那里，纪律的观念和力量才真正被认识并得以实现。

在废除王制的时候，指挥权观念丝毫没有松懈，而只是转移到了两位交替指挥的执政官手中。每名执政官前面有6名手持束棒（fasces）的扈从，他们是执政官命令的直接执行者。在城内，公民在执政官的权力面前只有不充分的保护措施；但到了战场上，执政官执掌生杀大权，铁面无私。执政官会将权力委托给其他将领。每名百夫长都有一根木棍。后来，这根木棍成了百夫长的特殊标志，还嵌入了石头。[9] 韦格蒂乌斯（Vegetius）[①] 为我们详尽地描述了在罗马军队各单位的花名册和档案里有对每一样东西的精心记录（2.19），包括薪酬、服役时间、岗位和告假。因此，征兵的时候一定要招几个会写字、能记账的人。我们可以假定，这种精密的管理手段从很早就开始了，因为如果不这样细致，军队就谈不上秩序，进而不会有纪律。因此，百夫长很早就配上了文职人员（accensi velati），也就是文书。[10] 波利比乌斯（6.36 及之后）告诉我们，罗马有巡查岗哨的固定制度。如果巡官发现有人不在岗或者打瞌睡，次日将被军法处置。军事保民官（tribune）会拿长棍碰一下罪人，然后所有士兵都会打他，或者朝他扔石头。假如他躲过投石，逃出军营，他就再不能回到家乡了。百夫长（波利比乌斯的原文是：后排军官兼队伍负责人）以失察同罪。抗命、开小差、怯战都要处以死刑。如果整个单位都犯了罪，那就采取十一法，即10人中抽1人处死。

---

① 公元4世纪时期的罗马作家，著有《罗马军制》。该书从中世纪后期开始广受重视。

有时，出身显赫的高级军官也会被处以肉刑。[11]

最出名的、最有代表性的一则罗马传说是，执政官曼利乌斯（Consul Manlius）的儿子违抗军令，有敌人挑衅他，他就擅自与对方单挑，结果被父亲处死。根据李维的描述，全军紧紧盯着可怕的行刑过程，惊骇不已，呆若木鸡，直到头颅与躯干分离，血液喷涌而出才缓过神来。但是，此举确保了士兵的服从。

罗马史籍还记录了几年后的一件事。当时，骑兵长官昆图斯·法比乌斯·鲁里亚努斯（Master of the Horse Quintus Fabius Rullianus）趁着独裁官L.帕皮留斯·库尔索（L. Papirius Cursor）不在，违背其命令，挑起并赢得了一场战斗。独裁官遂援引曼利乌斯的先例，传唤抗命的下属到自己面前受审。法比乌斯从军营逃往罗马。元老院出手干预。罪人的父亲做过独裁官和三次执政官，向人民和人民法庭呼吁。但是，为了维持纲纪，法庭不敢干预。直到所有人——法比乌斯父子、元老院、法官、人民——都发出了恳求，从而承认了统率权和服从军法的成立，最后库尔索才态度缓和，把罪人交给罗马人民和法庭处置，因为人民和法庭只是在向他求情，而不是试图确立一项权利。

在希腊，曼利乌斯和帕皮留斯的故事都是不可想象的。连斯巴达也从来没有这样的公权力概念。以公权力为手段，罗马的贵族和平民得以凝聚起来，保持平衡，哪一方都不能完全压倒和压迫另一方。罗马实行普遍平等的公民权，正式承认主权在民的原则。与此同时，政权和军权实际上掌握在贵族手中。权力制衡是罗马民族的特征。纪律是一棵大树，公权力是它的根，支队战术和结营规范是它的果。

4 皮洛士

通过交织于罗马制度史中的记载，我们已经阐述了古罗马早期的战术。不过，文献里完全没有详细叙述某一次战斗。罗马人最早有史料记载的战事是皮洛士战争。即便在当时和之后的很长一段时间里，罗马人都没有留下任何真正的历史记载。但是，希腊人并没有漏掉这件大事。现存文献中保留了皮洛士本人的回忆录，特别是普鲁塔克的《希腊罗马名人传》。

尽管如此，这些记载对战争艺术史几乎没有任何教益。不少细节可能是真实的，历史学家重复这些论述也无伤大雅。但是，就我们的特定目标而言，我们必须订立更严格的标准。我们要确定军事技艺的连续发展过程，为此，只可以运用绝对可靠的细节。关于皮洛士战争的记载虽然可以追溯到亲历者，但传到我们这里已经是三手文献了，难以正本清源，将原始史料与伴生的逸闻传说剥离开来，以至于没有哪一件事可以认为是完全可靠的。

皮洛士是亚历山大大帝的外甥和效仿者，笃信由伟大的马其顿人发展出的军事体系和战争艺术。作为马其顿的学生，一如亚历山大之前征服了东方,他也踏上了西征之路。他手中多了战象,比亚历山大当年的军队还要令人恐惧。但是,他无法打垮这个拥有独特军事架构、主宰着意大利城邦的顽强抵抗。虽然打了好几次胜仗,皮洛士最后还是被迫放弃了战争。他最后是遭遇了真正的战术失败,还是说战局虽然未定,但是这位军人国王已经不可能赢得稳固的政治基础,只得心灰意冷地打道回府?我们并不清楚。无论如何,罗马人虽然屡次战场失利,但守住了自己的土地,仅凭这一点,足以令皮洛士不可能通过战争手段建立霸主地位。皮洛士无法在意大利取得主导地位,补给完全依赖小小的伊庇鲁斯,他是不能坚持作战的。

5 第一次布匿战争

我们对第一次布匿战争的了解与皮洛士战争不可同日而语。第一流的历史学家波利比乌斯对战争艺术特别感兴趣，并加以详尽阐述。除此之外，第一次布匿战争基本没有其他独立文献的来源。波利比乌斯习惯从客观的角度思考问题，更是史学泰斗。因此，后人从来都是直接重复他的说法。但是，这样做或许会有某些误区。波利比乌斯是部分笔下事件的亲历者，但第一次布匿战争不在此列。他也不能询问时人或目击者。他的记述主要有两大来源：一个是罗马人法比乌斯·皮克特（Fabius Pictor）写的，一个是希腊人菲利努斯（Philinus）从迦太基的角度写的。凭借批判精神和掌握的资料，波利比乌斯得以权衡两位作者的说法，考辨真伪，得出了一套融会贯通的新说法。但是，他把自己不认同的史料全部隐去，令我们不可能了解原有史料的真实价值——不过，价值应该也不是很大。法比乌斯·皮克特出生于公元前253年前后，他的著作很可能写成于第二次布匿战争结束之后。但是，我们都知道，口耳相传在一代人的时间里就能对事件做出怎样的歪曲。罗马市志中记载了基本的事实框架,不过我们现在对它们不感兴趣。在法比乌斯之前,奈维乌斯(Naevius)写下了一部关于第一次布匿战争的韵文编年史。尽管作者亲自参加了战斗,但假定法比乌斯已经使用了该材料,该史书也很难保证更确实地掌握战争经过。菲利努斯很可能站在迦太基一方参加了战争。就此而论,他比法比乌斯更贴近事件本身。[1] 但是,根据波利比乌斯的说法,菲利努斯不是很可靠。从这样的文献出发,再伟大的史学家也写不出详尽可靠的历史。毫无疑问,我们对亚历山大也没有真正意义上的一手史料。阿里安和波利比乌斯的书同样是二手文献,而且波利比乌斯的考据水平要比阿里安更高,但阿里安的记述还是要更胜一筹,因为他依据的原始资料要好太多了。阿里安借助的主要来源是托勒密(Ptolemy)和阿里斯托布鲁斯(Aristobulus),两人都是事件的直接参与者,而且还能从有利位置观察全局。法比乌斯——菲利努斯很可能也一样——与第一次布匿战争的距离,不比希罗多德与希波战争更近。但是,对于希罗多德的记述,我们可以亲眼观察和检验,看哪些应该采纳,哪些不能采纳。对于第一次布匿战争,我们只能完全依赖波利比乌斯的判断。因此,不管我们对波利比乌斯的批判能力和史学素养有多么高的评价——特别是他兼采交战双方的说法这一点——我们对西西里、阿非利加及其周边战事的了解也不如马拉松会战、普拉提亚会战扎实。

由于上述观察,尽管作者是波利比乌斯,我们却只得放弃更细致地研究第一次布匿战争的记载。对我们来说,罗马支队战术的总体情况才是重要的、具有决定性的。我们已经对其有了认识,而且部分知识正是源于波利比乌斯的著作。但是,我们对细节还不能充分确信。用揣测和假说去填补空白并不能增进知识。因此,我们对这场战争只能一带而过。

长期以来,人们认为这场战争是纯粹的陆权与海权之争。这是错误的。罗马本身就是一个古老的贸易城市,是拉丁姆(Latium)的集市所在地,拥有大型帆船。此外,以罗马为首的联盟还拥有多个大希腊地区(Greater Greece)的海滨城市——从库麦亚(Cumaea)到那不勒斯(Naples),再到塔兰托姆(Tarentum)。罗马之前把全部力量投入到陆战中,是因为它的对手都是陆权国家。而且,罗马早期与其他拉丁海权国家,最后与塔兰托姆交兵时都与迦太基是盟友,[2] 从而免掉了建立更强大海上力量的麻烦。直到要与迦太基作战之前,罗马都无须进一步朝海军方向发展。罗马从无到有地建造了一支由五层桨战舰组成的舰队。罗马拥有丰富的各类造船所需物料,因此建立舰队并不吃力。

我有一点要指出。有一条著名史料写道,罗马人对航海一窍不通,战舰是按照一艘搁浅的迦太基五层桨战舰仿制而成,划桨手在陆地的脚手架上训练。该史料的始作俑者正是波利比乌斯,他显然是听信了过分夸张的谣言。

一条对应的记载是,迦太基人不熟悉陆战,要请斯巴达人克桑提普斯教授。蒙森认为,这同样是重复了希腊人在岗亭里的吹牛传说。尼奇(Nitzsch)[①] 不同意蒙森的意见,认为世界史上常有迦太基这样偏狭无知的民族。这话说得没错,波利比乌斯采纳这条可能来自菲利努斯的记载时,他可能也是同样的想法。但是,尽管它不

---

① 全名为卡尔·威廉·尼奇(1818—1880),德国史学家,以古罗马和中世纪德意志研究闻名。

像罗马建造舰队的传说那样明显是谣传,但波利比乌斯的记述也不能担保它是真的。

战争以罗马在陆地和海上都打败了迦太基告终。但是,罗马并没有取得巨大的优势。第一次布匿战争打了23年,直到胜负已分,西西里岛自始至终掌握在迦太基手里。最后是在海上见分晓。根据史籍记载,新发明的接舷吊桥令罗马人占尽上风。实情到底如何,尚存疑点。罗马虽有陆上优势,但是雷古卢斯(Regulus)仍然在阿非利加被击败,而且迦太基人最后也没有被彻底逐出西西里岛。罗马最终占得上风的决定性因素不是军团的勇敢和军事技能,而是将意大利各盟友团结在罗马麾下的本领,让它可以在舰队遭受海难或被打败后一次次派出新的舰队。

即便迦太基仍然能够打下去,继续作战也已经看不到成功的希望,雇佣兵战争和后来给罗马的贡金都表明了这一点。迦太基当然可以坚持得更久,或许还能赢得又一次胜利,但是胜利终归是徒劳。无论如何,迦太基的陆上力量太弱小,没有能力将西西里岛的城市和要塞从罗马人手里抢回来。前车之鉴已经表明,单凭海战胜利是不能打垮罗马的。此外(假如文献记述完整和真实的话),对罗马海军造成最大损失的不是迦太基人,而是风力、气候、天气和海员的大意。

迦太基人虽然没有被完全打败,但是却意识到他们不可能取得最终的、有益的胜利,于是在可以容忍的条件下向罗马求和。连罗马人也觉得自身实力还不够强,与其继续交战,不如接受迦太基人的求和。为了打垮迦太基,罗马必须渡海攻打阿非利加,而他们甚至不能将哈米尔卡·巴卡(Hamilcar Barca)赶出西西里岛,那只能是痴人说梦。

BOOK V
第五篇

The Second Punic War
第二次布匿战争

1 第二次布匿战争的研究方法

在战争艺术史中,第二次布匿战争占有重要的地位。在此之前,我们只能粗线条地阐述罗马战术的第一次大变革,即从重装步兵方阵这个总体形式中,发展出了具有罗马特色的支队战术,却不能将其放到现实战例中进行具体的理解,也不能确定年代。通过几次大战,第二次布匿战争向我们展示了这种战术最后的辉煌登场、它的失败和不足,以及新一轮的战术转型。凭借新的战术,罗马只用两代人的时间便征服了世界。幸运的是,我们对这些事件同样有着透彻和具体的认识。正是对这些事件的叙述,为波利比乌斯赢得了史学大家的盛誉和权威地位。从此处开始,他终于有真正的史料可用了。在罗马一方,他最重要的向导是法比乌斯·皮克特。法比乌斯是第二次布匿战争的同时代人和参与者。战争期间,他是元老院的成员。不过,在迦太基一方,他的信息来源是一名希腊人,此人是汉尼拔的随从,记述了后者的行迹。关于坎尼会战的记述水准极高,作者必定是一位很了不起的人物。我坚信这段记载出自汉尼拔本人,或许是他亲自口述。

我在后面会阐述这一揣测的理由。它或许只是揣测而已。然而，翻阅史册时，连这个简单的可能性也让我们充满敬畏。迦太基城被夷为平地，整个民族被斩草除根，没有任何遗迹或档案留存在人的记忆中，连只言片语都没有留下。唯有史书记述着哈米尔卡如雄狮般的儿子汉尼拔的生平，从他9岁许下誓言直到辞世，那时的他已垂垂老矣，饱受世事困扰，厌倦了人世。我们手中的文字记述着他最伟大的一次胜利，我们想象着这位大英雄通过这些文字来直抒胸臆。这些文字是当年强盛无比、问鼎世界霸权却被雨打风吹去的迦太基人留下的唯一一页，有了它，人类的精神财富似乎便丰富了一些。

这份文献对战争后期的叙述要差一些。但是，波利比乌斯作为小西庇阿（Scipio the Younger）圈子的一员，仍然能够亲口听他讲往年的事。相对前一部分，该文献后一部分的水准有所下滑。我们再次发现，波利比乌斯比表面看上去更依赖自己的材料。[1] 尽管有种种反对意见，这部分叙述的质量还是不错的，经过认真的批判分析，史实能够水落石出。

在迦太基与罗马的第一次大规模冲突中，前者在海上的劣势要大于在陆上。于是，以哈米尔卡·巴卡为首的迦太基爱国者在思考如何打赢下一场与罗马的战争时，很容易就会得出一个结论：对古老的贸易城市迦太基来说，要做的最自然的一件事情就是争取完全的制海权。但是，上一场战争的经验告诉迦太基人，他们不应该这样做。无数意大利海滨城市与罗马结盟，迦太基从一开始就不可能真正取得制海权。雪上加霜的是，罗马主导的同盟握有拥有众多贸易中心和港口的西西里岛。即便迦太基能取得暂时的胜利，就像第

第五篇　第二次布匿战争

一次布匿战争中那样，如果不能通过陆战直接打败罗马，利用既有的战果，那也不会有多大进展。为了彻底打败罗马，而不只是守护本土，迦太基的第一要务就是建立一支优越的陆军，在罗马的力量中心打击它。

为了组建这样一支陆军，也为了找到一个地方以替代西西里——迦太基人失去了对其的控制权——哈米尔卡出征西班牙。他的儿子汉尼拔继承了父亲的理念，正如马其顿国王亚历山大继承了父亲腓力的理念一样。汉尼拔多次大胜罗马，几乎让罗马陷入绝境。但是，在海上，罗马仍然是较强的一方。我们之后会看到这一点对战争结局有着怎样重要的影响。

战争艺术史的使命不是详述事件经过——那样会导致研究范围不断泛化——而只是考察并确定这一时期显示出了哪些战争艺术形式的新发展，以及这位迦太基战略天才是如何利用并发展传统战争样式的。到目前为止，我们都是逐次介绍了每一次重要的军事行动。之所以有能力而且有必要这样做，是因为史料刚好能够满足明晰阐述的需要。从现在开始，流传下来的史料要丰富太多，我们只要选取典型事例介绍即可。此外，在这样一个英才迭出、难分伯仲、斗智斗勇的时代，战争行为变得极其复杂，若要探究每一个事件，必将永无止境。因此，我们只能满足于选择性的讲解。

我们必须搞清楚战术问题。汉尼拔军队与罗马交战时表现出的优越性的基础是什么？这一战术因素——在正面战场打败罗马人的信心——必定是汉尼拔战略的主导因素。正如我们从战术关系出发，厘清米提亚德、特米斯托克利、保萨尼亚斯、伯利克里的战略决策一样，我们现在也要从战术角度寻找汉尼拔先胜后败的关键。

因此，我们不会遵循年代顺序，而要首先探究迦太基军队相对于罗马军队一目了然的战术优势，表现得最明显的特定军事事件，那就是坎尼会战。至于其他大小战斗，则只需要确定它们是否符合我们从坎尼会战中获知的典型特征即可。只有通过上述比较，确定了真正的特征性要素，即交战双方的战术，我们才能够转向战略的研究。

2 坎尼会战

罗马人与汉尼拔首次交锋是在特雷比亚河（Trebia）[①]，他们试图依靠阵地战阻挡汉尼拔。而到了坎尼会战中，罗马投入了相当于迦太基人两倍的兵力：至少8个罗马军团和相应的同盟军，总数为16个军团；减去营地守军和不参加战斗的预备队（rorarii），兵力为5.5万名重装步兵、8 000名到9 000名轻装步兵、6 000名骑兵。数量庞大的重装步兵没有被用于加宽正面，而是加大了阵形的纵深。由于军团是按照年龄划分的，年轻人不能排在家长后面，所以各个军团不是前后依次排开。波利比乌斯写道，为了达到增大纵深的效果，每个支队的深度远远大于宽度（"令支队的深度达到正面的许多倍"[*]）。而且，为了适应狭窄的正面，支队之间的空隙被缩小了。我认为，步兵的正面宽度最多八九百米，而纵深估计为70人。[1]下令如此布阵的人是执政官特伦提乌斯·瓦罗（Terentius Varro）。据

[①] 此战爆发于意大利北部，是第二次布匿战争的第一场大型会战（前218），汉尼拔取得了胜利。

说，他曾在战前对罗马人民发表讲话，指出他们对敌人几乎有两倍的兵力优势。瓦罗大概估计，正面越宽，行动就越迟缓不便，而且考虑迦太基的骑兵优势（另一名执政官埃米利乌斯·保卢斯反复强调这一点，表达了极大担忧），罗马人也不可能迂回包抄敌军。于是，一切都取决于大纵深方阵势不可挡的冲击。

骑兵分为两翼，右翼驻扎于奥凡托河（Aufidus River）河畔。

战场是没有任何障碍物的开阔平原。

汉尼拔有 3.2 万名重装步兵，略多于对手 5.5 万人的一半；射手兵力大致相当，各有 8 000 人。但是，他在骑兵上享有同样比例的优势，即 10 000 对 6 000。他同样将骑兵分为两翼，用两万多名伊比利亚和凯尔特（Celt）士兵组成方阵。阿非利加士兵平分为两部，每部约 6 000 人，排成大纵深阵形，分别位于一翼后侧的步骑兵交界处，类似于亚历山大在高加米拉会战的布置。这样一来，若有必要，阿非利加士兵可以向一侧展开，支援和加强中军，也可以向另一侧移动，加宽步兵正面，以便迂回包抄敌人。

波利比乌斯浓墨重彩地描述了这种阵形。一开始，所有单位一字排开，包括骑兵、阿非利加步兵、伊比利亚和凯尔特步兵、阿非利加步兵、骑兵。接着，中央向前移动，纵深逐渐变浅，形成了半月的形状。

读者应该小心，不要像波利比乌斯本人那样，被这幅阵形图的魅力迷住，以为汉尼拔真的排出了一条弧线，或者以为中部方阵在前进过程中是逐渐自然散开的。在向敌方行军的过程中，弧形确实很容易出现。但是，弧线不是战术安排的结果，而是不可能完全避免的、必须努力去应对的变形，是一种要尽可能避免的情况，以便保持战线平直。

如果我们按字面意义接受波利比乌斯的描述，阿非利加步兵仍然在中部方阵和骑兵之间，而骑兵应该位于半月阵的两端，因此距离敌人最远。但是，书里后面又写道，最先交战的正是骑兵，因此骑兵肯定距离敌人最近。然而，包抄罗马方阵的是阿非利加步兵。只有一种情况能说得通，即两军首次冲击时，阿非利加步兵位于骑兵后方。最合理的布置情况是这样的：各单位依次沿直线排布时并未展开。因此，正面是由 6 列纵队的排头组成的，相互之间留有距离，以便之后展开。在 18 世纪的战术中，这种阵形叫作"侧移成线"（der flügelweise Abmarsch）。但是，汉尼拔没有命令所有纵队以同样的方式展开，而只让骑兵以及伊比利亚-凯尔特方阵展开。后者展开后的纵深很浅，虽然只有两万人，宽度却几乎与对面的 5.5 万名军团士兵相等。正面之后的各单位仍然是纵队。在骑兵与中央方阵相接的部位，阿非利加步兵组成了两翼。今天，我们通常将这种阵形叫作"蹄铁阵"（借用骑兵的词汇），加上预备队就和半月阵形状相同了，也就是说，阵形原先并不是呈弧线，而是呈直角。宽大正面前进的过程中，中部很容易跑在前面，于是就凸出了一块，从位于中部的观察者角度来看，大概确实更像半月形（也就是说，从最高统帅的角度看）。不过，从战术分析的角度来看，我们会认为方阵正面是平直的，哪怕现实中没有这样协调。

双方阵前的众多轻装步兵开始小规模接战后，左翼哈斯德鲁巴尔（Hasdrubal）指挥的迦太基骑兵首先沿河前行，发起了决定性的一击。当然，汉尼拔在骑兵方面有着显著的优势；此外，他把全部重骑兵都集中到了左翼。[2] 罗马骑兵一触即溃，被赶下了河，退出战场。

与此同时，右翼的努米底亚（Numidian）轻装骑兵只是与敌周旋。现在，哈斯德鲁巴尔派兵绕过罗马步兵后面去支援右翼。等到那里的罗马骑兵也开始逃离，哈斯德鲁巴尔率领全体骑兵从后方攻击罗马方阵。

骑兵还在交战的时候，罗马方阵已经与对方步兵接触，而且凭借着 5.5 万对两万的巨大优势将其击退。但是，汉尼拔的骑兵随后从后方杀来，使向前推进的敌人停了下来。伊比利亚、凯尔特步兵和努米底亚骑兵不可能冲入庞大的罗马军团并将其击溃，却用标枪攻击敌军，很快布匿（即迦太基）轻装步兵也加入了他们。标枪、箭矢、投石从后方落到罗马人身上，迫使方阵后排转向应对，从而对整个方阵的前进造成了影响。现在，布匿的中部方阵顶住了敌人，两个没有展开的阿非利加步兵纵队向前，来到罗马方阵的侧翼，分别转向左右，包围之势遂成，罗马人从各个方向同时受到攻击。

尽管骑兵已经脱离战场，但罗马人的总兵力优势依然很大。"向心行动不适合较弱的一方。"克劳塞维茨在《战争论》（*Vom Kriege*）中写道。拿破仑也说过类似的话：较弱的一方绝不能同时包围敌军两翼。现在，较弱的一方不仅包围了两翼，而且把后方也封死了。两名执政官可以命令三面支队持守势，第四面强力突击实力较弱的敌军正面，从突破口出发席卷敌军。但是，这样的行动对战术的要求超出了罗马公民军队的能力。各个支队不是独立的战术单位，而只是整体战术实体，即方阵的组成部分。军团也不是战术单位，既不能，也不习惯独立行动，它们只是管理实体罢了。如果罗马军团采取二乘八的配置，我们不妨设想，当此危急关头，后排的军团可以转向对敌，两侧的军团朝外阻挡敌军骑兵和阿非利加步兵，而其余 6 个军团就能彻底打垮敌军正面的伊比利亚人和高卢人，后者本来已经被击退了。但是，罗马人没有采取这样的布置，而是一字排开。只要一个军团独立行动，整个方阵就破裂了。通过增大每个支队的深度，罗马人做到了大纵深——这是罗马战术的最典型特征——青年兵、壮年兵、老年兵三线彼此不可分离。对我们来说，各个支队的老年兵持矛转向敌军，抵挡哈斯德鲁巴尔的骑兵；青年兵和壮年兵凭借巨大的兵力优势，恢复之前已经开始的进攻，这简直是太简单了。但是，不管看起来多么简单，这样的战术调整是不可能临场决定的，老年兵更没有能力转向后方持矛作战，因为支队之间的空隙非常大，无法立即组成有序和闭合的正面。罗马步兵的通常战法是，结成紧密队形向前推进，直到敌军屈服后退。现在，当"敌人从后面来啦"的大呼声响起，后排士兵不得不转向对敌，推动人群向前的压力就消失了，于是整个方阵也停止了。此时，罗马已经回天乏术。数量优势无处发挥。若要发挥，显然完全取决于后排施加的巨大生理和心理压力。凡是方阵，实际能使用武器的士兵总是极少数。后方遇袭让这种压力消失了，只有最外侧还能算作战斗员，但仅能防守而已。

　　胜券在握，战利品就在眼前，于是迦太基雇佣兵从四面八方涌来。罗马士兵那么密集，只要投射物射出，肯定能击中。惊骇之下，罗马人越是往一起挤，就越难运用自己的武器，而敌军刀剑的杀伤力也就越强。

　　屠杀持续了几个小时，罗马军队全军覆没，只有少数人被生擒。从肉搏战中逃离的人连四分之一都不到。

决定性因素是从后方发起攻击的迦太基骑兵。就这个方面而言，波利比乌斯的记载有一处引人注目的矛盾。他写道，战斗开始前，汉尼拔对士兵发表讲话，表明迦太基人寄希望于凭借骑兵优势在平原战场一举破敌。波利比乌斯还在结论中点明，迦太基取胜的基本因素正是骑兵优势。然而，他在行文中更加强调阿非利加步兵的侧翼进攻。实际上，从他的文字来看，骑兵的行动似乎并非出于汉尼拔的将令，而是自作主张的哈斯德鲁巴尔。他说，正如汉尼拔战前谋划的一样，罗马军团最初与迦太基突出的中部接触并将其击退后，队伍便向中部压缩，逐渐落到阿非利加步兵之间，罗马士兵向中部压缩是很正常的。侧面的支队很可能超过了迦太基中部方阵的侧翼一定距离，但并没有转向内侧攻击对方，因为他们肯定看到了前方的阿非利加步兵纵队，一旦他们这样做，阿非利加步兵肯定会插入他们的侧翼。他们继续向前，但是距离敌人最近的罗马士兵奋勇争先，仍然希望直接打垮凯尔特和伊比利亚步兵，导致侧面支队向中部挤压。此外，最外层的支队无疑前进较慢，因为身旁骑兵正在交战，而罗马落于下风，这是一个很大的干扰因素。但是，我们不能想当然地以为，罗马军团被阿非利加步兵包抄是因为上面说到的挤压。罗马方阵中部的突击停顿也不可能是因为阿非利加步兵的包抄。只要把己方阵形拉长变薄，然后让侧翼前出，攻击对方侧翼就能打败一支勇敢且人数占优的敌军，那么这条计策肯定会经常运用。但是，这样做的危险在于，敌方固然会被包抄，但己方正面也必定会被削弱，从而可能会被击穿。然而，坎尼会战并没有发生上述情况，这才是此战真正了不起的地方。唯一的解释就是迦太基骑兵从后方发起的集团进攻。因此，波利比乌斯在结论中认为迦太基的骑兵优势起到了决定性作用,这是符合逻辑的。显然,哈斯德鲁巴尔并非自作主张,而是在执行统帅的作战方案。

不论"较弱的一方绝不能同时包围敌军两翼"这条兵法多么合理——因为这样做必定会过分削弱中军——汉尼拔还是打破常规,敢于用 5 万人包围 7 万人,以铁圈之势,将敌军一个个杀掉。这场可怕的屠杀肯定持续了好几个小时。迦太基阵亡者仅有 5 700 人,而 4.8 万名罗马人的尸体铺满了战场,除 1.6 万人逃脱,其余都被俘虏。

一切都取决于布匿中军撑到了他们的骑兵将罗马的骑兵赶走的时刻,从而完成包围。汉尼拔为什么不把更可靠的阿非利加步兵放在中央,又为什么命令中军向前推进呢?中军抵抗的时间越长,开始交战的时间越晚,骑兵及时达成使命的机会就越大,而中军过早屈服的危险也就越小。汉尼拔为什么没有把骑兵推到前线,置于两翼步兵之间——借用波利比乌斯的词——摆出一个"反半月阵"呢?

只要正确地观察局势,我们就会发现实际情况正是如此。中部的方阵前进时并没有跑到骑兵前面;恰恰相反,在轻步兵还在正面周旋的时候,骑兵已经向前移动了。不过,他们也要小心别跑得太远,以免妨碍大局。迦太基统帅肯定明白,罗马执政官若是看到己方骑兵被消灭,就有可能尽快带领步兵退回坚固的营地。直到罗马全军接战,不能撤退的时候,迦太基骑兵才发起冲锋。这就是骑兵与步兵保持平齐,而用于包抄的阿非利加步兵列阵于骑兵之后的原因。

因此,兵力较弱的迦太基中军必然要有一段时间去独立对抗罗马军团的庞大压力。这不禁更令我们好奇,汉尼拔竟然会把不太可靠的高卢盟军放到这个位置。

但是,在这场战斗中,中部也是损失最惨重的位置。至少有4 000名高卢人阵亡,而伊比利亚人和阿非利加人的损失合起来不过1 500人。汉尼拔必须顾惜最忠诚的单位,他们构成了在意大利打击罗马的长期核心。把"老禁卫军"投入到需要绝对抵挡住敌军的地方!这种念头该是多么强烈。如果分析到最后发现,罗马人会在哈斯德鲁巴尔从后方杀入的几分钟之前突破迦太基正面,那么,统帅就只能感慨:"阿非利加步兵一定能坚持抵抗更长时间。没有把他们放到那个位置真是大错特错!"这个结果又是多么不可估量。

军事的艺术不是每件事都能计算、权衡和测量的。在计算落空的情形下,统帅一定要凭着坚定的信念,果断做出决策,以免为了将来而牺牲现在,汉尼拔冒险把这个关键位置托付给了高卢人。其次,保险起见,他又将他们与伊比利亚士兵混编,并在战前动员的时候阐明己方优势骑兵在开阔平原必有神效。最后,他还有一道保险,就是亲临中军侧近指挥。亚历山大当年亲率骑兵肉搏杀敌,汉尼拔则将骑兵交给亲信将领指挥,他本人与参谋留在中军,幼弟马戈(Mago)也在身边,一方面是想居中指挥,另一方面也是利用人格力量将柔软的"熟铁"炼成"精钢"。高卢人看到统帅就在身边,听到他高声呼喊,遂产生了必胜的信念,经受住了最严峻的考验:在压倒性的敌军面前退而不败,顶着最惨重的伤亡坚持战斗,直到另一边的援军带来希望。任何没有专门注意汉尼拔位置重要性的战记都是不完整的。汉尼拔不仅是坎尼会战的精神中枢,更位于现实空间的中点。他既不像亚历山大那样挥剑砍杀,其指挥的战斗也没有被分成多次不同的行动,以至于统帅要忙于调度下令。战斗全程都是提前安排好的,在这里,汉尼拔只要出现在特定的位置便能发挥决定性的作用,既有主动的作用,也有被动的作用。

发出开战信号后,汉尼拔只需要给出一个命令:两翼的阿非利加步兵向前。由于阿非利加步兵起初仍然是纵队,汉尼拔自然会想到,在必要的情况下,他们可以不去包围敌军方阵。如果在中军挡不住罗马人的压力,撑不到哈斯德鲁巴尔达成包抄的时候,他们可以去支援中军。我们发现,坎尼会战的作战方案与高加米拉会战有相似之处。与亚历山大一样,汉尼拔帐下也有希腊文人负责纪事。不难设想,希腊文人在侧,任何人都不免分享希腊的文化,吸取希腊的经验。不论第一次布匿战争期间,斯巴达人克桑提普斯向迦太基献策打败雷古卢斯的传说是真是假,汉尼拔无疑研究过希腊马其顿的战争艺术。冬夜的军营中,希腊学者西勒诺斯(Silenos)必定给汉尼拔读过托勒密国王讲述亚历山大大帝事迹的著作,而迦太基则效仿亚历山大这位宙斯之子的光辉范例,形成了自己的战争构想。

迦太基之所以能凭借蛮族雇佣兵打赢坎尼会战,是因为骑兵优势,是因为军官团、将领和参谋人员将士兵牢牢掌握在手里,而且知道如何进行战术指挥,也是因为天才的统帅将各部力量结合为高效的有机统一体。

在我看来,我们今天在波利比乌斯的著作(以及李维的记载)中读到的关于此战的记述同样源自这位统帅本人。这一点从文字本身不太能够看出来——从内容出发的话,我们得不出任何结论,因为记述固然精妙,但战场上或许还有其他能人——却在遗漏之处及其投射出的微妙光影中显现。

真正奠定胜局的是后方的骑兵，文中却并未特别强调。实际上，骑兵的行动似乎根本不是由汉尼拔的命令决定的，而是由自作主张的骑将决定。通篇强调阿非利加步兵的两翼包抄，却没有提及他们前出的动机。对指挥官来说，有意暴露某些部队——尤其是盟友的军队——更惨重的损失总是一件痛苦的事。汉尼拔不愿意承认这就是他的计谋，或者他是何时定下这条计谋的。尽管如此，我们不妨假定他有这样的动机。外人都会觉得如此假定是合理的，动机昭然若揭，绝不会轻描淡写。但是，我们手中的记载只字不提该动机，一方面，只谈包抄战术，因为包抄才是原本的作战方案。另一方面，真正起决定性作用的骑兵突击隐入以下背景中：这一行动是指挥官的常用手法，并无特异之处。此次会战其实只靠这招就够了，甚至绰绰有余。假如汉尼拔没有命令阿非利加步兵组成这样的阵形，而只是让其支援中部方阵，他依然胜券在握。但是，他想要的不只是取胜，更要把敌军全部消灭，所以才削减中军纵深，将阿非利加步兵置于两翼，方便其包围敌军。这样一来，罗马军便不能从任何方向逃跑，而只能被包围。因此，甚至在战记里，汉尼拔也对被分配去执行此任务的阿非利加步兵偏心，于是隐没了骑兵的战绩。

阵形记述得极其详尽，被形象地描绘为半月形，罗马方阵向中间挤压、阿非利加步兵从两侧向内攻入、薄弱的中军发生动摇、统帅高声呐喊的情形都讲到了。因此，即便在今天，读者仍然能感觉到自己正处在那个纵览全局的观察点，同时他们也会明白，这段文字的要点不在于现实层面谁最重要，而是统帅心中最牵挂谁。

3 第二次布匿战争的基本战略问题

只有确切了解双方的战术优劣,思考战略问题才有根基。毫无疑问,迦太基在战术上占据上风。他们只有一位统帅,而罗马人每年都要选出两名兼领军队的执政官。执政官们对指挥大规模军队的原则所知甚少,要么每人统领一半军团,要么单双日轮流指挥。面对汉尼拔这样的敌人,这种手段简直骇人听闻。于是有些人说,单双日轮流指挥的意思只不过是轮流主持作战会议,以为这样就能缓和矛盾,其实只会使其更加尖锐。因为这样一来,罗马军队就根本没有个人统帅,而是集体决策了。沿用"轮流指挥说"要更准确一些。不过,作战会议当然是存在的。统帅优劣在军官团中也有反映。首先,迦太基一边是哈米尔卡·巴卡军校培训出来的专业军官,而罗马公民兵的素质全凭老天安排,参差不齐。其次,如有必要,迦太基将领可以灵活运用步骑等不同单位,而罗马军团只能并排直线前进。最后,迦太基骑兵的数量远远多于罗马骑兵。

面对敌人的这些优势,罗马人只有一个优势:拥有几乎取之不竭的、有军事素养的可靠兵源。[1]

双方强项的差异可类比于伯罗奔尼撒战争期间的雅典和斯巴达。在很长一段时间里，双方不能决出胜负，因为雅典人的海上力量更强，而斯巴达有陆战的优势，双方都不能凭借自己的力量抓住对手。在第二次布匿战争里，对比没有那般强烈，而且罗马人是慢慢才认识到这一点的。起初，罗马只是鲁莽地寻求正面决战，经过一系列大败，他们才终于改弦易辙。但是，汉尼拔从一开始就知道自己的强项和弱点。

若以击败对手为宗旨，发动战争的一方就必须在寻求并打赢正面决战之后，还有能力穷追不舍，围攻并夺取敌人的都城。如果攻下都城仍未议和，那就必须继续作战，直到彻底击败敌人。汉尼拔的实力太弱，做不到这一点。他从一开始就明白，哪怕取得多次辉煌胜利，他也没有能力攻占罗马城。

在坎尼会战中，虽然他击败并消灭了 8 个罗马军团，但是被击败的军团数却不到总数（18 个军团）的一半。而且，罗马很快便征募新兵，填补了损失，甚至没有把西西里岛、撒丁岛、西班牙的海外军团调回国内。因此，如果汉尼拔在战后立即向罗马进军，威吓敌人的打算就也会落空。此外，这次无益的示威行动更会抵消坎尼大捷其他在士气方面的影响。迦太基的骑兵统领马哈巴尔（Maharbal）有一句著名的论断：汉尼拔懂得如何打赢战斗，却不知如何利用战果。如果马哈巴尔果真说了这句话，那也不过表明这位勇猛的将军只是单纯的战士，而不是真正的战略家。迦太基军队花了很长时间才杀光被围的罗马军团，5 700 人阵亡，至少有两万人负伤，伤员要等几天乃至几周时间才能继续行军。假如汉尼拔战后立即开拔，那么抵达罗马城下时最多有 2.5 万人，而罗马人哪怕惊骇到极点，也不会向这么少的人屈服。

等到伤员恢复，援军抵达，汉尼拔或许会有足够的兵力——比如五六万人——考虑围攻罗马的事。但是，罗马是一座城防坚固的大城。所谓的塞尔维乌斯城墙（Servian Wall）周长超过 5 英里（约 8 千米），很可能营建于萨莫奈战争期间。墙内有大片开阔地带接纳进城避难的乡民。作为国都和大型贸易中心，罗马拥有各类充足的物资。假如汉尼拔掌握了制海权，首先夺取奥斯提亚港（Ostia），从海路保障补给，那么凭借五六万人围攻罗马也并非不可思议之事。但是我们不能忽视一个事实：罗马的海上力量更强。为避免分兵，汉尼拔将全部兵力投入到了陆军。因此，围城部队的补给只能走陆路。他必须建立规模庞大的补给线，穿过满怀敌意的乡间，途中更有无数城市和要塞阻拦其运作。一大部分迦太基部队都要去当辎重队，每一个孤立的单位都会随时面对来自罗马或其盟友军团和军团下大队（cohort）的威胁——可能是驻守乡村的原有部队，也可能是新组建的部队。余下可用于围攻的迦太基军队会被台伯河隔开，很难顶住人数优势巨大的守军突袭。迦太基的主力骑兵也帮不上什么忙。

在特拉西梅诺湖（Lake Trasimeno）① 和坎尼取胜后，汉尼拔并没有进军罗马。他完全知道自己在做什么。从一开始，他就构思了另一种击败敌人的方法。

他不可能彻底打垮罗马，让罗马退出世界大国的行列，于是便

---

① 公元前 217 年，汉尼拔在罗马以北的山中湖泊特拉西梅诺湖几乎全歼了一支罗马军队。

决定以让罗马人厌倦战争为目标，直到他们愿意求和。战略成为政略，即政治战略。坎尼一战似乎已经奠定胜局，但这位迦太基统帅还是传信给罗马人，说他发动的战争无关国家存亡，并非灭国之战（non internecivum sibi esse cum Romanis bellum——李维，22.58），提出要议和。罗马人回绝了议和请求。但是，哪怕没有决定性的大事件，说服敌人达成双方都接受的和约也是可能的。汉尼拔从一开始就有这样的打算。

汉尼拔刚到意大利就宣布，他的目标不是与半岛人民交战，而是将他们从罗马的统治中解放出来。每次战斗之后，他都会释放罗马盟国的战俘，并不收任何赎金，好让他们回国传扬迦太基的政治目标及其统帅的慷慨大度。罗马公民不到意大利人口的三分之一，其余的意大利人组成了独立程度不等的大小社区。罗马之前收服了他们，而现在他们可以决定不再服从罗马人的领导，组成了一支由独立单位组成的联军。就连罗马人建立的殖民地或许也会觉得脱离母邦有利可图。

坎尼会战后，意大利的倒戈者甚多，包括仅次于罗马的意大利第二大城市卡普阿（它甚至享有罗马公民权，只是没有选举权）和许多乡镇小城。最后，意大利第三大城市塔兰托也归顺了汉尼拔。北边的高卢人早已支持迦太基，现在南边西西里岛的叙拉古也站了过来。如果汉尼拔能够持续施加压力和威胁，保持这股势头，那么罗马人迟早会筋疲力尽，被迫求和；或者，等到在意大利打下广阔稳固的基础，他就能够围攻罗马城了。

讲完坎尼会战之后，波利比乌斯加入了两段插叙，先是希腊历史，再是罗马制度，然后才回到布匿战争。这是真正的史学大家风范。制度的抽象形式和行政过程本身是多么无聊啊！但是，在波利比乌斯手里，它们解答了这样一个问题：一个国家先后在提契诺（Ticinus）、特雷比亚河、特拉西梅诺湖打了败仗，然后又遭受坎尼会战这样的惨败，它是怎么挺住的呢？至于这些事件带来了何种影响，这个最大的悬念留给了读者。波利比乌斯的绝妙之处就在这一问一答之间，因为他如此布篇并非故作高深，而是顺理成章，用天才的表达将事物的本质通过文字的形式展现出来。

我欲效仿波利比乌斯，运用同样的反思手法，令死板的数字变得鲜活起来。盟友纷纷背叛，罗马人竟能岿然不动，与天才统帅汉尼拔相抗衡，这项成就到底有多了不起呢？细致的评估要等到以后，不过，现在可以给出一些从史籍中得出来的最主要的数字。数字诚然不能完全确定，但也足够可靠。

根据官方人口统计报告，罗马（不包括盟国）在第二次布匿战争开始时约有100万自由人。开战初期，罗马动员了3.4万人左右加入陆军。海军肯定也补充了一部分，不过人数无法估计，因为大部分船员都是由盟友和奴隶充任。

战争第一年罗马有七八个军团。尽管在特雷比亚河与特拉西梅诺湖战败，罗马依然于公元前216年将军团总数扩充到了18个，主力军团的兵额也增加到了5 000名步兵。与汉尼拔作战的主力军团有8个，西班牙军团有两个，西西里岛军团有两个，撒丁岛军团有一个，有两个军团对付山内高卢人（Cisalpine Gauls），两个军团驻守罗马城，兼任补充兵员，还有一个军团上舰。除主力军团和西班牙军团外的8个军团肯定是不满员的。参加坎尼会战的每个军团按4 800人估计，西班牙的两个军团按4 000人，其余8个军团按 2 500 人，那么总数就在 6.6 万人左右，相当于全体自由人的 6.5%。如果考虑到公元前 218 年和公元前 217 年战死的人数，比例更是达到 7.5%。²

由于坎尼参战残部编为两个新军团，我们可以认为此战损失了 6 个军团。不久之后，高卢人又消灭了两个军团。罗马没有能力完全填补损失，尤其是在拥有公民权（无投票权）的大城卡普阿转换门庭之后。通过尽释囚犯，征召 17 岁以下的少年，罗马组建了两个军团，还有两个军团由奴隶编成，并承诺赋予他们自由。于是，罗马又有了 14 个军团，之后几年里每年都有少年成年，遂逐步增加到 22 个。公元前 212 和公元前 211 年达到了兵团数的顶峰，即 22 个。但是，总人数一直远远达不到公元前 216 年的水平，因为每个军团的人数都要小得多。直到公元前 216 年为止，战俘都会通过第一次布匿战争就存在的特殊协议赎回。但是，为了树立榜样，元老院拒绝了汉尼拔交回坎尼的战俘、换取赎金的提议，而选择组建奴隶军团。于是，战俘被卖到国外。半代人的时间过去了，罗马人还能看到许多同胞在希腊为奴。于是，公元前 194 年，弗拉米纽斯执政官（Consul Flaminius）向希腊人提议赎回战俘，仅亚该亚（Achaian）一地就释放了 1 200 人。³ 6 年后，在克里特据说又释放了一批罗马人回归故土。⁴

交战期间，一旦罗马公民落于敌手，国家便会抛弃他们，任其自生自灭。但是我们完全可以认为，尽管官方不会出面，但许多战俘还是由家人单独赎回了。毕竟，除了卖个好价钱以外，从迦太基军营里把战俘带走的奴隶贩子留着他们也没有别的用处。公元前 210 年，罗马公民对赎金愤懑难平，说他们连赎回一个战俘的钱都没有了（李维，26.35）。因此，个人赎回战俘是一种应当考虑的情况。通过这种方式，特拉西梅诺湖会战和坎尼会战的损失或许能够减少几千人，但罗马仍然面临着无可比拟的困境。哪怕是 1813 年的普鲁士也只把总人口 5.5% 的人送上了战场，而且这些人服役期连一年都不到。雅典很可能也会不时地大规模征召公民作战，比例要高于罗马，但持续时间总是很短。然而，罗马现在却把几乎全部符合服役资格的人都派去打仗了。他们远离家乡，经年披甲，甚至有很大比例的奴隶被抽调到军团或舰队中。这段时间竟然还能维持经济财政运转，实在是令人啧啧称奇。除了征税，罗马还在一次议和后强制公民认购国债，尤其是承包商。据说，罗马曾极力压迫西西里为战争提供支援。罗马还降低了偿还债主钱币的成色，导致货币贬值。有史以来，只有 1914—1918 年世界大战期间的德国人超过了罗马人。

　　通过这种方式，罗马将人民的全部力量交给了国家支配。不过，以这座台伯河畔城市为首的、构思巧妙的联盟体系同样证明了自己。诚然，一批盟友叛离投敌，怠慢拖延。但是，罗马殖民地和全体拉丁人以及不少希腊人的城市依然忠于罗马。[5] 汉尼拔意识到了这种状况，而它也改变了战争的进程。早在坎尼会战之前，特雷比亚河会战和特拉西梅诺湖会战之后，独裁官昆图斯·法比乌斯·马克西姆斯（Quintus Fabius Maximus）[①] 便希望避免战术决战。但是，几乎只有他一人持此看法。而且，反对他的人渴望集结

[①] 1884 年英国的社会主义团体"费边社"（Fabian Society）就是以"法比乌斯"命名的，取中庸渐进之意。

两倍于敌人的大军，在战场上打败这位可怕的敌人，这也无可厚非。坎尼惨败后，"拖延者"法比乌斯不仅卷土重来，而且有了一个积极的目标。坎尼会战之前，"拖延者"法比乌斯并没有积极的目标，因此也不可能贯彻始终。一场胜利若不能使胜利一方完全打败敌人，恢复和平状态，便会成为反击和报复的基础。这是战争的本质属性。按照克劳塞维茨的说法，汉尼拔已经到达了胜利的顶峰。罗马人从此回避正面决战。[6] 一方面，只要大量罗马军团仍然在场，切断汉尼拔的补给线，汉尼拔就没有打大规模围城战的实力；另一方面，汉尼拔没有能力阻止罗马人围攻叛离的城市，也无法重新使其降服并对其加以惩处。从这时起，罗马的核心作战方针就是围城。执政官围攻城市时会筑起坚固军营，纵然迦太基有军事优势，亦无法强攻得手。在这种情况下，骑兵冲击和多兵种战术协同都没有意义，而罗马军团坚韧的勇气会占据上风。[7] 围攻收复卡普阿是战争的关键点。这是军事史上独一无二的事件：尽管一方拥有无可置疑的野战优势，但另一方还是能够进行大规模的消耗性围城战。我们只能用不同寻常的兵种差异来解释，即双方军队的构成并不相似，而是各有其独特的兵力：一方是骑兵；另一方是数量庞大的步兵。

据说，汉尼拔尝试过与卡普阿人内外夹攻罗马围城部队。但是，这条信息来自一份罗马人的捷报！若是真有大举进攻又被打退的事情，定有余波，而波利比乌斯全没提到。汉尼拔从一开始就明白绝无成功的可能——罗马围城部队大概有四五万之众——诱敌野战失败后，他又试图通过纯粹的威慑达成目标。他直奔罗马而去，兵临城门。但是，罗马人没有被吓倒，汉尼拔只得再次退出拉丁姆。此次行动唯一的结果就是在沿途劫掠和展示兵威之下，卡普阿陷落了。

从这一刻起，汉尼拔再也不可能征服罗马了。早在收复卡普阿之前，罗马就攻下了叙拉古，塔兰托姆很快也会重归怀抱。汉尼拔原本将最终取胜寄希望于当叛离潮散播开来，越来越多意大利城邦会背弃罗马。可惜天不遂人愿，罗马开始了新一轮的霸权扩张和巩固；而汉尼拔的作战部队从母邦获得的支援不足，部队逐渐发生动摇，部分努米底亚人和西班牙人甚至投奔敌方。在西西里岛、撒丁岛、西班牙等次要战场，罗马人无须惧怕军事天才汉尼拔，迦太基的主力兵种骑兵一来数量较少，二来战果不佳，战局摇摆不定。在收复卡普阿的同一年（公元前211年），已经夺回西班牙大部的罗马人遭遇大败，但再次恢复了元气，召集援军，重新转入攻势。鹿死谁手，仍难预料，不过迦太基在战争头几年凭借几场大规模野战取得的优势正在逐渐流失，双方力量又达到了均衡，谁也不能迫使对方加入决战。罗马人不敢冒野战的风险，汉尼拔的实力又不足以围攻罗马城。

既然理解了战略和政治态势，我们就应该将其与大众记忆里的解释做一个比对。大众将战局逆转与卡普阿的名字联系在一起，这是正确的，但动机是多么令人不可思议！据传，在这座沉迷声色的城市里，汉尼拔手下的坚强战士变得软弱、无力、怯懦（李维，23.18）。这则传说没有说明一个问题：敌军如此纪律涣散，不堪战阵，却继续在意大利坚持了12年，罗马人为什么容忍这样的事发生呢？客观态势对传说不重要，传说完全处于人物的性格和个人动机的领域里，从而完全扭曲了真实的关系。作为被腐化的军队的代名词，"卡普阿"已经进入了所有文明民族的语言中，就像"薛西斯"代表大军一样，之后也会延续下去。在第二次布匿战争中，我们有波利比乌斯的记载作为文献来源，很容易分辨出各种心理状态。他讲述了"卡普阿"这个城市名对这场战争真正的重要意义，后人复述即可。就要点而言，本章的内容早已是历史学家的共同财富。希罗多德对希波战争的记载则尽为传说，自然更难考辨真伪。

4　战前战略态势回顾

根据已经掌握的知识,我们能够再次回到战前的双方态势。约瑟夫·富克斯(Joseph Fuchs)最近发表了关于这一主题的多份优秀研究成果,我大体表示赞同。[1]

汉尼拔之所以取道陆路,是因为这条路线能让他接触到高卢人,他们会马上加入汉尼拔的反罗马大业。假如他从阿非利加出发,乘船到西西里岛,恐怕很长一段时间里就只能依赖自己的资源了。此外,渡海远征容易受到占据优势的罗马海军攻击,建立一支足以装载1万匹战马的运输船队更是毫无现实可能性。这很可能是最终的决定性因素,因为首先率领无疑占有优势的骑兵出现在罗马人面前,打赢第一场战斗,然后才能谈得上其他。

汉尼拔有信心在意大利建立新的基地,于是他不再与本土持续联络,而是将舰队限制在最低的必要规模,将全部力量投入到陆军中,而且出征时就备足了军饷。如果他在海上无法取得实际优势,那么一支中等力量的海军就不如随身携带的军饷有用。他可以用这笔钱按期给雇佣兵支付报酬,来到高卢人的地盘和意大利时也不必给希望争取的盟友造成过大的负担。波利比乌斯正确地指出，汉尼拔远征时随军携带着钱币（3.17.10）。

在我们看来，罗马人的思路不如汉尼拔逻辑清晰。总体感觉是思虑不周的、完全不像罗马人的优柔寡断，以及不明所以的游移不定。连富克斯也是这样认为。

罗马为什么不从一开始就采取攻势，趁着汉尼拔还在围攻萨贡托（Saguntum）[①] 的时候到西班牙作战呢？

正如迦太基人后来在坎尼会战中表现出了战术上的优越性，任何罗马可能派往西班牙对抗汉尼拔的军队——哪怕兵力和对方相当——都会被轻易击败。毕竟，迦太基在西班牙的势力远远强过它在意大利的势力。

假如罗马立即大举进犯迦太基城，汉尼拔便会从西班牙渡海回援，甚至只需要派遣一部前往，便能令罗马重蹈第一次布匿战争中雷古卢斯的覆辙。

假如罗马兵分两路，同时攻打西班牙和阿非利加，情况只会更糟，会被迦太基各个击破。趁汉尼拔在西班牙与罗马作战的时机攻占迦太基，这无疑是做不到的。迦太基城固若金汤，打下来需要好几年的时间，而汉尼拔用不了多久便能解决派去攻打他的罗马军队。

根据李维记载（《建城以来史》21.6），罗马元老院相信"兹事体大，不容轻率"（non temere movendam rem tantam），富克斯对此表示完全赞同，而我们也必须附议。尽管在西班牙的迦太基军人数

---

① 西班牙东部城市。

并非之前认为的 13 万（根据波利比乌斯的记载得出），而只有 8.2 万左右——下面会具体来谈——但是与巴卡父子在西班牙组建的迦太基军队相比，罗马并不适合采取攻势，于是优柔寡断、长期不能下决心、放弃萨贡托就都很容易解释了。

上述认识似乎与罗马最终出战的实际行动，以及他们之前的计划存在矛盾。他们以为，只要 6 个军团就够了。实际上，罗马最早似乎打算仅用 4 个军团作战，那时他们还没有忙于镇压山内高卢①波伊部（Boii）的起义。其中两个军团由森普罗尼乌斯执政官（Consul Sempronius）率领前往西西里岛，以便渡海攻打阿非利加；另一名执政官西庇阿则要率领两个军团去西班牙。如果罗马人以为只靠两个军团，共计 2.24 万名步兵和 2 000 名骑兵（李维，21.17），就能对抗西班牙的汉尼拔，那么他们之前没有援救萨贡托就真是不可原谅了。

富克斯从文献中得出了下面的一段解读，从而厘清了问题。罗马人从一开始就知道汉尼拔的作战方案，只是心怀疑虑。从埃布罗河（Ebro）启程，翻越比利牛斯山，来到阿尔卑斯山区，沿途又都是满怀敌意的部族。与汉尼拔本人相比，这段漫长征途面临的自然困难在罗马人看来要大得多。罗马人盘算着，还没走到阿尔卑斯山脚下，汉尼拔便已损失惨重。于是，他们不想在此之前——或许在罗讷河（Rhone）②畔——对阵汉尼拔，而要组织阿尔卑斯山区的土

---

① 即阿尔卑斯以南的高卢人生活区域，相当于今意大利北部。
② 罗讷河发源于瑞士境内，向西注入日内瓦湖后转向西南，从普罗旺斯汇入地中海。

民来对付他。从一开始，西庇阿的出征目标就是此地，而西班牙只是次要的目标。森普罗尼乌斯只是到西西里岛提前布局，直到汉尼拔深陷高卢战事，不可能突袭迦太基城下的罗马军队为止，他都不会继续进军阿非利加。

但是，即使考虑到上述计划，两名执政官麾下兵力之弱仍然引人注目。如果两人各自率领两倍的兵力（4个军团）出征，那么在罗马元老院看来就是清楚迦太基人的兵力，于是采取先守后攻的战略，先让汉尼拔动手，牺牲萨贡托，然后审慎开战。

两名执政官之所以分别只带了两个军团，大概可以通过渡海远征来解释。大军海运需要的资源非常多，而且之后也不好处理庞大的舰队：没有那么多港口可以把它们全部装下，海风会扰乱阵形，落单者很容易落到敌人手里。当时，罗马人还完全不了解汉尼拔在战场上的神威。他们虽然明白不能在西班牙或阿非利加与其正面交锋，但或许还有一定的信心，觉得一名执政官率领的整建制部队镇守罗讷河，驻于对罗马友好的马赛（Massilia），又与不能容忍迦太基过境的高卢人结盟，他们有能力把仗打下去。

这样来看，罗马人就不像表面看起来那样软弱犹豫、自相矛盾了，他们的失败是元老院一贯治国方针的自然结果。

汉尼拔克服行军途中障碍的速度要比罗马人的预估快得多，收先声夺人之效。当西庇阿率领2.44万名士兵于马赛附近登陆时，他们还以为汉尼拔仍然在比利牛斯山中跋涉，结果后者已经兵临罗讷河，未及西庇阿阻拦便抢先渡河。

有人在这里可能会提出疑问：汉尼拔为何显然忧心忡忡，要回避与罗马人交战，而不是觉得西庇阿抵达是好消息呢？凭借数量和质量远远胜过对手的军队，他只需将西庇阿围住，便可将其消灭。罗马人毫无防备，汉尼拔必能得手，大获全胜。这一点恰恰充分展示了年轻的迦太基统帅的天才之处，他集最高的勇气和最冷静的算计于一身，因为他忍住了诱惑，没有摘取手边的桃子。拿破仑有一句名言，"胜利总是有好处的"（une Victoire est toujours bonne a quelque chose）。不论这句话看起来多么无可反驳，它都是有例外情况和局限性的。假如汉尼拔为了打赢西庇阿而耽误行程——哪怕只有几天时间——他就无法在年内翻越阿尔卑斯山了。哪怕迦太基人胜券在握，罗马每次交战还是会换回不少敌人的命。损失是可以承受的，但迦太基人既不能把大批伤员抛在敌境，又不能催促伤员翻越眼前的阿尔卑斯山。当时已是深秋，几周之后便会大雪封山。但是，假如迦太基人在高卢过冬，等到来年开春再南下意大利，那么迦太基人刚从阿尔卑斯山路里走出来，估计就要面对一支严阵以待的规模大得多的罗马军队了。罗马人在得知第一支派出的军队战败后，变得警觉和恐慌起来。这是汉尼拔战略方案中最危险、最薄弱的地方。如果罗马一开始就守住山口，迦太基人刚出来便予以迎头痛击，那么汉尼拔就很难攻入意大利，部分由于人困马乏，部分由于地形不利，迦太基骑兵不能发挥全力了。但是，富克斯精妙地阐述道，汉尼拔凭借对人心的敏锐把握预见到，由于古老的勇猛进攻精神，罗马人不会允许自己在边境等待敌军。即便罗马人没有深入西班牙——这或许是汉尼拔最初希望的情形——他们也肯定会进至高卢。

汉尼拔可能还掌握了利好消息。有各个民族的人涌入罗马，我们不妨假定，汉尼拔在城内有线人，他还组建了一支情报队伍。罗马虽有盛德，但像元老院这样庞大的组织所做出的决定很难密不透风，隐藏实际准备工作就更难了。公元前 216 年，罗马宣称在城内发现了一名潜伏两年的迦太基间谍，把他的双手砍掉赶了出去，以儆效尤（李维，22.33）。

因此，汉尼拔有很好的理由估计会在进军途中遇到罗马军队。如果他回避交战，或者打完之后立即上路，翻越阿尔卑斯山，那么他在山路另一端的出口仍然不会遇到有准备的守军。就算他在西班牙打了那一仗，或许也会是同样的情况，因为此战威名会大大方便他穿过凯尔特人居住的区域。那样一来，汉尼拔从埃布罗河出发，进入波河谷地①（两地直线距离约 550 英里，约 885 千米）可能就不会花费 5 个月的时间，只要 3 个月就够了。但是，我们不必穷尽每一种可能性，而只需要认识到，汉尼拔合理地预期自己可以翻越阿尔卑斯山，途中不受罗马人阻拦，并运用符合逻辑的思考，没有在罗讷河就打一场胜仗，免得付出牺牲几千名伤员的代价，节外生枝，确保顺利进军波河流域，与山内高卢人结盟，在当地建立新的基地。

事实证明，汉尼拔的预期都是对的，而罗马人的预期全部落空。但是，我们也不应该苛责罗马人。他们的对手可是汉尼拔，计胜一筹，谈何容易。元老院不能通过天才的直觉做决断，只能按照先辈的方式来行动决策。罗马人在当时正是这样做的——无所畏惧地遵循常规。但是在许多的历史时刻，这是不够的。

---

① 埃布罗河位于西班牙东北部，波河位于意大利北部。

5 罗马占据上风

汉尼拔主宰野战，而凭借依然效忠或被收复的设防城市，罗马人得以阻挡其进一步扩张势力范围。于是，第二次布匿战争进入了某种平衡状态。后来，由于罗马人在各个次要战场完全占据上风，甚至在意大利也夺回了越来越多的城市，胜利的天平逐渐导向罗马一方。作为最后一搏，汉尼拔弃守西班牙，命令弟弟哈斯德鲁巴尔统领当地驻军沿着以前的路线，越过比利牛斯山和阿尔卑斯山，进入意大利。但是，这股部队尚未与汉尼拔会师，便在梅陶罗河（Metaurus）①被罗马人击败消灭，时为公元前207年。[1] 必须指出，即便哈斯德鲁巴尔赢得了梅陶罗河会战，罗马人也未必会失败。考虑到罗马舰队有可能将西班牙、撒丁岛、西西里岛的胜利之师运回本土，汉尼拔就算与弟弟合兵一处，也没有能力围攻罗马城。那么，罗马人会不会愿意主动求和呢？谁又说得清？

不论罗马人已经取得了多大优势，他们也不能用老一套的方法

---

① 从亚平宁山脉向东注入亚得里亚海，位于波河以南，罗马东北方。

打赢最终的决战。为此，罗马必须在野战中击垮迦太基主力，摧毁其力量。只要罗马人不愿向汉尼拔本人出击，汉尼拔也没有离开意大利，那么迦太基就不会被降服。形势突变总是有可能的，比如西班牙各部族掀起反罗马大起义的浪潮、马其顿国王腓力出兵干预，或者罗马财政彻底崩溃。如果罗马遭逢这样的不测又没能将其克服，那么它固然有可能迫使迦太基接受不利的议和条件，却仍然不能完全摧毁迦太基的独立大国地位。假如迦太基得以在这样的独立条件下延续，那么罗马就不可能统一整个古典世界。正如波利比乌斯正确地认识到的那样，在下一代人的时间里，罗马击败了马其顿和叙利亚，从而基本奠定了世界霸主地位。假如迦太基仍然可以出手支援马其顿和叙利亚，那便会建立起某种力量平衡，让人不禁想起1914年之前的现代世界。毕竟，力量平衡之所以能维持，只是因为每到关键时刻，弱国便会联合起来抵抗最强大的国家。因此，古典时代的决定性因素就蕴含于一个事实：第二次布匿战争期间，罗马人终于发展出了一套能够在野战中击败汉尼拔的战法，随之粉碎了迦太基的力量。在世界史领域，没有一个课题比这个课题更重要：坎尼会战至扎马会战（Battle of Zama）的14年间，罗马军事体系发生了怎样的变化？

　　和以前一样，最好的研究方法不是把散落于文献的难以核实的线索按年代顺序拼起来，而是观其大略，分析事件中的这一变化如何以完整的、清晰的形态展现在我们面前，这个事件也就是汉尼拔落败于西庇阿的最后一战：扎马会战。至于中间的各个阶段，或者文献语焉不详，遂略过不提，或者会在研究过程中自然明晰起来。

　　比较扎马会战时的罗马和坎尼会战时的罗马，第一个浮现出来的区别不妨说与政治学有关。坎尼会战时，罗马军队由两人统率，两人同时又是共和国的最高官员。到了扎马会战的时候，罗马军队则是由一名将军指挥。惨痛的教训让罗马人明白，面对汉尼拔这样的敌人，传统的轮换制是行不通的。军队统帅不能像其他官职一样，由地位最高的元老们每年轮流担任。特拉西梅诺湖战败之后，罗马人尝试过任命一位独裁官，这个办法从此再未用过。根据法理和常理，独裁官是临时职务，最长6个月。假如一个人不断连任或终身任职，那便会直接通往君主制。罗马人采取了另一个办法：不惜违背法律和惯例，尽可能把昆图斯·法比乌斯·马克西姆斯、马库斯·克劳迪乌斯·马塞勒斯（Marcus Claudius Marcellus）、昆图斯·富尔维乌斯·弗拉库斯（Quintus Fulvius Flaccus）等最成功的统帅选为执政官，并授予其"代行执政官"（proconsul）的头衔，执政官任期满后延长其统帅任期。

但是，这项折中还不够。有能力领兵的人很罕见，一个好办法是赋予其长期统率权，而非每年轮换。公元前211年，罗马军队在西班牙遭遇惨败的消息传来，人民便选举普布利乌斯·克奈里乌斯·西庇阿（Publius Cornelius Scipio）为将军、代行执政官，负责西班牙战区，一直任职到迦太基人最终被打败，完全退出西班牙为止。西庇阿拜将一事比以往更加逾制，因为他当时只是一名营造官（aedile），甚至没有达到出任将军的法定年龄下限。坎尼会战后，罗马人民曾赋予时任裁判官（Praetor）的马塞勒斯执政官之权，可视为这项创举的先例。² 要想打败迦太基，使用超常手段是必然的，但这意味着打破共和国的制度：一人以其不可或缺之天才，凌驾于大众之上。统军作战的西庇阿是日后恺撒身兼统帅与独裁者的先声。在元老院，当年主张拖延战略的昆图斯·法比乌斯·马克西姆斯批判西庇阿维持纲纪的方式如同国王，可谓一语成谶。[3] 共和制度一个半世纪的发展也起到了部分作用。罗马制度框架相当强韧，足以承受长期的张力，以合法的形式赋予能力卓绝的个人发挥空间。西庇阿从西班牙凯旋后补选为执政官，后担任代行执政官，统领阿非利加军队。但是，旧的形式下已经出现了新的精神。执政官、代行执政官再也不能简单地称为一市之长了。公元前203年，[4] 罗马元老院做出公开决议：西庇阿的阿非利加统帅之职不再有任期限制，而是会持续到"战争结束为止"（donec debellatum foret）。

漫长的战争不仅产生了统帅，还形成了一支军官团，而军队本身的性质也发生了变化。

到坎尼会战为止，罗马军队的士兵还保持着自带装备从军的公民性质。在此之前，共和国的野战军团很少超过4个（1.8万人，盟友除外），往往只有两个。

公元前217和公元前216年应征入伍的人开拔时，大概觉得很快就能回家。但是，14年过去了，西庇阿手下军队的核心仍然是坎尼会战残部组建的两个军团，公元前214年[5]和公元前209年[6]两次获得其他军团残部组成的大规模援军。此外，他还有一些志愿军单位。

诚然，我们不免会怀疑，各邦提供志愿军与其说出于善意，不如说是赢回之前因中立和犹豫而失去的来自罗马的青睐。但是，这并没有排除一个可能性：对大部分征募新兵来说，一旦战争让他们成为远离平民生活的军人，服役的目标便成了服役本身和战利品。

于是，西庇阿的军队便具有了一切职业军队的特征，包括其优点，也包括嚣张跋扈、苛待平民同胞的缺点。[7]

如果公元前 204 年的罗马军事组织仍然是公元前 216 年的样子（公民士兵、公民军官、公民将领），那么罗马绝不会冒险渡海前往阿非利加，在那里与汉尼拔作战。战争会以议和告终，罗马对迦太基做出某些让步，而汉尼拔则放弃意大利的土地。但是，从世界史的角度看，第二次布匿战争的重大结果是，罗马发生了一场极大增强自身军事潜力的内部转型。扎马会战的过程能让我们明晰这一点。

6 扎马-那拉加拉会战：梯队战术

西庇阿渡海带到阿非利加的部队规模不算大。但是，与汉尼拔当年在意大利一样，西庇阿在阿非利加寻求并获得了援军。最初两年里，汉尼拔没有离开意大利，而西庇阿也是行事极其谨慎，最大的成就是争取一部分努米底亚人背弃迦太基，加入罗马一边。西法克斯（Syphax）是亲迦太基的努米底亚部落首领中势力最大的一位，结果被罗马人抓起来，由其对手马西尼萨（Masinissa）继任首领。在马西尼萨率领6 000名步兵和4 000名努米底亚骑兵援助之前，西庇阿一直回避与汉尼拔决战。由于努米底亚人的支援，罗马在扎马和那拉加拉（Naraggara）之战中占据巨大的骑兵优势。我们手头只有罗马方面的文献，其中甚至说汉尼拔只有2 000名至3 000名骑兵。

迦太基的步兵兵力很可能要强一些，还有若干战象。罗马人没有战象。但是，在这场战斗中，战象没有起到真正的重要作用。总体来说，双方兵种对比类似于坎尼会战，只是倒了过来而已。然而，军队内部的结构却是截然不同的。

与坎尼会战一样,双方都将骑兵布置于步兵的两翼。骑兵率先开战,强势一方的罗马骑兵将兵力较弱的迦太基骑兵驱离战场。

坎尼会战的时候,1万名迦太基骑兵不仅要击退和打败 6 000 名罗马骑兵,之后还要立即重新集结,杀入罗马步兵方阵的后部,如此方可全胜。这一行动的难度特别高。有许多次战斗,一方骑兵取胜后——哪怕是最高统帅亲自指挥——没有转过头攻击敌军步兵,而是对落败的敌方骑兵穷追不舍。从会战的整体结果来看,这样的胜利便失去了意义。我们对此已是见怪不怪。伊普苏斯(Ipsus)会战中的德米特里(Demetrius)① 是这样,拉菲亚(Raphia)会战中的安提柯(Antiochus)② 是这样,曼提尼亚会战中的马卡尼达斯也是这样。之后千百年里不乏重蹈覆辙的状况,比如摩尔维茨(Mollwitz)会战③ 中的奥地利骑兵。将勇悍的骑兵重新集结起来所需要的军事训练程度是很难达到的,更不可能一夜间完成。因此,坎尼会战的胜利不仅是因为人数优势,更是因为哈米尔卡·巴卡有一支训练有素的军官团,哪怕在战斗期间也能驾驭部队。马西尼萨为西庇阿提供的援军是直接从阿特拉斯(Atlas)山脉和沙漠绿洲里领出来的。根据罗马人的记载,除了骑兵,汉尼拔还有 80 头战象。我们知道战象对骑兵的效果是最好的,因此我们或

---

① 公元前 301 年的伊普苏斯会战是继业者战争中规模最大的一场战斗,统治马其顿本土的安提柯一世和他的儿子德米特里一世被亚历山大大帝的其他旧部将联合击败。
② 217 年,统治叙利亚的塞琉古王国与统治埃及的托勒密王国在拉菲亚(今巴勒斯坦拉法赫)爆发大战,安提柯麾下的塞琉古军大败。
③ 奥地利王位继承战争中的一场会战,发生于 1741 年,普鲁士国王腓特烈二世击败了前来救援尼斯堡的近两万名奥地利骑兵。

许可以设想,为了抵消罗马人的骑兵优势,汉尼拔完全可能尝试过将骑兵和象兵混编。但是,汉尼拔并没有这样做,可能是他的战象数目远远没有罗马人记载中的那样多。无论如何,战象的数量都不足以将胜利的希望寄托在它们身上。相反,开战的时候,汉尼拔将骑兵按通常方式布置于两翼,而没有仿效特雷比亚河会战的做法,为其提供战象支援。罗马骑兵轻松取胜,以至于我们不妨假设,迦太基人从一开始就没指望有别的结果。汉尼拔曾给骑兵下令:主要目标不是交战,更重要的是逃跑,引诱敌人追击,远离战场。实际情况正是如此。两翼的努米底亚骑兵,以及罗马和意大利盟邦的骑兵得胜后穷追不舍,将决战地点远远抛在了身后。

起初,双方轻步兵在中央发生小规模战斗,激烈程度比通常更高,因为汉尼拔这一次将象兵布置于此处。我们都知道,战象面对结成紧密阵形的优秀步兵不会奏效,受伤发狂后还会往回跑,对己方步兵造成威胁。因此,我们不禁要问,汉尼拔怎么会决定采取这样的阵形呢?我相信,他是为了争取时间,延后步兵接战。只有骑兵走远之后,他寄予厚望的取胜战法才能施展。假如敌方骑兵尚在侧近,迦太基人是不可能打赢的。我们不妨假定,汉尼拔为营地修筑了工事,而且布置成不会被立即包围的样式。这样一来,只要战象还在主战场正面纠缠,如果汉尼拔认为有必要的话,他就可以撤出战斗,退回营地。在坎尼会战中,汉尼拔中线前出是为了尽可能展开肉搏战,消除敌军有序撤退的可能性。而在那拉加拉,他巧妙地运用象兵延长了前哨战的时间,以便尽可能将决战与否的掌控权握在自己手里。有一个办法可以降低战象受伤发狂,转过头来践踏己方士兵的风险:象夫有一根楔形尖头铁棒,战象一旦失控便可从脖颈刺入，令其倒地身亡。[1]

战斗初期的情形正如这位大军事家所料。双方骑兵已经远离战场，而射手与象兵仍然在战斗。之后，两军方阵向前推进，前队便绕过方阵侧面，或者顺着方阵内部的空隙撤回了。

现在似乎又成了简单的老式方阵战，由人数和勇气决定胜负，而非指挥官。接下来，前所未闻的新情况发生了。

汉尼拔将重步兵分成两个梯队。第一梯队由迦太基公民组成，面对可怕的敌人，他们要亲自保卫自身的生存。第二梯队是汉尼拔从意大利带回来的老兵，他们当年追随他翻越比利牛斯山和阿尔卑斯山，20年的征战已经将须发染白。

那拉加拉会战是全世界有史以来第一场将梯队战术作为新发现的重要原理应用于实战，并取得显著决定性成果的战斗。

梯队战术下，各个战术单元前后排列，间距远足以独立行动，间距近足以直接相互救援。

如前所述，方阵的本质就在于：实际能够参战的士兵只有前几排，甚至只有第一排，占总兵力的比例多则四分之一，少则十五分之一、三十分之一，乃至更低。方阵整体的价值完全在于以下方面：方便替换死者伤员，维持战线连绵不断，以及后排对前排带来的身体和心理压力。如果将方阵的后半部分分离出来，与前半部分拉开距离，上述方面的好处就要大打折扣了，身体压力更会完全不见。不过，从另一方面来看，第二梯队现在可以独立行动，既能够抵挡敌军可能从侧后发动的攻击，又能够转移位置，打击敌军侧翼。

汉尼拔将第二梯队置于第一梯队之后超过1道（stadium，超过

300步）的距离，他亲自指挥第二梯队。假如罗马骑兵没有追击逃跑的迦太基骑兵，而是立即回过头来攻击迦太基步兵，那么第二梯队就可以掩护第一梯队的后方。罗马骑兵是不敢冒险插到两个梯队之间的。那样一来，趁着象兵将罗马方阵拖住的当口，迦太基军可以将罗马骑兵四面合围，而此时——据我估计——罗马方阵已经要撤回军营了。

不过，敌方骑兵已经无影无踪了，于是汉尼拔立即将第二梯队分为左右两股，以便趁第一梯队与罗马青年兵短兵相接的时机，迅速从两侧出动，攻击罗马军的侧翼。坎尼会战中的阿非利加步兵也采取了这样的行动，不过有以下几点区别：（1）由于需要走的距离更长，侧翼攻击开始的时间更晚；（2）没有骑兵同时从后方出击；（3）这一次，罗马不仅没有步兵数量优势，反而可能远远弱于迦太基。于是，第一梯队的迦太基公民兵很轻易就守住了。假如再加上"老兵"从两翼发动攻击，罗马人就肯定会被打败。这样一来，尽管敌军有骑兵优势，汉尼拔仍然会赢得战斗。

但是，罗马也出了一位明辨时势的天才人物，如同两千年后对阵拿破仑的格奈泽瑙一样，凭借自己的兵法打败了当时的战神。

罗马旧制，军团按照年龄分成青年兵、壮年兵和老年兵，依次前后排列，这是我们已经熟悉的。而到了那拉加拉会战中，根据波利比乌斯的报告，西庇阿将壮年兵和老年兵的支队"隔开"（en-apostasei）布阵。于是，罗马方阵也分成了两个梯队。坎尼会战中的壮年兵、老年兵仍然紧贴青年兵；现在，西庇阿注意到布匿人的第二梯队之后，马上效仿应敌。公民士兵和公民军官没有这样行动的能力；但是，战争本身不仅让罗马出了帅才，更使士兵和军官能够临阵机动，丝毫不亚于对手。汉尼拔的老兵没能冲击罗马方阵的侧翼，而是发现对方的战线拉长了。于是，战斗回到了老样子：平行作战。

尽管如此，面对迦太基公民兵来自绝望的勇气、老兵的昂扬斗志和丰富作战经验，可能还有对方的人数优势，罗马军团陷入了苦战。就在罗马骑兵放弃愚蠢的追击，回头杀向迦太基军后方的那一刻，罗马军团似乎已经到了落败的边缘。短短几分钟，世界历史便转变了方向，岂非天命！

战败的迦太基军在逃亡过程中被消灭。幸运的是，汉尼拔本人逃到了哈图麦特（Hadrumet）。[2]

梯队战术的前身

梯队战术体系在战争艺术史中具有异乎寻常的重大意义，人们不禁会希望确定它走过的每一个发展节点。但是，文献太少了，我们只能在黑暗中蹒跚前行。汉尼拔和亚历山大一下子便同时实现了这项创举。梯队战术的前身是斜形阵，汉尼拔的阿非利加步兵在坎尼会战里用过，亚历山大在高加米拉会战中也用过，将小股部队置于两翼后方。再往前追溯的话，一方面，我们还可以指出色诺芬与法那培萨斯交战时采用的预备队（第二篇第5章）；另一方面，罗马人的青年兵、壮年兵、老年兵三线方阵尽管不是梯队战术的直接前身，却依然为西庇阿提供了便利，帮助他引入了这种新体系。

但是，上述相似案例与军队组织原则仍然有着很大的距离。罗马青年兵第一次发现壮年兵没有紧随其后的时候，无疑会感觉自己中途遭到了背叛。只有深受爱戴，士兵对其深信不疑的统帅才敢冒险变阵。不管分出第二梯队的好处多么显而易见，我们仍然必须认识到这种阵形带来的巨大损失。那么，为什么还要将这么多人投入战场呢？前面已经看到，庞大兵力用于延长战线的机会远远少于加大纵深。人们认为人群造成的压力会带来胜利。于是，如果方阵后半部分被分离出去，此举乍看起来是与方阵整体原理相悖的。由于三线之间的距离较大，方阵行进途中便更难填补空隙，当初引入支队阵形的意义正在于此。后排对前排造成的压力是决定胜负的关键，而梯队战术对其带来的损失可不止一半。

军事训练抵消了这一矛盾。罗马分队阵形之所以可能，是因为个体士兵知道也相信身旁、身后的支队会履行自己的职责。同理，如今士兵的军事素养已经进一步提高，第一梯队无须后排士兵紧随其后，施加身体的压力便可应敌如常，士兵们满足于心理的信念：遇到危急时刻，他们一定不会孤立无援。公民士兵不可能像这样内心笃定，非要具有多年作战经验的专业士兵和军官不可。早已存在的青年兵、壮年兵、老年兵各单元之间到底拉开了多大的距离，是一百英尺（约30.48米），还是几百英尺？看起来好像不是很重要。然而，在这样的间距下，上至统帅，下至军官与士兵，作战类型、军队气质都发生了彻底的变化。公民军队的将领不可能施展梯队战术，最了不起的统帅也没有本领让公民兵采取这种战术。

第二梯队和预备队是两个重叠的概念。预备队要完全听从统帅的支配；而第二梯队与第一梯队离得很近，无须专门下令，便可以全部或一部、主动或被动地参与战斗过程。出于这个原因，当作战单元布置得比较靠后，规模也比较小，而且可以按照第二或第三梯队的方式列阵时，我们会使用"预备队"这个词。

无论如何，那拉加拉会战并不是西庇阿首次尝试的新战法。在之前打败哈斯德鲁巴尔和西法克斯（公元前203年）的"大平原"战斗中，波利比乌斯就写道（14.8.11），敌军中央的步兵被壮年兵和老年兵从两翼包抄。这就意味着，此战中罗马壮年兵和老年兵的行动方式颇似那拉加拉会战。最可能的情况是，西庇阿在西班牙发展出了这套新战术。据文献记载，他在西班牙对士兵曾严加操练。由于诸般控诉传回了国内，元老院就向驻于西西里岛、尚未渡海前往阿非利加的西庇阿军派出了视察团。当时，西庇阿在叙拉古附近为视察团举行了一次陆海军联合演习，[3] 展示士卒的训练和准备情况。但是，这些演习阵形在多大程度上是实战阵形的预演，我们没有进一步的确切信息。

罗马人当时可能已经仿照伊比利亚人的样式，改进了己方前排支队使用的标枪。因此，我们或许可以说，皮鲁姆（pilum）标枪的引入也是西庇阿军制的产物。[4]

7　汉尼拔与西庇阿

西庇阿从西西里岛渡海前往阿非利加时,汉尼拔尚未被击败,他率领一支中等规模的军队在意大利南部作战。有人会问,西庇阿在南意大利能够轻易集结起一支人数大得多的军队,他为什么不到那里击败汉尼拔,结束战争呢?回答是:汉尼拔很可能会避免被优势敌军攻击,最终率军返回阿非利加。但是,假如他赶在西庇阿前面抵达阿非利加,后者就很难在阿非利加立足,赢得努米底亚人的效忠了。[1]因此,我们最好把问题反过来:汉尼拔既然没有希望在意大利大获全胜,他为什么没有早一些离开呢?答案很可能是,汉尼拔不再有攻下罗马城的雄心壮志了,而是以取得可以容忍的、有利于迦太基的和平条件为目标。他觉得,罗马人愿意为自己从意大利撤军而付一笔钱。哪怕西庇阿已经登陆阿非利加,汉尼拔也没有马上尾随而去。他知道自己的罗马对手不会取得多大成就,而且他最起码会计划进军迦太基城。迦太基城的城墙周长足足相当于当时罗马城墙的3倍(26 905米)。如果同胞们能够在没有自己的情况下打败西庇阿,而罗马人也不能把迦太基人赶出意大利,那么双方就达成了某种力量均衡。在此基础上,和约就可以签订了。

直到西庇阿已经抵达阿非利加两年,而且凭借多次幸运的出击和行动,特别是将西法克斯赶下台,得到了马西尼萨这个强力盟友,出乎意料地赢得了一席之地,汉尼拔才率领余部离开意大利,前往阿非利加,走向自己的最后一战。在汉尼拔现身的激励下,迦太基人打破了之前订立的停战协议。于是,谁会在军事上占据上风就成了一个问题。除了汉尼拔的老兵,他的弟弟马戈还率领巴利阿里人(Balearics)、利古里亚人(Ligurians)、凯尔特人组成的部队前来助战。汉尼拔在阿非利加各部落招兵买马,迦太基公民自己也拿起了武器。他的一大损失是绝大部分努米底亚部落,他们就驻扎在附近,在马西尼萨的召唤下为罗马人而战。

双方都尽了最大努力备战。通过精心算计,汉尼拔没有将大本营设于迦太基城,而是选在南边的海滨小城哈图麦特,距离迦太基城有5日到6日的行军距离。在这里,老兵不会因首都事务而分心,新兵可以继续操练,汉尼拔可以从后方拦截西庇阿朝向迦太基城的任何行动,也能获得迦太基城的侧翼掩护,以免在完成准备之前遭到罗马攻击。汉尼拔似乎在此地停留了近9个月,[2] 然后才向罗马人进军,手头的骑兵依然很弱小。他这样做有很好的理由。西庇阿尚未与马西尼萨会师,因此如果他能赶在对方合兵一处之前与西庇阿决战,或者插入敌军之间,将其分隔开来,胜利必将属于迦太基。西庇阿当时手头连一处港口都没有,他将基地设在由提卡城(Utica)附近半岛修建的一座堡垒(克奈里乌斯堡,castra Corneliana)上。他试过封锁由提卡城,结果没有成功。从克奈里乌斯堡出发,他曾行军数日杀入腹地,直到肥沃的巴哥拉达斯河

（Bagradas，今迈杰尔达河）河谷，在那儿大肆劫掠，让乡间沦为废墟。

在那里，西庇阿接到报告说汉尼拔已经从哈图麦特基地出发，直奔自己而来，现抵达扎马附近（扎马村分东西两部分，此处是西扎马村）。西庇阿所面临的情势很严峻。

如果西庇阿坐等于巴哥拉达斯河谷，而他在努米底亚援军抵达之前就遭到汉尼拔攻击，结局唯有大败。

如果撤回海滨营地，西庇阿就会被切断联系，彻底与马西尼萨分隔。面对汉尼拔的统率本领，他毫无改变命运的希望。远征阿非利加就此失败，能把部队比较完整地运回西西里岛就不错了。

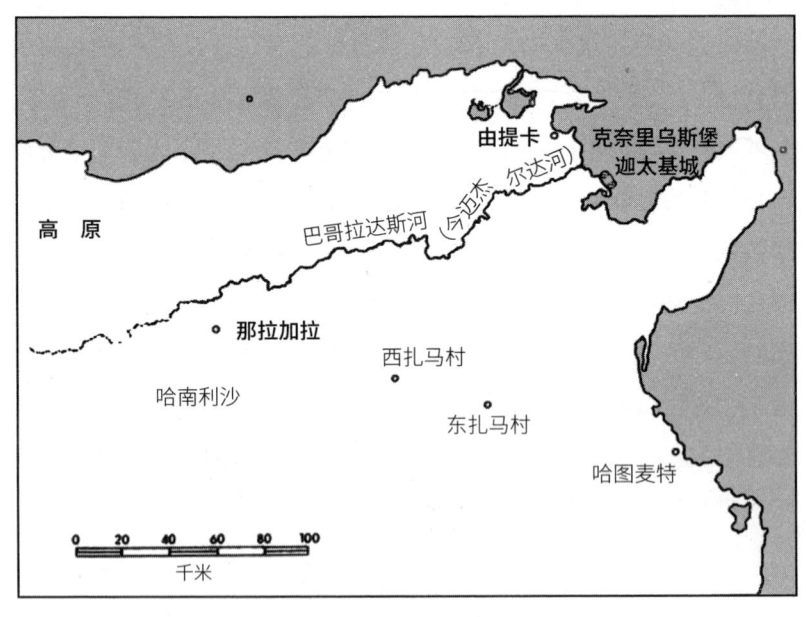

图3　扎马-那拉加拉会战

按照传统说法，两军统帅此时进行了一次著名的会面谈判，其中汉尼拔是求和者的形象。正如康拉德·莱曼（Konrad Lehmann）所指出，这次会面无疑是恩尼乌斯（Ennius）①的虚构。当时的汉尼拔绝不会想到向罗马人祈求议和，而重重顾虑之下的西庇阿也绝不是高高在上、胜券在握的样子。据记载，西庇阿在军营里抓到了3名布匿间谍，非但没有处罚，反而向他们展示了全军军容，然后骄傲自信地将其送还汉尼拔。这段话是恩尼乌斯从希罗多德对希波战争的记述中抄来的，几乎一字不易，³接着通过恩尼乌斯的著作进入了罗马人的传统中，波利比乌斯也不能免俗，最终使希罗多德的著作获得了确定的史籍地位。我们发现史书记载是必须仔细考辨的。与这些天马行空的臆造相比，我们下判断时一定要更为严格地遵循实际。在这个过程中，西庇阿和汉尼拔都没有受到贬损。这与我们之前讲过的希波战争类似：通过真实确切的认识，我们认为波斯军队的兵力远远没有希罗多德笔下那样庞大，而希腊人的英勇丝毫没有因此减弱。诗歌传说为事物蒙上了不同于史实的色彩，这不代表它们就是错的。它们只是有自己的一套语言罢了，问题在于如何将这种语言正确地翻译成历史的语言。

西庇阿做出了一个伟大的决定。这个决定让他加入了世界史上最伟大统帅的行列，也让恩尼乌斯为他编造的诗化形象具有了内在的真实性：他放手一搏，切断了海上联系，放弃了一切失败后逃跑的可能性；而且再也不冒险等待马西尼萨，于是他向内陆进军，主动与其会师。当西庇阿开拔时，汉尼拔肯定已经来到离他不远处

---

① 古罗马作家和诗人（约卒于公元前169年），代表作为叙事诗《编年史》。

了。在那拉加拉镇（位于今突尼斯和阿尔及利亚边界处），西庇阿与马西尼萨成功会师，就地等待汉尼拔到来。汉尼拔别无选择，只能尾随而来，发动决战。

我们已经看到，直到开战前的最后一刻，天平的指针仍然在摇摆。汉尼拔下令向那拉加拉进军，同时以毫不动摇的冷静来掌控下一场战斗的种种细节，我们很难彻底地理解这是怎样的一种精神力量。我们理解不了这些事情，除非先衡量下面两个方面之间的关系：一是会战所处的战略形势；二是从如同刀尖上的平衡局势角度理解战略决策。

罗马统帅的抉择有孤注一掷的成分。有趣的是，"扎马会战"这个战记传说中采用的错误名字恰好反映了这一点，并流传至今。即便是取胜之后，西庇阿在写给国内的战报里也不敢将整体战略局势，以及他从海岸向内地进军的事情和盘托出。他没有用交战地点给会战命名，而是以汉尼拔最后一次驻扎的总部位置命名，令战略局势变得扑朔迷离，甚至让人有很好的理由怀疑扎马到底指的是东扎马村，还是西扎马村。我们可以将西庇阿的进军与 1813 年 10 月奇里乞亚军团从穆尔德河（Mulde）出发渡过萨勒河（Saale）的行动，以及 1815 年从利尼（Ligny）退往瓦弗尔（Wavre）的行动作一对照。后两场行动要为拿破仑的失败负有战略性责任。西庇阿没有吹嘘自己的决策是弥天大勇，而宁愿隐瞒他成功克服的凶险境地，这不禁让我们想起毛奇。面对责难，毛奇将自己最精妙、最大胆的战略行动，即分兵进军波希米亚，称作"补救不利的局势"。

即便是在那拉加拉会战取胜后，实力单薄的西庇阿依然不能考虑围攻和夺取迦太基城。连年战争耗尽了罗马的经济实力和士气斗志，他不能也不愿投入大量资源。而且马其顿和希腊诸国已经准备联合干涉，一场新的战争很有可能爆发。罗马先知当年就不同意西庇阿出征阿非利加，预言会有灾祸；如今赢得了胜利，他们马上又跳了出来，只不过论调和之前完全相反，声称要将胜利进行到底，直到彻底消灭与罗马作对的迦太基城为止。但是，那拉加拉会战的胜利者表明，正如他能够正确估计自己的力量一样，他也能够判断出自身力量的局限。当时有人谴责西庇阿，说他已经与汉尼拔讲和，以免让继任者抢了此战的功劳。这完全是出于嫉妒心理，时至今日，我们不应该再附和了。西庇阿的继任者要想继续对战汉尼拔，攻打坚不可摧的迦太基城墙，那还要花很长时间。西庇阿更清楚怎样做对母邦有利，于是接受了汉尼拔提出的议和请求，与一年前汉尼拔尚未抵达时，西庇阿签订并得到罗马人民批准的和约内容相差不大。因此，那拉加拉会战的意义不在于正面——罗马立即得到了什么好处，而在于反面——迦太基的最后一次上升期被打断了，迦太基公民失去了未来的希望。新和约添加的最重要条款是：如无罗马允许，迦太基不得发动任何战争，从而实际上放弃了完整主权。

  该条款到底是空文，还是果真终结了迦太基政策的独立性，和约签订时无人确知。被征服的迦太基城邦是否会长期遵守该条款，取决于世界形势、马其顿和叙利亚的政策、罗马和迦太基的国内发展。历史已经表明，那拉加拉战败永久地摧毁了迦太基的实力。6年之后的公元前195年，迦太基遵从罗马人的要求，将汉尼拔赶出了母邦；在此之前，罗马人已经击败了马其顿，而迦太基并未干预。现在，驱逐汉尼拔终于让和约板上钉钉了。

汉尼拔和拿破仑是世界史上的两位伟大统帅，出于这个原因，他们最终虽被击败，却无损其历史地位和崇高声望。是的，他们太伟大了，以至于与对他们相比，历史对打败他们的人容易给予更苛刻的评判，以免有人会以为打败他们的人比被打败的人更伟大。罗马人看待西庇阿的方式与英国人看待威灵顿如出一辙，只要不是涉及民族荣誉的场合，总会对两名统帅的伟大程度有所保留。实际上，威灵顿无疑是被低估的，尤其是功劳都给了格奈泽瑙。就击败拿破仑的战略而言，格奈泽瑙将军居功至伟。此处我完全无意与拿破仑对比，因为普军统帅不是格奈泽瑙，而是布吕歇尔。就后者而言，从没有人提出他是堪与拿破仑比肩的战略家。

在历史书写中，即使有人会倾向于偏爱失败者——因为胜利本身已经为胜利者带来了丰厚的回报——但在本书这样的研究中，我们必须更仔细地衡量每一个方面。之后会有机会讨论更晚近的统帅。不过就西庇阿而言，我们必须明确提出：综合前面的阐述，西庇阿的地位固然不高于汉尼拔，但我们有充分的理由认为，两人堪称并驾齐驱。罗马制度冷静持重，统治方式严格而崇尚权威，与希腊不同，不许活跃生动的个人出乎其类。纲纪主宰着社会的每一个方面，以至于人们不敢提及天才二字。归根到底，天才必定是绝对意义上的个体。但是，对于这位赋予罗马军队新的战术样式，冒险前往阿非利加，从巴哥拉达斯河谷径往那拉加拉，胸有成竹地对阵汉尼拔，挺过最危急的时刻，最后又没有漫天要价，而是缔结了恰如其分的和约的人物，我们真要说一声"天才"。事件本身已经展现了西庇阿抽象的伟大之处，但是，我们还能在他身上发现其他特质。蒙森从文献出发，用一支妙笔描绘了西庇阿的形象，我们因此能够面对面地观察这位统帅。我要用蒙森的这段话为第二次布匿战争作结。当然，我希望本章前面的内容已经充分证明了这位军事家、政治家的伟大之处，这才是他最终的、具有决定性的特质。蒙森描述了罗马军队被击败，西庇阿站在罗马人民面前，争取西班牙统帅之职的情境。

9年前，他曾在提契诺之战中救了自己父亲一命。如今，他要为死去的父亲复仇。他年少英武，一头长发，面庞羞得通红，请缨就危，只因别无更好人选。以区区军事保民官的身份，他竟被百夫长推举为最高的职位——如此种种，必定为罗马城的公民和农夫留下了精彩而难忘的印象。这位潇洒的英雄人物有一种特殊的魔力。西庇阿周身散发着昂扬自信的激情，半是虔诚，半是精明，好似整个包裹在炫目的光环之下。他既有恰到好处的激情，足以温暖人心；又计算精当，足以做出明智的判断，不至于忽视常理。他不像天真的群众那样相信自己蒙受天启，不屑于掩饰对这种看法的鄙夷，但内心里却默默坚信自己受到神的特别宠爱。简而言之，他具有真正的先知的性质。他立于人民之上，又没有脱离群众。他言出必行，思想如真正的王者般高贵，相信接受王位是对自己的贬低，却不明白共和国的体制同样束缚着他。他对自己的伟大坚信不疑，从不知嫉妒和怨恨为何物，别人的优点会衷心认可，别人的错误则是同情宽宥。他是一名杰出的军官和训练有素的外交家，两种职业在他身上从无相互妨害。他兼具希腊人的文化与最完整的罗马民族特质，口才绝佳，仪态优雅。普布利乌斯·西庇阿赢得了士兵和妇女、同胞和西班牙人、元老院里的对手和比他更伟大的迦太基对手（这是蒙森的看法，我不能苟同）的心。很快，他的名字便会万众传扬。他是一颗明星，似乎注定要为祖国带来胜利与和平。

BOOK VI
第六篇

The Romans as World Conquerors
作为世界征服者的罗马军队

1 罗马军队与马其顿军队

第二次布匿战争结束后,罗马军队很快就战胜了马其顿军队,后者可以视为亚历山大大帝的后裔。史书对汉尼拔对阵罗马人的军队组织、战术、战法的记载很少。由于有记载表明他给战士们装备了罗马人的武器,我们可以假定,交战双方整体来说是相当类似的,尤其是就装备而言。[1]

自然,汉尼拔并没有采取特殊的支队组织形式,因为他的军队是由多民族蛮族雇佣兵组成的,只有少数迦太基高级军官。但是,他可能从一开始就有了第二梯队的雏形,或者实施了其他具有同样效果的细节手段,令方阵具有不逊色于或优于罗马人的机动性。

如今,在罗马对马其顿发动的战争中,双方装备战术的差异就很醒目了。一方面,罗马起初采用传统的支队重装步兵方阵,后来改用梯队阵形,将矛换成标枪,以尖锐的短剑贴近肉搏。另一方面,马其顿人的方阵比过去更加紧密了,并将矛变成了更长的萨里沙长枪。

全世界紧张地等待着,看哪一种战法会被证明更强大。

亚历山大的后裔在最后几场战斗中使用的那种特殊马其顿方

阵，以及萨里沙长枪是否在亚历山大的时代就已经使用了呢？我们对此尚有疑虑，所以拖到此处才来探究这一主题。首先，我们要了解一下波利比乌斯笔下的马其顿作战方式。作为同时代人，他目睹了库诺斯克法莱会战（Battle of Cynoscephalae）和皮德纳会战的战况（18.28—18.32）。除了他的记载，在几部流传至今的战术指南中也有类似的描述。尽管如此，研究依然非常困难，并多次误入歧途，因为文献中包含多个不可调和的矛盾，其中部分问题还是相互交织的，例如萨里沙长枪长度及其与马其顿、罗马方阵的纵列宽度和各列间距之间的关系。吕斯托和克希利认为马其顿军队并没有装备真正的"长"枪（21英尺或24英尺，约6.4米或7.3米）。在他们看来，长枪的长度单位应该是"podes"，即"一足之长"，而不是波利比乌斯所认为的"pecheis"，即"一臂之长"，于是得出实际长度为14英尺（约4.3米）的结论。我承认，我曾长期持有这一观点，但是艾德蒙·拉默特（Edmund Lammert）对瑞士长枪和德国雇佣兵长枪进行了专项比对研究，最后在我的请求下，还由柏林学术健身俱乐部进行了一次实际演练，从而完全证明了较长的数字才是正确的。据此，我认为情况是这样的：

萨里沙长枪的额定长度为24英尺（约7.3米），但现实中只有21英尺（约6.4米）。士兵双手握持后部，枪尖探出很长的距离。当方阵结成紧密队形时，五排萨里沙长枪都从正面伸出，能够同时发挥作用，因为前三排"萨里沙"的长度相应会缩短。[2]

诚然，波利比乌斯或其他文献来源都没有具体说前排长枪较短，但这一点可以间接推出。一、根据一条注释，长枪放下后的阵形呈圆弧状。二、特别长的长枪对第一排显然是无用的。三、文

第六篇 作为世界征服者的罗马军队

献记载方阵士兵是携带盾牌的。21 英尺（约 6.4 米）长的萨里沙长枪——哪怕只有 18 英尺（约 5.5 米）长——是不能单手掌控的，而必须如文献中明确所说双手握持。双手持枪的人不可能持盾护体。当然，他可以在胳膊上绑一面小圆盾，等到萨里沙长枪断裂之后，配合长短刀剑展开近战。但是，该盾牌在使用萨里沙长枪作战的时候几乎与躯干垂直，非常碍事。盾牌的用处太小，我们不能假定萨里沙长枪兵会把它带在身上。不过，如果第一排或前几排士兵使用长度较短的单手矛，那么这条记载就合理了。假如第五排士兵的长枪为 21 英尺（约 6.4 米）长，第四排 18 英尺（约 5.5 米），第三排 15 英尺（约 4.6 米），第二排 12 英尺（约 3.7 米），第一排 9 英尺（约 2.7 米），那么正面就几乎是一条直线，或者是中间略微突出的弧线，用枪尖构成一道敌军无法突破的墙。

萨里沙方阵完全依靠集团冲击，而非单兵作战。因此，纵列横排的间距都要比使用标枪、短剑作战的罗马阵形更小。波利比乌斯专门谈过这一点，说两名罗马士兵的间距为 3 英尺（约 0.9 米），一名罗马士兵对面有两名马其顿士兵，再加上马其顿方阵有 5 排长枪从正面探出，那么他就要面对 10 根长枪。

萨里沙方阵的规范纵深 16 排，达到传统重装步兵方阵的两倍，从而进一步加强了它的冲击力。后 11 排士兵竖持长枪，可以一定程度上抵挡箭矢和标枪。

据文献记载，这片枪林向前推进时的景象殊为骇人，连皮德纳会战中的罗马统帅埃米利乌斯·保卢斯看到敌军滚滚而来，都会不禁颤抖。

波利比乌斯如此评论马其顿与罗马战术的相对优劣："萨里沙

方阵的正面无人可挡。一名罗马士兵要面对 10 根同时压来的长枪，他既不能用剑将其斩断，又不能突入。但是，罗马军团能够适应任何时间、任何地点、任何目标。萨里沙长枪兵只能作为整个方阵的一员，甚至不能组成小单元，遑论单兵作战。此外，方阵只能在特别平坦的地形移动。沟渠、矮丘、洞穴、树丛都会使其陷入混乱。但是，一旦它在任何地方陷入混乱，或者罗马的支队从侧面发起攻击（由于罗马采用梯队阵形，做到这一点很容易），它就输了。"

这个解释是如此显明、如此有说服力，以至于人们不禁要问：马其顿国王一开始为什么没想到呢？[3]这又引出另一个问题：亚历山大大帝的方阵不可能这样死板，那么后来的阵形又是如何、何时发展形成的呢？

波利比乌斯笔下的萨里沙方阵同样不可能存在于亚历山大的直接继承者的统帅之下。无论如何，战记里没有提到这种阵形，尤其是关于皮洛士的历史记载给出了相反的证词。毫无疑问，皮洛士与马其顿关系紧密，肯定考虑过运用亚历山大当年征服东方的战术来征服西方。但是文献明确记载，他在意大利作战时编入了意大利式装备的意大利人士兵，伊庇鲁斯单位和意大利单位似乎是交替分布的。[4]只有各类装备都用于相似类型的战斗，这样做才是有可能的，哪怕各单位使用的武器有所不同。比如，只要所有士兵都是手持武器单兵作战，一个单位用剑、一个单位用矛就不是问题，矛的长短不同也不是问题。

我从实际演练中得知，小的长枪兵单位也有可能以两倍步速发起进攻，但是长枪兵单位和短矛手单位仍然存在实质性的差异，而且在这样的行动中，萨里沙长枪手就会失去必不可少的侧翼安全。

只要萨里沙方阵保持着良好的秩序，它就能打垮面前的一切。但是，敌军可以从一个萨里沙长枪单位面前后撤，全力攻击与其交替分布的短矛单位。如果能将一个短矛单位从战线中击退，那么萨里沙长枪兵便只能任敌宰割，因为敌军接下来可以从侧面发起攻击。

像这样将侧面托付给不知勇敢与否的异邦人的做法必然会带来不安全感，进而必然引发战阵崩溃。萨里沙长枪单位的基本原则是，只有结成人数众多的紧密集团时才能发挥全效，而这必然需要侧翼友邻部队的掩护。于是，有关皮洛士将各单位混编的记载会得出一个结论：他们不可能装备真正意义上的长枪。

那么，如果皮洛士尚未采用波利比乌斯笔下的萨里沙方阵，我们就要面临一个选择：亚历山大时期的萨里沙长枪的最大长度可能只有12英尺（约3.7米），它究竟是逐渐变长的，还是腓力五世国王面对与罗马人迫在眉睫的战争，才临时采用双手长枪的？腓力五世聪敏而精力充沛，为人尚武，罗马战胜汉尼拔的事情肯定在他的宫廷里造成了影响。宫廷内很可能对敌我双方传统战术的优劣进行了权衡和比较。若要采用罗马的战术，马其顿肯定要大动干戈。实际上，这个念头很可能从来没有被考量。骤然改变一支庞大常备军的惯常做法、抛弃一个军事传统的观点代之以全新的、与过去毫无关联的事物是不可能的。马其顿士兵明白如何使用很长的长枪，以紧密队形作战，却不懂投掷标枪，持剑作战。马其顿人看到罗马战术取得了如此大的成功，很可能会想到进一步加强本土战法威力，挖掘发挥其全部潜力的应对之策，将"萨里沙"的长度加大到21英尺（约6.4米），将士兵间距缩小到1.5英尺（约0.46米），却枉顾其片面性。如果上述解释是正确的，那么这一决策就可类比于坎尼会战中罗马加大支队纵深的阵法。也就是说，既然不能企及敌方的机动性，便希望以泰山压顶之势将其击垮。

奇怪的是，两种战法从来没有得到完全公正的战场检验。库诺斯克法莱和皮德纳两场马其顿负于罗马的会战都受到了偶发事件的巨大影响，战斗结果的普遍意义值得质疑。第三场战斗，马其顿-叙利亚帝国负于罗马的马格尼西亚会战（Battle of Magnesia）或许也可以放在一起讨论。关于这场战斗的记载显然地、完全地形同虚构，而其中根本没有马其顿方阵的影子。

库诺斯克法莱会战

根据波利比乌斯记载得出的整体图景，这场会战在各个方面都相当于马其顿方阵与罗马军团的相遇。但是，它并非预先计划的结果，而是由一场侦察遭遇战发展而来的。即使多山破碎的地形不利于萨里沙方阵，腓力五世也还是认为时机有利，遂决意交战。此外，萨里沙方阵并没有同时展开；取胜的右翼已经向前推进了，左翼还在结阵的过程中被罗马的象兵突破，接着轻易被军团击退。

由于我们没有找到战象取得此类胜利的其他可靠历史战例，此处有一点应该重点强调：战象突破的并不是一支秩序良好的部队。波利比乌斯明确记载，被击败的方阵步兵当时还是行军队列，而且因地形阻碍而难以结阵。

罗马人击败马其顿左翼时没有继续追击。一名军事保民官率领20个支队——估计来自第二梯队——乘胜从后方攻击马其顿右翼，从而奠定了这一侧的胜局。

如果库诺斯克法莱会战恰好只有经过李维改动的记载流传下来，而没有波利比乌斯的原文，那么这段战术发展史就要含混得多。李维将波利比乌斯关于腓力命令方阵放平长枪、发动进攻的希腊语文本翻译为：Macedonum phalangem hastis positis, quarum longitudo impedimento erat, gladiis rem gerere jubet（他命令马其顿方阵将太长碍事的长枪放下，持剑接敌）(《建城以来史》33.8)。这个例子的价值很大，每当文献记载从现实角度看存疑的时候——这种情况经常发生——我们便应当考辨真伪。若非恰好有原文加以比对，会有多少学者将这样明确的论述归于单纯的误解呢？ 5

皮德纳会战

对于皮德纳会战，我们没有波利比乌斯的原文，只有不太可靠且不完整的李维和普鲁塔克的记载。据载，这场战斗也是偶然发生的，并未预先完备布阵。

马格尼西亚会战

对于马格尼西亚会战，我们只有李维和阿庇安（Appian）[①]不

---

① 古罗马历史学家（95—165），代表作为《罗马史》。

切实际的记载，其中写道叙利亚帝国的军队有镰刀战车、骆驼骑兵、征召自16个不同民族的士兵、素质远远超过非洲象的印度战象；总兵力是罗马的两倍（按照弗洛鲁斯的说法是20倍），骑兵是4倍；尽管纵深很大，阵形的正面仍然很长，当时正好是雾天，从战阵中部都看不到两翼。尽管如此，阵势如此浩大的叙利亚军队还是不能将敌人包围。罗马及其盟友阵亡人数连400人都不到，而叙利亚军队则损失了5.3万人。

在记载中，此战的一大特点是萨里沙方阵分为10个小阵，每两个小阵之间有两头战象。作者在整篇战记中颇多虚构，这个阵形很可能也不例外。再蠢的人也是有限度的，哪怕是麾下虽有汉尼拔助阵，却不知如何加以利用的叙利亚国王。我们知道，象兵对骑兵的效果最好。象兵不会冲向排成紧密队形的步兵，反而会轻易被投射武器击退；换一种情况，如果象兵冲了上去，步兵也可以向两边让开道路，让大象直接从战线穿过去。无论是哪一种，马其顿方阵都会遇到他们最害怕发生的事情：正面出现了大口子，罗马军团的支队可以插进去，从侧翼击败敌军。再加上战象很难与方阵保持同步的行进速度，这种情况就更是肯定会发生了。战象一受到投射武器的攻击，便会全速冲向敌军，前提是它们没有掉头往回跑。

若有人依然相信，从史学方法的角度看，根据这种水平的文献运用史料考据得出像样的历史叙事是可能的、恰当的做法，我会请他首先用阿庇安对坎尼会战和那拉加拉会战的记载一试身手。如能成功，我就不会再反对他继续尝试叙述马格尼西亚会战。

2　职业军队：大队战术

第二次布匿战争期间组建的罗马军队足以征服东方各国。马其顿和叙利亚两国被击败了，埃及和大部分小国自愿与罗马结盟，成为附庸国。从此以后，再没有一个国家能够攻击罗马。但是，罗马在逐步走向世界霸主顶点的过程中依然有大大小小的战争要打，其军事传统在这个过程中得以延续发扬。罗马与高卢人在意大利北部和西班牙的战争仍在继续；解决马其顿；平定希腊、消灭迦太基之后，罗马接下来要与一位努米底亚国王作战。在这些战争中，罗马往往起初受挫，战局长期摇摆不定，最后才占得上风。西庇阿用创立的新军制连汉尼拔都能打败，假如新军制能成为罗马共和国制度的有机组成部分的话，本应轻易征服全世界。但是如前所述，新军制与共和制度根本是相悖的。从现在开始，罗马军事史的运行都脱不开这一内在矛盾的框架，整个罗马史随之亦然。罗马的旧制度仍然存在，即由当年的两名执政官统率军队，其按照需要征召公民参战，战后解散。但是，如果说旧制度之前还可以按照字面意义应用的话，如今已经既不能满足罗马的政策目标，又变得不堪忍受。普遍兵役制不能运用于连续的作战状态，而罗马目前正是战事连绵。士兵不得不前往西班牙、亚洲、阿非利加、阿尔卑斯山区作战，他们不可能同时履行公民义务。我们不妨估计，在法定普遍兵役制下，实际只有约十分之一符合兵役资格的罗马青壮年入伍；[1] 但是，这些入伍者作为公民的一面越来越少，从而组成真正的行伍。这种职业军人状态已经成为事实，但还不是正式的制度，因此在运行过程中伴随着极其显著的不规则性质。公民军队多次与职业军人发生龃龉，尤其是在统帅层。

尽管如此，职业军人还是取得了胜利，因为罗马对其他所有国家享有巨大的物质优势，偶尔战败也好，常年征战也罢，罗马都不会伤筋动骨。而且受过专业训练的军人——将领、军官、士卒——保持着相当大的规模，只要有一位真正有能力的人审时度势，总能组建起一支劲旅，发起决定性的一击。

在发生了前两次布匿战争的公元前3世纪，我们不妨假定意大利的自由民中有三分之一是罗马公民。因此，如果罗马公民占陆军的一小半，盟邦（socii）占陆军的一大半，而海军主要由盟邦提供，那么军役的负担还是相当平均的。但是，到了第二次布匿战争期间，由于一部分盟邦叛离，另一部分盟邦响应不积极，罗马只能自己把主要的负担扛起来。于是，在战争胜利之后，罗马愈发频繁地征召盟邦出兵，陆军里公民的比例比以前还要低得多。意大利以外的各个行省也展开了征兵，努米底亚人、贝利阿里人、高卢人、伊比利亚人、克里特人等各色雇佣兵均入伍服役，希腊各盟邦则被要求提供辅助兵。通常只有4个军团是真正的罗马公民，约1.8万到2万人。但是，共和国的总兵力常年保持在5万人上下，如果西班牙发生起义,或者一面与马其顿和希腊作战,一面要降服迦太基,这个数目还要不时地增加。

当新的蛮族敌人——日耳曼部落——现身边境,威胁要入侵意大利时,一次更加艰难的考验于罗马共和国面前降临。罗马起初遭遇了一系列失败:公元前113年,帕皮鲁斯·卡尔博(Papirus Carbo)于诺里库姆(Noricum)战败;公元前109年,M. 尤尼乌斯·西拉努斯(M. Junius Silanus)被阿洛布罗基人(Allobroges)击败;公元前107年,L. 卡西乌斯(L. Cassius)在加龙河上游(Upper Garonne)被击败;公元前105年,马里乌斯·马克西姆斯(Mallius Maximus)、卡埃皮奥(Caepio)、奥勒留·斯考鲁斯(Aurelius Scaurus)在阿劳西奥(Arausio)被击败——直到马略(C. Marius)率领新军于公元前102年在六水河(Aquae Sextiae)附近击败并消灭了条顿人(Teutones)和阿姆布昂人(Ambrones),又于公元前101年在韦尔切利(Vercellae)附近击败辛布里人(Cimbri)和提古林尼人(Tigurini)。我们可以想见,罗马人对于马略通过战场胜利赢得的巨大声望和崇高地位是何其敬畏。他起初为下级军官,之后一步步爬上高位,并连续6次被罗马人民选为执政官。胜利之后,他被誉为"罗马的第三位缔造者"。但是,只要细加推敲就会发现,文献记载中关于这场战争的全部细节都是守门士兵的故事和下级军官的八卦,得不出任何具有真正军事史价值的内容。但是,这场战争对我们是非常重要的,因为它标志着罗马军队逐渐完成了从公民兵向职业军队的转变,正式实现了一种新的军队组织形式。诚然,哪怕就这一点而言,流传下来的直接记载也不完全,但所有迹象都指向一个事实:马略是这种我们之后会看得更清楚的军队组织形式的缔造者。[2]

时至第二次布匿战争,将军团按年龄分为青年兵、壮年兵、老年兵三部分的做法肯定是形同虚设了。一方面,每年新组建的两个城市军团(legiones urbanae)几乎全都是刚达到服役年龄的青年,"老年兵"的从军经验大概跟1814年拿破仑的青年近卫军差不多,几乎全都是新兵。[3]另一方面,在原有的罗马军团里,连青年兵都算不上青年了。实际上,在当年参加过坎尼会战到了那拉加拉会战时仍然在役的军团里,年纪最小的士兵肯定也要比绰号"抱怨鬼"(grumbler)的拿破仑老近卫军要年长不少。

甚至连按年龄分组、令老兵免遭危险的做法都失去了意义,因为各个单位都已经转变为梯队了。原本被认为要受到优待的老年兵,如今统帅可以随意命令他们从后排梯队转至侧翼,或者转向朝后,或者独立行动,老年兵也可能被派到危险最大的、伤亡最惨重的地点。

尽管如此,三线阵仍然延续了百年之久,这可以用任何既有组织都有的天然稳定性来解释。[4]

如前所述,少年兵(veliti)原本有辎重队兼听差和轻步兵这两项职责,这种情况在第二次布匿战争中或许已经进行了调整。

现在,马略把这些区分统统扫除。辎重队和听差人员如今不再被计入战斗人员,而是从军团编制中清理了出去。[5]轻步兵的职能完全交给专门的弓箭手和投石手部队。军团由统一武器装备的重装步兵组成。每个军团的支队数目保持不变,但是,每个支队的人数统一为200人,每3个支队编为1个大队(cohort)。

大队有600人,一定程度上相当于现代军队的"营"(battalion），构成了从此之后的基本战术单元。每个军团有10个大队，也就是6 000人。[6]

新的战阵一定程度上基于原有编制，因为每个大队的3个支队都是以前就有的。除了不能编成整个军团，盟邦军队在其他方面的编制与罗马军队相同，其单位以前就被称作"大队"，现在也被分成青年兵、壮年兵和老年兵。[7]但是，盟邦的"大队"没有战术意义，扎营时大概与军团混居，作战时将青年兵、壮年兵、老年兵分别编入第一梯队、第二梯队、第三梯队。马略军改后的大队则完全不同，大队构成单一的、极端重要的战术实体，不会被拆开运用。

到此时为止的支队仍然不构成战术单元，它们规模太小了，没有真正的独立性。即便在个别情况下，1个或几个支队可能会独立行动，或者单独执行任务，但按照常规，执行任务的主体是梯队或梯队一部。以前的支队只有60人、120人，最多150人。新的大队则有600人，他们受过完整训练，能够采取任何行动，按照命令组成任何阵形。统帅可以将部队组成1个到4个梯队，调整梯队兵力，既可以让大队之间呈一定角度，也可以背对背布阵，形成双正面。他可以命令任何一个大队从现有位置出发，前往另一个位置。

军团仍然是行政管理单位。原先的战术单元是整个方阵，由1个或几个军团组成。总体来说，希腊人和马其顿人仍然以方阵为战术单元。罗马人首先为方阵安上了"关节"，接着将其分为多个梯队，最后打散成多个小的战术单元，既能结合为一个紧密的、不可突破的单元，也可以灵活变阵，分散行动，转向侧面对敌。旧式的希腊重装步兵方阵一直要警惕敌军可能发动的侧面攻击，特别是骑兵，他们该有多焦虑！马略时代之后，罗马统帅可以命令几个大队保护侧面，由此使其获得安全感。这种布置看似简单，但要让这件简单的事——由众多联系紧密的小型战术单元结成战阵——成为可能真是太难了，需要上百年的发展和罗马人的纪律才能成功。在古典时代，唯有罗马一国真正做到，并凭借它征服了其他所有国家。

最初，人们发现，将各自为战的士兵结合为整齐有力的集团能发挥最大的效用。但是这样的集团速度迟缓，不机动，侧翼与后方极其脆弱，而且集团中大部分士兵的武器都得不到利用。

但是，为了用能够相互救援从而弥补其劣势的多个小的群体来取代一整个大的集团，人们就需要一种新的力量，即军事纪律，用它将众多个体士兵团结为一个单元。这个单元的精神力量要强大于各部分的总和，士兵们由一个意志掌控，坚定不移，连战斗过程中令人胆战心惊的短兵相接、嘈杂、恐惧、激动和死亡的威胁都不能将其打散。大队由大队长牢牢掌控，而大队长则服从统帅的命令。[8]

大队战术是古典时代步兵作战技能发展的顶点。从此开始，战争艺术家——也就是统帅——的任务不再是寻找新的阵形，而是完善和运用既有的阵形。

大队战术的先决条件是职业军队，后者现在已经取代了公民军队。

直到马略时代，旧的征兵形式似乎一直在延续，哪怕这套体系的内容早已改变。早在第二次布匿战争之前，普遍兵役制的执行就很不严格了。这场战争期间，普遍兵役制以最严格的方式、最广泛的范围被重新启用。从那时起，它就变得过时了。与公民人数相比，罗马投入战场的士兵人数非常少，只需要征召少数年龄段的士兵就足够了。但是，出于公平的考虑，与其频繁征召和训练新兵，不如让有经验的老兵继续上阵，哪怕老兵们并不愿意。不过，军饷、战利品、胜利后的赏赐非常丰厚，往往有许多人自愿从军。根据李维（42.32）的记载，罗马与马其顿国王珀尔修斯（Perseus）开战时，许多老兵自愿从军，因为他们看到之前参加对腓力和安提柯战斗的士兵都发了财。理论上说，普遍兵役制仍然生效，而且不时地会通过抽签或官方任意指派的方式加以运用。我们不妨假定，抽中名字的人可以找合适的人顶替。在官方指派的情况下，业务繁忙、难以抽身的富人会获得优免，或者通过贿赂以免役。从一个事实中特别能看出公元前2世纪时，兵役概念已经弱化到了何种程度：许多报告显示，危险或战利品少的战役凑不齐兵员。被征人员有各种各样的逃避借口，而且征兵人员普遍不愿意深究。但是，除了大而化之地批判一番，当局也没有采取其他措施。[9]

当局不断采取手段，试图为这种随意的管理体制带来一定程度的秩序。尽管波利比乌斯记载了一条法令，即规定罗马公民有义务参加16次战役，如有必要可增加至20次，但是阿庇安有一处写道，参加过6次战役的公民即可要求免役。盖乌斯·格拉古（Caius Gracchus）[①]似乎恢复了这一类针对兵役的限制条件，或者颁布了其他限制条件。但是当辛布里人[②]的入侵在罗马造成恐慌，再也不能让训练有素、久经战阵的士兵免役的时候，这些限制条件通通被取消了。[10]对于一群无止境地要求公平，却只能履行有限义务的被征

---

① 古罗马政治家（前154—前121），两度担任保民官，推动全面改革，但被元老院逼迫而死。
② 日耳曼民族的一支，可能起源于日德兰半岛北部。

召士兵来说,真正的制度与可靠的秩序是不可能实现的。之后讨论普鲁士国王腓特烈·威廉一世的时候会阐明这一点。强制长期服役的军事原则总是会压倒人性原则;为了公平起见,人性原则会要求相对平均地分配负担,而许多常年服役的老兵已经完全与平民生活隔绝,从军以外别无他途的境遇更是如此。于是,征兵制度出现了名实之间的矛盾,一种实际上由随意指派和拉壮丁——用英国海军史的话说,叫"shanghaiing"①——组成的奇特而扭曲的征兵制度。如果执政官过于严格地施行正式法律,公民就觉得是苛政,会向保民官求助。李维《建城以来史》(节选本)第 48 章和第 55 章中讲到了发生的两次巨大争议,以至于出现了保民官将执政官下狱的情况,时间分别是公元前 150 年和公元前 138 年。现在,马略将陈旧过时的形式一概扫除,建立了一套直接的募兵制度。富人和奴隶压迫旧中间阶层和农民阶层的倾向越强烈,意大利为征兵官提供的资源就越丰富。据称,马略甚至会毫不犹豫地接纳奴隶从军。[11] 即便普遍兵役制当时并没有被立法废除,而且后来它再次构成了征兵的基础,但罗马军队的编成早已是雇佣兵式,从此以后更具有了相应的形式。

由于几年之后全体意大利居民都被赋予罗马公民权,罗马军团和盟邦军团的区别也没有了。当然,这一区别从来都是政治上的而非军事上的,类似于拿破仑麾下的莱茵邦联、意大利和瑞士部队,编制战法并无显著区别。第二次布匿战争结束之后,罗马军队中出

---

① "Shanghai"在英语中是一个动词,一个人若被以欺骗、胁迫、暴力相向而到船上做工则称为被 shanghai 了,与大英帝国海军的强制入伍有关。

现的辅助兵（auxilia）就属于另一类了。他们要么是弓箭手、投石手这样的专门兵种，要么是按照部落划分的蛮族士兵；尤其是，所有骑兵都属于辅助兵。

3　百夫长

　　罗马新军制真正的关键人物是百夫长。在现实中，人分高低贵贱，上至一军统帅，下至士兵和民夫；在最根本的分析中，每个人又是同等重要的，但是在罗马新军制中，唯有百夫长真正构成了罗马组织的一面。罗马的将领和高级军官与其他国家差别不大，士兵与其他雇佣兵也没有显著区别。但是，百夫长是完全独有的一种现象。

　　直到今天，没有人能完全清晰地描述在共和国最后一个世纪里的罗马社会结构。首先，透过内心的"眼睛"，我们或许可以足够清晰地看到罗马有一个贵族群体，他们占有巨大的财富，类似于希腊贵族，并通过元老院和掌控的官职来统治国家。该群体并不构成一个封闭的阶级，拥有各种突出才能的平民并非不可能进入统治者的小圈子，甚至可能受到热烈的欢迎，位居高阶。尽管如此，这种向上流动的情况非常少见。贵族统治集团的实质就是地位世袭。

　　其次，我们同样清楚富商阶层的地位。他们被排除在高级官职和元老院之外，而且对贵族统治集团有一定的政治方面的嫉妒心理。自从按财产定等级起，这些商人就被称作"骑手等级"（rider）。由于该头衔已经成为一种地位的标志，往往被翻译成"骑士"（knight）。补充一句，此处一定要小心对待"骑士"这一称呼，不要混淆。

最后，在社会等级的另一端，我们会发现数目庞大的城市和乡村无产者、下层公民和小农。

我们不清楚首末两端之间的群体是什么状况，也就是我们今天会认为是真正的中产阶级的群体，他们的规模有多大、由哪些人构成、经济地位如何、阶级意识有多强、教育程度如何？正是这个中间群体的社会地位受到了奴隶制最严重的冲击，其程度甚于自由人公民的最上层和最下层，因此是最难与现代状况做比较的。无论实际情形如何，未来又会有何种研究发现，我们只要能确定这一点就够了，因为该群体的社会力量薄弱——与任何情况下的中产阶级一样——在我们目前要讨论的组织即罗马军队中没有任何地位。

一定程度上，下列状况乃是所有雇佣兵制军队内在固有的属性：或者不分任何社会阶层，或者集合了社会的最上层和最下层，只是完全没有中产阶级——当然，这个阶层实际上（或者被认为）人数可能多，也可能少。

军官团和士兵的显著区别是（迄至1914年的）现代军队的一大特征，这在古希腊的时候还没有出现，第一次出现是在罗马人这里，但层级体系不同于当代德国被视为理所应当的体系。罗马只有现代意义上的将官（副将，legati）和校官（军事保民官，tribuni militum）。不过，这些校官都是出身两大贵族阶层（世袭贵族和"骑士阶层"）且选择从军的青年子弟。平均来看，他们的军事素养很低。[1] 尽管如此，他们接受的贵族教育还是成为优秀军官的先决条件。而且他们中的一员只要有军事天赋，就能轻易地在可塑性还很强的青年时代获得高位，并成长为优秀的将领。历代经验告诉我们，贵族与军事指挥之间有一种心理协调关系，因为前者为后者的成长提供了特别优越的土壤。

罗马高级军官与军队战术单元之间的牢固关系是逐渐形成的。副将首次统领一个军团是由于特殊使命，军事保民官和大队也是如此。军事保民官是抽签轮换的，同时承担督查布阵、维持军营秩序、巡查岗哨、主持军法审判、执行重罚等职责。[2]

另一类人相当于现在的连级军官，即百夫长。他们与贵族完全不同，来自普通士兵所在的等级，而普通士兵主要来自未受过教育的、最下等的人。百夫长的军饷不到普通士兵的两倍，恺撒将其年薪从120第纳里①（denarii，相当于90德国马克）提升到了225第纳里（相当于165德国马克）。因此，百夫长的待遇地位相当于今天的士官，但职责相当于上尉。他们是纪律的执行者，自支队以下都由其负责。

波利比乌斯专门提出（6.24），百夫长的选任并不以勇敢为唯一标准，而是特别注重领导力和临危不乱的能力（"作为领导者，他们坚忍不拔而思虑深沉"）*。

就我们的目标而言，最明白的类比应该是把百夫长视为现在

---

① 第纳里（denarius），古罗马银币，最早铸造于第二次布匿战争时期，最后一次发行是在《沉思录》的作者奥勒留皇帝在位期间。起初1第纳里=10阿斯，但后来多次贬值。目前伊拉克、科威特等中东国家的货币"第纳尔"的词源就是第纳里。

的二级军士长,而最贴切的类比是从士官提拔起来的法国上尉。不过,这里总有一个区别。一方面,现代的士官升为军官后,同时也会上升到更高的社会阶层——他们天然就具备许多这一社会阶层的特质。另一方面,罗马百夫长的社会地位不会变化,正是在这一背景下,该职位才得以形成并维持其不同寻常的特点。百夫长对自身能力颇为自许,但仍然没有资格进入统治集团。百夫长热爱罗马,勇敢而严谨,但视野有限。他需要官居其上的高级指挥官,他也明白这一点。根据传统,他从属于依法被选出的政务官(magistrate)——他也有自己的一票——和元老院。但是他的公民意识越淡漠,军人意识越强,法制的权威就越是从他的头脑里消失不见,而代之以军队长官的意志。长官自己也逐渐脱离了旧法制的表面性质。

若要给征服全世界的罗马共和国军队找一个最贴切的类比对象,大概要属 18 世纪的英国军队。英国高级军官来自贵族,经过较短时间的军校学习,便从校官起步开始军旅生涯。威灵顿年仅 24 岁就当上了中校。军队以募兵为主体,以最严苛的纪律统御士兵,但是以英国国民为基础。大批充当普通士兵的外国人会编成自己的单位。英国军队与罗马军队的唯一区别在于连级军官。在英国,这一层级的军官来自绅士阶层,即下层贵族和上层资产阶级,而且与士官截然分开;而罗马的百夫长同时履行连级军官和士官的职责。

我们对罗马士官所知甚少。他们和一等兵通称"初级军官"(principales)。最重要的士官是百夫长副手(optio),但似乎并不实际处理一线事务,而是负责行政文书工作。[3] 小队长叫作"十夫长"(decani),后改称"组长"(caput contubernii),[4] 不过我们从未在战记里提到这一职位。连一级的长官是百夫长，指挥的百人队小于德国的连队，但也有一百人的规模。然而，我们应当牢记：除新组建的军团，罗马军队几乎完全由经验丰富的老兵组成，只需要维持秩序，不需要训练和教导。

除了百夫长副手，我们还看到有口令官（tesserarius）和掌旗手（signifer）。但是，文献里没有讲这些人是否有领导职务。[5]

出于现实目的，第二次布匿战争让罗马拥有了一支职业军队。但是，它仍然是一支公民军队，这并非仅仅是表面形式。之后，实际的转变过程还持续了很长一段时间。

公元前2世纪尚处于公民军队和职业军队的过渡期，有一个事实突出地表现了这一点：在不断组建的新军团及其军官队伍中，每个人每次参战指派的岗位都不一样，因此当时还没有晋升序列的概念。无疑，百夫长内部是有严谨序列的：青年兵第十支队第二百人队的百夫长地位最低，老年兵第一支队第一百人队的百夫长地位最高，称"首列百夫长"（primus pilus）。但是，首列百夫长的人选是变动不居的。每次部队改编，执政官和军事保民官（这两个职位本身也在不断轮换）都会根据自己的判断重新分配职位。只要军团仍然是公民性质占据主导，这就无伤大雅。毕竟到了下一年，连前一年的执政官也要服从当年的执政官。在雅典，一名公民今年还是军队统帅，明年可能就是普通士兵了。

但是，罗马百夫长对军阶的意识逐渐增强，以至于总会把降级——其实往往只是纯属偶然或长官一时兴起——当成委屈的事。有一次，他们起来反对这种制度。李维（42.33及之后数页）为我们留下了一段富有罗马特色、而且能反映出百夫长生活状况和思想意识的记述。

公元前 171 年，罗马元老院对马其顿国王珀尔修斯宣战，下令征召尽可能多的老百夫长参战，其中不少人志愿入伍。但是 23 名前任首列百夫长向保民官申诉，要求再次入伍后给予之前的位置。由于每个军团只有一名首列百夫长，而且第一批只组建了 4 个军团，之后会再组建 4 个后备军团，所以很难满足他们的要求。原文讲到这件事的本意，似乎只是说明征兵制度本身的局限性。但是无论作者本意如何，对我们来说，最有意思的还是记载本身，摘录如下：

> 执政官此次征兵比以往上心得多。普布利乌斯·李锡尼（Publius Licinius）还征召了许多老兵和老百夫长，其中许多人看到之前参加马其顿战争或者在亚洲与安提柯作战的士兵都发了财，于是志愿入伍。由于军事保民官认为应当征召有经验的百夫长，23 名首列百夫长收到征召令之后向保民官发出申诉。两名保民官马库斯·福尔维乌斯·诺比利奥（Marcus Fulvius Nobilior）和马库斯·克劳迪乌斯·马塞勒斯让首列百夫长们去找执政官，说此事要由负责征兵作战的人裁决。其他保民官则解释说，他们会调查这些首列百夫长被征召的原因，若有不法，便会出手帮助公民同胞。
>
> 保民官听取了事件经过，在场者有担任法律顾问的前执政官马库斯·波比利乌斯（Marcus Popillius）、百夫长和现任执政官。执政官要求交由公民大会审理，于是召集了

公民。两年前当过执政官的马库斯·波比利乌斯代表百夫长说道:"他们早已完成正常的服役义务,年纪和经岁劳苦也消磨了他们的体魄。但是,他们仍然没有拒绝为公众的利益而再次上阵,唯一的愿望只是职位不要低于之前服役时而已。"

普布利乌斯·李锡尼执政官叫人宣读元老院法令:元老院宣布,第一位对珀尔修斯宣战的执政官、第二位对珀尔修斯宣战的执政官应尽可能征召老百夫长,50岁以下者均不免役。接着,李锡尼要求在这场发生于意大利侧近的新战争中,百夫长们不要妨碍军事保民官征兵,也不要阻止执政官将每个人分配到最符合共和国利益的职位上。

执政官说完后,斯普利乌斯·李固斯提努斯(Spurius Ligustinus),一名向保民官申诉的百夫长请求保民官和执政官同意他对人民说几句话。各官应允后,据说他讲了这样一番话:"公民们,本人斯普利乌斯·李固斯提努斯来自萨宾(Sabine)省的克鲁斯图美伦区(Crustumerium)。父亲留下薄田一亩、草舍一间,我生于斯,长于斯,如今依然生活在那里。刚刚成年,父亲就把兄弟的女儿许配给我,她没有带来别的,只有自由、贞操和一个能生孩子的大肚子,哪怕是富户也够受的。我们两口子有6个儿子和两个女儿。女儿都出嫁了,4个大儿子已经穿上了成人的长袍,两个小儿子还穿着男孩的短裙。我当年在普布利乌斯·苏尔皮基乌斯(Publius Sulpicius)和盖乌斯·奥勒留(Caius Aurelius)两位执政官手下当兵,奔赴马其顿与腓力国王作战,头两年是普通士兵,第三年因为作战勇敢,提图斯·昆西提乌斯·弗拉米尼乌斯(Titus Quinctius Flaminius)将我提拔为青年兵第十支队的百夫长。打败腓力和马其顿之后,我们回到意大利,部队就解散了。没多久,我又自愿参军,被派到西班牙跟随马库斯·波西乌斯·加图(Marcus Porcius Cato)执政官作战。久经战阵、熟悉他和其他统帅的人都知道,在所有在世的统帅里,没有一位比他更擅长发现和判断勇猛之士。他觉得我够资格担任青年兵第一支队的百夫长。我第三次服役也是自愿参军,作战对象是埃托利亚人(Aetolians)和安提柯国王。曼尼乌斯·阿基利乌斯(Manius Acilius)任命我为壮年兵第一支队百夫长。打退安提柯国王,击败埃托利亚人之后,我们回到意大利,之后又两度入伍,时间都是一年。接着,我又两次到西班牙服役,一次是在昆图斯·富尔维乌斯·弗拉库斯手下,一次是在裁判官提比略·赛普洛尼乌斯·格拉古(Praetor Tiberius Sempronius Gracchus)手下。因为我和其他一些人作战勇敢,弗拉库斯就把我们从他掌管的行省里带出来,参加他的凯旋式。提比略·格拉古被派去外省当总督,就叫我同去。几年之间,我当过4次首列百夫长,34次因作战勇猛而受到长官表彰,戴过6次槲叶环(civic crown)。我从军22年,如今已年逾50岁。哪怕我没有当这么多年兵,也没有年老免役,我要是不想服役,那也容易得很,我家里可是有4个儿子顶班呢。不过,我要把话讲清楚:只要正在组建大军的统帅把我当成一个合格的军人，我就绝不会想办法免役。至于决定我该干什么岗位，那是军事保民官的事。我将竭尽全力，成为全军最勇敢的一个人。我从来都是这样做的，长官和战友都可以作证。年轻的同志们，你们即使通过申诉为自己赢得了权利，也绝不要违抗长官和元老院的权威，要正当地服从元老院和执政官，将任何有益于公众利益的职位视为荣耀。"

他讲完之后，普布利乌斯·李锡尼执政官大大表扬了他，将他从公民大会会场带进元老院，他又受到元老们的一致称赞。由于他的勇敢，军事保民官授予他第一军团第一支队百夫长的职位。其他百夫长放弃申诉，服从征召命令。

这则小故事有一件事没有解释清楚：李固斯提努斯最初为百夫长慷慨陈词，最后却反对他们的要求，原因何在？这样看来，李固斯提努斯此人颇为可疑。但是，不管实情是否果真如此，李固斯提努斯的发言——无论真情还是假意——表达了罗马贵族统治阶层希望在百夫长身上看到的精神。

4 米特拉达梯

罗马的帝国霸业尚未完成，似乎便要因为激烈的党争、盟国的背叛和肆虐往复于整个意大利的内战而崩溃。一名卡帕多西亚王公也因此有了反抗罗马的勇气，将希腊化的东方从罗马手中解放出来，由自己统一东方。论血统，米特拉达梯（Mithridates）是波斯人，可能还与阿黑门尼德王族沾亲带故；论教育和举止，他又是希腊人。他是真正的亚历山大大帝带来的民族融合的产物。通过明智而有力的政略，他将帝国版图扩张到了黑海两岸以外，被罗马官员税吏欺辱到绝望的希腊人大多前来投奔，最出名的是雅典人。

罗马似乎完全失序，而米特拉达梯则以王室权威统合和控御麾下诸国。在经济和财政方面，东方的力量无疑要强过西方；希腊世界为本都国王（Pontic King）①米特拉达梯贡献了大量军政人才和顾

---

① 本都王国存在于公元前281年至公元前62年，以安纳托利亚东部为核心区域，势力在末代国王米特拉达梯六世（即这里所说的米特拉达梯）达到极盛，但随之被罗马击败灭国。

问智囊,甚至有人从罗马前来报效。双方的军队本质上都具有雇佣兵部队的特质。从上述方面来看,无疑是一代人杰的米特拉达梯或许是罗马人的对手。

尽管如此,他还是被打败了。毕竟只有部分希腊人投奔他,有几个国家——特别是罗德岛和马其顿——站在罗马人一边。而且与这位国王相比,罗马人的实力基础要强得多,军事化程度也高得多。即便希腊人为他提供了指挥官,而且只要财力允许,他不仅能从本国臣民募兵,还能招募好战的蛮族雇佣兵,但是他还缺了一样罗马人的力量支柱,一个建立在罗马公民概念的民族政治基础上,并与纪律观念相配合的军阶:百夫长。尽管内部有动乱,但是罗马国家仍然足够巩固,不至于分崩离析。天才人物苏拉(Sulla)成为统帅,从而确保了罗马军队的优势。我们不知道战争的详情经过,因为现有文献的可靠程度不比阿庇安的汉尼拔征战史,以及辛布里-条顿战记更高。苏拉本人的回忆录必然是自吹自擂,含混不清,而普鲁塔克和其他一些人都采用了它。在喀罗尼亚会战(Battle of Chaeronea)中,苏拉据说仅凭 1.5 万名步兵和 1 500 名骑兵就打败了 12 万亚洲敌人;另一说是打败了 6 万亚洲敌人。10 万(或 5 万)敌军被杀,而罗马只有 14 人失踪,而且其中两人被找了回来。对这场战斗的记载大概都是虚构的,其实只是一次奇袭(根据一份文献记载)。[1] 不久之后,几乎在同一地点(奥尔霍迈诺斯附近),苏拉据说又迎击并打败了 7 万或 8 万亚洲大军和 1 万骑兵,这些人是米特拉达梯听到前一次战败的消息后从海路派来的。[2]

后来,米特拉达梯的军队扩大到了 50 万人。不过,罗马人很可能不仅有素养优势,更有数量上的优势。毋庸赘言,像米特拉达梯这样明智的人不会率领乌合之众作战,他们既要钱粮,上阵又无用处。但是,常年维持一支经验丰富的野战雇佣兵部队耗费极大,而且米特拉达梯不仅要供养陆军,还要供养一支规模不小的海军。苏拉率领 3 万部队渡海,首先围攻雅典。根据记载,米特拉达梯的大军就驻扎在马其顿,却没有尝试解救殊死抵抗的雅典人。如果这件事看起来无法理解的话,原因很可能是这支大军只存在于幻想中,其实只有一小股部队,因此不敢在援军抵达之前冒险与罗马人交战。就我们掌握的文献资料来看,详述这些战争的细节并无益处。

  此处有一点应当提出:马略与辛布里人、条顿人交战的记载,以及苏拉与米特拉达梯作战的记载非常相似。两段记载几乎如出一辙:都有士卒看到庞大的敌军后顿觉大骇,都对敌军士兵躲在营地工事后面喧闹高呼、嘲讽罗马人的情景做了绘声绘色的描述。为了坚定士卒的心志,马略让他们挖了一条沟渠;苏拉则命令手下将刻菲索斯河(Cephisus)①改道,干活干累了,士兵就会觉得还是打仗比较好。最终马略手下的士卒习惯了蛮族大军的可怕景象,遂主动请战;苏拉手下士卒请战的原因是厌倦了挖渠。那么米特拉达梯任命的一线统帅阿基劳斯(Archelaus)为何不趁着罗马人挖渠时发起攻击?³条顿人从马略营前经过,行军 6 日,马略为什么不抓住机会,每天消灭敌军的六分之一呢?史书中没有进一步解释。

  战败的辛布里人蜂拥回营时,被自己的妻子挥舞着斧头迎上来杀死。亚洲大军逃奔的时候,阿基劳斯将营门紧闭,逼败兵回头迎战,结果他们无助地挤作一团,惨遭罗马人屠杀。为了给读者留下

---

① 雅典平原的一条河流。

更深刻的印象,辛布里妇女甚至抽时间换上了黑衣服,而米特拉达梯手下士兵的军装披金戴银,以至于罗马士兵面对他们时愈发感到恐惧。罗马人打败的敌人不仅有巨大的人数优势,而且特别勇敢。辛布里人的第一排士兵用链子拴在一起,米特拉达梯的弓箭手以箭为剑,坚持战斗到了最后一刻。

两段记载的相似性不是因为可能有抄袭现象,而是源于一种心理过程。为了尽可能地彰显胜利,作者们几乎完全隐瞒了真实的历史事件,最后的结果就是得出了空泛的描述,以至于这一名统帅、这一场战争和那一名统帅、那一场战争几乎别无二致。偶尔才有蛛丝马迹能发现此处讲的是粗犷的军人马略,彼处谈的是麻木的贵族苏拉;这里是坚毅的北方汉子,那里是亚洲君主米特拉达梯。

出于同样的心理,瑞士人笔下的勃艮第战争和希腊人笔下的希波战争才呈现出完全相同的场景和人物。区别只在于瑞士人和希腊人留下的是通俗演义,纵有自由发挥但仍然足够完整,基本属实,主要还是关注事件本身,虽有修饰,事实尚在。罗马人笔下苏拉和马略的大捷则是不够格的传说,出自虚荣的、毫不关心事件本身的修辞家之手。

后来战事再度爆发,卢库勒斯(Lucullus)和庞培(Pompey)率军先后打败米特拉达梯和亚美尼亚国王提格兰尼(Tigranes)。关于这场战争的文献也是完全同样的类型,对我们的目标来说毫无价值。[4] 当亚美尼亚国王目睹罗马军队时,他说了一句有名的话:"出使则有余,出兵则不足"。他本人只是一个多山的中等国家的君主,养不起庞大的人口,因此供不起庞大的军队,而且亚美尼亚人也从来不以善战而为人所知。

5　罗马人与帕提亚人[1]

叙利亚总督克拉苏（Crassus）对帕提亚发动的战役是针对米特拉达梯和提格兰尼的战争的延续。帕提亚人与波斯人关系紧密，战法与古波斯人完全相同。他们以骑射作战，不过与当年的波斯人一样，除了弓箭，这些骑手也携带近战武器，主要是矛。

根据文献里的某些表述，作者们试图确立一个区分：帕提亚军队的主体是轻装奴隶兵，极少数自由民是佩甲骑士。这种观念并非空穴来风，但并无具体依据，从中也得不出更多关于历史事件的结论。

罗马一方有7个军团、4 000名骑兵和4 000名轻步兵。看似规模庞大，但由于军团并不满编，所以最多有3.6万人，而亚历山大大帝的军队据说有4.7万人，其构成也比罗马人更适应接下来的战斗：罗马人只有4 000名骑兵，而亚历山大有7 000名。我们不能确定亚历山大的马其顿步兵里有多少应算作轻装步兵。

普鲁塔克的《克拉苏传》对这场战役的经过有详尽——尽管

有传说性质——叙述,迪奥·卡西乌斯(Dio Cassius)[1]也留下了记载。因此,接下来要讲的基本事实是有一定可信度的。

根据文献,我们不清楚克拉苏最终决定向何处进军,可能是塞琉西亚(Seleucia)[2]。帕提亚人没有在底格里斯河对岸坐等罗马军队,而是前出至美索不达米亚平原迎敌。行军数日后,两军相遇。帕提亚人成功诱使罗马骑兵一部贸然出击,然后将其吃掉。这支骑兵由全军统帅的儿子小克拉苏指挥。小克拉苏曾扬名于高卢恺撒帐下,率领1 000名高卢骑兵加入父亲的军队。现在,罗马军已经不能继续进攻了,只能折返。如果我们将当时的情形与库纳克萨之战(Battle of Cunaxa)后希腊万人军的境地相比,罗马人所面临危险似乎还要小一些。首先,骑射手对盔甲精良、结成紧密阵形的步兵无法造成多大伤害。文献里一片愁云惨淡,讲帕提亚人射术卓绝,还有驼队装载大量备用箭矢,无射尽之虞。但是,我们不应该被蒙蔽,觉得帕提亚骑射手比本书(主要是希波战争的历次会战)之前讲述过的骑射手更强大。毕竟,罗马人还有一定数量的轻步兵和余下的骑兵对付他们。就射击精度而言,站在地上的轻步兵可比骑在马上的帕提亚人高多了。如果敌军迫近,罗马骑兵也可以发动突击。

其次,根据文献记载,与当年的波斯人一样,帕提亚人入夜后会转移到远离敌军的位置,以防遭到夜袭。这样一来,罗马人在夜晚就可以不受干扰地赶路。最后,罗马军撤退要走的路程相当短,

---

[1] 古罗马政治家与历史学家(150—235),仅有残篇存世。
[2] 古代底格里斯河畔的一座大城,今为遗址。

跟希腊万人长征不可同日而语。他们是从埃德萨（Edessa）①东南的卡雷（Carrhae）向南行军一日后与帕提亚人相遇的，距离幼发拉底河只有 45 英里（约 72 千米）。²

希腊人成功逃脱，而罗马人在撤退途中几乎全军覆没，其原因不应该从帕提亚人特别勇敢中寻找，因为波斯人当年并不缺少个人勇武。我们也不能归因于帕提亚人比波斯人多势众（哪怕是在大大缩减希腊人给出的夸张数目之后）。史书里浓墨重彩地讲了一位当地王公的背叛，但是除了提供假情报和临阵率部脱逃，我们不清楚他还给罗马人造成了什么伤害。我们本来预期当罗马骑兵被击败时，这件事应该会造成实质性损失，结果文献在此处并没有提到王公或背叛，所以罗马战败不能归咎于背叛。我倾向于认为两件事的区别在于：提萨弗尼（Tissaphernes）率领的波斯人认为，没有必要为了压倒希腊人而让自己人流血，而希望入侵者在卡杜西亚山脉（Cadusian Mountains）中被消灭殆尽，从波斯人的角度来看，让卡杜西亚人蒙受损失总要好得多；帕提亚人的出发点则是，不仅要把罗马人赶回去，还要让他们再也不能犯境，而他们之所以能成功，正是因为罗马军队的庞大规模。色诺芬笔下的希腊军只有 1.3 万人，加上随员大概不超过两万人，并没有大批辎重队。哪怕是在骑兵被打败后，罗马军也有 3 万名战斗人员，辎重队规模非常大，全军总数肯定有 5 万到 7 万人。这样的大军是不能通过高速行军——尤其是夜间行军——摆脱敌人的，而高速行军当初可是帮了希腊人大忙。

---

① 今尚勒乌尔法，位于土耳其南部边境地带。

罗马人抵达卡雷后确实分兵了,从那里继续行军。一支部队由统帅亲领,不再向西朝幼发拉底河前进,而是转向北边,以便到亚美尼亚山区寻求庇护。但是,蔓延开来的士气涣散令情况更加恶劣了。最后的大灾难不是由总攻带来的,而是谈判。克拉苏表现出了自己的弱点,竟然出席谈判;而且不管是因为双方的猜疑引发了误会,还是帕提亚人有意背信弃义,克拉苏都在谈判时被杀掉了。

克拉苏余部被编成了两个军团,后来以庞培一方参加了法萨卢斯(Pharsalus)会战,对阵恺撒。

安东尼

讲完克拉苏战败,接下来应该谈一谈 17 年后(公元前 36 年)安东尼发起的洗雪卡雷耻辱的战役。他的战役准备工作似乎做得很认真,军队规模比克拉苏的两倍还大,[3] 至少包括 1 万名骑兵,投石手的射程比帕提亚弓箭手还要远,弹丸甚至能够穿透盔甲。[4]

安东尼渡过幼发拉底河的地点和克拉苏相同,都在左格马(Zeugma)①附近;进军路线也一样,甚至与亚历山大当年的进军路线也相差不远,都是由西向东直线进军,先是亚美尼亚-卡杜西亚山脉,然后逐渐下到平原,途中有埃德萨、尼西比斯(Nisibis)、泰格拉诺塞塔(Tigranocerta)等城市(或者城市的遗迹)。帕提亚人没有冒险攻击这支军队。安东尼渡过底格里斯河,不再向东前

---

① 位于土耳其与叙利亚边境线的西侧。

进，而是进入米底（Media，亦称阿特罗帕特尼，Atropatene），此地由阿尔塔瓦兹德国王（King Artavasdes）统治，是帕提亚人的附庸国。罗马人本来要在此地与盟友亚美尼亚国王（名字也叫阿尔塔瓦兹德）及其大军会合。安东尼的计划显然是以亚美尼亚为基地，首先将米底从帕提亚一边争取过来。有人提出质疑：他为什么不顺幼发拉底河而下，进入肥沃的美索不达米亚平原中部呢？那里有一座希腊人的大城市塞琉西亚，塞琉西亚人正期盼着罗马来解放他们。帕提亚国王的驻地就在塞琉西亚郊外的泰西封（Ctesiphon），将帕提亚国王逐出王城肯定是大功一件。答案大概是：大军从塞琉西亚出发，越过大山，继续进攻帕提亚本土并不是简单的事。但是，如果罗马人能说服米底人加入自己，那么帕提亚人就不得不放弃美索不达米亚，接下来罗马人从任何方向进攻都是游刃有余的。因此，安东尼径取米底王国都城弗拉斯帕（Phraaspa），很可能就是今天的苏里曼圣殿（Tachti Suleiman），位于高加米拉以东 190 英里（约 305 千米）处，阿尔塔瓦兹德国王的家眷财宝都在城内。罗马人的盘算大概是，一旦夺取这座城市，再加上给他的优惠条件，阿尔塔瓦兹德就会像同名的亚美尼亚国王那样屈服。为了尽快展开围城战，罗马人一路带着攻城器械前来，包括一架长达 80 英尺（约 24.4 米）的攻城锤，因为阿特罗帕特尼当地没有硬木。攻城器械的行动速度非常慢，由两个军团护送。安东尼本人则率领主力走在前方，以便迅速兵临敌方城下，开始围城战。

接下来，奥皮乌斯·史塔蒂阿努斯（Oppius Statianus）率领的后方辎重队被帕提亚奇袭消灭，攻城器械被毁。我们不知道这次交战的细节，但不难想见，如果不是奥皮乌斯这位罗马将军犯了最严重的错误，此事绝不会发生。当然，辎重队列那么长，却只有两个军团保护，本来就不可能挡得住帕提亚骑兵的进攻。而且，帕提亚北进的动作是可以预料到的，因为罗马军实际上是沿着前线移动的。不过，安东尼也不可能没给后军配属部分骑兵，这些骑兵有能力，也有责任观察并及时汇报帕提亚人接近的情况。然后，直到安东尼率兵来援，罗马人必然会筑营坚守，他们完全能够抵挡敌军骑兵。但是，不管是因为谁粗心，这次失利都挫败了安东尼战役方案的核心。不仅如此，亚美尼亚国王阿尔塔瓦兹德闻讯大骇——不过，他内心深处大概不无窃喜——正好当时尚未与罗马会师，便掉头回国，既是为了保卫家乡，也是为了挽救自己。

但是，坚强的安东尼还没有放弃。他试图凭借低劣的攻城器械夺取弗拉斯帕城，而且向米底境内深入了一段距离，希望引诱帕提亚人出战。有人可能会问，安东尼的军队依然强大，帕提亚人不敢正面交手，那安东尼为什么不分兵呢？苏莱曼圣殿周长不过1 330步，因此只需一支中等规模的部队便可将其围困。围城部队可以修建围栅，这足以抵御帕提亚骑兵，而主力部队可以继续向埃克巴坦那（Ecbatana）①或赫卡尼亚（Hyrcania）②进军。但是如此分兵估计会一无所获。一切都取决于将阿特罗帕特尼从帕提亚人手里夺取过来。以此为基地，罗马人可以继续作战；若无这一基地，进入敌境将极其凶险。帕提亚人大破奥皮乌斯·史塔蒂阿努斯之后，要想说服阿特罗帕特尼国王改换阵营，非要攻下弗拉斯帕不可。但是，安

---

① 古代城市，位于今伊朗西部的哈马丹。
② 古代区域名，位于今伊朗里海沿岸地带的东南部，在埃克巴坦那以东。

第六篇 作为世界征服者的罗马军队

东尼之后又吃了一次亏。他刚离开这座城市,被围困的守军就发起一次成功的突袭,烧毁了通往城下的堤道。盛怒之下,安东尼统帅以作战不力的罪名将两名大队长官处以极刑。终于,当在周边地区再也搜找不到给养而且弗拉斯帕不可能在短期内陷落时,安东尼只得撤围而去。

安东尼决定换一条道路,主要原因大概并非军队无力再战,而是在原来的入侵路线沿途再也找不到补给了。他没有横穿美索不达米亚平原,而是选择进山,向北穿过亚美尼亚,在当地由盟友亚美尼亚国王提供给养。[5] 在此次撤退期间,帕提亚人仍旧给他带来了重大的损失。尽管罗马人逢战必胜,总能将帕提亚人逐退,但士气依然严重受挫。安东尼认为,明智的做法是中午拔营,而不是常规的早晨启程,以便尽可能延长不受干扰的夜间行军时间。[6]

克拉苏和安东尼的战役将我们的注意力同时投向了过去和未来。等到下一卷,我们会回到此处,探究美索不达米亚为什么一直是罗马势力范围的极限,为什么没有一位罗马统帅能够重现亚历山大远征的壮举。

但是,我们现在要再问一个问题:为什么蕞尔小邦马其顿的国王能降服直到印度河为止的整个亚洲,而规模不亚于乃至远胜于亚历山大的多支罗马军队反而会败亡?亚历山大的天才不足以解释这个问题。罗马大队战术已经大大推进了西方(occidental)战争艺术,罗马军队也比马其顿军队规模大得多,单凭亚历山大的个人特质是不足以抵消这些发展成果的。

安东尼采取的战略形式乍看上去更接近亚历山大的高加米拉会战。消灭克拉苏一段时间后,帕提亚再次发起攻势,但最后在叙利亚北部被安东尼的一名副将打败。这次打败帕提亚的战役堪与伊苏斯会战相提并论：伊苏斯会战之后，大流士残余的省份基本相当于对阵安东尼的帕提亚帝国君主弗拉特四世（King Phraates IV）的国土。如前所述，罗马军取道美索不达米亚北部，路线几乎与亚历山大相同，很可能还是从同一片区域渡过底格里斯河。而且与亚历山大一样，安东尼在渡河之前没有遭遇敌军。假如大流士没有在高加米拉附近开战，而是像弗拉特一样避免会战，仅限于防守坚城，切断马其顿的补给线，形势又会如何呢？

为了实施这种战略，人民和国家必须有坚强的抵抗意志。哪怕是在高加米拉落败之后，波斯仍然能够按照帕提亚的方式自卫，但所有大城市——巴比伦、苏萨、波斯波利斯、埃克巴坦——都不经抵抗便向马其顿开城。实际上，马其顿军队是当地指挥官自己请进去的。没过多久，流亡中的波斯国王便被一名总督废黜和杀害了。大流士（希腊人称之为"科多曼努斯"，Codomannus）本人出自阿黑门尼德王室旁支，是通过宫廷政变——波斯发生过许多次宫廷政变——才登基的。当我们考察亚历山大无人可比的成功时，绝不能忽视波斯帝国内部的脆弱性。帕提亚帝国代表着亚洲人对希腊-马其顿霸权的反向运动，但帕提亚人并非纯粹的野人，帕提亚文化混入了若干突出的希腊文化要素。卡雷庆功活动当天，帕提亚王宫里上演了一出欧里庇得斯的悲剧。当叙利亚君主安提柯三世再次将帝国拓展到印度时（公元前209年），他也没能直接降服帕提亚人和巴克特里亚人，只好赋予他们半独立的附庸国地位。安提柯七世试图再次恢复大叙利亚王国，胜利进军米底。为方便补给，士兵分散驻扎于多处过冬营地，结果被当地居民袭杀（公元前129年）。亚历山大大帝从未遇到这种抵抗。当然，他消灭的波斯帝国疆域辽阔，内部却是腐朽动荡。这一观察绝不应被理解为贬低亚历山大本人的重要意义；同理，当我们认识到，出过腓特烈大帝的普鲁士王国到了 1806 年已经衰弱到何等境地，拿破仑的荣耀也丝毫无损。当马其顿来袭时，波斯已经在经历某种内部解体了。由于这个无可置疑的事实，希腊人笔下高傲自信的波斯宫廷就显得很可疑了。从这个角度看，大流士也极不可能接连召集两支强大的军队，做到这一点必须有严密的国家组织，要有高效的行政机关以确保补给供应，还要有基层的支持。当时的波斯帝国三者皆无。于是，我们又得到了一个表明大流士的军队不仅不是大军，而且数量还要少于马其顿军队的论据。

BOOK VII
第七篇

Caesar
恺 撒

1 恺撒历次征战的批判性分析

到目前为止，本书并未严格遵循时间或事件顺序，而是或者从制度入手，或者详细讨论某一次会战，以此对当时的战术形成可靠的认识，然后再从这个坚实的基础出发进一步研究战略问题。对恺撒而言，我们无须如此行文。恺撒将道的每一个要素都是我们所了解的，本书只需要说明：他究竟如何运用这些要素让古典时代战争艺术达到了巅峰，并因此必须被视为古典时代最伟大的军事家。

纵然恺撒本人的战记卓越透彻，我们仍然面临着一个问题，即缺乏恺撒对手方面的文献。即便是罗马内战，与恺撒及其支持者的大量记载相比，庞培和元老院一方留下的报告也明显稀少和模糊；而在高卢和日耳曼战争方面，我们更是只有胜者罗马人的报告。这个问题是我们一刻都不能遗忘的。我们不能说过去的学者们都把它忘了，但他们也是无能为力，无望解决。关于恺撒历次征战的描述性文本可谓汗牛充栋，但在批判性分析方面尚未真正取得突破。这些学者缺少把握这位自述其史、笔力不逊战力的伟大统帅和通过自己对恺撒的理解直达事件根源的手段方法。所需的工具只能通过漫长的、相继的步骤逐渐创制：编制学、战术学、术语含义、地理学、地形学、确定军队兵力。今天，通过几代文学家、考古学家、历史学家和军事学家的努力，通过现场考察、遗址发掘和方法比对等手段，这些先决条件已经大致完备，批判性学者或可冒险直面这位巨人，通过直视他的双眼，迫使他揭露真实的自己。

2 赫尔维蒂战役

我们假定读者熟悉《恺撒战记》中对赫尔维蒂（Helvetian）战役的描述，接下来会直接检验其中的疑点、空缺、矛盾和不可能发生的情况。

根据恺撒的记载，赫尔维蒂人[①]决定带上妇孺、包裹和行李，举族迁移，志在赢取整个高卢（1.30.3），对他们来说，故土实在太小了。

对于赫尔维蒂人所居区域的大小，我们可以直接认为是恺撒估计有误，不去管它。但是我们还是要问：如何将恺撒所说的迁移动机和赫尔维蒂人的迁移方式协调起来？如果赫尔维蒂人确实想要征服其他高卢人，他们并不需要带着家人、牲畜和财物迁移，这样做必然会大大牵制他们的军事行动。

赫尔维蒂人看好的新家是塞农人（Santones）的地盘，即拉罗谢尔（La Rochelle）和加龙河口之间的大西洋沿岸。这片区域并不

[①] 赫尔维蒂人原本居住于今瑞士和德国西南部。

特别适合作为征服高卢的基地。如果赫尔维蒂人是因为故地人口过剩而另觅新居，他们也并不需要举族迁移，白白让出原先占据的优良土地。假如赫尔维蒂人确实有计划移居海滨，驱逐或消灭原住民，另起炉灶，而不是从故土出发，将势力拓展到邻近地区，那么，这个意图不仅本身很难实现，更无法与统治其他高卢部族的计划同时结合起来。另外，高卢已经有一位统治者了——本书至此尚未提及，但很快恺撒就会亲自告诉我们——即日耳曼首领阿里奥维斯塔（Ariovistus）。此人之前便征服高卢人，强迫他们送人质、纳贡赋。有鉴于此，赫尔维蒂的双重计划就更加不可能了。诚然，我们不是很清楚阿里奥维斯塔的实际统治范围有多大，因为在有些地方，他好像只征服了埃杜伊人（Aedui）、塞夸尼人（Sequani）①及其附庸，而在别的地方，几乎整个高卢都派遣使节，请求恺撒帮他们对付阿里奥维斯塔（第30章）。但是，无论情形可能是怎样，赫尔维蒂人的任何高卢征服计划都要首先把阿里奥维斯塔考虑在内，而且必然会与其发生碰撞。恺撒对此不置一词。在他对赫尔维蒂战争的记述里，阿里奥维斯塔就好像不存在一样。

赫尔维蒂人为其大规模征服战争所做的一项准备工作，就是与邻邦达成和睦。我们的问题是：哪些邻邦？西边是赫尔维蒂人要征服的，北边是阿里奥维斯塔，东边的情况没有讲，南边是罗马人。

恺撒接着写道，赫尔维蒂人离开故土只有两条路：一是沿着罗讷河北岸，穿过塞夸尼部领地；二是沿着罗讷河南岸，取道日内

---

① 埃杜伊人生活在萨恩河与卢瓦尔河之间，相当于今天法德边境地区的中部。塞夸尼人在埃杜伊人的东边，与更东边的赫尔维蒂人隔着汝拉山脉。

第七篇 恺 撒

瓦,穿过罗马行省。此处应加上一个条件:"如果他们要去塞农部领地的话。"不然,如果他们想要征服高卢,穿越汝拉山脉(Jura)有不少山路可以走,山北也有不少路。

根据恺撒的记载,赫尔维蒂人提前谋划了两年之久,该计划肯定已经众所周知。尽管如此,罗马人似乎不仅对赫尔维蒂人意图迁移一无所知,而且都不担心他们要从罗马行省过境。恺撒抵达这片危险的边境地区时,当地只有一个军团驻守。他只得一面以计谋拖延时间,一面迅速在日内瓦和勒克鲁斯要塞(Fort l'Ecluse,此地有多处罗讷河渡口)之间布置了一条长约 18 英里(约 29 千米)的防线,安排所部一个军团和从当地居民征召的地方保卫队驻守。

据报告,赫尔维蒂人多次试图突破这道防线,均告失败。

对这一主张,我们必须报以最强烈的怀疑。赫尔维蒂人是一个非常好战的民族,他们的军队即使没有 9.2 万人——我们之后会讲到这一点——规模肯定也相当大。恺撒之前征召的地方保卫队在军事上几乎不值得考虑。一个军团怎么可能守住 18 英里(约 29 千米)的防线?从军事角度来看,这是绝对不可能的。在现代化武器出现之前,如果敌方真想攻下来的话,数倍于己的敌人从三处同时进攻匆忙构筑的 18 英里(约 29 千米)野战工事,在任何条件下总能将防线突破。恺撒说,在战胜赫尔维蒂人之后,他在敌军营帐中发现了各部落人口列表,总数为 36.8 万人。由于能够大致估算出赫尔维蒂各部落占据的区域面积(1.8 万平方千米),[1] 我们可得出人口密度为每平方千米 20 人。贝洛赫正确地宣称这是不可能的事情。但是恺撒还给了我们一个数据:他将赫尔维蒂人押回时做了一次人口普查,结果是 11 万人。那么根据恺撒本人的说法,赫尔维蒂人迁移和交战期间的损失不会很大，贝洛赫遂以 11 万人为起点，加上 4 万人损失数目，得出人口密度为每平方千米 7.5 人。

如果我们可以完全相信恺撒确实进行了人口普查，而且所有赫尔维蒂人都离开了故土，那么这一结论不会受到有分量的反驳。就此而论，由于 4 万人的损失数目似乎还是非常高的，有人甚至可以得出比贝洛赫更低的结果。但是，有鉴于基本数据的不确定性（之后还有机会谈到），此处先讨论到这里。我们只能也必须更明确地断定这个问题的反面，即赫尔维蒂人起初的总数绝不可能接近 36.8 万人。我们也拥有断定其所需的手段。

恺撒声称，赫尔维蒂人出发时的总人数是 36.8 万，随行携带 3 个月的给养。根据拿破仑三世要求进行的研究，仅面粉一项估计就需要 6 000 辆大车，每辆车有 4 匹驮兽；假设每人有 15 千克行李，那就需要 2 500 辆大车。一条道路上有 8 500 辆大车，每辆 15 米，总长度就是 77 英里或 78 英里（约 124 千米或 126 千米）。[2] 上述数字基于的假设是，每匹驮兽能负担 500 千克的重量。不过我最近才确信，古典时期的驮兽负重只有 500 千克的二分之一到三分之一。因此，大车车队的估计长度就不是 77 英里或 78 英里（约 124 千米或 126 千米），而是 180 英里（约 290 千米）左右。按照我们对当时高卢道路状况的设想，几辆大车并排走的时候肯定很少。假如遇到只能有一辆车通行的狭窄路段，整个车队都必然会被拖住。即便有可能分散从野地里走，行进过程当然也是毫无纪律的，分批上路经常会导致堵塞和大段间隙，主要是用牛车。当然，按照这样的移动方式，至少要 40 分钟到 55 分钟才能走完 1 英里（约 1.6 千米）。即使是盛夏时节，凌晨 3 点即可启程，车队末尾晚上 9 点抵达营地

第七篇　恺　撒

就行，而且里程以 414 英里（约 666 千米）为限，那么最多也只有 2 500 辆大车可以走完。如果每天的可用时间为 15 个小时（凌晨 3 点到晚上 6 点，最后一批大车于晚上 6 点出发），那么每 3 个小时的区间内就要有 500 辆车出发。即便我们估计 1 英里（约 1.6 千米）只需要 25 分钟多一点就能走完，每个小时仍然只能有 250 辆车出发。这样算下来，4 000 辆大车即便每天行进 16 个小时（凌晨 3 点到晚上 7 点），也不过只能向前 4.5 英里（约 7.2 千米）而已。[3] 但是车队里不止有大车——令人惊讶的是，拿破仑三世竟然没有提到这一点——还有全部落的人，包括妇女和儿童。驮兽以外还有兽群、幼崽和小型禽畜。

根据恺撒的记载，提古林尼人在索恩河（Sâone）与赫尔维蒂人分开，于是后者的车队少了一些，[4] 从渡口［位于里昂以北 9 英里到 18 英里（约 14 千米到 29 千米）处，特鲁瓦或蒙美尔附近］抵达布拉克特（Bibracte，位于欧坦附近）①，总共用了 15 天，直线距离为 63 英里到 72 英里（约 101 千米到 116 千米），这就意味着每日行进速度为 5 英里到 7 英里（约 8 千米到 11 千米）。这段路程只有开头是宽阔的索恩河谷，之后就要穿过马贡（Maconnais）和夏洛莱（Charolais）山区，车队肯定经常要单列行进。即便有些装补给品的车已经空了，赫尔维蒂人无疑也不会将其抛弃。大车是珍贵的财产，收集战利品和补充给养都用得着。由于车队是在敌境内移动，他们不可能——举个例子——让女人和孩子往前赶一天的路程以便分开行进。恺撒的叙述表明赫尔维蒂人一直是整体行进的，

---

① 布拉克特属于埃杜伊人的地盘。

279

没有分开过,这是无可置疑的。但是,这就得出了一个结论:赫尔维蒂人出发时的总人数不可能有 36.8 万。即便只有这个数目的二分之一、四分之一,乃至八分之一,人畜随行的车队还是太长了,不可能在一条道路上单列行进。于是,恺撒给出的数字就不能打折扣后使用,而只能完全抛弃它,就像希罗多德给出的薛西斯兵力一样。

趁着恺撒还在从北意大利调集包括两个新编军团在内的 5 个军团时,赫尔维蒂人穿越汝拉山脉,来到索恩河畔,在里昂上游渡过索恩河。等到恺撒击溃正在渡河的殿后队伍时,其余人已经沿河北上了。

恺撒没有讲赫尔维蒂人走这个方向的原因。毕竟,恺撒告诉我们,他们的目标是前往塞农部领地,也就是应该向西走。多名学者以各种方式填补这一空缺。蒙森、戈勒(Göler)、拿破仑三世相信,恺撒将赫尔维蒂人驱离了原定路线。拿破仑三世还补充道,取道罗阿讷(Roanne)直趋塞农人地盘的路线上有几乎不可逾越的山区。他指出,即便是在 19 世纪,里昂至拉罗谢尔的邮递路线仍然要绕道欧坦和讷维尔(Nevers)。

但是,这个解释是不充分的。按照公认的假定,当恺撒率领 3 个军团在特鲁瓦自由城(Trévoux-Villefranche)一带攻击正在渡过索恩河的赫尔维蒂人时,他所在的位置是里昂附近塞古西亚维人(Segusiavi)的地盘,位于罗讷河与索恩河的夹角内。恺撒之前把另外 3 个军团留在了后方。即使假定后方军团驻于索恩河右岸,他们都不可能截断赫尔维蒂人的去路,不管后者要向南进入罗马行省,还是向西进入山区。后方一共有 3 个军团,其中两个全是刚征召的新兵,在任何情况下,罗马人都不会派他们去跟赫尔维蒂人交战。赫尔维蒂人最多有希望攻击后方罗马军一部,就像前一天恺撒袭击了赫尔维蒂人一部那样。恺撒留在后方的3个军团很有可能根本不在河对岸,即使在河对岸,肯定也是躲在工事后面不敢出来。[5]赫尔维蒂人至少比恺撒领先一日路程,恺撒当时正忙着在索恩河上修桥。西边正对的山岭或许陡峭,但并非如拿破仑三世所言不可通行。

比亚尔(Bial)在《高卢古路》(*Chemins de la Gaule*,第289页及之后数页)中提出,塞文山脉(Cévennes)可能有多条翻山路径。梅西亚(Maissiat)在《恺撒在高卢》(*Jules Cesar en Gaule* 1:349)一书中指出,穿过在特鲁瓦自由城附近汇入索恩河的阿泽尔格河(Azergues)河谷很容易翻越塞文山脉;接下来进入卢瓦尔(Loire)河①谷更是不仅有一道河谷,而是有三条支流河谷可供选择,分别经过绍夫埃伊(Chauffaille)、塔拉尔(Tarare)和圣富瓦(Sainte-Foy)。这条路线有两个好处,不仅可以从卢瓦尔河和阿列(Allier)河的源头附近渡河,而且从一开始就不可能遭到罗马人攻击。一旦赫尔维蒂人进山,只要一小股殿后部队就能拖住罗马人。但是,他们没有走这条路,而是沿着行动更方便的索恩河谷前进,恺撒在这里可以轻易追上行动迟缓的车队。赫尔维蒂人花了相当长时间才抵达山区,而且很快就又要渡过多条宽阔的大河。

即使假定赫尔维蒂人没有迅速做出撤退的决定,给恺撒留下了

---

① 卢瓦尔河是法国最长的河流,发源于中央高原南部的塞文山脉,北流至奥尔良一带后转向西边,最后汇入比斯开湾。

充足的时间从索恩河下游渡河，堵住通往阿泽尔格河谷的入口，我们依然无法解释赫尔维蒂人为什么没有直接从夏洛莱山区进入卢瓦尔河谷，然后试图在布列农（Briennon）或迪关（Digoin）附近渡河。实际上，我们可以得出一个明确的结论：恺撒本人本来就预计赫尔维蒂人必然会沿河行进，因为文献里之后写道，他走水路运输补给，而且没有准备大车。

从以上情节判断，我们可以合理地提出质疑：赫尔维蒂人未必真的想要去塞农部领地。

恺撒杜绝了赫尔维蒂人取道罗马行省的可能性，而埃杜伊人首领杜诺列克斯（Dumnorix）则让他们平静穿过塞夸尼部领地成为可能。从塞夸尼地区出发，他们又进入了埃杜伊地区。由于上述情况，我们必然会假定赫尔维蒂人与埃杜伊人是友好关系。但是，两者似乎是敌对的，赫尔维蒂人破坏了埃杜伊人的土地，于是后者向罗马求援对付前者。在这种情况下，当时肯定还发生了某些恺撒没有叙述的背景事件。

接下来，恺撒告诉我们，赫尔维蒂人一部在索恩河被击败后便提出求和，说愿意移居恺撒指定的任何地区。恺撒要求人质遭到拒绝，于是谈判破裂。但是我们怎么能以为恺撒完全没有答复最主要的问题呢？毕竟他很可能对赫尔维蒂人说过这样的话："你们既然已经承诺，我让你们去哪里你们就会去哪里，那么我就要求你们回归故土。"事实上，文献里并没有这句话，于是整场谈判及其语境就很令人怀疑了。

恺撒没有具体说明赫尔维蒂人接下来去往何处。我们借以得出结论的依据，一是恺撒的一段话，说他不能通过索恩河获得给

第七篇 恺撒

养,因为他紧追不舍的赫尔维蒂人离开了索恩河;二是会战最终于布拉克特附近的勃弗来山[Mont Beuvray,欧坦(Autun)以西20千米处]爆发这一事实。恺撒一度试图实施迂回战术,从两翼攻击赫尔维蒂人。由于偶然因素这次行动失败了,于是他转向布拉克特行进。恺撒自述此举为迫不得已,因为埃杜伊人请援对付赫尔维蒂人时许诺提供的给养并未抵达。但是,此次转向却成了会战的导火索,因为赫尔维蒂人或者将其理解为恺撒心怯,或者希望切断罗马军的补给线,所以主动向恺撒出击。

一方面,我们真的能够相信,赫尔维蒂人竟然认为罗马人转进布拉克特的动因纯粹是怯战吗?同样是这些人,不久前还提出愿意接受恺撒划定新家园的所在地,而且为了躲避恺撒,整整走了15天,现在情况刚有转变,他们怎么就突然胆子大了起来,敢于直面恺撒,向其发动攻击呢?另一方面,我们要怎样理解他们的另一个动因,即切断罗马补给线呢?假如赫尔维蒂人想要切断恺撒与之前补给线和基地之间的联系,那么无须出击,也无须会战就能达到这一目的。他们是想截断恺撒去往布拉克特的道路吗?这样的话,切断补给和发起会战两者就是互斥的:如果赫尔维蒂人战胜罗马人,后者就用不着补给了;如果打败了,那么他们就不能切断罗马人和任何地方的联系。赫尔维蒂人为什么要接着往前走呢?如果他们想要去塞农部领地,那么我们只能假定他们之前是向西北方向走,离卢瓦尔河谷很近了,如今罗马人转向东面,他们就可以畅通无阻地继续前行了。如果他们想要报索恩河战败的仇,为何要等到最后关头?他们为什么不沿途选择适当的防御地点,以逸待劳呢?

其他罗马人著述中有关赫尔维蒂战役的只言片语并没有让情

况更加明晰。假如我们只能依赖一份显然多处有意隐瞒真相的著作，或许永远没有希望得到这些事件的正确图景。但是，我们毕竟不能单纯抛弃《恺撒战记》，又无他者替代，从而将研究的脚步停下。一个公认的事实是，不能简单地接受和复述恺撒的说法。拿破仑一世有言，赫尔维蒂战役根本无法可解，[6] 即使是最信任恺撒的历史学家，依然感到有必要在若干要点处加以补充和修正。蒙森给赫尔维蒂人迁徙加了一个理由，即恐惧阿里奥维斯塔，而这一点大概与征服高卢的欲望并不相容。此外，恺撒还说过正好相反的话，好像阿里奥维斯塔不存在一样：赫尔维蒂故地山川环抱，其人不侵攻邻国就深感不便。蒙森对索恩河和谈更是只字不提。拿破仑三世则认为，迁徙和意图收复高卢两件事不是同时产生的计划，而是先后发生的，而且他忽略了赫尔维蒂人在和谈中要求恺撒分给他们一片土地的情况。最后，与蒙森一样，T. 莱斯·霍尔姆斯（T. Rice Holmes）相信赫尔维蒂人是在日耳曼部落的压力下决定另觅家园。他还将征服高卢的计划说成仅仅是赫尔维蒂首领奥尔及托列克斯（Orgetorix）的计谋。这种观点与恺撒的说法背道而驰，但是这些修正都不能令人满意。我们依然欠缺一个解释：在征服高卢的过程中，赫尔维蒂人想要对阿里奥维斯塔取何种姿态？另外，以区区一个军团和地方保卫队就试图守住匆忙构筑的18英里（约29千米）野战工事，这仍然是一个不可思议的情状。赫尔维蒂人从索恩河渡口北进，之后突然掉头发动会战的动机也是付之阙如。为了得到一幅即便不可确证至少胜在不无可能的、可以理解的图景，我们必须努力消除谬误，填补空缺。

纲要如下：

第七篇 恺撒

阿里奥维斯塔统治着高卢中部。[7]高卢人不情愿地忍受着身上的枷锁，缴纳年贡。一名埃杜伊首领狄维提亚库斯（Divitiacus）早已秘密倒向罗马，向其请求援助。这是恺撒告诉我们的，当然不是在第一部战记中，而是在之后的一本里（6.12）。罗马人并无回应，恰恰相反，他们曾试图与阿里奥维斯塔交好。在恺撒担任执政官期间，他们还曾将阿里奥维斯塔称为国王，并授予其"罗马盟友"的头衔。尽管如此，埃杜伊人仍没有放弃由外人解放自己的观念。以狄维提亚库斯的弟弟杜诺列克斯为首的一派则认为高卢人要自己解放自己。[8]高卢还有一支强大好战的部族没有屈服于阿里奥维斯塔：赫尔维蒂人。于是，双方结为同盟。揭竿而起，寄希望于赫尔维蒂派出援军是不可能的，因为与塞夸尼和其他高卢部族一样，埃杜伊的各大家族都有人质在阿里奥维斯塔手里。于是，他们定了一条计策。赫尔维蒂首领奥尔及托列克斯向部众提出要迁居。他可能提到了人口过剩，或许还指出如果赫尔维蒂人留在老家，不久便要步其他高卢部族的后尘，屈服于日耳曼人的统治。以移居海滨前往塞农人地盘为借口，[9]赫尔维蒂大军会在阿里奥维斯塔起疑心之前，来到埃杜伊地区。接着，在赫尔维蒂人的支持下，高卢派便有希望克服一切疑虑，掀起一场反对日耳曼人的大起义。与之后的农民军一样，妇孺自然也要随行，为了增强欺敌的效果，赫尔维蒂队伍中的妇孺数量可能仍然比通常情况多一些。连奥尔及托列克斯暴死也没有让他们停下脚步。

通过狄维提亚库斯和埃杜伊内部的罗马派，恺撒对此洞若观火。恺撒绝不希望这条计策实施，因为他的计划是高卢人不能自己解放自己，而要在罗马的帮助下摆脱日耳曼人的枷锁，然后换上罗马人的枷锁。仅凭赫尔维蒂人询问能否借道罗马行省这一条,便足以让恺撒加强兵力,向边境移动了。赫尔维蒂人之所以提出这一请求,只是为了尽可能长时间地维持他们要前往塞农部的假象。为了执行原定计划,在恺撒拒绝借道之后,他们刚刚渡过索恩河,却依然选择了尽可能靠南的路线,以便前往真正的目标,即埃杜伊部。以犯境为借口,恺撒攻击了正在渡河的赫尔维蒂殿后部队。与此同时,埃杜伊部罗马派——估计得到了罗马的财政支援——占据上风,说服部众向恺撒请求援助以抵抗侵略,而不是欢迎赫尔维蒂人来解放自己。现在,赫尔维蒂人处境极其尴尬,便遣使恺撒,请他给他们分配一块土地,其实就是回归故土。正如恺撒的解说,双方没能达成协议就是因为人质问题。但是恺撒在这个条件上绝不松口,倒不是因为赫尔维蒂人不能信任,其根源在于这是恺撒征服全高卢的起点。赫尔维蒂人不愿受辱,于是转向北方,想绕一个大圈,从上游渡过索恩河,然后返回故土。但是他们没有继续在罗马人可以追上队伍、从四面发起攻击、将其迅速了结的河谷中前行,而是尽快转移到山里,留下一支有力的殿后部队,在两道河谷之间拖住罗马人。恺撒尾随而至,还得到了埃杜伊骑兵的支援。尽管初次交战是在平原,但埃杜伊骑兵也没有完成任务,而是从赫尔维蒂人面前跑掉。恺撒怀疑原因不只是地形不利,而且是有意拆台,因为这支部队是由杜诺列克斯指挥的。

尽管恺撒有能力每天攻击赫尔维蒂后军,使其交战不暇,但他并没有这样做,而只是隔着一段距离尾随其后,保持最大的谨慎,注视着每一个能够重创敌军的机会。

终于,机会似乎到来了。拉比努斯(Labienus)指挥两个军团成功包抄了赫尔维蒂人,但是一次偶然的误报导致计划失误,拯救了敌军。接着,恺撒开始远离赫尔维蒂的队伍,径直向不远处的埃杜伊首府布拉克特而去。正如他本人所说,这是因为补给困难的不得已之举。我们或许还可以假定,对埃杜伊人的不信任也是促成此行的一个原因。若不能确保稳固的行动基地,这位罗马统帅是不能深入高卢境内的。但是,这次转向引发了决战。

当然,赫尔维蒂人可以不受阻碍地继续赶路,穿过友好的塞夸尼部领地,回到故乡。但是,假如他们这样做了,就要把布拉克特、埃杜伊人乃至整个高卢中部抛给罗马人。毫无疑问,最大的压力来自当初邀请赫尔维蒂人入境,而且估计一直与其保持秘密联系的埃杜伊部高卢派。高卢派肯定赫尔维蒂人的帮助,甚至可能提出让他们在交战期间倒戈的希望。尽管恺撒与赫尔维蒂人保持着紧密的距离,但并未发起进攻,因此赫尔维蒂首领可能希望恺撒最后会自行离去,不再管赫尔维蒂人。他们从相好的埃杜伊人那里得知恺撒的补给不日将尽,埃杜伊人也不会继续供养他。但是,恺撒转向布拉克特的行动将这些希望全部打碎了。无论如何,赫尔维蒂部原本就有一批人认为,同族兄弟在索恩河畔遭到阴险的罗马人袭击和屠戮,此仇不报便回归故土,实属可耻。这一派如今得势,于是赫尔维蒂人决定掉头攻击行军中的罗马人。

恺撒在战记里想要隐瞒的是赫尔维蒂人此行的目标:对抗阿里奥维斯塔。于是,整场战役的叙述里只字不提阿里奥维斯塔的名字。他还给赫尔维蒂人安上了君临高卢的野心,就好像高卢原本并无一位令人恐惧的日耳曼战士国王统治一样;还轻描淡写地说赫尔维蒂人要携家带口移居塞农部,这分明与统治高卢的野心矛盾。恺撒不得不搬出犯境的借口，不得不隐瞒埃杜伊部背盟之事，不得不对和谈语焉不详，没有给出赫尔维蒂人转向北进的任何合理动机，而且徒劳地寻找他们突然决定与罗马交战的动因。一切都只因为一点，他不想说出赫尔维蒂此次出兵的真正意图。但是，一旦把这个关节搞清楚，其余便迎刃而解。

我要再说一遍：我并未主张上面的论述就是准确的实情。我的主张只是：恺撒的叙述经不住批判性的考究，笔下之事绝无可能，而我希望给出另一种可以设想的、可能发生的叙述，这一叙述不仅与恺撒的叙述大相径庭，与蒙森、拿破仑三世、T. 莱斯·霍尔姆斯的解读也是截然不同。这样做的时候，我们不得不超越军事史本身，更深入地探讨真正的政治面向。然而，这是必要的，因为军事与政治在此处不可分离地勾连着，也因为我们希望从一开始就提醒史学工作者，运用《恺撒战记》为史料时必须多加小心。

布拉卡特会战

从一般性考虑出发，我们已经得出了必然的结论：恺撒说赫尔维蒂部有 36.8 万人启程迁居，是极大的夸张。考虑到此次行动的政治性质，我们不禁要进一步怀疑，赫尔维蒂人到底有没有全族出动，还把盟友都带上了？诚然，一部分妇孺肯定要随行，这是计划本身的要求。但是，我们很难相信赫尔维蒂人真的把家人和全部家当都带上，将茅屋和村庄付之一炬，毅然出发。当然，他们每日行进的路程并不是特别短，但也算不上长，[10] 这似乎表明有部分辎重随行。根据会战的记载，辎重队规模不可能很大。恺撒原本跟在赫尔维蒂部身后两三英里扎营，后来不再尾随，而是转向布拉卡特。赫尔维蒂人从几名逃兵口中得知这一消息，于是改变方向发起会战，时间是将近第七时（相当于今天的12点到下午1点）。全部车辆都跟在赫尔维蒂人后面，组成车阵。因此，首先上路的是赫尔维蒂人，全部车辆跟在其后面，然后他们改变方向，开始追击恺撒。尽管如此，车队在当天上午肯定已经走了7英里到9英里（约11千米到14千米）。我们知道，这意味着战斗打响时，赫尔维蒂人已经把全部车辆都摆了出来，即便恺撒当然不会讲出来。具体人数无法估计，但能这样行动的队伍肯定不会超过中等规模。

恺撒有6个军团和包括4 000名骑兵在内的土著辅助部队（第15章）。正常情况下，6个兵团是3.6万人，其中恺撒当时可用的兵力可能有3万，包括两个置于后排没有实际参加战斗的两个新兵军团。因此，加上土著辅助部队，[11]恺撒当时应该有3.6万到4万人，占有相当大的战场人数优势。

当恺撒注意到赫尔维蒂人接近时，他立即派出骑兵尽可能拖住对方，同时将4个老兵军团排成3列梯队，布阵于一处山坡，并命令两个新兵军团和全部辅助部队于战线后方设营驻守，辎重悉入营内。[12]

赫尔维蒂军向罗马人选择的极其有利的阵地发起攻击，但被罗马人击退。当罗马人乘胜追击时，其两翼遭到波伊人和图林格里人（Tulingeri）的攻击，原因可能是两部刚刚抵达战场，也有可能是赫尔维蒂人的诱敌之计，将罗马人从有地形掩护的初始阵地里引了出来。受到令人振奋的侧翼突击，正面的赫尔维蒂人再次向前推进。鉴于高卢士兵非同一般的勇气，若非梯队战术证明有能力抵挡正面和侧面的同时进攻，罗马人必将危如累卵。恺撒命令第三梯队转向抵抗两侧的波伊人和图林格里人，然后亲率部队发起攻势，"罗马人像轮子一样转向迎敌，分成两部发起攻击"（Romani conversa signa bipartite intulerunt）。高卢人慢慢不支，罗马人直到夜幕降临才攻破车阵。恺撒没有下令追击，而是在战场上停留三日，按他本人的说法，是为了治疗伤员，埋葬死者。赫尔维蒂向东方（具体说是东北）逃窜，进入林贡斯人（Lingones）的地盘，几天之后投降。

有意思的是，恺撒根本没有动用两个新兵军团，只用第三梯队就把波伊人和图林格里人都打退了。他特别强调，当罗马胜势已定时，赫尔维蒂人仍然奋勇抗争，最后是被迫向后退的，没有一人转身逃离。那么，他为什么不投入预备队呢？

解释很可能是：恺撒看到赫尔维蒂人突然迎面而来，便疑心埃杜伊人准备叛变，趁他与赫尔维蒂人拼杀时，突然从后方攻击罗马军。他之所以没有说，既是因为此事并未发生，也是因为他归根结底要尽可能模糊埃杜伊人和赫尔维蒂人的整体关系。他接下来只告诉我们误导部众的杜诺列克斯的事情。但是，按照我们的看法，杜诺列克斯一派的力量要强得多。这种认识还得到了一个事实的进一步加强：若非如此，恺撒把全部射手和整整三分之一的重装步兵置于后方的做法就无法解释了。

3 阿里奥维斯塔

在收服赫尔维蒂人之后,恺撒召见高卢各部首领的使节,众人请求他将高卢人从阿里奥维斯塔的统治中解救出来。恺撒遂发兵出征,在贝尔福特(Belfort)或上阿尔萨斯一带遭遇日耳曼军队。

地点不可能确知。阿里奥维斯塔没有直接进入决战,而是从罗马军营外绕行,距其两英里(约 3.2 千米)左右依山摆下车阵,方便派遣骑兵出击和截断罗马人运送补给的道路。由于阿里奥维斯塔绝不会认为不经一战便可解决问题,或者能甩开恺撒 15 英里到 20 英里(约 24 千米到 32 千米)的距离,因此他这样做必定是为了迫使恺撒因补给不继而撤兵,然后再于途中袭击。阿里奥维斯塔军的优势在于训练有素、令人生畏、配合无间的骑兵和轻步兵。恺撒一边的高卢骑兵不敢撄其锋芒。

骑兵和轻步兵的这种配合关系——日耳曼军队独特的兵器组合优势——必然也是阿里奥维斯塔此举成功的一个解释。否则,(除非我们认为恺撒的战略水平远远不及阿里奥维斯塔)很难想象他如何能在距离罗马军营这么近的地方布置车阵防御,而且在这样做的过程中还要从罗马军营面前绕行。即便恺撒的描述过分夸大，日耳曼各部没有携妻带子、全体出动，而只有一股规模小得多的、机动性很强的战士，仅有少量辎重、相随妇女和几百辆大车，这仍然是一个很大的负担，行军或布置车阵期间是不可能暴露于敌军有序进攻的。只有假定阿里奥维斯塔在绕营行军的同时，巧妙地利用地形和轻步兵加以掩护，这一行动才能够理解。在营前行军成功之后，阿里奥维斯塔便居高控制了平原，将运送补给的通路截断。不管罗马军向哪个方向进军，都可能遭到悍不畏死的蛮族从各个地点发起的袭击，自卫和保护辎重队的压力非常大。阿里奥维斯塔行动敏捷，但恺撒还要棋高一着。一方面，恺撒多次列阵于平原，向阿里奥维斯塔邀战。阿里奥维斯塔警觉地躲在车阵之后，并未出击。罗马士兵将日耳曼人的不愿出战理解为胆怯，于是士气大振。但是，最重要的是他们重新打通了补给线。恺撒命令部队结成战阵，转移到一处能够堵住日耳曼军下山袭击罗马补给线的位置，以两个梯队保持战斗阵形，其后的第三梯队修建足够两个军团使用的营垒，然后就地驻守。当罗马主力回到大营后，阿里奥维斯塔猛攻其小营，但没有成功。恺撒对工事和守军信心十足，甚至没有派遣主力救援。但是到了第二天，他集结全军出战，直抵日耳曼车阵前。阿里奥维斯塔终于决定接受挑战。现在，恺撒占据了更有利的态势。罗马确保了补给线安全，而日耳曼军再拖下去亦无益处。当然，阿里奥维斯塔筹备开战必定已有数周乃至数月，肯定是先集结了全部可用兵力，然后才向罗马人进军的。否则的话，他当然可以长距离撤退，让恺撒轻易地追着他跑，恺撒也不会遇到多大损失。但是，这种可能性远远不在他的考虑范围之内。另一方面，罗马人肯定也不会上钩,向车阵发起攻击。罗马人是发出挑战的一方,更长时间的等待会提振他们的士气而削弱日耳曼军的士气。因此,阿里奥维斯塔率军走出车阵,以部落为单位分别结阵迎战。

罗马梯队战术再次证明了自己的价值。当左翼受到强烈压力时,骑兵的实际指挥官小克拉苏率领第三梯队前往支援左翼,取得了上风;恺撒在右翼用同样的方法取胜。

恺撒没有描述日耳曼骑兵的位置或行动。这些令人生畏的战士每人配一名步兵,他们去哪里了呢?在逐走高卢骑兵后,他们为什么没有像坎尼会战中的汉尼拔那样,从侧翼攻击罗马人呢?当时完全不可能出现导致骑兵无法施展的异常情况,因为若是那样,阿里奥维斯塔是不会在当天杀出车阵的。

当然,一切都取决于这个问题的答案。恺撒对此不置一词。我相信,答案要到最有资格评注《恺撒战记》的人即拿破仑一世在流放圣赫勒拿岛期间的口述、评述中寻找。他提出,日耳曼军队不可能对恺撒占有数量优势,这一观点与当时的所有人都不同。我们还要更进一步推断,日耳曼骑兵在此战中落败的解释只有一个:阿里奥维斯塔步兵实力太弱,不得不把通常伴随骑兵作战的轻步兵编入普通步兵,从而削弱了骑兵的力量,让高卢骑兵有可能抵挡日耳曼骑兵到一定程度,以阻止其攻击罗马军团侧翼。恺撒完全没有讲这件事,因为他不想明言己方对日耳曼军队占有人数优势,也不想宣扬盟友高卢骑兵的配合与战绩。

《高卢战记》(1.40)中记述了阿里奥维斯塔之前征服高卢人的方式,也能够支持这位日耳曼国王兵力其实很少的假设。恺撒说,阿里奥维斯塔会连续数月躲在有沼泽屏护的营寨里("阿里奥维斯塔却一连好几个月躲在沼泽中的营寨里不出来,不给高卢人战斗的机会")。即使实际上没有几个月,而只有几个星期,这一点仍然决定性地消除了阿里奥维斯塔有数万大军的可能性。另外,当然还有随军妇女、儿童、马匹和牛群需要供养。我们不妨设想——尽管看似不可思议——日耳曼军队携带的粮草可能比赫尔维蒂人大车里的粮草要多得多,因为赫尔维蒂人在不断移动,可以从乡间就食,而日耳曼士兵守在营中,只能用积蓄的粮草喂养战马。当然,在对阵罗马人时,阿里奥维斯塔的兵力要多于最初征服高卢的时候,但部队的核心还是原来的那一批人。我们或许可以设想其兵力是之前的两倍,但绝不会暴增10倍。

现在,我们知道罗马人很可能有巨大的数量优势,那么回过头来,我们也就更能理解阿里奥维斯塔的绕营行军,也能够明晰这场战争中的另一处著名情节了。

在恺撒追击阿里奥维斯塔到贝桑松(Besançon)时,部队发生哗变,拒绝继续追击令人恐惧的日耳曼军队。恺撒用宽慰的语气对军士讲述了阿里奥维斯塔之前的战役,在结尾时宣布,如果其他人不愿跟随,他就算只带着第十军团也要前进。

假如日耳曼军队果真比6个军团还要多的话,那么恺撒竟然宣称只用一个军团也要继续作战,这恐怕不会对士兵们产生什么好的印象。他们肯定会觉得,自己的统帅好说大话。但是,尽管战记里没有写,他很可能还补充了一句:日耳曼人兵力很少,他有信心只凭第十军团就把他们打败。高卢人大概对罗马士兵确认了这一点,于是罗马人鼓起勇气,同意跟随统帅进入遥远未知的荒野,对抗桀骜不驯的日耳曼战士。

第七篇 恺 撒

倘若能够比较确切地了解两军的行军路线和战场，这场战役可谈的东西就要多得多，也能更加拿得准。这不仅对认识恺撒和古罗马的战争艺术有好处，对认识他们的敌手亦然。阿里奥维斯塔肯定不只是一位强人，更有战略天才。但他遇到了一位更强的人，结果被击败。作为辛布里人和阿米尼乌斯（Arminius）之间的一位人物，他是初始日耳曼民族善战品质的有力见证者。对于辛布里人，除了他们曾击败过罗马人然后被击败，我们几乎对其一无所知。我们原本会想象辛布里人只有蛮勇而已。然而，见过阿里奥维斯塔精明大胆，乃至绝妙的行动，而且不久之后阿米尼乌斯便博得世人瞩目，我们不会怀疑：日耳曼精神从最初开始便不止拥有战争的野蛮性，也有层次更高的计略。如今无法更完整、更确切地认识阿里奥维斯塔的将道，可不惜哉！

4　征服比利其人

作为拯救高卢人于日耳曼统治的解放者和高卢的领袖，恺撒在打败阿里奥维斯塔之后，便取代后者成为整个高卢的霸主。到了下一年，他进军北上，征服被他统称为"比利其人"（Belgae）的当地土著。

比利其人预感到危险即将到来，便组成了一支庞大的联军，恺撒在入境后便前往迎击。

但是，文明国家拥有蛮族不具备的战争资本。毫无疑问，比利其人有能力集结大军，可他们既不能凝聚一心，也无力供养。当年辛布里人和条顿人不得不分兵进击意大利，结果被马略各个击破；恺撒也是如此，他没有立即与敌军——规模与己方相当或者大得多——决战，而是想办法分化、瓦解比利其人，这样每次就只需要对付一个部族了。与此同时，恺撒组建了两个新的军团，总兵力达到8个军团；再加上努米底亚、克里特、巴利阿里的辅助部队和高卢骑兵，战斗员总数很可能有5万之众，总人数多达8万到10万。如此多的人集结在一处，若要长时间提供补给，必须有可靠有力的组织、运输、供给和财政体系。罗马人有这样的资本，而比利其人没有。

恺撒手里的资本还不止如此。他于恩河（Aisne）北岸安营。工具齐备，兵卒服从号令，技艺精熟，用最短的时间树立起了一座坚不可摧的营垒。根据戈勒提示的地点，拿破仑三世展开了多次发掘活动，确认贝里欧巴克（Berry au Bac）村附近有一处大型军事据点遗址。这座村庄位于渡口处，在1814年的战事中也发挥了一定的作用。遗址壕宽18英尺（约5.5米），深9英尺到10英尺（约2.7米到3米）；由木栅和胸墙组成的围墙高12英尺（约3.7米）。于是，壕底至墙顶就有21英尺到22英尺（约6.4米到6.7米）的距离。军营位于山脊之上，营前有一条泥泞的小溪梅耶河（Miette）。

直到此处，一切正常。但是，恺撒详细描述的壕沟方向以及军营与布阵地点的空间关系与发掘结果不符。因此，一批学者假定，恺撒写下这段记述时已记不清当时的情形了，[1]也有学者提出军营和交战地点在恩河下游（西边）大约5英里（约8千米）的绍达尔德（Chaudardes）村附近，[2]但该村尚未开展发掘活动，此说既不能被证实，也不能被证伪。整体来看，这个问题其实并不重要。要点依然是：（1）恺撒驻扎于恩河北岸；（2）他建起一座桥头堡，翼护身后（不是正后方，而是略偏的方向）的渡口；（3）他在南岸也建起了一座堡垒，由6个大队驻守，负责掩护补给线。

恺撒背河对敌，一旦开战，身后便是流水。但是，坚固的堡垒给了他巨大的安全感，以使他敢于冒此风险；而且此处很方便发起攻势。

罗马军营位于雷米人（Remi）领地，这是一支已经归顺罗马的比利其部族。起初，比利其联军对雷米部边境的比布拉克斯

[Bibrax，今拉昂老城（Vieux-Laon）或比耶夫雷（Bievres）]发起进攻，这无疑是希望将恺撒从军营里引出来，因为攻取这座小城对一支大军来说不是难事，本身也没有特别的意义。然而，恺撒抽调弓箭手和投石手前往救援，守住了小城，比利其军遂撤围，直奔罗马军营而去，而恺撒之前便下令出营列阵。但是，双方只是示威而已，因为任何一方都不愿意越过泥泞的河谷发起进攻。

接着，比利其人试图从下游以小股轻装部队渡过恩河，以切断罗马军的补给线。但是，恺撒妥善安排了河岸巡逻人员，而且接到第一份揭示敌军企图的报告时，便马上派遣骑兵和射手从身后的桥过河，从而阻挡了敌军渡河。假如比利其人派遣主力渡河，那么罗马轻装部队当然不能阻遏，但这种做法实在是超出了比利其的战略能力。诚然，主力渡河可以切断罗马人的交通补给线，但比利其人也会与本土分隔，令其任由罗马侵攻。那么，他们该做什么呢？由于罗马人不出营野战，比利其人可以四面围住他们，使其断粮。按照恺撒给出的比利其军兵力（30.6万），[3]他们有着极大的人数优势，足以胜任。比利其人可能根本没有人数优势；即使有，供养大军的种种难处也超越了他们的能力。比利其人已经达到了自身军事能力的极限，如今又接到报告，说在恺撒授意下，与罗马结盟的埃杜伊部在另一处入境劫掠，于是比利其人决定班师回国。他们别无选择。比利其人自称，若恺撒入侵一部，各部会施以援手。这不过是完败的遮羞布。恺撒的军事能力使其能够将罗马的普遍征兵制运用于蛮族各部，从而首先几乎不流血地离散敌军，然后轻松地各个击破。恺撒取得的成功太大了，连他自己一开始都大惊失色，以为比利其大军撤退是耍花招。比利其人是夜里开始撤退的，而罗马-高卢骑兵直到

第七篇 恺 撒

次日上午才出发追击，对奔逃的比利其人施加了巨大压力。

罗马人把高超的攻城器械运上来以后，连比利其人的各处堡垒都会立即投降。

内尔维（Nervii）、维洛孟都依（Veromandui）、阿特雷巴特（Atrebates）三部合兵一处，将勇气和计策结合起来，要为比利其人的自由最后一搏。罗马人在桑布尔河（Sambre）畔的一处林地扎营，趁巡逻兵不察之机，三部攻杀上来。高卢友邦的骑兵、轻装部队和辎重队开始逃跑，但严守纪律的罗马军团没有陷入恐慌，很快便重新列阵迎敌。进入相持阶段后，罗马人就已经赢了，因为他们对面只有3个高卢部落而已，即便盟军先行逃离，罗马人的优势依然巨大，甚至可能有两倍的人数优势。恺撒有6个军团，其中两个一度情势危急，[4] 很快便被另外两个取胜的军团解救，同时剩下的两个军团已经启程急进了。

先是赫尔维蒂，再是日耳曼，如今是内尔维，通过这三场战斗，我们已经得出了一个认识：罗马军占有人数上的优势。在赫尔维蒂战役中，我们通过战前赫尔维蒂人的动向得出了罗马军人多的结论；在与日耳曼人的交战中，该迹象来自他们之前与高卢人作战的经历，以及战斗过程本身；而对于内尔维部，证据则来自人口数字。有人可能会觉得这些证据只是揣测而已，但是即便每次的证据都是完全不同的类型，却都得出了相同的结果，因此这个揣测的分量也会随着每一次出现的证据而不断加重。我们还发现——长期以来，从没有人认识到这一点——用恺撒自己的话便能表明他给出的数字夸大到了骇人听闻的程度。据说内尔维人原本有600名头领和6万名有资格服役的战士，而投降时只剩下了3名头领和500

名战士。尽管如此,在恺撒笔下,内尔维大军3年之后再次登场(5.39);又过了两年,他们派出5 000人参加阿莱西亚会战,而且不是全族出动,只是一支别军而已。如果说不加质疑地相信恺撒给出的上述伤亡数字显然是虚假的并不符合史学方法的话,那么我们接下来就要用正面的估计数字来加以反驳。

罗马的人口统计资料为估算恺撒时期意大利的人口提供了一个优秀的、可靠的基础。意大利半岛(不包括附属诸岛)当时的人口约为350万到400万,相当于每平方千米有25人到28人;上意大利(山内高卢)人口为150万到200万,相当于每平方千米14人到18人。阿尔卑斯山外行省的人口密度应该比山内高卢低一些,因为当地参与文明世界的经济生活还不久,而且不归罗马统属的自由高卢各部互相攻杀不断,人口总数肯定也要更少。因此,自由高卢地区的人口密度最多在每平方千米9人到12人之间。

通过与日耳曼尼亚(Germania)比较,我们可以确定一个下限。鉴于日耳曼部落取得的巨大军事成就,他们的人数肯定不会太少。在下一卷里,我们会给出更准确的论述,指出其人口密度不会低于每平方千米5人。无论如何,在当时,比利其人居住的地区就比日耳曼尼亚人口稠密,而高卢中部又要甚于比利其。因此,高卢地区的平均人口密度最低在每平方千米7人到8人。在桑布尔河会战中的内尔维等三部领地的面积约为1.8万到2.2万平方千米(8 250平方英里),其中1.1万平方千米属于内尔维部,因此内尔维等三部总人口最多为15万人,其中成年男子4万人,再减去老弱病残和奴隶,三部掌握的兵力最多为3万人,可能还要少得多;而罗马一方仅军团就至少有4万人。

5 维钦托利

恺撒用一套迅猛大胆的"组合拳"征服高卢,但其行动的同时伴随着极大的谨慎,乃至谨小慎微。从一开始,他就与部分高卢人结盟,尚未交手便将其分化。在夺取广大高卢的三场大战(对手依次是赫尔维蒂部、阿里奥维斯塔、内尔维部)中,恺撒总能占有显著的人数优势。

初胜之后,他不仅没有缩减兵力,反而不断大量增兵。恺撒在打赫尔维蒂人的时候有 6 个军团,最后征服高卢时有 10 个军团;[1] 另有两个军团又两个大队防守山外行省,山内高卢大概还有 8 个大队。这样算下来,总兵力就有 13 个军团。[2]

在上述大胆行动的同时或之后,恺撒还对不列颠和莱茵河对岸发起了局部战斗,此处略过,直接跳到恺撒出任行省总督第七年的决战,当时全高卢在阿维尔尼部(Arvernian)首领维钦托利(Vercingetorix)领导下团结起来对抗恺撒。

高卢肯定有 100 万合格兵员,于是有人会觉得,维钦托利集结一支大军,在一场决战中打垮罗马人并非难事。然而,事实并非如此。维钦托利反而建议同胞利用骑兵优势切断罗马补给线，甚至要主动破坏自己的家园，以此逼迫罗马撤军。假如维钦托利只有这点战略思维，我们只能认为他的头脑太不够用——毕竟，即便罗马因为补给困难而暂时撤军，这对高卢人又有什么好处呢？罗马人很快会卷土重来。光靠游击是不可能解放高卢的，如果高卢人真的想要摆脱罗马统治，他们就必须痛击敌人，使其完全失去卷土重来的欲望。若有可能，他们便要将敌军消灭，就像条顿森林战役中的切鲁西人那样。事实上，维钦托利正有如此想法。这是恺撒告诉我们的。当然，这是他第二次而不是第一次谈到高卢战略（7.66）时讲的。由于恺撒笔下的维钦托利是一位了不起的人杰，我们不妨也必须假定，这位高卢民族英雄从一开始就有正确的战略洞见：一切都在于击败罗马人，而不是迫使其撤军。我们应当将切断补给线的行动视为预备性手段，目的是为决战创造有利条件。

维钦托利要争取两个有利条件。其一，将最初仍然站在罗马人一边的高卢部落争取到民族解放的事业中来，特别是埃杜伊人。其二，对罗马行军纵队发起突袭的机会。

第一个目标达到了。由于高卢人不肯集结起来作战，恺撒只好去攻城。他首先全力强攻，夺取了比图里吉人（Bituriges）的都城阿瓦利库姆（Avaricum，今布尔日）；接着分兵攻打各个部落，攻取其城镇。他派拉比努斯率领 4 个军团攻打巴黎，亲率 6 个军团围攻阿维尔尼人的中枢日尔戈维亚（Gergovia）。但是，两支部队的兵力都不足以实现目标。恺撒本人试图在日尔戈维亚城下发动奇袭，惨遭挫败；拉比努斯费了很大劲，才穿过沿途截击的高卢人，与同时向拉比努斯行进的恺撒汇合于塞纳河流域。受到此次胜利的

第七篇 恺　撒

鼓舞，几乎所有高卢部落都加入了阿维尔尼人。

尽管两军会合后，新招募的日耳曼骑兵也赶来增援，但是恺撒在高卢中部仍然无以为继，被迫退到罗马行省，以确保补给。他率军穿过依旧与罗马结盟的林贡斯部领地［今朗格勒附近（Langres）］向塞夸尼部领地而去。戈勒和拿破仑三世都相信，恺撒的目的地是贝桑松，他将这座城镇作为坚固的大本营。

戈勒由此认为，假如恺撒留在偏北的塞农部领地，他能够更容易地支援罗马行省，而且至少不必退出整个高卢。拿破仑三世补充道，恺撒绝不会考虑直接穿过起义的焦点，也就是埃杜伊部领地。果真如此，我们面前可真是一幅奇景：两支敌对的军队同样地、直截了当地试图避战。

战局是否真的如此恶劣，以至于恺撒不仅被迫撤出高卢，而且野战未尝一败，便要消极避敌？即便他确实不得不退回行省边界，倘若趁敌军避战的机会，直接穿过敌境展示军威，而不是像戈勒和拿破仑所说的那样悄悄溜走，情势也必定大有不同。

但是戈勒和拿破仑的解读无疑是错误的。对罗马人来说，塞夸尼部与埃杜伊部的领地同样是敌境；而且，恺撒也完全没说自己要直趋贝桑松。贝桑松地势险要，我们也不能假定当地有罗马守军，因此如果恺撒想要在此设立据点，他首先要攻取这座城市。不仅如此，贝桑松作为据点不仅没有特别的益处，反而有大害。

那么，恺撒进军塞夸尼部领地就必须通过别的方式来解释。按照他本人的说法，取道塞夸尼是为了方便援救行省。维钦托利不满足于直接对付罗马大军，更进入罗马行省境内劫掠，希望以此将恺撒赶出高卢。但是对恺撒来说，比援救行省更重要的是行省提供的支持，也就是常规补给。少数依然忠于恺撒的高卢部落不可能长期为大军提供给养。现在，恺撒需要的是一处既能供给大军又能保护行省，同时还能对高卢人持续施加压力的地点。因此，他的目的地不是贝桑松城，而是索恩河；具体来说，他要穿过朗格勒高原、金丘（Cote d'Or）以东的平坦地带。到了索恩河畔，他就不容易遭到突袭了，而且可以重演当年降服比利其人的行动。如果他在欧索讷（Auxonne）或者更下游的杜河（Doubs）汇入处安营，高卢人就不可能把他赶出去。身居索恩河右岸，他既可以威慑周围的部落（特别是埃杜伊部），使他们一直处于遭受突袭的恐惧中，又可以派出几个军团重新收服左岸的塞夸尼部和赫尔维蒂部。维钦托利不能提供任何支援，因为他既不能冒牺牲埃杜伊人的风险，又不敢渡过索恩河和杜河，从而将自己暴露在罗马全军的攻击之下。如果整个索恩河左岸重新被平定，恺撒便确保了自己与行省之间的交通线。实际上，只要采取若干保护措施，他就能利用最方便的给养运输方式：通航河段直至格雷（Gray）的索恩河。

我相信，这无疑就是恺撒的战略意图。维钦托利亦有预感，觉得决战唯有趁恺撒正在行军尚未抵达索恩河的时机。他相信，凭借骑兵可以割断地方的行军纵队。[3] 但是，此计并未成功，恺撒利用结成紧密阵形的步兵来支援刚刚得到新募日耳曼单位加强的骑兵，而维钦托利没有让步兵投入战斗。高卢人被彻底击败。罗马军没有继续向索恩河行进，而是调转方向，展开追击。为阻止己方部队的士兵奔逃，维钦托利别无他法，只得于设防城镇阿莱西亚［Alesia，今阿利斯圣雷讷（Alise Sainte Reine），位于夜丘（Nuits）与第戎（Dijon）之间的奥索瓦山上］暂避。恺撒马上展开围城战。由于高卢人已经从乡间撤出，恺撒有足够的时间和空间为围城部队寻找补给，哪怕他遇到了一些困难。[4]

现在，所有高卢部落集合起一支大军，解救阿莱西亚城内的部队。如今必须打一场大战了，非此无以决胜负。但是，维钦托利之前就不愿意让己方步兵在野战中对抗罗马军团，如今取胜的难度只会更大。

利用包围守军与援军抵达之间的五六周时间，恺撒构筑了内外两层工事。根据拿破仑三世下令进行的发掘活动，这些工事的遗迹几乎全部显露了出来，而且与《高卢战记》的记载完全一致。内层周长约 16 千米，外层约 20 千米，开阔地带均设有各类人工障碍物：蒺藜、陷阱（底部有 8 排按照国际象棋棋盘样式布置的尖刺）、树干。

可惜，对于这场防御战的评判而言，我们对至关重要的兵力对比所知极少，甚至还不如之前的几次战斗。恺撒拥有 11 个军团、努米底亚和克里特射手、日耳曼骑兵和轻步兵，总数大概为 7 万人。至于高卢人，按照恺撒的说法，阿莱西亚城内有 8 万人，援军有 25 万步兵和 8 000 骑兵。我们早就知道恺撒惯于夸大敌方兵力，所以上述数字的准确性也不能信任。许多学者已经表达了质疑，尤其是城内有 8 万人的说法；守住阿莱西亚城，2 万人足矣，而且维钦托利坚守不出是极为不明智的，因为他的粮草相对较少。此外，恺撒还告诉我们，维钦托利仰赖己方骑兵的优势，并未采取任何手段去集结可用的步兵；而且在罗马人建成工事之前，维钦托利还有多余的骑兵可以被派出城外。因此，我们可以肯定地认为，就步兵而言，他身边同样只留下了必要的数目，最多 2 万上下。

乍看起来，恺撒给出的援军兵力（25万步兵加8 000骑兵）并非不合理。几乎整个高卢都卷了进来；高卢总人口至少400万，甚至可能有800万，其中成年男子就有100万到200万。对这场民族解放的终极大决战，高卢人完全有能力派出25万名战士。

但是，我们来想一想25万大军到底意味着什么。这个数字是此前的世界史上可确认的最大规模的一支大军（坎尼会战罗马参战部队）的3倍。假如一名高卢统帅有能力动用25万人的话，那么维钦托利就犯了一个不可饶恕的、完全不可理解的错误：他没有一开始就集结这支大军，然后凭借巨大的优势兵力寻求正面决战。

然而，我们还有必要再走一步。不仅没有一名高卢统帅能指挥25万大军作战，而且高卢人能轻易征召25万大军的观念也是错误的。之前介绍波斯军队时，我们已经注意到一点：一个民族能集结的士兵数目不仅取决于可用兵源的多少，更取决于该民族的军事观念和社会状况。我们如今对中世纪诸王国的历史已经有了相当的了解，在这些国家，军队兵力与全国合格兵源的总数完全没有关系。兵力不是由总人口决定的，而是由一个特殊的战士阶层决定的。但是，按照恺撒对高卢人的记述，他们的军事传统和作战编制正是中世纪的样子。他告诉我们（6.13），高卢平民的生活状况与奴隶相差不远；战士群体则由骑士及其随从组成。我们应当假定，并非所有高卢部落都是如此。赫尔维蒂部和比利其各部平民大众的尚武精神很可能并未衰落如斯。在其他方面，我们也不能过分依赖中世纪列国与高卢部落之间的类比，而是应该牢记两者之间有着极其重要的区别，尽管细节之处未必总能辨明，但是有一个基本事实是不容置疑的：在高卢社会中，统治者是特殊的战士群体，而被统治者是大量不善兵事的平民。

要想召集恺撒笔下的庞大军队，我们只能设想，高卢人把地方守卫队都征入了野战军。但是，对大规模战争来说，不习惯打会战的地方民兵毫无用处，而且肯定会对补给方面造成损害。因此我们之后会看到，哪怕是在最具决定性的会战中，中世纪军队的规模也是非常小的。

但是，阿莱西亚的情况有所不同，因为一切都取决于迫在眉睫的决战，所以长期提供补给、多线作战、实施战术机动的问题就都不存在了。那么，一定数量的民兵——哪怕是地方守卫队——似乎也能派上用场。但是从作战经过来看，完全看不出高卢一方有人数优势。对一切实际事务极其敏锐的拿破仑一世早已提出了这一点。他同样认为，阿莱西亚城内的维钦托利手下最多有两万人。他还说，从扎营和行军路数来看，援军的规模不像远大于对方的样子，而兵力似乎是相当的。那么，我们必须从战斗本身的过程来努力把握高卢人的大致兵力。

援军抵达后驻扎于城东南方向，根据恺撒的记载，其当天就与得到罗马步兵大队支援的日耳曼骑兵交战，罗马一方取胜。高卢人此战的意图可能只是掩护步兵行军而已。

经过一天时间的准备，高卢人夜袭宽度约3千米的洛莱姆（Laumes）平原一带罗马军工事，没有成功。次日夜间，又遣一军登上北侧的瑞阿山（Mount Réa）。罗马的外圈工事延伸到了此山的下坡处，因此特别容易受到俯攻。正午时分，城内外发起夹击，维钦托利与前几日一样，从城里对内圈发起冲击。瑞阿山上的高卢军攻势如潮，罗马军几乎要落败。接着，拉比努斯奉恺撒之命，率领若干大队和一支骑兵从瑞阿山更高处的堡垒出发,可能是沿着拉布廷溪(Rabutin Brook)前进的,从侧翼和后方打击正在强攻工事的高卢纵队,[5]一锤定音。此处的高卢军首先败逃,接着溃势蔓延到洛莱姆平原。维钦托利率兵回城,然后投降。

如前所述,内圈和外圈工事的周长加起来约为36千米。那么,如果恺撒手里有7万人,如果每个人负责半米长的胸墙,那么全军就都要投入进去,直到最后一个人。

高卢军第一次只攻打洛莱姆平原地段,其宽度为3千米。假如他们真有25万人,大概会排成正面宽度2 000人、纵深120排的方阵发起突击,两翼由骑兵掩护。如果我们可以设想这样一支大军竟然能运动起来,大概任何工事都挡不住他们,因为敌军矢石根本打不到的后排士兵会压迫前排士兵前进,使其填满每一条壕沟,冲过每一道阻碍,最终踩着尸体突破敌军防线。当然,这都是不可能实现的幻想,25万大军是不可能结成紧密阵形行动的。对于这样的大军,自然的、符合逻辑的运用方法是分批多次发起攻击,尤其适合夜袭,因为此时的敌军分不清猛攻和佯攻。

直到第二天,高卢人才想到分兵的主意,但只是分成了两股,而非从沿线所有可能的地段同时发起攻击(至少是佯攻)。

这一事实无可置疑地证明,高卢人并没有人数优势,事实上很有可能反而居于劣势。假如再有1万人部署于拉布廷河谷,便可掩护瑞阿山侧翼,令拉比努斯不能发出决定性的一击。如此明显的漏洞不能仅仅归咎于疏忽,因为按照恺撒本人的说法,高卢人的第一次夜袭在破晓时分就停止了,因为他们害怕罗马军出动并攻击他们的侧翼。

第七篇　恺　撒

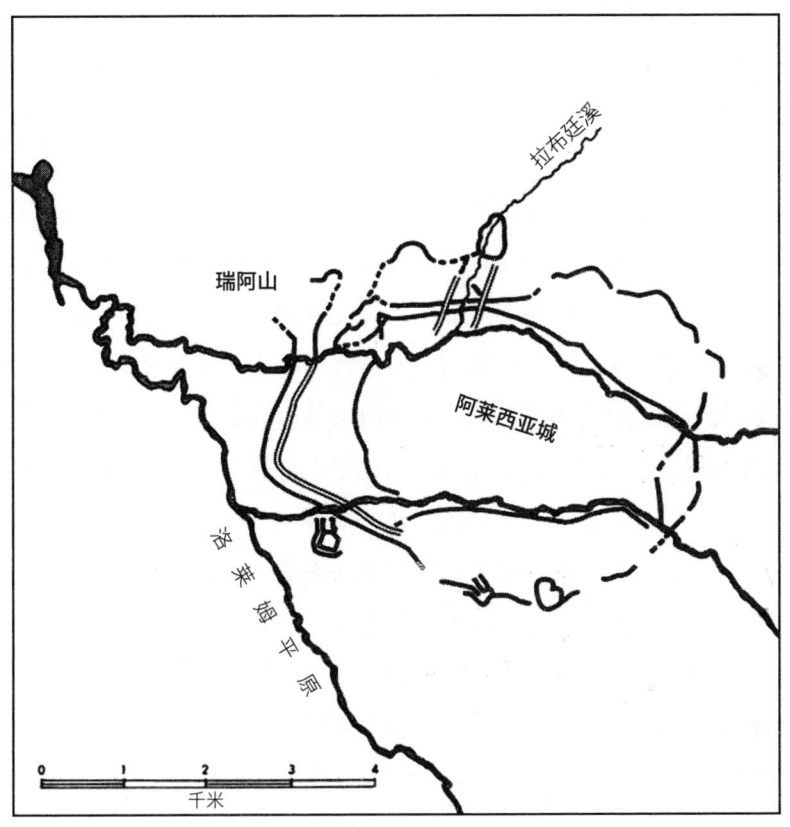

图 4　阿莱西亚围城战

拿破仑认为两军兵力大致相等，这很可能是正确的；如果说有问题，那也是高估了高卢一方的兵力。我们必须牢记，恺撒的防线有几十千米长，他一处都不敢不守，而且每一处都要有方便救援的预备队。他别无选择，只能分兵。敌军则可以选择集中突破的地点，而且无论攻击何处，城内守军肯定都会配合夹击，令罗马士兵处于后方受到威胁的精神压力之下。因此哪怕双方兵力相等，围城打援也是难度最高的战略任务之一。许多将领都不愿意在这种情况下交战，认为围城打援是兵家大忌。之后几卷里，我们还会多次回到这一点。

如果双方参加阿莱西亚之战的兵力大致相等的话——恺撒7万人，城内守军两万人，高卢援军5万人——我们仍然可以提出，尽管高卢地域广大，但绝不可能集结一支有如此规模，且确实由战士阶层组成的大军。但是，我们不妨假定：在这次十万火急的大决战中，为了加强自身力量，高卢骑士阶层从形同农奴的普通农民中间招募有勇力的年轻人，就像后来撒克逊人对抗亨利四世时那样。恺撒写道，维钦托利有1.5万名骑兵，而援军只有8 000名骑兵，由此可推断，许多高卢骑士下马作为步兵参战。中世纪战争史中有许多骑士下马，带领步兵（或者说普通人）上战场的例子。

如果对高卢援军兵力与构成的上述描述是准确的，那么维钦托利在前一场战役中的行为就完全可以理解了。一个表面上的矛盾就此破解：在阿莱西亚之战中，高卢步兵以绝大的勇气猛攻罗马防御工事，而维钦托利却不敢派步兵在野战中对阵罗马军团。

我们可以认为，高卢人投入阿莱西亚的军队代表了他们能够集结一处的最大兵力。这样也仅仅与罗马军队兵力接近，最多相等而已。但是，无论运用何种机动或战场运动，罗马军都要比松散的高卢军优越。[6] 罗马的作战单位训练有素、组织严密，再加上严格的纪律，有能力维持补给；而高卢一方的乌合之众很快便会耗尽补给。因此，维钦托利不得不放弃正面决战的想法。他并没有胜券在握的兵力优势；假如他有这样的优势，恺撒也会像开战第二年对付比利其人那样，不是立即展开决战，而是以拖字诀迫使高卢大军分兵。因此，维钦托利起初并没有全面征兵，加强兵力，而是只带了大约 2 万到 3 万步兵，将希望主要寄托于规模可观且善战的高卢骑士。哪怕他一直谋划的奇袭时机到来了，维钦托利也没有投入步兵，不愿使其暴露于远胜于斯的罗马军的攻击之下。整体思路是不错的，但是秩序井然的罗马军明白如何保护行军纵队中的辎重队，同时让步兵积极配合和支持骑兵作战，从而让维钦托利的计划归于无效。现在，维钦托利别无他法，只能将城内守军和城外援军联合起来，做最后一搏。这一战法的好处在于，高卢方可以投入更大的兵力参战，而恺撒再也不能辗转腾挪，只能将攻击地点的选择权交给高卢人，其陷入内外夹攻的境地。但是作为回报，恺撒构筑了固若金汤的工事，最终将高卢人勇猛的冲击成功瓦解。

6 罗马针对蛮族的战法

恺撒的高卢战略基于一个事实：他明白如何避免与兵力完整的高卢军对战，也总是知道如何以罗马之长攻高卢之短。高卢一方的强项在于，数量庞大、或多或少具有军事素养的兵源。假如恺撒将军团分散开来，同时与高卢各部作战，然后分别守御、控扼要塞和大城，那么罗马人肯定会走向失败。战争进入第四年，由于收成欠佳，恺撒出于补给考虑，便将部队分驻多个冬季营地。在此期间，一个半军团遭到厄波隆尼部（Eburones）①突袭，因为军团领导意见不合，指挥无能，结果全军覆没。加上辅助部队和骑兵，这一个半军团的战斗员大概有9 000人之多。

与维钦托利交战期间，恺撒发现高卢人有意避免野战，再次尝试分兵破敌，结果再次失败。恺撒本人率领的主力不足以攻下日尔戈维亚城，发起的一次失败突袭也造成了惨重损失。罗马集结全军围攻阿莱西亚，方才成功。

---

① 生活于今荷兰南部、比利时东部和德国的莱茵兰地区。

第七篇 恺撒

但是,在攻陷阿莱西亚城之后的后一年里,将仍然在抵抗的部落各个击破就不难了。但是,恺撒最杰出的战略,大概要属开战第二年对比利其各部的征服。假如没有内尔维部的那一次突袭,面对强盛的罗马军,好战的比利其各部定会不经一战便全部降服。原因并非恺撒避战,而在于接受会战之前,他已经通过分化敌军,为罗马一方创造了有利态势,在战场上享有极大的人数优势,以至于比利其各部不敢将局势升级为会战。

当现代民族与蛮族发生冲突时,其武器技术水平的差异从一开始就决定了结果。在古典时期,交战双方的关系不像这样简单。

我们会思考:罗马军事制度究竟比蛮族优越在哪里?面对文明民族,蛮族的优势在于无拘无束的动物本能和原始的粗犷。文明让人民变得高雅而敏感,不适合当兵,体力不足,也欠缺血气之勇。这些天然的缺陷必须以人为的手段加以抵消。沙恩霍斯特或许是第一位提出如下观点的人:常备军的主要功用在于,通过纪律规训让文明的民族能够抵抗不文明的民族。如果让一群普通的罗马公民或农民与同等数量的蛮族人对战,前者无疑会落败,而且实际上很可能会不战而逃。只有结成紧密阵形的战术实体——大队——才能势均力敌。

我们不能从恺撒的记载中直接地、确定地了解到高卢人当时的发展阶段。[1]高卢人早已不是纯粹的好战蛮族。他们有城市,有工商业,也有对外贸易。国教德鲁伊祭司已经形成了某种阶层。恺撒说(6.13),普通人的待遇形同奴隶:通过放贷、收税、欺凌的手段,有权势的人让平民自贬为农奴。有权势的人是战士阶层,即骑士及其附庸。独立于大众的特殊战士阶层是不可能组成庞大军队的。但是，人数的不足有人的品质来补偿。恺撒描绘了各个部族的区别。他将赫尔维蒂人、内尔维人、俾洛瓦契人（Bellovaci）列为特别勇敢的部族。当然，这种区别确实存在，但阿尔维尼人、比图里吉人、卡尔努特人（Carnutes）也没有完全失去尚武的品质。毫无疑问，最终走上战场的、迎击罗马人的队伍必须被视为单挑无人能近的勇士，其勇猛精神部分基于特殊战士阶层所具有的荣誉感，但也有一部分是蛮族残存的好战本能。

罗马军队也并非完全由最文弱优雅的成员组成。恺撒的军团主要征募自山内高卢和纳尔波行省（Narbonnese Province），大多肯定是罗马化的凯尔特人。如果说罗马军队之前是由罗马公民组成的，如今的情况已经完全逆转。参军成了一种获得罗马公民权的途径，而罗马军队也失去了与其根基的联系，即源源不断的天然兵源。

但是，除了附属于罗马军队的纯蛮族单位——主要是令人畏惧的日耳曼骑兵，这是罗马军队与高卢军队唯一接近的地方。与罗马军团相比，高卢人仍然是纯粹的蛮族；以单兵而论，罗马军团并不比高卢勇士优越。我们没有理由认为，在相似的条件下，一个600人的罗马大队能够打败同等数目的高卢人。我们已经看到恺撒是如何避免与数量占优势的敌军交战的，相反，他总要确保自己占有人数优势。因此，只要蛮族军队占据人数优势，罗马人精妙的大队和梯队战术就并不足以抵消敌军之悍勇。对于接下来的时期来说，这一点具有根本的重要性；而且，在世界史中与此完全不同的多个时期，我们仍然有机会回到这一点。

最重要的一点是：罗马战争艺术优越性的基础在于整体军队组织，一套能够将许多人集中于一点的，使其有序行动、获得补

第七篇 恺 撒

给、合为一体的制度。高卢人恰恰连一件事都做不到。罗马人并不比高卢人勇敢，高卢人也不是被勇气而是被罗马的人力所征服——而且高卢的人口并不比罗马的人口少太多，然而他们却没有行动的能力，缺乏生气。蛮族精神是被罗马文明征服的，因为唯有高等文明才能赋予庞大的群体以行动的能力。蛮族做不到这一点。罗马军队不只是群体，更是有组织的群体；而它之所以能形成群体，正因为它是有组织的复合有机体。罗马军队不仅是由士兵和武器、骑兵和步兵构成的，还有副将、军事保民官、百夫长、军团、大队、支队、百人队；不仅有自下而上的纪律，还有自上而下的领导；不仅有先锋、殿后、巡逻、战报、布营，更有财务官和手下的文书、会计，有技艺娴熟、工具齐备，架桥垒墙、筑堡造船、制造攻城锤和各种投射机械的工程师，有军需官和辎重队，有供应商和代理人，有军医和野战医院，有军需和军械仓库，有轻便锻炉，最后还有全军的首脑：统帅。统帅必须将内在的、原始的力量与灵活的、精微的头脑融为一体，后者在最高等的文化中才能形成。于是，他能够用思想把握全局，从唯一的顶点，以唯一的意志统领全军。

这些因素全都被一种观念所掩盖和模糊：被恺撒打败的高卢大军总比罗马军队要多好几倍。我要在此处重复之前提过的一点，恺撒用这样的笔调来描写自己的胜利无可厚非，因为在大众的心目中，英雄事迹和战略天才基本都是以少胜多。穿透这层外壳，抵达史实的内核是科学知识的任务。研究的成果绝非贬低自述其史的罗马（或其他民族）统帅，而是真正认识统帅伟大之处的唯一方式。我们只要仍然认为恺撒用7万人打败了30万人，或许就能在公众心中唤起勇猛无匹、将道无双的笼统概念，但并没有使他们对战局形成理性的认识。直到我们告诉自己，一名高卢人完全能够对抗一名罗马人，甚至1万名高卢人也能对抗1万名罗马人，方能认识到恺撒面临的战略任务是如何重大。现在，我们不仅能看到恺撒打败了阿里奥维斯塔和维钦托利，更能看到罗马征服了日耳曼人和高卢人，文明征服了野蛮。

为了达到这种认识，首先就要有限度地对待恺撒本人的作者权威。许多学者可能不愿意接受对恺撒的这种批判，不愿意批判的程度甚于对希罗多德。他们心怀疑虑，会从原则上反对得出此类结果的批判性分析。因此，恺撒本人至少在一个段落中透露了真实的人数关系，向批判性分析伸出了援手，这不能不说是一种幸运。关于恺撒在高卢蒙受的最惨重失败，即一个半军团被厄波隆尼部消灭，他补充道，双方的勇气和人数不相上下，但罗马一方统领失当，又遭厄运，遂遭劫难（5.34）。长期以来，学界都认为这句话与恺撒对其他所有战斗的描述不相协调。海勒（Heller）在古典学期刊《语文学》(*Philologus*，1872年总第31期，第512页）发文称这句话"毫无意义"。他惊叹道："怎么会？怎么会？罗马人怎么会与高卢人的人数相当？厄波隆尼人并未投入远多于对方的兵力，怎么会攻击最坚固的营寨？经历了5年苦战的惨痛经历，他们怎么还有胆量攻击规模相当的罗马军队？没有军人会相信，只有学童才会被蒙蔽。"

"两军在勇气和战士的人数上相当；然而，我方被自己的统帅和命运抛弃了"（errant et virtute et numero pugnando pares nostril; tametsi abduce et a fortuna deserebantur）。海勒论证的基础是，手稿中将"pugnando"写作"pugnandi"（战斗的），于是认为"virtute et numero pugnando"（勇气和战士的人数）应为"virtute et studio pugnandi"（勇气和战斗的热情）之误。在最新版的《高卢战记》中，编者穆塞尔（Meusel）也想不到更好的解决办法，便把"errant et virtute et numero pugnandi"一句删掉了事。现在，我们发现这句话所言非虚，也就是说，加上骑兵、本土守备队和部分援军，厄波隆尼部总共能够集结起大约 9 000 人，因此兵力与罗马军相当。在此处，我们不必完全抛弃恺撒给出的兵力估计，而是可以从相互冲突的多个估计里择其善者。我们同意海勒的论证，但要把他的观点倒过来：因为恺撒在此处写道，只要罗马一方指挥失当，高卢人就能够打败同等数量的罗马人，所以在其他战斗中，罗马人不可能总是打败人数是己方两到四倍的敌人。恺撒之所以这样解说，是因为他的写作对象是自己的同胞。罗马人习惯了苏拉式的捷报。苏拉宣称，在喀罗尼亚会战中，他指挥 1.65 万人打败了 12 万敌军，损失只有 12 人。据说，卢库勒斯在泰格拉诺塞塔会战以 1.4 万人[2]打败了包括 5.5 万名骑兵的 25 万敌军，阵亡 5 人，负伤 100 人。当然，与色诺芬（或者篡改他的著作的人）1.3 万希腊人打败 90 万波斯人的记载相比，这些数字还是相当克制的。但是这仍然表明，与之前的希腊人一样，至少当涉及蛮族军队时，罗马人就会处于一种"数字催眠"状态，连最聪慧的人也难以明辨。如果说恺撒多少也受到了这种观念的影响，或者是有意识地对其让步，那么在他对于高卢和日耳曼兵力的所有估计里面，唯有关于厄波隆尼部的数字是可以接受的；而且只有在罗马与蛮族的单兵军事素质大致相当的基础上，我们才能衡量双方军事成就的关系。

这一点发现实在太重要，以至于我要从反方向重述一遍。

文献传达的观念是：凡是蛮族，必为大军。而我们发现情况恰恰相反，蛮族没有能力集结起庞大的军队。哪怕如高卢这样无疑拥有充足合格兵员的蛮族，同样也不可能集结大军，高卢人既不能运动，又不能作战。调动大军的能力是文明的产物。人群并非死气沉沉的材料，可以由蛮力任意整合。结成群体需要算计和组织。乍看起来，大军获胜意味着通过纯粹的自然力量取胜，在某些条件下可能确实如此，但是它的本质恰恰相反，其意味着当人群数量庞大的时候，需要通过组织和领导的思维力量取胜。

7　内战记：意大利与西班牙

我们已经通过恺撒征战高卢的历程明白，战略包括避敌锋芒，以己之长，攻彼之短。在内战中，恺撒同样如此。但是由于军事条件的变化，相同的原则要求的行动却不同。恺撒的对手也是罗马人，同样明白这些道理：布置坚固的军营、补给有序不断、抢占有利地形和机动。一方是原有的全国政权，一方是宣布独立的将军，前者的物质优势实在太大了，以至于罗马的当权者直到最后一刻都没有真正交战的意识。恺撒原有 13 个军团，之前把两个交给了庞培，所以手头仍然有 11 个军团。[1] 庞培在西班牙有 7 个身经百战的精锐兵团；在意大利，除了恺撒交给他的两个军团，还有一个军团在训练。仅凭这些军队，庞培几乎已经与恺撒兵力相当，而他背后更有整个罗马帝国的人力和物力，可以任意组建新军团。恺撒只有一个优势（除了广泛而热烈的民望和他扯起的民主大旗），那就是敌军尚未会合。一旦敌军合兵一处，恺撒便毫无希望重演比利其故事，通过计谋将其分散。恺撒更不能寄希望于庞培无法在一点聚集起占优势的大军——如果留给庞培足够多时间的话。因此，恺撒唯一的取胜机会就是趁敌方现有兵力尚未会合，而新建军团尚不能抗衡老军团之前将其打垮。如果说在高卢，战略在于从空间上分离敌军，那么如今就在于从时间上隔绝敌军。

恺撒只率领一个军团进入北意大利时便展开和谈，好让庞培觉得还不着急备战。但是恺撒旋即调来了两个军团，凭借这支力量开战。他现有 3 个军团，加上辅助部队在内，总数约两万，足以在当时的意大利取得兵力优势。当然，庞培在意大利也有 3 个军团，但其中两个是恺撒旧部——庞培不敢冒险命其直接对战老长官——还有一个刚刚组建，尚未做好战斗准备。恺撒遂长驱直入，有征无战。庞培新组建的各个大队要么直接投降，要么被俘后加入恺撒。以庞培为首的贵族派元老逃往希腊。

多米提乌斯·阿赫诺巴尔布斯（Domitius Ahenobarbus）统率的贵族派军队在科孚岛①被恺撒围攻，庞培却见死不救。庞培长期以来因此受到谴责。斯托费上校（Colonel Stoffel）合情合理地指出，倘若庞培真去救援，只会重演 1870 年麦克马洪（MacMahon）的错误，即在兵力不足的情况下，救援困于梅斯的巴赞将军。这样一来，他只会给自己带来灭顶之灾。他对战略有足够的理解力，也明白贯彻战略的意义，能够认清当时的局面，于是只能任多米提乌斯·阿赫诺巴尔布斯只能自生自灭，保留核心兵力，为最终的决战做打算。

现在，恺撒转向西班牙。他本来可以直奔庞培而去，把高卢的军团经陆路调到伊利里亚。那样一来，他不会遇到激烈抵抗，便能

---

① 位于希腊西北部。

拿下备战工作刚刚起步的整个东方。但是，如此便会牺牲西方，使其落入西班牙的共和国军团中。毫无疑问，庞培本人会奔往西班牙，亲率当地大军，采取攻势。恺撒还没到安条克，庞培没准已经重返罗马了。恺撒遵循了一条基本原则：无论敌军在何方，最先也是最重要的任务都是寻找并消灭敌军。

恺撒在意大利新组建的部分兵团前往撒丁岛、西西里岛、阿非利加，其余守卫半岛本土。在9个来自高卢的百胜军团中，有3个围困投向共和国一方的马赛，其余6个被派往西班牙。

庞培在西班牙有7个军团，分别由3名副将指挥。阿弗拉尼乌斯（Afranius）和彼特雷乌斯（Petreius）两部于西班牙北部会合，抵挡来自北面的威胁。第三名副将是著名历史学家和语文学家瓦罗（Varro），他率领两个军团留守南部。吉夏尔（Guischard）怀疑，瓦罗或许是有意逃避决战。他后来与恺撒和解，并受其尊崇。无论如何，从军事角度看，我们都不可能找到瓦罗未与其他两名副将会合的原因。保护南西班牙的最好方式，便是在比利牛斯山区挡住恺撒的军队。

只有5个军团的阿弗拉尼乌斯和彼得雷乌斯从一开始就觉得实力不如攻方。尽管最初恺撒一方只有3个军团攻来，庞培一方的两名将军仍然准备采取纯粹的防御姿态。这5个军团之前在西班牙无事可做，或许并不满员。恺撒声称，庞培一方的西班牙军团有80个大队。与恺撒笔下的高卢军兵力一样，这个数字或许也要被认为是极大的夸张。我们可以肯定，恺撒麾下有日耳曼、高卢的强力骑兵和其他高卢辅助部队，其实力要比阿弗拉尼乌斯和彼得雷乌斯强不少。

因此庞培一方的战略不能立足于决战，而是将恺撒拖住，以争取时间，直到庞培本人在东方整备完成，驰援西班牙战场，或者进攻意大利，迫使恺撒退兵。

恺撒军在比利牛斯各隘口没有遇到多少抵抗。庞培军很可能甚至来不及占领隘口；但是即便他们有充足的时间，温泉关之战的故事也已经告诉我们，堵口是多么危险且无望的做法。罗马人同样熟悉这条原理。普鲁塔克在《希腊罗马名人传》第23章《马略》中写道，辛布里人刚出布伦纳关（Brenner Pass），罗马将军卡图鲁斯（Catulus）便放弃了占领关隘的想法，因为如果这样做就必须分散兵力，而他宁愿在平原等待敌军到来。

比利牛斯隘口以南约90英里（约150千米）、埃布罗河以北22英里到27英里（约35千米到43千米）、波涛汹涌的西克里斯河（Sicoris，今塞格雷河）右岸的山脊矗立着伊莱尔达城（Ilerda），河上有一座石桥。城南不远处有另一道临河山脊，很适合构建罗马式军营，阿弗拉尼乌斯和彼得雷乌斯便驻兵于此。首先，这是一处强攻不可能拿下的天险。其次，恺撒也不能绕过它，因为那样一来，通往马赛和意大利的道路便向敌人打开了。最后，围困的难度也很大，因为西克里斯河很不安定，时有河水暴涨冲垮桥梁之事。那么，围城部队便被分为两部分，而城内守军有坚固的石桥，但有需要便可通行两岸。城内囤积了大量物资，以备长期坚守。

守军或许还可以在埃布罗河北岸找到一处身后有坚固桥梁的类似地形，在那儿既可以随时发起进攻，也可以控制对岸，如恺撒在恩河发生的故事。但是阿弗拉尼乌斯和彼得雷乌斯大概觉得没有必要退那么远。身居伊莱尔达，他们仍然覆盖了西班牙行省的广大区域。如果最后被迫进一步后撤,我们也不妨假设,他们有能力在西克里斯河的某一侧打开一条通道。埃布罗河南岸掌握在他们手里,而且随时可以架起一座浮桥。敌军的反应不可能那么快,因此他们可以在埃布罗河畔迅速找到一块有掩护,能确保其自由行动的新阵地。

由于阿弗拉尼乌斯和彼得雷乌斯是在庞培特使维布里乌斯·鲁弗斯(Vibullius Rufus)来过之后占据伊莱尔达城的,战役方案和驻扎地点很有可能是庞培本人——他对西班牙当然是了如指掌的——制订的。

伊莱尔达城满足了庞培军对地形的一切要求。法比乌斯统领的3个先锋军团抵达4周后,恺撒全军到来,又白等了6周时间(约为公元前49年5月17日至6月24日),一无所获。[2]

法比乌斯的营地位于伊莱尔达以北约2.5英里(约4千米),同在西克里斯河右岸。他在河上架起了两座桥,相隔约6千米。有一次,河水冲垮了下游的桥,当时正好有两个军团在河对岸征集粮草。阿弗拉尼乌斯和彼得雷乌斯立即率领3个军团渡河,正要压倒这两个军团,法比乌斯及时率领两个军团,从另一座未被冲垮的桥赶来解围。

还有一次,当时恺撒已经接管全军,结果两座桥同时被河水冲垮。庞培军已经占领了左岸,再加上高水位,恺撒无法重修浮桥。他正在盼着从高卢来的一批补给,恺撒的辎重队现在无法渡河,道路不行,被庞培军赶回了山里。军营周边的物资被搜刮殆尽,再也找不到一粒粮食。西边的多处渡口也被洪水摧毁,恺撒的情形好似困于孤岛。他的部队缺衣少食,庞培军却能享用早已囤积于伊莱尔达城内的充足补给。

然而，由于庞培的两名副将不敢出营太远进山去追击并消灭恺撒的辎重队，补给最后还是送达了。恺撒在河流上游超过18英里（约29千米）处远离所有敌军前哨的地方架起一座新桥，从而重新与老巢高卢建立了联系。

这条补给线太长了，不足以支持恺撒同时在两岸围困庞培军营。刚刚抵达时，恺撒曾发起过一次失败的大胆行动，通过石桥插进伊莱尔达城和敌方军营之间。现在，庞培军似乎依然没有受到直接威胁，但仍然决定开拔。新桥固然距离远，却足以让恺撒的优势骑兵前往西克里斯河左岸，阻止庞培军征集给养。多个西班牙部落已经投向恺撒一方，包括埃布罗河下游两岸的亚克塔尼人（Iacetani）和伊路加弗南西人（Illurgavonensi）。等到洪水最终退去，伊莱尔达上方不远处就会出现一条徒涉地带，恺撒大军可以直接来往于西克里斯河两岸，完成对庞培军阵地的包围。这是可以预见的。恺撒甚至下令挖了好几条宽阔的沟渠，试图人为地降低水位，让徒涉点尽快出现。

庞培军带着全部辎重静悄悄地启程，开始向埃布罗河撤退，之前在奥克托格萨（Octogesa）城附近修建的一座浮桥可以使其通过该河，这座城位于埃布罗河与西克里斯河的交汇处。除了三更出发（12点至凌晨3点），他们没有任何专门的防备。毫无疑问，行军纵队遭到了敌方骑兵的袭击和骚扰，前进速度很慢。但是，一旦穿过相对开阔的丘陵地带，抵达伊莱尔达以南约23英里（约37千米）崎岖多山的埃布罗河流域，骑兵便不会继续袭扰，没有什么能够阻碍庞培军渡过埃布罗河了。大约走了18英里（约29千米）路的时候,他们突然发现敌方军团正在强行军而来。

西克里斯河水有所下降,但伊莱尔达城外徒涉点依然水深及胸,因此步兵仍然难以通过。但是,恺撒告诉我们,应将士自己的要求他冒险下令渡河;骑兵等在下游,营救脚下不稳被冲下来的步兵,全程没有损失一人。抵达对岸后,军团继续行军,没有辎重,也没有休整,终于在傍晚赶上了敌军。如果阿弗拉尼乌斯和彼得雷乌斯不想在断后行动中损失大量人马的话,他们就别无选择,只能全军停止前进,就地扎营。当然,他们在白天已经走了很长的距离。

当时的局势仍然不至于绝望。首先,毕竟只要再走 4.5 英里(约 7 千米),便能进入山区避险,然后再走 4.5 英里(约 7 千米)就是埃布罗河与桥梁。其次,庞培军放弃了夜间行军的想法,害怕途中遭到袭击。最后,哪怕在敌人眼皮底下,他们也并非不可能走完剩下的短短路程。

由于非凡的斗志,恺撒军成功迂回了庞培军,越过几乎无法通行的地形,将再次被骑兵袭击拖住的敌军驱赶到峡谷,占据了制高点,从而截断了庞培军通往埃布罗河的道路。

恺撒本人雷厉风行,再加上将士用命,能力卓越,他们完成了看似不可能完成的壮举。庞培军的意图是从一处天险撤到另一处天险,结果被堵在了短短的路途中,眼前就是目的地,却不能抵达。如今必须果断决策,要么迎战,要么投降。面对固若金汤的防守,持续的、坚定的攻势展现出了优越性。无疑,庞培军实力弱于敌方,但并没有弱太多。他们拖住了敌军几个月,却付出了最终覆没的代价,具体经过尚有许多疑点。毫无疑问,在此最后关头,阿弗

战争艺术史：古典时代的战争

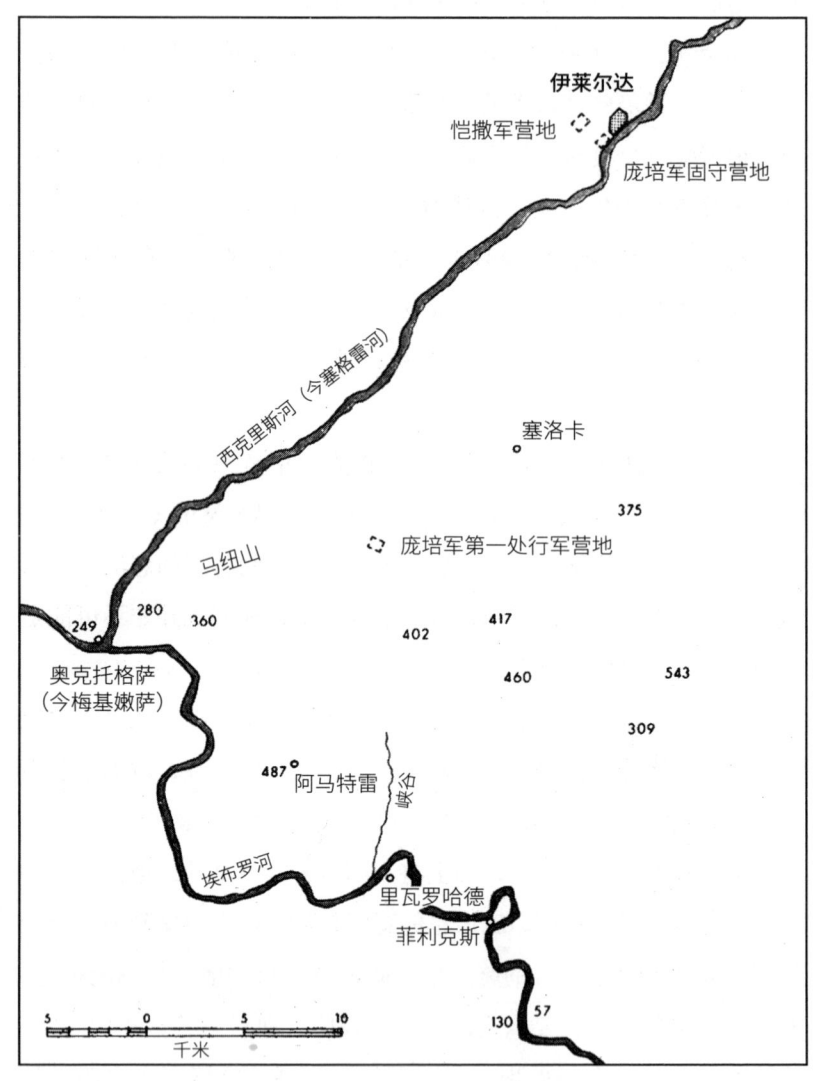

图5　伊莱尔达围城战

拉尼乌斯和彼得雷乌斯的意见分歧也可能促成了恺撒的成功。局势凶险如此，一切都取决于果断定策，而庞培军的两名将军却需要协商才能一致，由此产生了极大的负面影响。特别有意思的一点是，庞培军被恺撒赶上之后，整整一天按兵不动，只是派出斥候巡逻。假如他们果真相信能够在敌人眼皮底下溜走，那么，他们为什么不试一试直接向奥克托格萨道路前进呢？这实在难以理解。无疑，他们并不指望恺撒会放他们走。[3] 恺撒之前确实没有携带军械给养，但辎重队肯定已经带着必需物资在路上了。正是这一天的耽搁，让庞培军走上了绝路。除了庞培军统帅的意见分歧和犹豫不决，我们找不到别的原因。但是，这一点并未减损恺撒及其部下的成就。毕竟，庞培军之所以会犯错，本身就是因为不断施加压力的敌军士气更加高昂。情势如此，一名将军若能不犯任何错误，他就必定是一位伟大的统帅。

当敌军向伊莱尔达折返时，恺撒感到大获全胜已是板上钉钉，无须一战。将士觉得胜券在握，请求出战，但恺撒只是布阵于开阔地带，让敌军决定要不要进攻。连决心奋战到底的猛将彼得雷乌斯也不得不认清现实：会战必定是毫无意义的屠杀。终于，他万般无奈地决定投降。

恺撒没有打一场会战，只是通过调动和几场规模不大的遭遇战就取得了完全的胜利，彻底消灭了敌军，这无疑是世界史上独一无二的篇章。特拉西梅诺湖会战和坎尼会战中的罗马军队、1806年的普鲁士军队、1870—1871年的3支法国军队都是全军覆没，但都经过了激烈的苦战。尽管如此，我们也不应该将恺撒的战略和伯利克里的战略混为一谈。一方面，后者完全明白雅典陆军处于劣势，于是从一开始就定下原则,不打大规模陆战;另一方面,敌军也不打决定性的海战,于是伯利克里试图通过消耗的手段结束战争。恺撒呢?他最想要的就是庞培的两名副将来打一场战术决战,好在将其解决之后,尽快去对付庞培本人。正是由于两名副将回避战术决战,仗才打成了机动战。直到决战已无必要的最后时刻,恺撒才放弃决战。但是有一点应当注意,恺撒放弃的只是会战,而不是会战的目标,即消灭敌军。

假如一名统帅能够准确地估计敌方的力量——包括物质力量和精神力量——那么,会战几乎就不会发生了。若从一开始就确定自己会被打败(除非是列奥尼达那样的情况),他就会努力回避会战。伊莱尔达战役是罕见的不经一战、胜负即分的例子,因为双方都准确地分析了当地形势,以至于庙算结果无须实战验证。

两名副将明白己方的人数劣势,于是回避决战,选择了一处易守难攻的驻守地点。在意识到敌军阵地不能强攻之后,恺撒便准备包围敌军营地。两名副将从围城中溜了出来,于合围之势将成之际开拔。接着,由于双方再一次认清了形势,一方认为无须再战,另一方认为绝无胜算,于是战役便以较弱的一方不流血地被消灭而告终。

8 希腊战役

由于在西班牙取得的胜利，恺撒在陆地占据了上风。除了开战时的 11 个军团，他陆续又组建了 17 个军团，这些军团主要由战败投诚的庞培军士兵组成。[1]库里奥（Curio）统率的两个新建军团在阿非利加失利；C. 安东尼乌斯（C. Antonius）的一个半军团在亚得里亚海的伊利里亚沿岸地区落败。恺撒集结了 12 个军团和 1 万名骑兵于布林迪西姆（Brundisium）①附近，相当于剩余兵力的一半左右，意图渡海前往伊庇鲁斯，将战火烧到庞培的地盘上；其余部队分别驻于意大利半岛、西西里岛、高卢和西班牙。

庞培最初乘船前往伊庇鲁斯迎敌时只有 9 个军团，后来西庇阿率领两个兵团从叙利亚赶来助阵。无论是人数还是人员素质，这支部队都不是恺撒的对手。其中有两个军团是恺撒旧部，不能完全靠得住；其余要么是新组建的军团，要么以老兵为骨干，以希腊、亚洲招募的新兵为主体。自西班牙的陆军主力丧尽后，若非庞培占有

---

① 位于意大利的东南角，也就是鞋后跟处。

绝对的海上优势——如同恺撒占有绝对的陆上优势——他便只能放弃一切成功的希望。除了原有的罗马舰船，东方附属国的舰队也赶来助战。当然，恺撒已经下令建造船只，但他没有一支核心舰队。原有领地内最重要的海港马赛曾投向敌方，经历了一场艰难的围城战后才被夺回。亚得里亚海舰队被庞培的海军击败并摧毁。凭借上述状况和事件，庞培取得了极其巨大的优势，令恺撒望尘莫及。恺撒来到布林迪西姆的时候，他掌握的舰船甚至不足以把他意图发动攻势的部队全部运到海对面。

如今，从战略角度看，一支陆军渡海却没有至少暂时掌握制海权的行为被认为是不可能的。尽管连运输船的数量都不够，恺撒还是毅然决定渡海。假如他要等到集结起足以运载全军的舰船才出发，大军调动就仍然是一件麻烦事；更重要的是，如今静静地停泊于各个港口的敌方舰队在这段时间里会有警觉。庞培当时尚未率军抵达伊庇鲁斯，囤积大量物资的海岸城市没有陆军保护。兵贵神速。通过削减辎重，恺撒将大约一半兵力运上了船，包括7个军团和一定数量的骑兵。渡海一举成功，因为当时正是隆冬，敌军完全没有防备。[2] 有论者言，风向改变也对恺撒的行动非常有利。此地平常刮南风，但每年的这个时节经常会起北风，接下来往往会数日无风。舰队乘着北风，用12个到15个小时抵达某处既能避风又适合尽快登陆的滩头。[3]

恺撒直到现在才遇到了真正的困难。诚然，他迅速夺取了伊庇鲁斯的几座海岸城市，尤其是奥里库姆（Oricum）和阿波罗尼亚（Apollonia），但就在恺撒军抵达前夕，庞培抢先率军进驻首府底拉西乌姆（Dyrrhachium）并守住了这座城市。同时，庞培的海军赶

第七篇 恺撒

上并烧毁了返航途中的部分恺撒军运输船,而且提高了警惕,恺撒剩下的一半陆军不能再走海路了。恺撒和手头的一半陆军与基地的联系被切断,在伊庇鲁斯动弹不得。尽管如此,他并没有因此受到直接的威胁。虽然庞培的步兵比恺撒多两个军团,骑兵更是强得多,但素质较差,显然不敢正面进攻恺撒麾下的老兵,也不敢围攻恺撒的坚固营垒。

于是,两名统帅就这样对峙,没有进行战斗。庞培在等待西庇阿的军团以确保优势,也在等待便于舰队发挥的夏天。恺撒则寄希望于手下将领把另一半军队从布林迪西姆运过来。

有人可能会问,恺撒为什么不让必要的援军走陆路,经伊利里亚赶来呢?这又引出了一个问题:他为什么没有一开始就带领来自西班牙、高卢的军团走这条路呢?既无须危险的渡海行动,路程实际上还要短一些。答案很可能是,隆冬时节穿过崎岖多山、富有敌意的伊利里亚乡间会为大军带来不可逾越的补给困难,最起码必须进行大规模的预备工作。而穿过意大利抵达布林迪西姆的路程却是安全的,也无须迁延时日。如前所述,即便跨海进军是大胆的行动,但绝非不可理喻的。但是恺撒竟然命令后方部队继续准备渡海,而且竟然取得了成功,这确实是令人瞠目结舌。我们一定要明白,古典时期的战舰有众多划桨手,划桨手排得很密,不能长期持续停留在海上。

因此,封锁布林迪西姆这样的行动就不可能被执行。诚然,庞培一方的海军司令利博(Libo)做过尝试,而且为此占领了港口前方的一座小岛。但是岛上淡水不足,而布林迪西姆的司令官马克·安东尼(Mark Antony)命令骑兵在大片海域巡逻以阻止敌军船员上陆取水。因此,庞培一方只得放弃封锁,从伊庇鲁斯海港密切注视海上动向,一旦情况有变,再去攻击逼近的恺撒运输船队。然而,如果刮起风向有利于恺撒一方的强风,划桨的战舰可赶不上扬帆的运输船。航行仍然风险很大,因为完全要看风向是否作美。整整两个月就这样过去,安东尼和诸将在多次接到恺撒本人的命令之后,决定冒险出海。他们的运气真是不错,不仅整个舰队顺利到岸,没有损失一艘船,试图拦截的敌舰还因为风向突变而触礁。

鉴于海运的不确定性,恺撒似乎也开始调动军队通过伊利里亚前来增援。但是,这支援军被敌对的山地部落绊住,没有赶上决战。[4]

安东尼带来了4个军团,还有骑兵,从而无可置疑地占据了兵力优势。但是恺撒要拿这支部队做什么呢?他以强行军从庞培和底拉西乌姆之间穿了过去,却并无多大收益。庞培守在滩头,手中的船只维持着部队与主要补给点——物资充足的底拉西乌姆——和世界各地不间断的联系。通过海路,庞培可以轻松供给军需,恺撒却只能依靠千辛万苦经陆路送来的给养,而且给养来源地的物资本来就被消耗了不少。尽管兵力占优,恺撒还是不适合发动决战。

他决定分兵,将总算盼来的援军大部(3个半军团)派往伊庇鲁斯腹地。两个军团去找西庇阿,将其困住;若有可能,将其击败。一个半军团转进希腊,尽可能争取或征服城市与乡村。恺撒亲率主力围困庞培的陆军。就当时来看,地形是有利于围困行动的。当地原本就有山坡,只要挖得更陡峭一些,再零星布置前哨即可。但是工程量依然相当大,而预期收益却很小。按照恺撒本人的说法,他在围困过程中有3个目标:面对庞培的优势骑兵,保护己方补给线；断绝庞培战马觅食的可能性，以此打击和削弱敌方骑兵；散播庞培遭到围困不敢出战的消息，打击敌方士气。恺撒没有说自己相信围困能让庞培投降，甚至迫使他求和，完全无须考虑这两种可能性。庞培随时可以让部队上船，前往任何地方，没有人能够阻止他。

问题在于庞培为什么不听从多位朋友的建议，直接前往意大利。他有很充足的理由不这样做。如此一来，恺撒也可以率军经伊利里亚返回意大利，或迟或早，他至少能带着一部分部队回来。到了那时，即便庞培已经掌握了意大利，决战仍然会立即爆发，庞培毫无胜算，因为他只有 9 个军团，而恺撒有 11 个军团，以及意大利、高卢、西班牙和沿海诸岛的兵力。

对庞培来说，上策不是立即返回意大利和罗马，而是首先在努米底亚国王朱巴（Juba）的协助下收复西西里岛、撒丁岛和西班牙，然后从这些行省获得援军，实力大增之后再与恺撒决战。凭借舰队的帮助，上述行动可以同时或相继进行。恺撒在西班牙的 4 个军团主要由庞培旧部组成，或许可以将其争取回来。我们不知道庞培作何打算，没有可靠材料来了解庞培总部的细致内情。[5] 由于各方面报告都说庞培希望回避会战，而我们也没有理由假定他会采取纯粹的消极战略，因此可以合理地认为，庞培的谋划正如本段所述。

但是，恺撒的行动很可能让庞培觉得，在此处决战胜利的机会还要更大。实施围困的恺撒军规模比庞培要小。在船只的帮助下，后者随时可以从后方攻击围城方。庞培是一位经验丰富的指挥官，他认识到恺撒勇敢的冒险行为为自己带来了怎样的优势，于是决定放弃其他远期计划，尽可能利用眼下局势，将陆军和海军结合在一起，这是值得赞誉的。纵然恺撒的老兵善战，最后也挡不住庞培海陆联合的攻势。恺撒遭到庞培军营、海滩、后方的三面夹击，遭遇惨败，延伸至海滩的南侧防线被突破。

这个结果似乎再自然不过了，以至于我们会觉得，恺撒试图从陆上围困一支规模更大的、未尝一败且掌握制海权的敌军是严重的错误。在最有利的条件下，胜不会取得多大战果，败则必损失惨重。但是在交战期间，庙算与运气都会起作用，而恺撒将成败交给了天命。这不是他傲慢，而是因为他别无选择。此外，他还希望通过里应外合掌控底拉西乌姆。如果他没有实施围困，而是随全军进入内地，成果也不会比别军更多。海港不会向他投降，他也不会打败西庇阿，西庇阿肯定会与敌军主力保持安全的距离。与此同时，庞培却能渡海远征，他能够取得的成功远胜于恺撒进军所取得的成功。海上优势之前让敌军得以回避决战，之后更能被证明具有长远的价值。

诚然，围困庞培军不仅没有任何成果，而且吃了一场败仗。但是正因为受到这次打击，才有了恺撒盼望的反击机会。

取胜后的庞培军踌躇满志，肯定是愿意在此地决战的。然而，恺撒明智地估计部队需要一段时间来恢复受挫的士气，遂避战。通过一次精明的计谋，他甩开了敌军，向色萨利前进，与之前派出的部队会合。之前的部队已经赢取了大片内地；最大的一支别军由多米提乌斯率领，跟在西庇阿后面绕圈子，却徒劳无功，因为西庇阿一直避战。[6]

对庞培来说，如今最稳妥的策略仍然是不直接发动决战，而是

第七篇 恺 撒

凭借底拉西乌姆大捷的威势,首先收复西部各行省,然后再以双倍的兵力攻击恺撒。但是,即便庞培确实有这样的想法——实际上,恺撒就说庞培依然倾向于回避决战——他对本派人士的掌控力却不足以迫使其接受这样的长线战略。恺撒写道,他考虑过敌军的3种策略:回师意大利;围攻恺撒囤积物资、驻兵防守的伊庇鲁斯诸港口;直接追击恺撒。在这3种可能性当中,第二种无疑是上策。恺撒写道,他当时本来想要围住西庇阿,逼庞培赶来救援。但是西庇阿有可能退到一处海港,可能是塞萨洛尼卡(Thessalonica)或拜占庭(Byzantium)①,没有舰队的恺撒只能望洋兴叹,而庞培却可以从陆海两个方向攻击恺撒一方的要塞。因此,两边的力量绝非不相上下。但是庞培一方现在过于自信,不屑于采用这种迂回渐进的取胜之道。庞培试图切断多米提乌斯部与外界的联系,后者当时正在马其顿跟西庇阿绕圈子。此计功亏一篑,多米提乌斯率领两个军团成功脱出,与恺撒会合。这时,庞培军又尾随进入色萨利平原,发动会战。两军统帅在这一战区各有11个军团的总兵力。恺撒有8个大队留守之前占领的伊庇鲁斯诸港,庞培则有15个大队留守底拉西乌姆。但是,恺撒先前派往希腊的一个半军团还没有回归,所以庞培军不仅刚刚取得大捷,士气正盛,而且有相当的人数优势。

  按照恺撒自己的说法,他只有2.2万名步兵和1 000名骑兵,而庞培有4.5万名步兵和7 000名骑兵。现在我要马上补充一点:恺撒声称,他只损失了200人,而战败的庞培军只剩下1.5万人。

---

① 塞萨洛尼卡位于希腊北部滨海。拜占庭就是今天的伊斯坦布尔,历史上也叫君士坦丁堡。

只有一个人总是愿意不加质疑地复述文献里的数字,他才会觉得这些数字可信。但令人惊讶的是,即便是今天,这些数字仍然有人坚决维护。上述数目本身不仅毫无可能,更与恺撒自己的说法相悖:他写道,直到最后一分钟,庞培都不希望发动会战,只是因为盲目的自信,以及身边人的不断施压,他最后才交战。如果庞培有两倍于敌方的步兵,7倍于敌方的骑兵,却仍然不想决战,那他算是个什么人呢?我们都知道恺撒的陆军总兵力远比他多,他怎么还能指望再次遇到如此有利的交战条件呢?从庞培的行动路线判断,我们不妨假设,他有一定的人数优势,但尚不足以让他有自信在底拉西乌姆一带正面交战,对抗恺撒麾下占有素质优势的老兵。庞培在底拉西乌姆附近攻击敌营得手,己方士气大盛,他又轻易相信了敌方士气低落,于是第一次决定冒险发动决战。但是直到最后时刻,他仍然想从地形上讨一点便宜,因此推迟了会战时间。如果结合其他流传下来的材料 [来源可能是恺撒手下的将领阿西尼乌斯·波里奥(Asinius Pollio),他也写过一部内战记],同时承认这份材料未必十分精确,那么我们就可以估计出当时的兵力:庞培可能有4万名军团步兵和3 000名骑兵,而恺撒有3万多名步兵和2 000名骑兵。双方都有轻步兵,庞培一方很可能要强一些。

我们完全不能采信庞培直到此时仍然对会战有所保留的说法。一旦他跟随恺撒深入腹地,犹豫迟疑便不再有任何好处。恺撒可以在黑海到地峡之间的丰饶乡间畅通无阻,沿途能够得到补给,庞培对此无能为力。庞培军固然有接近海港和从远方海运补给的优势,却不足以抵消一项劣势,即长期拖延会消磨掉此前胜利提振的士气。此外,希腊的一个半军团和经伊利里亚赶来的两个意大利军团

第七篇 恺 撒

也可能会与恺撒会合。[7]如果庞培确实有过犹豫的话,那也肯定是停留底拉西乌姆尚未决定尾随恺撒的时候,最迟是在攻击多米提乌斯部失败的时候;等到与恺撒在色萨利正面相对的时候,他肯定不会再犹豫了。两军再次到了目视范围之内,会战之所以没有立即打响,只是因为双方都以为敌军终于做好了决战的准备,于是努力寻找有利地形,希望将敌军引来交战。[8]

终于,庞培率军出营,进入平原,不再占有任何地利。恺撒本来便整装待发,于是决定不再等待增援而是接受挑战,出兵迎战。

我们将努力描绘出一幅大决战之日的情景,与目前的人们普遍接受的说法有一点重要的差别,因为我相信人们通常采纳的恺撒自述需要根据其他材料进行相当深入的修正,就像他对兵力数量的描述一样。

9　法萨卢斯会战

庞培将右翼布置在深谷中,谷内有一条小溪流过。在此基础上,庞培决定变换阵形,而且与通常的计划有一个重要区别。他相信小溪足以保护右翼的侧面,于是几乎将拉比努斯指挥的全部骑兵和轻步兵转移到左翼。拉比努斯是庞培手下最优秀的将领,曾为恺撒部下,后来投靠贵族派。如果骑兵能在左翼占得上风,将对面的恺撒军驱离战场,庞培的军团接下来就会马上攻击敌军侧后。为了尽可能拖后步兵接战的时间,等待骑兵取胜,庞培的军团没有像通常那样发起冲锋,而是等待敌军进攻。庞培这样做大概还希望取得一项特殊的优势,因为恺撒的部队料想对方会主动出击并在战场中部与他们相遇,所以恺撒的部队会过早起步,等到短兵相接时早已气喘吁吁,队形不整。

恺撒没有专门讲自己是否也将全部或绝大部分骑兵布置到平原上的一翼,但料想是如此。因为他肯定已经从远处看到了敌军阵形,如果把骑兵布置在溪谷一侧,对面只有步兵,不会取得任何战果。

鉴于敌军的骑兵优势，恺撒还仿照马其顿人和日耳曼部落常用的混编战法，挑选年纪较轻的军团士兵和身手最敏捷的旗前兵（antesignani）作为轻装步兵配合骑兵作战。在会战几天之前的一场遭遇战中，恺撒军就凭借这种协同战术取得过胜利。但是，他的手段还不止如此。两军相向而行期间，恺撒把6个精锐大队（共3 000人）从第三梯队里调到右翼，与骑兵成一定角度，支援骑兵作战。另外，第三梯队的其余兵力没有跟随前两个梯队前进，而是留作总预备队。庞培的3个梯队纵深皆为10排，共为30排，最初与其交战的恺撒军方阵没有第三梯队，纵深只有对方的一半。但是，恺撒的军团经受过战火考验，他有理由相信即使是在这样的条件下，他们仍然能够长时间顶住敌军。庞培拖延步兵接战时间的布置直接帮了恺撒的忙。

庞培的骑兵和射手赶到了方阵的前面，当他们发起进攻时，日耳曼和高卢骑兵遵从命令，不战而退。但是当庞培军追上来的时候，侧翼的6个大队却对其发起攻击，恺撒一方的骑兵配合轻步兵翻身杀回，将敌军击退并展开追击。

尽管没有任何具体记载，我们依然不妨假定庞培、拉比努斯这样的将领明白面对恺撒骑兵的侧翼包抄，他们必须采取怎样的措施。两人从第三梯队中抽调部队，试图在侧翼组成一条斜线，以免被包围。但是形势发展得太快了。像恺撒那样提前将第三梯队留作预备队是一码事，而直到溃逃的己军和追击的敌军已经冲了回来，不得不勉力调整正面的时候才下令就是另一码事了。当时，两军方阵也只是刚刚接触，双方的第一梯队开始了短兵相接。

在这种情况下，庞培军的力量不足以发起反击，将侧翼包抄的恺撒军骑兵和步兵大队击退。尽管骑兵和射手败逃,庞培军的人数仍然与对手相当,甚至要超过对手。但是,恺撒的包抄和协同战法要更加有效。恺撒动用后方的第三梯队加强方阵,而庞培军在正面和侧面受到双重打击,又失去了己方骑兵和射手的支援,先是左翼逐渐不支,最后是全军溃败。

法萨卢斯①会战的布阵采用了传统的侧翼交战方案,却从梯队部署和先守后攻两方面对传统战法进行了极大的完善。两军统帅都对负责进攻的一翼做了相应的部署。庞培将全部骑兵和轻装步兵集中到左翼,尽可能予以加强,这是非常恰当的做法;正常情况下,这一翼肯定会强于对面的敌军。但是,恺撒料敌先机,采用非常手段加强骑兵一翼,同时命令骑兵首先后退,等待有利时机。假如他只是命令3 000名军团步兵跟随骑兵前进,肯定起不了多大作用,而且骑兵若是被击退至后方——此事不难预料——步兵也可能被裹挟溃退。因此,恺撒让步兵与骑兵成一定角度,一份文献表明就是伏击。步兵首先让己方骑兵从身旁跑过去,然后从侧翼打击敌方骑兵,此时己方骑兵杀回来,与敌交战。

重步兵前进支援己方骑兵对抗敌方骑兵的战法是支队战术方面我们所能想象到的最高成就。只有经过充分训练,以绝对的信心所统率的战术单元——不是整个方阵,而只是规模较小因此灵活机动的大队——才能如此行动。

当年,恺撒曾运用同样的混编战术击败了维钦托利骑兵,当时并没有步兵梯队配合后者;而在法萨卢斯会战中,局部胜利立即演

---

① 法萨卢斯位于希腊中部内陆。

变成全面胜利,同时恺撒战胜了敌军步兵。全军组织纵然已经变得极其复杂,但波利比乌斯的一句话(35.1)仍然是真理:一个因素便能决定胜负。

如同坎尼会战中的汉尼拔中军,恺撒的方阵顶住了规模大得多的敌军所带来的压力,直到侧翼支援到来。但是此战的成就犹胜于坎尼,因为没有刚开战便展开侧翼行动,而是起初采取守势,逐渐转为攻势。

与军团步兵一样,恺撒的骑兵和随行轻步兵肯定也是士气高昂,对统帅和军官的领导有着绝对的信心。有一事为证:起初是敌军进攻,他们后退;等到步兵大队出手,扭转战局,他们又能立即回头冲杀。这些骑兵可都是高卢和日耳曼人。

于是,凭借更高的素质,再有一名懂得如何以最精妙的方式运用优势的统帅领导,一支规模较小的军队打败了性质类似、规模更大的敌军。

就本身而言,庞培推迟步兵交战开始时间的命令并非失算。但是,当敌方统帅采取反制措施时,该命令必然有利于敌军,帮助敌军组成了第四梯队,借以赢得骑兵战。

法萨卢斯会战是生死存亡之战。假如庞培军有序退出战场,据守营寨,那会有什么好处呢?他们会像阿莱西亚的维钦托利、伊莱尔达的阿弗拉尼乌斯和彼得雷乌斯那样遭到围困。由于不可能有援军到来,他们迟早要被迫投降。这是士卒的状况,将帅却并非如此。贵族派的事业并没有因为这场战斗的结果而最终失败;不少地方仍然有反对君主制的强大力量,恺撒接着又打了两场大战才彻底降服对手。文献众口一词地谴责庞培顶不住战败的压力,完全崩溃，过早逃回营寨却没有布置防守。恺撒只是写道，庞培回到帅帐，等待尘埃落定，当敌军士兵冲进军营时，他便抛下节杖，骑马逃离营地。普鲁塔克和阿庇安的描绘更详细：惊魂未定的庞培静坐于帅帐，直到敌军士兵蜂拥翻过营墙，他最终逃之夭夭。实情可能就是这样，但我有必要指出一点：胜负已经分明，庞培便没什么事好做了。军队固然无力回天，将帅若能自救，仍有易地再战的可能。从纯军事角度来看，普鲁塔克笔下庞培的作为似乎表明，他已经忘却了"伟大的庞培"的尊号，就像宙斯曾对埃阿斯所做的那样，宙斯迷乱了他的五感。从政治角度来看，他的行为可以通过"将帅与军队的利益不再重合"来解释。阿庇安写道，恺撒派传令兵到战士中间高呼罗马人不打罗马人，只打外国兵。就字面意义而言，这条记载不可能是真的，因为短兵相接的时候不可能传达这样的命令。此外，庞培的军团（因为当时只剩下他们没有解决了）里不可能分清谁是罗马公民，谁是外邦人，都是混着的。但是，即便这条记载不能当真，它仍然准确地表明了当时的状况。在庞培的军团里，约三分之一直到不久前还尊奉恺撒为统帅，连剩下的三分之二也与他们为之战斗的贵族派没有内在联系。他们忠于誓言，恪守军规，于是奋战到底；但是他们并无理由继续进行无望的抵抗。

  于是战斗结束，庞培逃之夭夭，营地经过短暂的防守后陷落，败军最初逃往山中自救，结果遭到恺撒军无情的追击和包围，于当日夜晚投降，没有做进一步的抵抗。

10　内战末期诸战役

希腊战役和法萨卢斯会战是古典时代战争艺术史的高峰。在两位最负盛名的罗马领袖统率下，罗马人自相残杀。恺撒之后的几场战役中不乏生动的事件，但并没有原则层面的新事物，没有进一步的发展。从军事史角度看，如果说之前的文献太不确切，评议不甚可靠，那么时至此刻，我们或许可以说这个缺陷已经不存在了。结合地形学研究和精细的文献分析，韦斯（Veith）为阿非利加战役提供了一幅明晰而完全合理的图景。对于他的精妙论述，我只有一点持异议，那就是他对我进行的多次无端讥讽。我完全同意他的观点，只不过我认为他在个别地方的笔触过于尖锐。

恺撒本人的战记至法萨卢斯会战而止，没有再谈之后的战役。但是这项工作由他的几名才智参差不齐而且远比恺撒偏颇的部下完成了。《阿非利加战记》由一名视野狭隘的一线军官写就。但是我们可参照迪奥·卡西乌斯和普鲁塔克的文字加以补足，两人保留了善于辨明战略关系的阿西尼乌斯·波里奥的记述。

恺撒意图围攻塔普苏斯，这座城位于地中海与一座湖泊之间的地峡上。西庇阿尝试从两面封锁地峡。尽管恺撒掌握了制海权，但由于围城战开始于 2 月初，胜负尚在两可之间。假如他的陆上联系被完全切断，情势便会万分危急。但是，恺撒的侦察工作做得非常好，探知敌军正在南下，于是趁对方营寨未立发起攻击。打败北路的一半敌军后，恺撒立即扑向 10 千米以外，位于地峡南侧入口的另一半敌军，没等到北路败兵与其会合便杀到面前，令南路不战而溃。

具体细节参见韦斯的著作。就整体而言，他最有意思的一个揣测是，西庇阿只是挂名总司令，实际负责指挥的是拉比努斯。恺撒曾拿西庇阿的能力不济打趣。这个揣测很有可能是正确的。这样一来，如果说法萨卢斯会战表现为当代两大名将的对决，那么阿非利加战役饶有趣味的地方就在于，恺撒本人遭到了高卢战争中首功将领的反对。韦斯的判断是，拉比努斯完全是恺撒的学生。这显然是有充分依据的。拉比努斯作战既勇猛果决，又谋划精当。如果说他最后还是被打败了，那是因为他的对手不仅是恺撒，更是恺撒的军队，他新组建的阿非利加军团完全不能与之匹敌。从战术角度看，塔普苏斯之败最多是不胜而已，之所以最后演变为大溃，是因为未被打败的南路军惊悚不已，弃营而遁。北路败兵抵达时本来指望暂避一时，却发现战友早已离开。他们随后希望投诚，却被杀红了眼的恺撒军消灭。两边都是罗马军团，其性质却是雇佣兵作战。我们在之后几章里会看到，雇佣兵与雇佣兵作战是不会留情的。在伊莱尔达，恺撒尚可阻止一场屠杀，如今却已无能为力。

11 战 象

塔普苏斯会战是大象在古典时期战争史中的最后一次出场。因此，现在或许是总结评论这种动物在古典战场上的历次运用的恰当时机了。

关于海达斯佩斯河会战，我们认为马其顿人打败战象肯定很艰难，因为吃了这个教训之后，他们自己也采用了这一"兵器"。但是，如果从战果的角度来看，我们似乎又会得出相反的结论，因为我们连一场战象发挥了重要作用的确凿战例都找不到。恰恰相反，战象较强的一方往往会被击败。流传下来的著名象战都是传说或者逸闻的形式，实在可惜。唯一有史学意义的战例还是最早的那一次，即海达斯佩斯河会战。继业者战争、皮洛士战争、第一次布匿战争的历次战斗都给不出可靠的记载。在扎马-那拉加拉会战和塔普苏斯会战中，文献里写道有大批象兵参战，但完全没讲战象取得了什么战果，而且有战象的一方都被打败了。如果我们把记载原原本本地汇总起来看，战象的胜负记录可不太好看。有战象参加的胜利战斗包括：安提柯打败高卢人的伊普苏斯会战、皮洛士打败罗马的赫拉克利亚（Heraclea）会战和阿斯库鲁姆（Asculum）会战、哈米尔卡雇佣兵战争的突尼斯（Tunis）会战、汉尼拔打败西班牙人的塔霍河（Tajo）会战、[1] 汉尼拔打败罗马的特雷比亚河会战、罗马打败马其顿的库诺斯克法莱会战和皮德纳会战。但是在下列会战中，有战象或战象数量远多于敌军的一方仍然落败了：海达斯佩斯河会战、继业者战争中的帕莱塔西奈（Paraetacene）会战、伽比埃奈会战（Gabiene）、加沙会战和拉菲亚会战、皮洛士战争中的贝内文图姆会战（Beneventum）、第一次布匿战争中的阿格里琴托会战（Agrigentum）和帕诺尔姆斯会战（Panormus）、迦太基进攻西西里的希米拉会战、第二次布匿战争中的巴埃库拉会战（Baecula）、梅陶罗河会战和扎马会战、[2] 罗马击败塞琉古帝国的马格尼西亚会战、穆图尔会战（Muthul），[3] 以及塔普苏斯会战。文献中没有一场战例是战象突破了密集步兵阵形，仅有库诺斯克法莱会战勉强算数，而且记载里也明确写道，罗马发起进攻时，马其顿军尚未排好阵形，便被战象击溃了。

在扎马会战中，罗马一方的支队之间据说留出了空隙，好让战象从空隙里穿过去。突尼斯会战的情形则恰恰相反，罗马步兵排成了深度很大的阵形，波利比乌斯（1.33.10）专门赞扬了这种阵形，说它特别适合对付战象。我们知道，这两条史料的来源都不尽如人意，最有价值的一个观点大概就是波利比乌斯的判断，他赞成采用大纵深阵形，因此不认为战象有能力将其突破。可波利比乌斯又说，战象仍然对方阵前排造成了很大的杀伤。但是归根结底，这条记载只能被认为是夸大其词，否则我们肯定会经常看到日后战场上运用战象的记载。

战象只有对付骑兵（让战马受惊）和轻步兵才有确证的战果。

然后，战象确实有效的最有力证据仍然是：有名将一而再，再而三地运用战象，特别是汉尼拔和恺撒。根据西塞罗的《反腓力辞》(*Philippics* 5.17.46)，恺撒至少在帕提亚战争中有过战象，尽管并没有实际用过。第二次布匿战争之后，罗马与努米底亚国王建立了密切的关系，后者提供了战象。整个公元前2世纪，罗马一直在使用战象，不过只是将其编入盟邦军，而且数量也不大。[4] 罗马对付马其顿人、西班牙人[5]和高卢人的时候都用过战象。尽管战象据说帮北方蛮族取得了良好战果[6]，但奇怪的是，与辛布里人作战，以及恺撒在高卢作战的时候都不再有战象出现了。在阿非利加，当努米底亚国王朱巴动用战象与恺撒作战的时候，恺撒将大象运来西西里，以便让士兵和马匹熟悉这种"巨兽"的外貌，训练反象兵战法。

通盘考虑古典时代战争史，我们或许可以说，战象的作战效用和实际参战情况是无论如何不能被高估的。面对完全不熟悉战象的敌人，或者骑兵和射手，战象取得了一些战果。但是以皮洛士战争为例，败者会极度地夸张战象的战果，将其作为失败的借口。[7] 熟悉战象，不惧怕战象，知道如何躲避和有效攻击战象的军队是能够对付它们的——在海达斯佩斯河会战中，亚历山大就成功过——不是通过耍花招，不是通过射火箭，也不是通过惊吓大象，而是通过娴熟地运用本身的武器。参阅描述大象习性的自然科学著作，我们就能辨明当年他们是如何巧妙运用武器打败战象的。

根据这些著作，大象绝非坚不可摧，反而有着很敏感的皮肤。即便矛和箭不能直接杀死大象，仍然能够透入其体内，一直留在里面。[8]疼痛之下，大象便会逃跑，失去控制。常有记载说大象冲入己方后排，造成混乱，遂至失败，有一次罗马人与努米底亚人作战就是这样。[9]本书前面讲过，应对这种情况的最后手段就是每人手持一根尖利铁锥的象夫，他会用锤子将铁锥打入大象脖颈，将其杀死，以免其造成伤害。

12 结 论

恺撒达到了古典时代战争艺术的巅峰。这并不是说，恺撒这个人比米提亚德、亚历山大、汉尼拔或西庇阿更伟大——此类比较或评论不仅荒谬，而且无益——而是说，在这些大军事家中间，只有恺撒最完整、最广泛地同时掌握了古典时代战争艺术的所有手段。与古老的、简单的方阵乃至三线方阵相比，恺撒时期的大队不知优越几何。

重步兵大队与训练有素的射手、重骑兵、野战工事和严谨的后勤体系构成了一个有机协调的整体。这便是恺撒以其个人勇武和战略帅才统御的军队。它本身并没有全新的元素。早在恺撒之前，各个要素及其配合形式都已经出现了。就此而论，我们可以说恺撒在战争艺术史中完全没有起到决定性的作用。米提亚德、伯利克里、伊巴密浓达、亚历山大、汉尼拔、西庇阿、马略，他们都贡献了崭新的统率道术。无论是手段还是思想，恺撒之前都已备齐。但是恺撒把这些要素发挥到了极致，以最多变、最充分、最完善的形式融会贯通。

史书有言，恺撒有一句最喜欢说的话：他宁肯用饥饿而非钢铁征服敌人。[1] 通常的解释是，他更喜欢单纯运用消耗战屈敌而非正面败敌。从他统帅生涯的每一步来看，这句话绝不能这样理解。用克劳塞维茨的话说，[2] 消耗战略只在一种情境下是合理的，即意志和力量不足以进行大决战时。但是恺撒总是处于意志和力量都始终处于彻底击败敌人的状况，自然合理的方略是打击敌军主力，即发动决战。恺撒从没有忘记这一点。但是正因为如此，他的那句名言才并非虚言。发动决战绝不仅仅是莽撞蛮干，更要巧妙地营造有利条件。因此，是饥肠辘辘还是粮草充沛在任何时候都是极为重要的；而对恺撒来说，后勤的意义尤其大。实际上，在看待恺撒关注后勤的问题时，不应该认为这是削弱了消灭敌军的意识，反而应该认为这是加强了消灭敌军的意识。在考察恺撒作为战略家的一面时，这是我们必须接受的观点。

在高卢，正是罗马优越的后勤体系让恺撒不必直面高卢大军，而可以各个击破，奠定胜局。就此而言，他可以说自己主要是用饥饿而非钢铁征服了敌人。

内战的情况有所不同。此时，恺撒所用战略的特点在于野战工事。显然，他对技术手段有着天然的亲近；他是一名天生的工程师。他在《恺撒战记》中富有热情地描述了自己建造的器物工事：与赫尔维蒂人作战时修建的罗讷河沿岸工事、恩河畔的军营、与维内蒂人（Veneti）打海战时发明的勾杆、莱茵河上的浮桥、围攻阿杜亚都卡（Aduatuca）、阿瓦利库姆、马赛利亚三城的攻城器械、阿莱西亚城周围的障碍物、乌克萨洛登纳姆（Uxellodunum）城的

第七篇 恺 撒

水渠、西克里斯河的人工徒涉点,还有将庞培困住的宏大底拉西乌姆围墙。但是这些事物之所以在恺撒的战争生涯中大放异彩,不仅仅是因为统帅的个人才能和偏好,而是水到渠成。如同一切技术和传统的罗马筑营术会随着新的创制而拓展完善。筑营术为防守方带来了极大优势,哪怕人数较少,也能在开阔地带自守。在不犯大错的情况下,除非双方都想打,否则会战是不会发生的。如果较弱的一方回避决战,试图拖延,那么较强一方的应对手段就是围困对方军营——又是以饥饿为手段。饥饿战有两种情况:一种是罗马人相对于蛮族的文化和组织优越性的表现;另一种是攻方因应守方技术优势而采取的权宜之计。然而,无论是哪一种情况,这种战法都不与追求大获全胜的战略相悖,反而是执行这种战略的一种最活跃、最完全的方式。以恩河军营离散比利其大军、迫使庞培军因补给问题而退出伊莱尔达城,这两场伟大的战略胜利表面看有相似性,但分析到最后发现,它们的根源并不相同。在恩河,恺撒不愿冒险与比利其联军正面决战,他明白罗马优越的筑营术和后勤体系能够迫使敌军首先分兵。在伊莱尔达,他占据力量上的优势,避战的是敌军,因此他用围城来威胁敌军,打击敌军的补给线,于是造成了这样一种局势:当会战之机到来时,仗已经无须再打了。

假如汉尼拔当时能这样行动,围困罗马军队,迫其缺粮出营,古典世界也不会是拉丁人的天下了。但是汉尼拔的战争资本不足,他一上来就到达了胜利的巅峰,接着便缓慢下滑。恺撒的攻势比最有力的防守方还要强大,成功将其击破。他赢得了一场又一场胜利。恺撒打仗好似无须时间,战略如光速运转。通过剑与饥饿的结合,他总能用一场会战结束每一个战场的每一场战争。他的创举在于极大地改进了这种战法，与近现代的火器发展历程相映成趣。最初，火器的发展似乎对守方有利；面对近代步兵和炮兵，攻击方不可能在开阔地带打败守军——就像罗马军团不可能攻破罗马野战工事一样。但是，随着火器威力的提高，现代的进攻方能够随意延伸战线，甚至可以从多个方向以大间隔纵队发起攻击，通过迂回包抄的手段来赢得火力优势。于是，优势从守方转向了攻方。罗马的野战工事同理。营垒的初衷是保护不愿出战的军队，后来却让攻方有了前所未有的强迫对方接受决战的手段，即围困军营。优势由此转到了攻击方一边。（本段写于1908年）

世界大战表明，上述发展阶段甚至可以再次被超越。理论家从未预见到的情况发生了：战线一直延伸到绝对不可逾越的边界方止，从而杜绝了包围行动的可能性：西边从英吉利海峡延伸到瑞士边境，东边从波罗的海延伸到罗马尼亚。于是，包围战术不得不再次让位于正面进攻和突破防线，优势从攻方回到了守方。（本段写于1920年）

恺撒的思维一直非常活跃。他曾求学于罗德岛，一度专心研习语法学，并著书立说。毫无疑问，他也研读过各方面的军事理论著作；文献中散见恺撒读过色诺芬的《居鲁士的教育》[3]和关于亚历山大大帝的多部著作的记载。[4]但是，他自己的著作中几乎找不到理论反思，以至于腓特烈大帝有过一句名言，说军人从恺撒身上学不到任何真东西。[5]拿破仑固然建议人们研究恺撒，有一次也抱怨恺撒的文字云山雾罩，连会战的名字都不给起。当然了，要是其著作连一场战役的地理位置都搞不清楚，它对战略研究肯定不会有多大价值。除此之外，《恺撒战记》中的人数关系同样匪夷所思。但是，这些缺陷都可以由恺撒著述的政治性目的来解释，对整体的意义只是稍有损害；而且它们也能够通过研究来填补和纠正，实际上已经有考订成果了。腓特烈之所以在恺撒问题的表态上远比拿破仑强烈，可谓良有以也，之后讲到这位大军事家的时候再谈。恺撒的写作意图并非军事专著，因此省略了军事专著所需的细节、动机和反思。我们要从事实本身中吸取经验，而不是字句篇章。不过，透过流畅的文笔，这位思想家的哲思精神仍然在少数几处表现出了理论思维，我们在色诺芬、波利比乌斯这两位具有反思精神的军事作家身上还看不到如此的深度。在讲述法萨卢斯会战中庞培命令士兵等待敌军进攻一事时，恺撒对此表示了谴责，而且——用今天的话说——强调了攻势对士气的作用。他以清晰的古典文风，这样写道：

> 我以为庞培此举不理智，因为每个人都有激情和血性，战斗能够把它激发出来。统帅不应压抑这些感情，反而应当强化。阵前双方都要呐喊吹号的古老传统并非毫无用处，其令敌军胆寒，壮我军气势。

恺撒特别喜欢强调偶然在战争中的作用，这是另一条有理论意义的思考。过去常有人将战略比作下国际象棋，从恺撒的观点看实在大错特错，因为象棋讲究的是算无遗策，而战略还依赖于对不可测算之事的把握。因此，指挥艺术不仅需要智力，更需要整全的人格：下注豪赌，要根据新的信息调整，从而驾驭变幻无端的运气，将它牢牢绑在自己的战车上。修昔底德首次澄清了战争行为中的这一面。本书前面引用过他笔下的伯利克里的一个词：不待之机。但是，他还借科林斯人之口说过这样一段话（1.22）："……战争只有极少的部分遵循确定的法则；大部分都遵循战争为自己创造的法则，取决于一时一地的形势。"在另一个场合，他笔下的斯巴达国王阿希达穆斯（2.11.3）说道："……战争的进程是隐藏的，许多都来自最微小的细节，而激情会带来成功。"[6]这些正是克劳塞维茨战争哲学基本思想的首次呈现，即认识到战争包含着非理性的要素，指挥官必须敢于相信自己的命运。西塞罗有言，除了"军事知识、勇气和权威"（scientia rei militaris, virtus, auctoritas），"好运"（felicitas）也是名将的一大要素。[7]恺撒在《内战记》3.68中写道："但命运在一切事物上都发挥着极大的作用，尤其是战争。命运只需轻轻摇动，世事便会发生巨变。"

恺撒经常说他把自己全都交给天命，像赌徒一样挑战运气。与拿破仑一样，他肯定相信自己有上天相助。有一则故事说，恺撒在海上遇到风暴，宽慰水手说船上不仅有恺撒，还有恺撒的好运气。此事虽然不见于恺撒本人的著述，但有可能是真的。但是，正如看待拿破仑一样，如果只在恺撒身上看到胆子大——不论褒贬——那就错了。我们逐渐相信，他的这种品质总是与明察战况与权衡局势相配合。古人早已明白此节。苏维托尼乌斯（第58章）如是称赞恺撒："……踏上战场前，总能判明是勇猛还是谨慎为上。"与现代统帅一样，恺撒战略的最主要依据是己方占人数优势还是劣势。如前所述，他在高卢和西班牙伊莱尔达城都是占据优势的。塔普苏斯会战不是酣战；蒙达会战（Munda）没有可靠数据，但当时恺撒已经登基称帝，与手中只有一隅的敌手相比，他无疑能够调集更多的

第七篇 恺撒

兵力。如果不考虑埃及的特殊情形,以及与法纳西斯(Pharnaces)的那场持续五日但意义不大的战役,那么法萨卢斯会战就是唯一恺撒兵力远少于对手却依然取胜的战斗。他其实可以不打这场会战,等待援军(希腊和伊利里亚分别有一个半和两个军团)的到来。但是,假如他这样做了,庞培肯定不会接受会战,而是将军队经海路运到别处,另择交战地点。毕竟,从一开始,敌军的海上优势就让恺撒理论上的陆地优势得不到发挥。他只得利用数目较多——尽管战力显然较低——的新建军团去守卫意大利、高卢、西班牙和西西里岛。早在底拉西乌姆围城战期间,为了取得正面战果,他就把大批部队派了出去,以至于自己身边的兵力还不如庞培。从各个方面来看,明确恺撒在这场战斗——而且只有这场战斗——中凭借人数劣势发动决战的事实和原因是很重要的。庞培的海上优势间接地为恺撒的作战行动牢牢戴上了枷锁,让恺撒无法自由选择。但是,恺撒这个人了不起的地方就在于,尽管他极其看重人数,却能够审时度势,把数量不如人的担忧甩到一边,相信麾下将士的素质和自己的将道,决定打这一场决战。

历经数百年的发展,古罗马战争艺术在恺撒身上开花结果,并作为恺撒的遗产在罗马世界延续了下去。恺撒之后,罗马帝国继续征服了广大的土地,特别是阿尔卑斯山区、多瑙河以南诸国和英格兰。罗马人征服世界的脚步在两个民族面前达到了极限。一个是前面讲过的帕提亚人,另一个是日耳曼人。本书第2卷就要从日耳曼人的军事制度和战争行为讲起。它到底是什么样的一种力量,竟能与罗马战争艺术比肩呢?

附注选译

1　阿提卡半岛与希腊其他地区城邦的人口 ①

　　希腊有大片地区肯定无法供给任何粮草，或者只能供给极少粮草，如维奥蒂亚、阿卡迪亚、拉西第梦、麦西尼亚（Messnia）②。对于这些地区在希波战争时期的农业发达程度，我们没有确切的调查值。但是，我们可以从已知的数量关系进行类推，估计出这些地区最大能维持多少人口，然后表示实数与估计最大值基本相当。底比斯的规模肯定不小，而除了底比斯，维奥蒂亚还有不少其他城市。另一方面，拉西第梦的人口密度必然不会大大低于希腊其他地区，否则不可能在这么长的时间里扮演这么重要的角色。

---

① 选译自第一篇第 1 章。
② 与"迈锡尼"（Mycenae）不同。麦西尼亚位于伯罗奔尼撒半岛西南角，拉西第梦（斯巴达）以西，迈锡尼则位于伯罗奔尼撒半岛东北部，拉西第梦以北。

基于上述基本原则，辅以历史文献中的数字，贝洛赫在《古希腊罗马人口研究》一书中估计拉科尼亚（Laconia）和麦西尼亚共有23万人口，每平方千米27人；伯罗奔尼撒半岛整体有90万人口，每平方千米36人至40人，因为科林斯、西息温（Sicyon）、特洛伊森（Troezen）、埃皮道鲁斯（Epidaurus）这几座商业城市人口相对较多，但也不会太多，因为这些城市在伯罗奔尼撒战争时期完全断绝了海上谷物输入，只得依靠陆运来的少量粮食。

贝洛赫估计，公元前4世纪上半叶的维奥蒂亚人口密度为每平方千米60人，其中约三分之一为奴隶。在我看来，这个奴隶比例对于一片只有乡村小镇的区域来说实在是太高了；维奥蒂亚人是从什么地方获得又用什么资源购买了如此多奴隶呢？奴隶的自我延续能力很弱，需要不断补充才能维持数目。到了公元前5世纪，贝洛赫也认为维奥蒂亚是一个自由民的区域，因此每平方千米约有40人。这就与伯罗奔尼撒的数据对上了，因为维奥蒂亚的土地确实要肥沃得多，但伯罗奔尼撒半岛的贸易城市——科林斯、西息温等——拥有大量奴隶，一加一减，正负相抵。

作估算时，贝洛赫假定成年男子约占总人口的三分之一。他还认为古希腊人口早在公元前5世纪就基本稳定了，"与今天的法国相当"。我不能苟同。

如今（1898年），德意志帝国人口密度约为每平方千米97人，但食品不能完全自给，谷物进口量占消耗量的四分之一多，农林产品进口量平均恰好占消耗量的四分之一。① 因此，在马铃薯和种种

---

① 作为对比，2017年的中国人口密度约为每平方千米144人。

现代农业技术的加持下,德意志帝国能供养的人口密度不过是每平方千米 74 人左右,或者每平方千米 73 人。

从本土面积是不可能得出任何关于阿提卡人口的结论的,因为雅典早在希波战争很久以前就大量进口谷物了。不过,我们拥有公元前 4 世纪下半叶的一系列完整可靠的数字,让我们能反推出希波战争时期人口的结论。在这一点上,我与贝洛赫观点相差很大,因此专辟一节研究。

据修昔底德记载(2.13),伯罗奔尼撒战争爆发时(公元前 431 年),伯利克里在一次演讲中说,雅典有 1.3 万名重装步兵,还有 1.6 万名卫戍部队,兵员来自老人、少年和有义务作为重装步兵服役的外邦人。另有 1 200 名骑手、1 600 名弓箭手和 300 艘三层桨战舰。("我们有 1.3 万名重装步兵,不算驻守要塞和城墙的人。因为在敌军入侵时,这些守军是最早交战的,他们由老人、少年和拥有重步兵装备的外邦人组成。")*

不幸的是,这段记载看似言之凿凿,却不能按字面意思理解。在野战军只有 1.58 万的情况下,老人、少年和外邦重装步兵是不可能有 1.6 万人的。雅典野战部队的兵役年龄是 20 岁至 45 岁乃至 50 岁,因此,20 岁以下和 45 岁以上适役人员的数目肯定要远远小于野战部队。另外,修昔底德完全没有算上 300 艘三层桨战舰的船员,按满员计算,300 艘船要配备不少于 6 万名船员。除了野战军以外,雅典到哪里去找这么多人?野战军的规模为何这么小?野战军是全部由上层公民组成吗?分界线在哪里?为什么中下层不计入?

为了解释这些疑点,人们提出了五花八门的假说。贝洛赫不知如何解决，只好将 1.6 万名卫戍部队改成了 6 000 名，又加上 1.2 万名公民做船员。这是没有办法的办法，充分显示了流传至今的文献的特点：在所有古希腊文献中，只有这一段似乎对希腊征兵状况做了完整而系统的描述，但为了让人们理解该材料，我们不得不这样歪曲它。使情况更加复杂的是，埃夫罗斯读过这段话，其内容和流传至今的手稿大体相同；狄奥多罗斯抄了埃夫罗斯的话，说野战军数目为 1.2 万人，卫戍部队为 1.7 万人，其佐证了修昔底德的观点，但略有差别（野战部队 1.2 万人，而不是 1.3 万人；卫戍部队 1.7 万人，而不是 1.6 万人），又一次突出了文献的不确定性。

不久前，贝洛赫在《克里奥》①（第 5 卷 1905 年第 341 页）中提出，1.6 万不应该被改成 6 000，那是编辑自己加的，应该完全忽略。

修昔底德的记载疑点重重，除非有其他估计数据作为解读的线索和可靠的参照，否则它就毫无用处。

事实上，我在《伯罗奔尼撒战争史》中发现了一则之前没有人重视，甚至贝洛赫都不曾关注的信息，我相信它是有助益的。

修昔底德记载了两次雅典的非常征召，每次都是全力全员动员。战争第一年（公元前 431 年）秋季，雅典派遣 1.3 万名重装步兵入侵麦加里斯（Megaris），另有 3 000 人驻扎于波提底亚（Potidaea）城下。同时海上还有一支规模为 100 艘的舰队（波提底亚可能还有几艘）100 艘船上有 2 万名船员，加上重步兵就是 3.6 万人了。但修昔底德又说当时还有数目不小的"轻装部队"*，因

---

① 《克里奥》（Klio）是德国最早的古希腊罗马史杂志之一，创刊于 1901 年。克里奥是古希腊神话中的历史之神。

此我们不能得出雅典总兵力的确切结论。

第二处（3.17）的情况有所不同。修昔底德为我们描述了公元前428年勒斯波斯岛（Lesbos）反叛后雅典的军备情况。雅典当时有70艘船在海上（40艘在勒斯波斯，30艘在伯罗奔尼撒），还有1 000名重装步兵在米提里尼（Mytilene）城下。斯巴达人由此相信雅典人已无余力，于是策划海陆并进，攻打雅典。为了向斯巴达人证明他们想错了，雅典人动员按纳税额衡量的下两个等级的公民，又武装起了100艘战船。

修昔底德将这项成就与开战首年的成绩相提并论，说两者性质相似，前者规模犹胜。因为在那一年（公元前431年），雅典有100艘船守卫阿提卡半岛与优卑亚岛，100艘船封锁伯罗奔尼撒半岛，50艘船在波提底亚和其他各处，共计250艘。本土守备的100艘船自然不必一直在海上，因为还没到火烧眉毛的程度。但它们是做好战斗准备，船员配备待命的后备舰队，随时可以出海。当然，个别船只会不时地试航检验，这是毫无疑问的。因此，在一定程度上，公元前428年的成就确实比较大；当时雅典有170艘船外出执行任务，而公元前431年的250艘船中，只有150艘船在外执勤。按照伯利克里的说法，雅典有300艘三层桨战舰。但我们必须这样理解他的话：开战时，雅典实际只能为250艘船提供船员，其余50艘是后备船只。而到了公元前428年，修昔底德明确说雅典配备了170艘船的船员，手段是征召通常作为重装步兵服役的第三等级公民上船。

现在，我们有了一个估算公元前428年雅典公民数目的基础。170艘船需要3.4万名船员，另有1 000名重装步兵及其随从。除了这 3.6 万人以外,雅典本城和几座要塞还有约 4 000 名至 6 000 名守军。首先,这个数字肯定要打一些折扣,因为临时配备的 100 艘船大概并不满员,要么根本没有专业水手,要么让专业水手充任划桨手,所以船员数约为 1.8 万人,而非 2 万人。其次,莱斯博斯岛舰队和机动舰队中肯定有一大批雇佣兵。最后,划桨手中奴隶的比例也存疑。尽管估算中有许多不确定因素,但还是能给出一个上限和一个下限。船上肯定有相当多雇佣兵,可能还有大批奴隶;但同样肯定的是,舰队船员整体以征召的雅典公民为主。如果全员配置,那么总额就是 4.2 万人。但很可能只有 3.8 万人,而且还要考虑到其中至少有 1 万名雇佣兵和奴隶,甚至可能高达 1.8 万人。因此,在公元前 427 年,适合服役的雅典公民和外邦人总数约为 2 万至 3.2 万人。

从修昔底德的记载来看,大体不会超出这个范围。但从雅典政策的整体性质来判断,2 万是太少了,我们可以肯定地将下限定为 2.4 万人。另一方面,假如雅典在公元前 428 年拥有远超 3.2 万名适合服役的公民和外邦人,那我们就很难理解为何出征莱斯博斯岛就会让其他希腊城邦认为雅典已经耗尽了人力,这场行动只需要 1 万人,当然还要加上一半以上雇佣兵;出征后临时武装 100 艘船基本上需要动员余下的全部兵员。170 艘船(30+40+100)和 1 000 名重装步兵这两个基本数据可以直接采信修昔底德,基本不可能出错,而且通过比对公元前 431 年的其他相关数据,上述手稿数据也得到了佐证。

公元前 424 年,雅典人"倾城而出"*(第立安会战),全军有 300 名骑兵、7 000 名重装步兵和"远远超过 1 万名'轻装部队'"*;

所以，加起来有 2 万至 2.5 万人。此外，雅典还有 70 艘至 80 艘船在海上，水手约 1.4 万至 1.6 万人。总计 3.5 万至 4 万人，与公元前 428 年大致相同，只是兵力要弱得多，因为几乎有一半是"轻装部队"*，随军出征不是为了作战，而是为了修建临时工事。于是，我们可以肯定雅典在公元前 428 年有 2.4 万至 3.2 万名应服兵役的公民和外邦人。据此，我们可以得出开战时的兵力。直到此时，雅典阵亡者还相当少，但因瘟疫死于"阵中"*者甚多——4 400 名重装步兵和 300 名骑兵。4 400 名重装步兵这个数字并不确切，因为我们不知道他们属于哪一类，是只包括上阵的公民重装步兵，还是也包括外邦人和卫戍部队。不过，300 名骑兵无疑属于伯利克里所说的 1 200 名骑兵之内。住在城中的人里面，下层市民的死亡率可能还要更高，但许多市民已经到城外殖民地生活了，受瘟疫危害较小。因此，我们可以假定下层市民的死亡率为 25%。如果说雅典在公元前 428 年还有 2.4 万至 3.2 万名应服兵役的公民和外邦人的话，那么公元前 431 年就应该有 3 万至 4 万人；再算上 25% 的老人和伤残老兵，雅典当时的公民和外邦人总数就在 3.75 万至 5 万之间，其中 3 万至 4 万人为公民，2.25 万至 3 万人应服兵役。下限基本不用考虑。我们给应服兵役的上限多加了 1 000 至 2 000 人，这是为了安抚最坚决的质疑者，免得日后有人拿来说事。

现在，我们已经找到了一组基准值，凭借它可以来衡量伯利克里讲话中的数字（修昔底德，2.13）。伯利克里的估计是：1.3 万名野战重装步兵、1.6 万名卫戍重装步兵、1 200 名骑兵、1 600 名弓箭手，共计 3.18 万名军人。扣除其中包括的 3 000 名外邦人重装步兵（2.31），剩下的公民数为 2.88 万。

这个数字之前有一定的不确定性，因为我们不知道它是包含全体应服兵役的雅典公民，还是按照字面理解只包括地面部队，所以公民数目还要再加上全体船员。除了外邦人、雇佣兵和奴隶，上船的雅典公民至少有1.5万人，甚至可能有2.5万人。这样一算，应服兵役的雅典公民数目就完全是另一番光景了。如果应服兵役的公民不是连3万人都不到，而是约有5万人乃至更多，雅典取得的全部功绩就要重新看待，对于雅典人实施的战役和行动的分析也会大不相同。这些疑问如今一扫而空。我们从公元前428年的数据得出了应服兵役者的上限为3万人出头，由此可以完全肯定伯利克里所说的2.88万名应服兵役人并没有遗漏第四等级日佣级公民或者全体船员——大约有2万之众——他指的就是全体公民。

经过深思熟虑，这也是唯一符合逻辑的看法。修昔底德说的应该就是雅典全国的财力、战舰和应服兵役者总数，而且上一处伯利克里的讲话中确实包含了有义务作为重装步兵上阵的外邦人。

除自带装备者，额外为多少公民提供重装步兵的装备纯粹是钱的问题。从理性视角来看待雅典的可用兵力，这里所说的"钱"绝不能与公民个人财力相混淆。正因如此，伯利克里给出的估计数目完全不可能包括外国雇佣兵。

公元前431年秋季征召的总兵力与伯利克里给出的总数相符，我们估算为3.6万人以上，外加大量"轻装部队"*。总而言之，极限兵力应该在4.5万至5万人之间。雅典完全有能力达到极限，因为除了2.88万名应服兵役的公民和3 000名外邦重装步兵，他们还有约5 000名不充任重装步兵的外邦人士兵，余数可由雇佣兵和奴隶填补。

通过确定雅典公民总数，我们就有了一个坚实的探究基础，可以驱散围绕着伯利克里演讲的其他谜团了。

如前所见,修昔底德的记载肯定是有误的,因为他说野战军有 1.58 万人,卫戍部队有 1.6 万人,但同时又明确说后者是由老人、少年和外邦人重装步兵组成的。这个比例不可能是真实的,因为别处记载外邦人重装步兵有 3 000 名,所以剩下的 1.3 万人就是老人(45 岁或 50 岁至 60 岁)和少年(18 岁或 19 岁)。老人和少年的年龄段跨度加起来最多是 17 岁,而野战部队是 25 岁至 30 岁,两者的数目不可能几乎相等。

但疑点不止于此。修昔底德说,每当敌军进攻时,负责守卫城墙和要塞的都是那 1.6 万名野战军以外的部队。但在这段时间里,大部分野战军也在国内,很少应召出征,出征时间也很短,如果是远征,远征军规模肯定相当小。敌军入侵国土时不出动全军精华,让五六十岁的老汉上城守卫,却让 20 岁至 40 岁的壮士待在家里,这合理吗?此外,从修昔底德的文字来看,似乎雅典城墙完全是由重装步兵守卫的。就守城而言,盾牌和重甲是累赘,甚至是妨碍。城垛提供了掩护,士兵只需射箭、扔标枪、投石即可击退敌军。重装步兵应该在后方待命,一旦敌军突破城墙再出击肉搏。

因此,修昔底德的记载无疑是有错误的。我们已经证明,修昔底德本人没写错是后人抄错了的假设是不可能成立的。修昔底德在别处给出的数目已经充分说明和验证了这一点。贝洛赫最新的解释是修昔底德本人没有犯错,是出版商擅自加上 1.6 万这个数字,所以造成了混乱。当然,此说既不能证实,也不能证伪。但史学研究的一般原则是,只要有可能做到,那么纠正史料中的明显错误时就应该尽量温和,不要大改。因此,在我看来,我还是认为我的假说——这位古希腊史学宗师在这里犯了一个错误——对《伯罗奔尼撒战争史》公认的权威性的减损要远远小于贝洛赫的假说，即出版商不经认真思考便擅自订正。分析到最后，我们一眼就能看到，我们认为修昔底德犯的这个错误其实只是个小错。不管我在其他场合是多么乐于以修昔底德的崇拜者自居，但我依然认为，我给出的解释并非无稽之谈。哪怕是最严谨的考据学者在数字方面也难免犯错，而且澄清错误后好像是不可能犯的一样。近代学者中就有一个很明显的例子。毛奇不啻是一代人杰，而他写的1870年普法战争史中估计格拉沃洛特-圣普里瓦会战（battle of Gravelotte-St. Privat）德军仅有5万人参战，因为他把军官、骑兵和炮兵全都漏掉了，而计算敌军总兵力时又算了进去。只要将他写作时摆在桌前的《总参谋部战史》（*Generalstabswerk* 2:234，附录）和他自己写的那段话（第63页）比对一下，他一眼就能看到错误。此外，这不是一个随随便便的数字，而是一个重要结论的基础。如果毛奇——当然，他写作时年纪已经很大了——都干过这样的事，那么认为修昔底德给出了一个不可思议的数字也算不得不公平。

修昔底德犯错的根源在于他说卫成部队由"老人、少年和外邦人重装步兵"组成，而忽略了从整体语境来看不能被忽略的一类人，即没有被安排去当重装步兵的适役公民。

从1.6万名卫成部队减去3 000名外邦人重装步兵，剩下是1.3万名公民，恰好与野战军数目相等。这肯定不是单纯的巧合。相反，我们可以假定这段话的意思是：不管在任何时候，都有一半适役公民要穿戴重装步兵的装备，接受重装步兵的训练。18岁和19岁的新兵（"卫队"*）被分到要塞守军中，同时进行训练。因此，

附注选译

雅典人会说——伯利克里在演讲中可能也是这个意思——就算 1.3 万名野战军全体出动，他们还有同样数目的部队在守卫城墙和要塞，此外还有 3 000 名外邦人重装步兵。汇总数字时，伯利克里只提到了老人、少年和外邦人，却忘记了其他人。

于是，为了正确和充分地理解这段话，现代读者必须清楚以下几点：

1.3 万名野战重装步兵不全是自带装备的高等级公民（那样一来，雅典公民总数就要高得多了），也包括由城邦提供装备的第四等级日佣级公民。

卫戍部队有 1.6 万人不是说敌军入境时，真的就是这些人上城守卫，而是说即便 1.3 万名野战军全体出动，雅典还有 1.6 万人可以守城。

1.6 万人中包括：3 000 名作为重装步兵服役的外邦人；新兵；45 岁或 50 岁至 60 岁的老人；残疾者；最后还有未分配到野战部队的第四等级日佣级公民。

此外，修昔底德的数字没有计入不当重装步兵的外邦人。在我们看来，这几乎是最严重的一处省略，但我们在后文（2.3）中会看到，略过这批人是完全合理的。

我们估算出的 3.6 万名雅典公民中包括军事殖民者（cleruch）。他们曾经且一直是雅典公民，但有些人住得非常远，比如利姆诺斯岛（Lemnos）、伊姆罗兹岛（Imbros）和斯基罗斯岛（Skyros）[①]。

[①] 雅典位于爱琴海南端。利姆诺斯岛位于爱琴海北部，与雅典直线距离约 250 千米；伊姆罗兹岛今称格克切岛（Gökçeada），位于爱琴海东（接下页）

他们形成了自己的共同体,修昔底德之后讲到参战部队时总是将他们与雅典人分开。此外,修昔底德给出的公元前431年参战兵力为1.6万名重装步兵,与伯利克里演讲中的数字相同。但我们必须假定,雅典发动这场战役时没有征召遥远殖民地的人。

据此,我们可能会得出和贝洛赫(第82页)一样的结论,即伯利克里的数字不包括军事殖民者。但如前所见,伯利克里声称自己给出的数字是全体可以服役的雅典公民,与上述结论相悖。假如他真的漏掉了全体殖民地,那么,他的话就完全无法理解了。贝洛赫估计殖民者数目高达1万人,这大概是太高了,而且有些殖民地离得远,但也有殖民地离得近,比如萨拉米斯岛和优卑亚岛上的奥雷奥斯(Oreos)。修昔底德对公元前428年战事的记载直接排除了雅典还有这么多兵力的看法。公元前431年,雅典派1.3万名重装步兵攻打麦加拉,又派3 000人列阵于波提底亚的记载容易解释。当然,比较远的殖民地没有被征召参战,但确实有一支殖民地部队及舰队参加。修昔底德没有给出具体兵力,而只是重复了伯利克里演说中的数字,并未深究到底有多少人可能因为偶然因素或不管什么原因而缺席。因此,缺席者很可能不仅来自遥远的殖民地,也包括大量一直在外经商的雅典人,而修昔底德并没有把他们扣除掉。

最后,我还要对拙作《希波战争与勃艮第战争》中给出的估算值加以修正并说明原因。在那本书中,我顺着东克尔(Duncker)

(接上页)北部,属于土耳其,距雅典约300千米;斯基罗斯岛位于爱琴海中部偏南,距雅典约130千米。作为对比,福州至台北的距离约为250千米,大连至烟台的距离约为160千米。

的思路试图破解《伯罗奔尼撒战争史》(2.13)中的矛盾，于是将全部有义务出征的第四等级日佣级公民计入重装步兵，而将远方殖民地居民计入卫戍部队。严格来说，这样理解是最贴合修昔底德原文的，因为对野战部队和卫戍部队做了严格和一致的区分。

但我们现在已经明白，卫戍部队有1.6万人的说法绝不能按字面理解，于是，尽管殖民地居民充当守军的观点看起来很合心意，但并不成立。此外，假如伯利克里一方面根据全体适役第四等级日佣级公民都是重装步兵这样纯属纸上谈兵的看法，便提出实际情况也是如此；另一方面却忽略了真正承担重装步兵职责的殖民地居民，那实在是不可理喻。

因此，我提议将殖民地居民和第四等级日佣级公民调换一下位置，这样得出的公民总数就会多出2 000人。这是因为我不得不从修昔底德给出的数字中扣除担任卫戍部队的外邦人——我当时估计有1 500人——以便确保前后一致。现在我没有必要这样做了，因为整体理解都推倒重来了。于是，公民人数要增加1 500人，不适合服役的比例按25%计算，总共就要增加2 000人。

我给出的雅典公民估算值从3.4万人增加到了3.6万人，贝洛赫却在《希腊史》(*Griechische Geschichte*)(1893年面世，见1:404脚注)中从4.5万人减少到了4万人(3万人居住在阿提卡半岛，1万人在殖民地)。于是，我和他的差距就缩小到了4 000人。

我目前的估算明细如下：

1 200名骑兵；

1 600名弓箭手；

1.3万名重装步兵（包括殖民地居民）；

1.3万名不充任重装步兵的适役雅典公民（包括殖民地居民）；

7 200名不适合服役者；

总计：3.6万名雅典公民；

另有约6 000至8 000名外邦人。

从这些数字依然不能得出公元前431年阿提卡半岛总人口的确切结论，因为奴隶数目缺乏估算的依据。我们只能说，奴隶数目无论如何是相当高的。

斯巴达几乎完全是一个农业国，贝洛赫估计它的人口相当稳定，这是正确的：人口外迁填平了人口增长。雅典并非如此。除殖民以外的外迁人口数肯定相当少。在公元前490年，雅典只有很少的外邦人，但经历了5世纪的繁荣期，外邦人大大增多。至于自然增长率，我们毫无头绪。正常来说，在良好的社会环境下，人口大约每60年会翻一番。对雅典不能照搬此数，因为它在这段时期的战争中遭受了大量伤亡（例如出征埃及的战役）。人口的主要增长来源无疑是迁入的外邦人和奴隶。尽管如此，公民数目大概并不稳定。如果公元前490年按1.8万至2.6万人估算的话，那么假定公元前431年有2.88万名适役公民是完全有可能的，另外可能还有2 000名外邦人。

附注选译

2 马拉松会战中的跑步情况[①]

我后来得知阿梅代·奥韦特（Amédée Hauvette）撰写的《希罗多德笔下的中古战争》(*Hérodote, Historien des guerres médiques*)（巴黎，1894年）一书让我们不得不重新审视8道的问题。我的根据在于，跑那么远在生理上是不可能的。我还引用了普鲁士军队条令的规定作为依凭。奥韦特（第261页）提出了反对意见：

> 这些规定对训练新兵无疑是很有价值的，同样存在于我军条令中，但它们远远不能满足人们对像雅典士兵那样身体强健、训练有素的人的要求。拉乌尔炮兵上尉（Captain of Artillery de Raoul）便是明证。通过一种新的步行和跑步方式，他最近达到了惊人的成效：在1890年第11集团军的大型演习中，他指挥的排在携带武器装备的情况下，以跑步的速度行进了15千米。参见菲利克斯·雷诺博士（Dr. Felix Regnault）在《自然》(*La Nature*)第1052期（1893年7月29日）发表的文章。

对照来看，两种说法似乎有着不可调和的矛盾。我提出：像马拉松会战中那样人数众多、阵形严密的重装步兵最多跑100步至150步（跑步的步幅，相当于步行的150步至200步），否则一定会筋疲力尽，阵形解体。奥韦特回应道："拉乌尔上尉和他指挥的

[①] 选译自第一篇第5章第7条。

排携带武器装备跑了 15 千米（也就是 2.4 万步，按步行步幅算）。"但我们的分别还不止于此。奥韦特从根本上反对我借以考证希波战争史料的客观分析方法。他的书有相当大篇幅是针对我的《希波战争与勃艮第战争》。奥韦特不承认我从瑞士通俗史籍——尤其是布林格对格朗松会战和穆尔滕会战的记载——类推得出的证据，即希罗多德的记载可信度极低。恰恰相反，奥韦特认为希罗多德基本上是可信的，不管在主观还是客观层面，学者的任务仅仅是纠正文献中可能出现的个别错误、疏漏和矛盾。他运用上述原则时可谓旁征博引，条分缕析。尽管他并不完全排斥客观考据，但还是更信任文字记载。

就此而论，客观分析确实容易出错。哪怕只是一个简单的问题，客观分析的难度也非常大，因为就算是专家也很难通晓发生在其他时代的其他人身上的事件实际或可能受到了哪些外界因素影响，更不用说专家们往往对各种理论心存臧否，于是得出不同乃至相反的结论。

一切历史知识的基础总归是写于同时期，或接近同时期的史料。但历史解释学越是发展，我们便越是确信：甚至同时期的记载也常有错误或笼罩在各种妄说的阴云下，而在现存史料不足以彼此参照时，我们还有客观分析这最后一招。只有把方方面面都想到，对相关主题有深厚的专门知识，我们才不至于因类比不当而误入歧途。事实上，就连奥韦特引用拉乌尔和雷诺的例子来反对普鲁士军队条令时也是在进行客观分析，但这样一来，他便落入了根本性的悖论。他不承认客观分析是一种基本史学方法，但他本人做客观分析时所用的事实却那么随便。这种半客观分析当然不可靠，只会带来谬误。在这种情况下，单纯复述史料还要更好些。通过奥韦特这个特例，我们能看得更加清楚。因此，我接下来要多讨论他的几个论点。首先是 8 个问题。

奥韦特引用的文章作者是雷诺，发表于 1893 年 7 月 29 日出版的大众期刊《自然》。当时，雷诺和奥韦特合著，由 M. 马雷（M. Marey）撰写导言的《行军方法论》（*Comment on marche*）（巴黎：亨利-查尔斯-拉沃泽勒出版社，188 页及之后）一书已经面世，对行军问题进行了详尽探讨。

在该书中，拉乌尔少校自称于 1889—1890 年冬季对第 16 步兵团的一个排进行了 3 个月的全面训练，使其在 1 小时 46 分钟内走完了 20.5 千米，休息 2 小时后又用 3 小时 5 分钟原路返回。每人携带配发的步枪、军刀、100 发弹药和口粮。道路并不平整。费伊将军（General Fay）视察了该排，未发现力竭迹象。

两天后，在科洛尼厄将军（General Colonieu）的观察下，该排在 80 分钟内携带野战装备完成了 11 千米越野，之后立即进行打靶训练并取得第一名的成绩。

其他单位纷纷效仿。事后 9 天，一位名叫费伊的少校致信拉乌尔称，他指挥的连用 45 分钟走完了 7 千米。

拉乌尔认为，在良好路面上，一支从容行军的部队走完两千米后就能达到每千米 5 分钟的速度，而且能保持这个速度好几个小时。

我的立论出发点，普鲁士军队跑步速度是每分钟 165 米至 175 米，因此 1 千米大约要用 6 分钟。拉乌尔还要快六分之一，与战马快步速度相当。

在这样的速度下，现代军人可以跑几个小时，雅典人怎么连9分钟都做不到呢？

但是，普鲁士体能训练条令为什么要禁止部队整装奔跑2分钟以上呢？

首先，拉乌尔少校取得的成绩是值得怀疑的。

他本人指出，如果部队日后能达到他承诺的行军和跑步速度，那对战事必将有不可度量的意义。常有人说战争是靠双腿赢得的，此语不无道理。现代步枪的发明不如45分钟内走完4.5英里（约7.2千米）而且能连续数小时、数日保持这个速度行军的士兵重要。如果拉乌尔的观念正确的话，那么当代所有的宏观战略思想就都要全盘改写了。那么，法军为什么没有采取拉乌尔的行军法呢？那可是百战百胜的不二法门。测试是在1890年进行的，而且据说有多位将军作见证。毕竟，发明者本人观察常常会有幻觉，人们不免会怀疑拉乌尔少校的成果中会不会有自欺欺人的成分。他的结果没有得到中立第三方的验证，而只有他本人和同僚的证词。

拉乌尔少校指挥的单位不是团，甚至不是连，而是一个只有34人的排，估计是从全团精选出来的。训练时长达3个月。

这样一支精英小队的成绩绝不能被视为大部队的标准水平。然而，这里的问题不是单纯的跑步，而是整个方阵要以秩序严整、战力不减的状态来到敌人阵前，因此，上气不接下气可是不行的。团队的表现不取决于跑得最快的人，而取决于跑得最慢的人。如果大家跑得太快，哪怕只有几个人跑不动掉队了，队伍没有散掉，但是从士气角度来看，局势已经是极其凶险。

阿里斯托芬（Aristophanes）在《和平》(*Peace*)（1.78n. 1171ff.）

中生动描述了一位出征上阵,结果在附近的树丛中被揪了出来,连武器都丢掉的士兵,还有一位吹嘘自己的紫袍是上好的萨迪斯(Sardis)货,其实是上阵时吓得尿了裤子染的,然后脚底抹油,当了逃兵的将军。每支军队中都有这样的胆小鬼,一旦有了喘不上气当借口,有几个人掉了队,他们的影响很快就会扩散到全军。就此而论,雅典人与其他民族并无区别。如果奥韦特以为他们的素质比现代士兵高,我们很容易就能表明实际情况恰恰相反。马拉松会战中的雅典军队是一支民兵,是由20岁至45岁的男性市民组成,其中只有很少一部分在操场上锻炼过。大部分人不住在城内,而在距离雅典一两日路程的地方,城外的人基本完全不锻炼。终日忙于生计的人——比如阿提卡农夫、渔民、烧炭工、陶工、雕工——通常既没有多余的时间,也没有力气保持跑步能力,上了岁数就更不用想了。即便是在学校里上过体育课的上层青年,他们的体能训练强度也不可与现代士兵同日而语;后者要经历几年的严厉管教,生活完全由体能和军事训练构成,必须完全遵守作息规律,不会彻夜狂欢,也不能有丝毫懈怠。不过,即便有人非要觉得古希腊体育水平相当高,那对民兵整体的意义也不大,评判民兵水平不能把特殊培训考虑在内。

  因此,通过对马拉松会战中的跑步情况进行真正的客观解读,我们只能得出拙作《希波战争与勃艮第战争》(第56页)的结论。普鲁士颁布的《步兵训练条例》(*Vorschriften über das Turnen der Infanterie*)规定(第21页):

  单次跑步和步行训练的时长不得超过下列标准:

不带装备：跑 4 分钟，走 5 分钟，跑 4 分钟。

带野战装备：跑 2 分钟，走 5 分钟，跑 2 分钟。

步频为每分钟 165 步至 175 步。

由此可得，带装备的情况下，一次连续跑步的最远距离是 350 步。中央军队体能训练学校校长曾亲口告诉我，他认为在携带野战装备且保持全部战斗力的情况下，士兵最多跑 2 分钟，也就是 300 步至 350 步。与此相关的一点是，希腊重装步兵的装备重量要比普鲁士步兵沉重得多（后者是 58 磅，前者是 72 磅）。而且，一支或可多达 1 万人的大军跑起来可比一支小部队难多了。

恺撒对法萨卢斯会战的记载正面证明（《内战记》3.92—3.93），哪怕是训练最精良的古代士兵也做不到更好。面对发起两倍距离冲锋——按照《内战记》(1.82)的说法，相当于 600 英尺至 700 英尺——的恺撒军，庞培命令部下坚守不动，等着敌人筋疲力尽。但是，恺撒的百战精兵注意到了对方的意图，于是中途歇息片刻，喘匀气息，然后继续进攻。参见斯托费上校（Colonel Stoffel）写的《尤利乌斯·恺撒传：内战篇》(*Histoire de Jules Cesar, guerre civile*)（11:339）。

3 著名战例[①]

（1）与波斯人的所有战斗一样，研究库纳克萨会战（battle of

---

① 选译自第二篇第 4 章。

Cunaxa）必须做的第一件事就是给兵力数字挤水分。波斯帝国是大帝国，所以波斯军队一定是大军的观念已经成为古希腊人的思维定式，就连色诺芬这样一位头脑清醒的思想家和讲求实际的军人也只是人云亦云，好像被催眠了似的。库纳克萨会战时，阿塔薛西斯据说有四路大军，每路 30 万人，其中战场上有三路。就连居鲁士麾下的 10 万军队外加 1.3 万名希腊雇佣兵的记载都有人提出了合理的质疑，如 L. 霍伦德（L. Hollaender）在《1793 年瑙姆堡宗座教堂预科学校年度报告附录》(*Beilage zum Jahresbericht des Domgymanasiums zu Naumburg*, 1793）中所述。其实参战兵力应该不多。

此战中，提萨弗尼率领波斯骑兵冲击重装步兵方阵侧面的希腊轻盾兵。轻盾兵给波斯骑兵让开了一条通道，等他们冲过来时从两面射击。波斯骑兵不敢冒险杀入方阵，尽管他们现在可以从后方发起进攻，而且在原本位于侧翼的居鲁士统领的波斯人部队逃跑后，他们也可以从侧面出击。希腊人担心遭到袭击，于是想将原本右靠幼发拉底河的阵形变成背对河水，以此掩护侧后方。这就需要旋转 90 度，对于已经展开的长蛇阵而言是非常困难的。我们不清楚如此转动的逻辑性和可能性何在，而且他们似乎并未付诸行动。

波斯军回到原有阵地集合，希腊军——不管波斯军是否有意进攻——再次发起进攻，一举将其击退。波斯军估计并没有奋战到底，因为他们的步兵早已离开了战场。否则，我们就不能解释波斯骑兵为何不攻击希腊侧翼。

与马拉松会战和普拉提亚会战相比，战况的重大变化一目了然。此时的希腊方阵由职业军官指挥的雇佣兵组成，比雅典公民组成的民兵要团结得多。公元前4世纪发生的种种事件让希腊人意识到了这一点,也赋予了他们士气上的优势。相应地,希腊方阵进入战场时昂扬自信,波斯人则相形见绌。最后,方阵还得到了高素质远程部队的辅助。因此,希腊步兵现在有了与波斯军打野战的能力。

上述因素也解释了他们为什么能退走。波斯军大概是有能力打败希腊军的,但他们可能不想蒙受太多损失,而且指望着希腊人会在卡尔杜齐山脉(Carduchian Mountains)中不战自溃。我们从中并不能得出希腊步兵优于波斯骑兵的结论。哪怕是50名上马作战的希腊人都不能吓退波斯人。前面已经提到过,色诺芬亲口说,阿格西莱与提萨弗尼意识到骑兵是不可或缺的,如果他想在野战中与波斯人较量的话(《希腊史》3.4.15)。

玛丽·潘科里图斯博士(Dr. Marie Pancritius)在毕业论文《库纳克萨会战研究》(*Studien über die Schlacht bei Kunaxa*)(1906年于柏林大学通过,导师为亚历山大·东克尔,Alex. Dunker)中成功否定了近年来许多学界提出的关于色诺芬和万人远征军的错误观点,但她并未推动我们对战略态势和战术状况的进一步认识,因为她的起始假设是错误的。

(2)色诺芬记载了阿格西莱与波斯骑兵的一场战斗(《希腊史》3.4.23)。他想用步兵来辅助己方明显弱得多的骑兵。为此,他让10名最年轻的重装步兵打头阵,接着是轻盾兵,最后是方阵主力,目的是不仅让轻盾兵,甚至重步兵也能迎击敌军骑兵。因为许多年纪比较大的人速度太慢,做不到这一点,所以能坚持跑步更长时间的年轻人就被派到了前面。

（3）诚然，关于公元前394年的科林斯会战，我们有色诺芬的记载（《希腊史》4.2）和其他几份记述，但凭借它们不足以得出正确的认识。两边都加强了右翼，通过包抄将敌军左翼击败。接着，得胜的拉西第梦军右翼转向左侧，接连打败了从追击中返回的敌军各队。

根据这段记载，我们必然要假定斯巴达军拥有卓越的纪律和秩序，取胜后没有松懈，而是完成了高难度的90度旋转（他们有6 000人），一举奠定胜局。但是，许多细节仍然模糊。

按照色诺芬的说法，科林斯、维奥蒂亚、雅典联军有1 550名骑兵，拉西第梦军只有600名；此外，联军的轻步兵也有很大数量优势。如果雅典军骑兵也多，轻步兵也多，试问拉西第梦重装步兵怎么可能包抄对方侧翼呢？柏拉图的《梅尼克齐努士》（Menexenus）（转引自格罗特）中写道，雅典人据说将战败归咎于地形（"因为他们所处的地面不平"*）。这或许能解释骑兵不出手的原因，但他们为什么要在优势骑兵不能发挥作用的地形交战呢？

据色诺芬说，联军还有2.4万名重装步兵，斯巴达军只有1.35万名。后者起初取得局部胜利时是用6 000人击败了3 600名雅典人（6个部落），其余部队则被击败，只有一小支别军除外。于是，现在就是2.04万名得胜的联军对抗6 000名得胜的拉西第梦军，联军据说被一支接一支地击败，最后全都败了。但这听起来不太可能发生，尤其是考虑联军还有骑兵的情况下，而且我们不知道骑兵之前的位置。另外，狄奥多罗斯（14.82.83）也记述了此战，说双方各有500名骑兵，但斯巴达军有2.3万名步兵，联军只有1.5万名步兵。因此，我们能得出的最好结论显然是战况的确切信息太少，不足以分析细节。

(4) 科林斯会战几周后，战败方为堵截从亚洲前来的阿格西莱，不得不在克罗尼亚（Coronea）再次列阵。这一次的双方兵力甚至在色诺芬笔下也是大致相当。我们对骑兵和轻步兵的动向还是一无所知，而且又是双方的右翼都取得了胜利。但与前一次战斗不同，得胜的两翼现在面对面展开了激战，战斗力极其顽强。底比斯军最终迫使阿格西莱部退到一旁，从而打开了撤退的通道，但也蒙受了惨重损失。色诺芬说，此战是"当代未有之事。"* 原因大概是后续交战异常激烈，因为正常情况下会有一方一触即溃。《阿格西莱传》（*Agesilaus*）中还描写了战后次日战场被鲜血浸染，敌我双方的尸体并排躺着，破碎的盾、折断的矛、只剩下刃的剑丢在地上，插在尸体上，或者握在死者的手中。

4　坎尼会战参战兵力与伤亡数字[①]

坎尼会战的罗马参战兵力通说为 8.6 万人，其中 6 000 人为骑兵。1 万人留在营中，所以就是 7.6 万名罗马人被包括 1 万名骑兵的 5 万名迦太基雇佣兵打败了。波利比乌斯、李维和阿庇安给出的数字大致相符。8 万名步兵有 8 个各 5 000 人的罗马军团和数目相当的同盟军。

直到最近，P. 坎塔鲁皮（P. Cantalupi）在收录于贝洛赫出版的《古代史研究》（*Studi di Storia Antica*）第 1 辑中的《罗马军团与汉

---

① 选译自第五篇第 2 章。

尼拔交战经历》(Le Legioni Romane nella Guerra d'Annibale) 一文中，才对上述数字提出了质疑。

坎塔鲁皮提醒我们注意一个事实：李维明确记载了另一则史料，即罗马在公元前216年并没有新建4个军团，而只是征召了1万名后备兵员。处理数字有一条通则，小的数字更可能为真。因此，尽管波利比乌斯说有7万名罗马人战死，但是坎塔鲁皮估计罗马军只有4.4万人。经过艰苦的比对，坎塔鲁皮得出的双方兵力是1.05万人对1.6万人。如果认可他的数字，这场会战就是另一番景象了。

但是，坎塔鲁皮给出的理由没有多少说服力。他相信，汉尼拔是凭借坎尼一战才令罗马人闻风丧胆的，这奠定了他在历史上的地位。坎塔鲁皮认为，罗马人之前一直没有动员超常的兵力。提契诺会战只是一场骑兵战，而在特雷比亚河会战中，罗马人成功撤军，并未蒙受惨重损失。在特拉西梅诺湖会战中，执政官是不慎遭遇奇袭的。独裁官法比乌斯只有区区4个军团，罗马舆论要求他凭借这些兵力打一场会战。因此，时人普遍相信在领导得力的情况下，4个军团就足以匹敌汉尼拔。当新任执政官率领援军抵达时，他们在旧寨之外另立新寨，拨一个军团和2 000名同盟军把守。由此可见，援军数目不会很多，因为除了这支分队，其余援军都在旧寨住下了。

与波利比乌斯的正面证词相比，这些论证的意义并不大。独裁官法比乌斯的战略证明，罗马人早在坎尼会战前很长一段时间里就认为汉尼拔是一个可怕的敌人了，而且如果说有一批反对派要求他出战的话，文献中也没说他们要求法比乌斯凭借4个军团出战。"主战派"很可能会要求独裁官先补充必要兵力，然后再战。此外，援军主要来自原有阵营这一点并非确凿无疑，罗马一方的阵营或许有所扩大，只是李维或他的信源认为没有必要提及。当然，李维给出了相差巨大的数字这一点仍然值得玩味，而且正如坎塔鲁皮指出的那样，幸存者中只提到4个军团的军士保民官。但考据结果总是表明，罗马兵力必定远远大于4.4万人。

为了让他的观点看起来可信，坎塔鲁皮还不得不大幅调低波利比乌斯记载的迦太基兵力。罗马不缺人力，不会在没有巨大兵力优势的情况下对汉尼拔发动决战，这是从一开始就很明白的。若非如此，坎尼战败根本不会令罗马惊骇；据波利比乌斯记载，执政官战前对部将讲话时特别指出，罗马人集结了两倍于对手的兵力。波利比乌斯给出的迦太基兵力（4万步兵加1万骑兵）源自公认的迦太基良史西勒努斯（Silenos），我们对会战全局的把握都归功于西勒努斯。西勒努斯有什么理由夸大迦太基兵力呢？如果我们必须假定罗马一方有8.6万人的记载也来源于他，那么，有人可能就会觉得，战况让通常极为谨慎的西勒努斯震撼不已，以至于同时夸大了两边的兵力。但阿庇安证明，8.6万人的数字源于他自己一方，也就是罗马人。接下来，我们还会细致考察迦太基军的构成，从而表明我们没有客观理由怀疑罗马军队的兵力数据。

如果汉尼拔军有5万人，那么罗马军就不可能只有4个军团。史书的正面记载——罗马出动了8个军团，且有盟友参战——当属无疑。当时，一个军团是5 000人，于是罗马方的步兵就有8万人。但是，我们不能将此数与迦太基5万雇佣兵直接比较。每个军团有1400名轻步兵，他们在战斗中只发挥次要作用。汉尼拔的8 000名巴利阿里雇佣兵（投石手）和轻盾兵无疑是训练有素、不折不扣的军人；2.24万名罗马轻步兵则完全缺乏作战技能，大部分在会战中毫无作用。波利比乌斯（3.72.2）明确记载，在特雷比亚河会战中，方阵正面有6 000名小规模作战的轻步兵。塞普罗纽斯（Sempronius）执政官如今手握4个军团，加上盟军，扣掉战损，至少还有1万名轻步兵。于是，他将一部分兵力留在了营中。特雷比亚河会战中的重步兵方阵宽度大概是1 000人左右。如果两翼各部署2 000名轻步兵的话，那么正面还有2 000人，也就是两排，轻步兵布阵不可能多于两排。坎尼会战中的方阵正面大概不会更宽——但取最大值的话，2 000人也不是不可能——于是，正面留给轻步兵的空间有2 000人，最多4 000人。两翼按分别有2 000至3 000人计算，我们可以比较有把握地说，实际参战的罗马轻步兵在8 000人上下，最多不超过1万人。方阵后方还有一批轻步兵执行抬担架或类似任务。余者留在营中。

据记载，留守部队共有1万人，包括常备的几千名重装步兵。重装步兵总数为16乘以3 600人，也就是5.76万人。据此，我估计罗马参战部队有5.5万名重装步兵、8 000名至9 000名实战轻步兵、6 000名骑兵，总计约7万人。

我们不清楚汉尼拔在5万人以外是否也有留守营地的部队，或者5万人是总数，实际参战兵力是扣除留守部队的。

我们估算兵力时没有计入罗马轻步兵，但伤亡数据里自然有他们一份。因此，8万步兵加6 000骑兵的基数中肯定要带上他们。据波利比乌斯记载，罗马军一方有7万人被杀，3 000步兵和370名骑兵逃脱，1万人被俘。1万名俘虏是留守部队，战斗中曾攻打迦太基军营，后来被围投降。但波利比乌斯语焉不详，通常很难正确解读。他的意思甚至可能是，留守部队以外还有1万人被迦太基军在战场上俘获，此说符合常理。要说罗马军大部已经阵亡，铺满战场之后，杀人都杀烦了的雇佣兵们依然不愿意饶过余者性命，以供奴役或索取赎金，这样的假设未免太不合理。

当然，这种解读方式与波利比乌斯给出的数字不符。他写下的7万人被杀显然是从战前的8.6万人中减掉约1万名俘虏，再减掉几千名逃兵和溃兵得出的。

但7万人被杀之说并无依据，因为可以肯定的是，罗马人用幸存者编成了两个满编军团，而且史料中专门说是罗马人军团。此外，当时肯定还有数目相当的盟军逃脱。因此，7万这个数字没有真凭实据，而是草率的错误估算，因此毫无价值。

据李维记载，罗马一方损失了4.5万名步兵和2 700名骑兵。尽管李维的权威程度总体上远不如波利比乌斯，但从各方面来看，他在此处记下的是真正可靠的官方数字。波利比乌斯声称罗马骑兵几乎全部阵亡，此说成立的可能性极小——其实根本就是不可能的。毕竟，他们不是被包围，而是被打退了。再说了，敌人甚至都没有追得很远或很卖力，因为迦太基骑兵主力很快就掉头去对付罗马军团了。因此，即使是2 700名骑兵被杀、1 500名被俘的数字也是相当高了，这也为李维笔下的步兵伤亡数目增加了几分可信度。

按照李维的说法，约有1.4万名步兵逃出活命；3 000人在战场上，2 000人在坎尼村，1.3万人在营中被迦太基俘虏，另有1 500名骑兵被俘。

加总上述数字，再考虑5 000人编制的军团不可能满员，可得下表：

步兵阵亡人数	4.55 万
骑兵阵亡人数	2 700
步兵被俘人数	1.8 万
骑兵被俘人数	1 500
步兵逃脱人数	1.4 万
骑兵逃脱人数	1 800
不详	2 500
总计	8.6 万

战前兵力：

参战重装步兵	5.5 万
留守重装步兵	2 600
参战轻步兵	8 000
阵后杂役轻步兵	7 000
留守轻步兵	7 400
骑兵	6 000
总计	8.6 万

因此，8.6 万人中有 2 500 人大概是失踪了。

5 "萨里沙"长度与队列间隔[①]

萨里沙长枪不仅见于马其顿，蛮族部落中也常见。色诺芬（《长征记》4.7.16）记载，沙利伯人（Chalybes）使用长达 15 埃尔

---

① 选译自第六篇第 1 章。

的长矛,莫叙诺依科伊人(Mosynoeci)的矛又长又粗,一个人都搬不动(5.4.25)。埃托尼亚人也使用萨里沙长枪(李维,38.7)。之后日耳曼各部中同样会看到它的身影。最后还有瑞士兵和国土佣仆,后文会对国土佣仆对长枪的用法作更准确的观察。

我们不清楚"sarissa"这个词是一贯专指长枪,还是原为枪矛类兵器的泛称,与众多其他名目(dory、lonche、aichme、kontos、xyston、akontion、saunion、hyssos、palton)并列,就像德语中那样(Spiess、Speer、Lanze、Pike、Ger、Gleve、Pinne)。斯特拉波(10.1.12 XC448)说:"枪矛有两种用法,一为肉搏,一为投掷;戟(pike)也是如此。后者可用于近战,也可掷出伤敌,"萨里沙"和标枪同样如此。"* 如果将这句话理解为"萨里沙"也可以投掷的话,那就不可能太长。

据狄奥多罗斯(16.3)记载,腓力二世国王创立了马其顿方阵。但他只说方阵以严密为特征,并未提到长枪,但方阵更加紧密的一个必然结果是枪的长度加大。假如腓力二世只是要求加密阵形,却依然使用希腊人的兵器,那我真是不明白他能占到什么便宜。希腊人常年以重装步兵攻伐,经验丰富,肯定早就得出了最佳的阵形密度。如果马其顿人将密度加大到单兵无力施展的地步,其意图必然是强调密集集团冲击或消极防御,这两者都需要使用比对手更长的枪。我们可以假定,12英尺(约3.65米)左右的枪仍然可以单手操用,或许14英尺(约4.27米)也可以,而且希腊人有时可能也会用这种长度的枪。克奈里乌斯·奈波斯(Cornelius Nepos)在《沙布雷传》(*Chabrias*)第1章中写道,这位雅典统帅"教士兵迎击敌军进攻时将盾牌绑在膝盖上,枪尖朝外"(obnixo genu scuto projecta hasta impetum excipere hostium docuit）。希腊重装步兵常用的枪肯定不会超过 8 英尺（约 2.44 米）长。

然而，我们不能肯定枪的实际长度，尤其是腓力二世和亚历山大时期。阿里安从未明言"萨里沙"是长枪，而且记述克利图斯（Clitus）之死时对该词的用法不包含"长枪"的含义。他写道，一份记载说亚历山大夺过一名副官的矛（logchen）捅死了克利图斯①，另一份记载说是夺过了一名哨兵的"萨里沙"。事后，有人说亚历山大懊恼不已，竟要冲向抵在墙壁上的"萨里沙"。如果"萨里沙"是长枪，这两件事都是不可行的，18 英尺至 21 英尺（约 5.49 米至 6.40 米）长的长枪是很笨拙的兵器，需要很大空间才能施展，找准重心也需要很长时间，在高朋满座的宴会厅里是用不了的。

据阿里安（3.6.5）记载，亚历山大死前不久接纳蛮族参军时，他"优先发放马其顿人的矛，而不是蛮族人用的标枪。"* 阿里安的信息来源没有用到"萨里沙"这个词，但在我看来，"马其顿人的矛"的用语表明各类枪矛的差别不大。

阿里安笔下似乎是用"萨里沙"一词来指代长枪的段落只有一处，那就是描述高加米拉会战中方阵突进时的场景（3.14）："紧密的马其顿方阵开始前进了，"萨里沙"在他们手中抖动。"* 但读到海达斯佩斯河一节时，阿里安又专门说方阵由持盾护卫组成（5.17.7），"他 [亚历山大] 向步兵发出闭合盾牌的信号，队形尽可能紧密，结成方阵发起进攻"*，于是，上一段似乎确证的结论又

---

① 克利图斯是亚历山大手下的一位将军，在一次酒宴上出言冲撞了亚历山大，于是被杀。

不成立了。波利比乌斯（4.64.6 及之后几段）甚至对轻盾兵使用了"闭合盾牌"和"以盾封阵"的说法。* 据克罗迈耶（Kromayer）在《古代野战》（*Antike Schlachtfelder* 2:321）中考证，珀尔修斯国王手下的轻盾兵装备的是"萨里沙"。

阿里安频繁提到（1.27.8；3.23.3；4.28.8）"轻装重步兵"（"装备较轻的重步兵"，"马其顿方阵中装备最轻的士兵"，"从方阵中选出装备最轻，但也最精良的士兵"）*，有时（2.4.3）又说重装重步兵（"凭借装备沉重的几排步兵"）*。说到底，方阵内部在其他武器装备方面的差别不会很大，他的意思大概主要是前排用的是顺手的短矛，其余人用的是笨重的长枪。

狄奥多罗斯的战记中找不到能确切推断出萨里沙方阵特征的信息。在描述海达斯佩斯河会战时（16.88），他写到了装备"萨里沙"的马其顿人是如何击倒了战象之间的印度步兵。我们通过阿里安（参见前文对海达斯佩斯河会战的分析）知道当时马其顿一方只有轻盾兵，没有步从，于是可直接得出结论：持盾护卫所用的枪矛也叫"萨里沙"。

狄奥多罗斯（17.100）为我们描述了雅典人迪奥科西波斯（Dioxippos）与马其顿人克拉格斯（Korragos）之间的一场单挑。迪奥科西波斯效仿赫拉克勒斯，只拿了一根棍子。克拉格斯先朝他扔去一支矛；迪奥科西波斯侧身避开："接着，前者拿平马其顿人的'萨里沙'，冲了过去，但等他靠近时，他的对手用棍子击碎了'萨里沙'。"* 此处的"萨里沙"无疑应理解为长枪。

亚里士多德的弟子，哲学家提奥弗拉斯托（Theophrastus）写的植物学手册中有一处注释（3.12.2）："茱萸树雄株最高可达12

埃尔,相当于最长的'萨里沙'。"提奥弗拉斯托死于公元前 287 年,他提到的历史事件最晚发生于公元前 307 年和前 306 年。因此,该书写于公元前 306 年至前 287 年,属于继业者时代。如果当时最长的"萨里沙"有 18 英尺(约 5.49 米)长,那么亚历山大和腓力二世时代的"萨里沙"应该就不会更长。但是,即便到了提奥弗拉斯托的时代,文献中依然找不到方阵步兵使用 18 英尺(约 5.49 米)长枪的记载。或许,这位哲学家提到"最长的'萨里沙'"时脑子里想的不是野战兵器,而是守城器械或者海战用具,这也是有可能的。我向植物学家求证过,当地的茱萸树(表面有节的齐根海恩手杖就是茱萸木材质)确实最高能长到 18 英尺(约 5.49 米)。因此,提奥弗拉斯托向我们证明:就连紧随亚历山大其后的继承者的方阵里也没有波利比乌斯笔下 21 英尺(约 6.4 米)长的长枪。

普鲁塔克《菲洛皮门传》(*Philopoemen*)第 9 章中介绍亚该亚人对"萨里沙"用法的段落不可用。按照他的说法,亚该亚人好像在菲洛皮门①之前根本没有真正的重装步兵似的。

克里昂米尼(Cleomenes)②据说曾在拉西第梦推行"萨里沙"(出自普鲁塔克《克里昂米尼传》第 11 章和第 23 章)。文中没说他们看中了"萨里沙"的什么优点,毕竟,拉西第梦人很难组成波利比乌斯笔下的那种方阵。在塞琉西亚会战中,恰恰是马其顿凭借其方阵和装备击败了克里昂米尼(第 28 章)。

---

① 古希腊贵族,公元前 207 年首次出任亚该亚同盟将军,采用马其顿方阵战术,于曼提尼亚会战中击败斯巴达。
② 斯巴达(拉西第梦)国王,前 235—前 222 在位,面对马其顿和亚该亚同盟的双重压力试图采取一系列措施挽救国家,但最终事败身死。

波利比乌斯对马其顿方阵的详细描述（18.28—18.32）造成了很多疑难：一是因为他给出的"萨里沙"长度——按规定是16埃尔，实际中是14埃尔——从实践角度看是不可能的；二是因为波利比乌斯既说罗马和马其顿军阵的每列宽度均为3英尺（约0.91米），又说一名军团士兵占据的宽度是一名方阵士兵的两倍。鲁道夫·施耐德（Rudolf Schneider）发表于《文献学周刊》第20期（1886年5月15日）的一篇大体观点正确的文章，以及埃德蒙·拉默特博士（Dr. Edmund Lammert）发表于《莱比锡皇家预科学校学报》1889年刊（*Programm des Königlichen Gymnasiums zu Leipzig 1889*）的《波利比乌斯与罗马战术》（*Polybius und die Römische Taktik*）一文给出了答案。

就列宽而言，波利比乌斯的两个说法中显然有一个必须抛弃。传统看法是一名方阵士兵占地3英尺（约0.91米），而军团士兵需要用剑，每人宽度为6英尺（约1.83米）。就连斯托费撰写的恺撒传中都采用了此说。但通过客观观察和全面史料考据，施耐德和拉默特清楚地证明这种看法是错误的。我早年反对过每人只占1.5英尺（约0.46米）的观点，因为一个人的宽度就有1.5英尺（约0.46米）左右，连拿枪的空间都没有。但经验告诉我，我的反对意见并不成立。承蒙柏林多家体育研究会支持，我得以利用其资源进行了一次"萨里沙"演练活动。我们首先在申霍尔茨（Schönholz）的大操场上摆出了一个方阵，每人手持一根长约20英尺（约6.1米）的长棍，然后试图确定在能够行军的前提下，阵形最多能紧密到什么程度。实验结果是，在长棍放平的情况下，每人占据宽度不到2英尺（约0.61米）的情况下仍然能轻松行进。长棍确实很难握持，但它们是由水分还很大、韧性相当强的云杉木制成的。当然,方阵士兵间隔为 1.5 英尺(约 0.46 米)的说法不必严格当真,尤其是野战条件下。不过,如果士兵训练有素,长枪由晾干的木头制成,那么在 1.5 英尺(约 0.46 米)的间隔下列阵行进就是完全有可能的。

我们又按照拉默特的提议,不给前排的人配最长的枪,而是配短枪,枪的长度逐排递增。实验效果好得出奇。第六排的枪尖都能透到第一排,全队行动灵便,甚至可以跑步走。

这次实验还彻底打消了佐尔陶(《赫尔墨斯》20:362)针对拉默特发表于《德国文学》杂志(*Deutsche Literarische Zeitschrift*)1890 年第 37 卷的文章提出的驳难。佐尔陶这样解读波利比乌斯的话:罗马军阵一开始的每列宽度为 3 英尺(约 0.91 米),但支队间的距离会在行进过程中拉大,然后在发起进攻的前夕散开队形,让每人占据 5 英尺(约 1.52 米)至 6 英尺(约 1.83 米)的宽度,从而填补支队间的空隙。按照佐尔陶的说法,波利比乌斯又一次提到 3 英尺(约 0.91 米)时没有把士兵本人算上("散开行进")*。如果我们掌握的证据只有波利比乌斯的记载,只看这段话本身,他的解释或许并非完全没有可能。但只要好好看看这种阵形,认真考察一番,便会发现它绝无现实可行性。列宽 3 英尺(约 0.91 米)的阵形已经相当松散,不能视为密集阵形了;列宽 6 英尺(约 1.83 米)更是完全谈不上凝聚力,为了预备进攻而行进间散开的做法更是纸上谈兵。因此,拉默特通过精心考察所有相关段落得出的解读方式还是可以认可的。此外,利尔斯在《古代军事组织》(*Kriegswesen der Laten*)第 45 页合理地指出,《伯罗奔尼撒战争史》(5.71)中的描述让我们对希腊重装步兵的密集阵形产生了混淆。

顺便说一句，拉默特认为波利比乌斯记述中的矛盾不是作者的错，我们看到的那段话出自他人之手。细节详见原文。

为了回应吕斯托和克希利的反对意见，即波利比乌斯笔下的"萨里沙"不能握持，因为重心太过靠前，拉默特提出了枪尾有金属配重的假说，我一开始也觉得有道理。然而，通过与最接近"萨里沙"的武器、瑞士人和国土佣仆使用的长枪——其实就是一回事——做比较，我改变了看法。德明（Demmin）在《武器发展史》(*Die Kriegswaffen in ihrer geschichtlichen Entwicklung*)第3版第779页提出，这种长枪长达7米至8米，"所以比5米至6米长的马其顿'萨里沙'长了2米至3米"。这些数字几乎可以肯定是错的。我们知道，"萨里沙"可长达24英尺（约7.32米），超过了7米，但德意志地区似乎并没有这么长的枪。文德林·博海姆（Wendelin Boheim）在《兵器手册》(*Handbuch der Waffenkunde*)一书的第319页写道，德意志长枪的"平均长度"为4.5米，最长可达5米。我们接下来会看到，博海姆把它们说得太短了。

这些古老的德意志长枪如今非常罕见，柏林兵器博物馆（Berliner Zeughaus）之前连一把都没有。不过，冯·乌毕申馆长（Director von Ubisch）在我的要求下获取了一件。此外，我还垂询了馆藏长枪数量最多的两家博物馆，位于萨尔茨堡的卡洛琳-奥古斯特博物馆（Carolino-Augusteum Museum）和位于苏黎世的瑞士国家博物馆，均得到了管理人员的热情回应。最后，本校植物学系同事、无薪讲师赖因哈特博士（Privatdozent Dr. Reinhardt）为我对木材类型的研究提供了有力协助。

柏林兵器博物馆的长枪长17英尺（约5.15米）；卡洛琳-奥

古斯特博物馆共有31件长枪，最长的一件略长于17英尺（约5.15米）；瑞士国家博物馆共有18件，最长的4件略长于18英尺（约5.4米至5.44米）。尽管它们比波利比乌斯所说的实战"萨里沙"还是短了3英尺（约0.91米）左右，但已经相当接近，可以从中得出结论了。

按照拉默特的计算，一根6.5米长（约14埃尔或21英尺），上部直径5厘米，下部直径3厘米，由晾干的白蜡木制成的"萨里沙"重量为5.6千克，另外还要加上铁制枪头的270克重量。步行握持的情况下，他估计配重应该有2.4千克。

我对松木、白蜡木、茱萸木做了同样的计算，结果与拉默特全都一样。白蜡木的比重是0.59，优质松木是0.63，茱萸木是0.81。因此，茱萸木是重得离谱的一种木材，但制造超长枪时也不会考虑用它。松木质地受土质影响很大，上等品种比白蜡木还要轻。不难推想，与瑞士一样，土壤贫瘠干燥的希腊也出产特别适合造枪的木材。不管马其顿人当年用白蜡木还是松木，区别都不会很大。再看木材强度，柏林的那支枪上下基本一样粗，平均直径为3.5厘米。萨尔茨堡和苏黎世的藏品都是中部强度最大。萨尔茨堡的长枪中部周长为13厘米，末端为8.5厘米，枪头处为7.5厘米，因此，中点直径略多于4厘米。苏黎世藏品里面强度最大的一把是中部直径4厘米，顶端3.1厘米，末端3.2厘米。博海姆（第312页）给出的直径是4.5厘米。因此，平均来看与拉默特的设想相符。然而，这些德意志地区的长枪全都没有配重，连末端的套筒都没有。只有瑞士国家博物馆的几支17世纪的短矛有配重。

因此，如果德意志人能握持无配重长枪的话，马其顿人应该也可以。前文提到的申霍尔茨实验也支持这一论点。

另外，这次实验给我感触特别深的一点是行军途中扛着长枪太别扭了，比平拿冲锋还麻烦。

6 罗马兵役[①]

对于罗马兵役的发展过程，我与当前主流观点有几点重要分歧。我认为当罗马最初还是一个小国时就实行了最严格意义上的普遍兵役制，而主流观点认为兵役是逐步扩大的，直到布匿战争时期才达到普遍兵役制。按照主流观点，最初财产不满1.25万阿斯（或1.1万阿斯）者均无须服役，后来下调到4 000阿斯乃至更低，最穷的人要到船上服役。而在我看来，既然普遍兵役早已实行，那么上船服役就不是从无到有、专门为穷人创设的项目，反而是为富人免除了原有的义务。凡是财产达到4 000阿斯都只需参加陆军，无须上船服役。然而，这绝不意味着下层民众无须参加陆军。罗马在坎尼会战后甚至编成了两个奴隶军团，这就是明证。假如罗马还有一大批可供征召的公民，自然就不必采取如此极端的权宜措施了。如果是那样的话，他们肯定宁愿将武器发给公民，而让奴隶去划桨。这种看法很贴合波利比乌斯的记述（4.17.1—4.17.3）。他说，46岁以下的所有人都有从军义务，"除了财产不足400德拉克马者；这些人都要上船服役"*。在波利比乌斯写下这些话的2世纪，罗马只需要一部分应服兵役者参军，通常是很小一部分。对陆军而言，

---

① 选译自第六篇第2章第1条。

大部分情况下志愿兵应该就够了。富人无须服役，或者能争取到优惠条件。对水手和划桨手这样不受欢迎的岗位，征兵只得更加严苛。因此，入选者以无产者为主。波利比乌斯给出的 400 德拉克马（合 4 000 阿斯）估计不是法定界线，而是行政措施，是根据情况调整的元老院命令。于是，尽管波利比乌斯说界线是 4 000 阿斯，但格利乌斯（Gellius）把无产者（1 500 阿斯）和赤贫者（capite censi，字面意思是按人头算的人，引申为只有身体，没有任何财产的人）也算了进去。底层公民（aerarius）在第二次布匿战争期间也要服兵役——蒙森正确地认识到了这一点（《罗马公法》3:252）——李维的几处记载（24.18；27.11；29.37）也给出了直接的证明。这些记载完全可信，没有留下任何疑点。如果底层公民身份与法定免役权挂钩的话，作者们的意思完全不可能是人们一边被打成底层公民，一边被送上战场，也不可能是监察官威胁要将全体公民划为底层公民。

主流观点与我的看法有一点相近之处，它承认在紧急和例外情况下，当局会无视阶层和人口调查数据征兵。用蒙森的话说，马略改革的要义就是将非常手段变成了常规措施。在我看来，这种权宜手段是不可行的：（1）因为我相信自己已经证明，哪怕是在早期，罗马也不存在基于"阶层"的兵役界线；（2）因为无论如何，第二次布匿战争从头到尾都在实行普遍兵役制，它已经成为法律观念的一部分，所以我们难以设想这种义务——或者权利，随你怎么称呼——会重新局限于上层公民。陆军的社会地位确实比较高，因为无产者主要上船服役，而且能否配齐装备可能也有一定的作用，太穷的人是不能直接充任重装步兵的。但是，如果一名无产者首先以杂役身份参军，然后以受过训练、守纪律的老兵身份再次申请参军，我们自然不能认定他当不成重装步兵。

如果罗马确实存在普遍兵役制，那么它在整个2世纪的贯彻显然是非常松懈的。2世纪的罗马人口数从24.370 4万增长到了33.745 2万（公元前164—前163年），因此，每个同岁人群至少有1万至1.5万人。常年征召的陆军由4个军团组成，也就是1.8万至2万人。可以肯定的是，大量——很可能是大部分——参军者会坚持服役16年、20年乃至更久。有鉴于此，平常每年最多需要征召1 000至2 000人，换言之，并非所有应服兵役者都要入伍，实际征召比例只有十分之一左右。参加10场战役才能出任公职的规定早就沦为具文。然而，在这样一个尚武的国家，有意从政者肯定要有军队经历。除了钟爱军旅本身的人，无疑还有不少年轻人出于政治考虑，愿意在军中度过几个夏天。因此，罗马很容易找到既愿意从军，也有战斗力的充足兵员。当然，在西班牙与努米底亚人交手的那场无功之战中，据说军官和士卒都很难找到人，这进一步证明定期按额征兵已经不是常事了。

波利比乌斯（6.19）写道，全体应服兵役的罗马人每年都要到罗马城集合应征（"如果他们打算参军入伍，就会在全体适龄罗马人必须出席的年度集会当日公开宣告"）*，选人由部落各自进行，然后分配到各个军团。

他描述的是理想情况，实际过程肯定有所不同。应服兵役的罗马人总共有15万至20万人，不可能每年在同一天从意大利各地汇集到首都。

因此，我们必须这样设想：为了满足需求，各个部落要分别提供兵员。不会核查有哪些人没到，也不存在全体适役者出席的大

附注选译

会。凡是需要更多兵员且志愿兵不足时,当局才会真正执行征兵,从应服兵役者中择丁入伍。实际操作方式未知。不管怎么说,肯定不是先让所有应服兵役者聚集到罗马城,挑出最适合从军且可以放下其他事务的人,再从他们中间抽签决定人选,也不是直接征召最年轻的一批人。部落内部大概会先进行初筛,圈定合格人选,这样真正去罗马应征者的数目就比较可控了。

上述论点可以与主流观点相协调。但重要的问题依然是:到了2世纪,罗马军队的新兵来源是基本局限于中产阶级子弟,还是说它已经变成了一支事实上的职业军队,只是保留了一定的市民—农民色彩(海军会征召无产者入伍)。如果是前者,那么马略改革就是彻底改换了军队的基础,开创了前所未有之举;如果是后者,改革不过是为既成事实赋予了一套规范,市民—农民色彩并没有完全被扫除,甚至马略都没有这样做,而只是逐渐消亡。

我的观点是基于流传下来的人口和兵额数据,但它与一则史料不相吻合。这则史料是主流观点的有力基础,至今仍被视为真正理解罗马军制史的一块基石。它就是撒路斯特乌斯(《朱古达战争》第86章)对马略军事改革的记述:"他自行征募兵士,但不是像祖先那样按照阶层征募,而是允许任何人自愿参加军队,大部分是无产者。"(Milites scriber, non more majorum neque ex classibus, sed uti cujusque lubido erat, capite censos plerosque)。按照字面和自然的理解,我们只能得出一个结论:直到当时,征兵还是分阶层的——也就是古老的塞尔维乌斯财产分等法——无产者无须服役。人们早就认识到这种理解是不正确的。波利比乌斯当然也知道,根本没提分等征兵的事情,只是说财产不满4 000阿斯者要上船服役。有人提出一种解释，认为塞尔维乌斯最初规定的第五等资格已经从 1.25 万阿斯降低到 4 000 阿斯，撒路斯特乌斯的意思不是按照 5 个不同的等级征兵，而是将"等内公民"算作一边，将无产者算作另一边。

我认为这是歪曲文意。撒路斯特乌斯确实相信自己说的话，也就是直到马略时代，按照塞尔维乌斯五等法征兵的制度仍有残余，但是，尽管按照塞尔维乌斯五等法征召的士兵数目可能很少，但按照公元前 179 年创立的分等法征召的士兵同样少。撒路斯特乌斯不过是和西塞罗一样生活在由论述古代罗马制度的"塞尔维乌斯国王评论"营造出的幻觉中，他思索古代制度为何会变成今日这样，它是在什么时候、什么情况下灭亡的，而他找不到别的答案，只能认为是马略干的；当然，马略时代确实发生了一场重大变革。这种错误有可能出现在史学名家的作品之中，我马上就能举出几个显著的例子。

所有人都相信海因里希·冯·西贝尔（Heinrich von Sybel）[①]或者海因里希·冯·特赖奇克（Heinrich von Treitschke）是普鲁士军队发展史的行家。只要两人都认同的观点，后人就会认为质疑它是放肆之举。但是，两人都认为弗雷德里克·威廉一世时期就有普遍兵役制的思想了，尽管我们都知道，普鲁士直到弗雷德里克·威廉三世[②]在位的民族解放战争时期才实施普遍兵役制。西贝尔在《德意志帝国创立史》（*Begründung des Detschen Reiches* 1:32）中将

---

① 德国历史学家（1817—1895），普鲁士历史学派的创始人之一，著有《1789—1800 年革命时代史》等书。
② 弗雷德里克·威廉一世，人称"士兵王"，1713 年至 1740 年在位，他的儿子就是著名的弗雷德里克二世（又称"腓特烈二世"）。弗雷德里克·威廉三世于 1797 年至 1840 年在位。

1733年的分区征兵法令称作"通往普遍兵役制的第一步"。特赖奇克在《德意志史》(*Deutsche Geschichte*)（1:75，另见153）中认为，早在弗雷德里克大王时期，"民族结构的支柱之一，普遍兵役制就开始隐约可见"。就这一点而言，我们甚至能确定错误的来源。马克斯·莱曼（Max Lehmann）在早期著作《克内泽贝克与舍恩》(*Knesebeck und Schön*)（第284页）中写道，弗雷德里克·威廉一世"已经看到了普遍兵役制的观念，即便不是洞若观火，至少一半照亮"。这句评语在当时造成了深刻的影响；西贝尔和特赖奇克当然是相信只要复述一遍就够了，但因为表述的缘故，他们犯的错误要比原文严重得多。没有什么能比马克斯·莱曼本人的近著更让人们认清了这一点。他的《沙恩霍斯特传》(*Scharnhorst*)一书的基本观念是，普遍兵役制不仅不是旧普鲁士军制的延续，反而是整个旧普鲁士国家的对立面。弗雷德里克·威廉一世的目标是尽可能明确地区分平民身份和军人身份。在他眼中，普遍兵役制的含义与当时列国——法国、奥地利、俄国——既有的观念没有任何区别，也就是统治者有权任意征召臣民当兵。但我们今天理解的普遍兵役不只是一种抽象的原则，更是一套普鲁士——只有普鲁士一国——从1813年来推行的现实制度。

按照这个词的另一个含义，我们必须说法国和奥地利在1870年之前就实行了普遍兵役制，这不过是文字游戏罢了。但是，西贝尔和特赖奇克这样的大学者正是被这种可能产生的歧义蒙蔽——假如有人提醒他们，两人自然会马上意识到错误并大方承认。

希望读者原谅我冗长的说明，但上面的类比具有极大的方法论意义。写作本书的过程中，我发现自己屡次陷入这样的境地：按照批判分析，我不得不驳斥古代作者对本国战绩兵制的明确记载，比如希罗多德所说的雅典军在马拉松会战中一路跑了8道的距离，比如李维对支队战斗的描述，比如修昔底德记录的雅典公民数目，现在又有撒路斯特乌斯对罗马征兵情况的记载。不管我认为自己的结论是多么坚固可靠，但我有时还是不免担心，高耸的塔楼能不能经得起所有驳论的风暴，于是，我会努力用坚不可摧、如磐石一般的事实建成扶壁，支撑我那如同哥特式大教堂的轻薄墙壁的理论。

李维（10.21）中的记载也表现出了后人对最初的分等级制度的认识：公元前295年高卢人入侵，令罗马人惊恐不已之际，当局在森提努姆会战（battle of Sentinum）前下令"征召所有等级从军"（omnis generis hominum dilectum haberi）。另外，奥罗修斯《反世俗的世界史》（4.1.3）中引用李维的话，说公元前280年皮洛士逼近罗马时，罗马编成了两个由无产者组成的军团。据说，为了给国家生产后代，无产者一直住在城里。

注　释

第一篇　希波战争

1　史籍记载中希腊军队的兵力

1. Beitzke, *History of the German Wars of Liberation* (*Geschichte der deutschen Freiheitskriege*), Vol. 1, Appendix. Bernhardi, *Memorable Events in the Life of Toll* (*Denkwürdigkeiten aus dem Leben Tolls*), Vol. 3, Appendix.

2. Pertz-Delbrück, *Life of Gneisenau* (*Leben Gneisenaus*), large ed., Vol. 4, Appendix; small ed., 2d printing, 2:19.

3. Delbrück, *Persian and Burgundian Wars* (*Perser- und Burgunderkriege*), p. 157.

4. P. Bailleu in the *Deutsche Rundschau*, December 1899.

5. von Lettow. *The War of 1806 and 1807* (*Der Krieg von 1806 und*

1807).

6. Compare "Mind and Mass in History" ("Geist und Masse in der Geschichte"), Preussische Jahrbücher 147 (1912): 193.

7. R. Adam, in his dissertation "De Herodoti ratione historica quaestiones selectae sive de pugna Salaminia atque Plataeensi" (Berlin, 1890), shows that the army strengths and number of ships given by Herodotus are based on an estimate table that removes from them any residual element of credibility.

2 希腊人的装备与战术

1. Adolf Bauer, Section 40, says three meters. On this point, see also below, the study on the *sarissae*.

2. H. Droysen, *Army Organization* (*Heerwesen*), p. 24, cites several passages in which the harness is not named as a piece of equipment for the Spartans and considers it possible that they, in contrast to the other Greeks, did not wear any. That would be a far-reaching difference. Nevertheless, this opinion is certainly incorrect. Droysen himself cites a passage from Tyrtaeus in which armor is expressly named, and if one were inclined to conclude from the passage in Xenophon's *Anabasis* 1.2. 16 that Cyrus' mercenaries wore no armor, that would also have to apply to all the Greeks represented among them.

3. H. Droysen, *Heerwesen*, p. 171, footnote, recommends using the word *phalanx* only with respect to foot soldiers armed with the *sarissa*,

whose particular combat position consisted in the "closeness of their formation in comparison with those in the rear." * I believe in holding fast, however, to the expression that has become quite common, which I think I can best establish with the definition given above. The basis therefore will gradually emerge as our study progresses. Droysen himself shows that the Greek usage is very indefinite and has varied.

4. The account of Isocrates (*Archidamus*, p. 99), which says the Spartans had conquered the Arcadians at Dipaea in *one* rank, which Duncker, 8:134, accepted, has been justifiably rejected by Droysen, p. 45, and Adolf Bauer, p. 243 (2d ed., p. 305), as rhetorical exaggeration. Droysen, with equal justification, also rejects the two ranks of Polyaenus 2. 1. 24.

5. Lysias, *Mantitheus* 16. 15. The speaker, Mantitheus, boasts: "There was an expedition to Corinth, and everyone knew ahead of time that it would be a dangerous undertaking. Although some were shirking back, I arranged it so that I might fight our enemies in the front line. And our phyle had the worst luck and suffered the worst losses among its own men. I quit the field later than that excellent man from Steiria who has been accusing everyone of cowardice." * For this fine quotation I am indebted to the book *Warfare of Antiquity* (*Das Kriegswesen des Altertums*), by Hugo Liers, p. 46.

6. Concerning the combination of Spartiates and Perioeci in the same military formation, see Bauer, paras. 18, 19, and 23, and, now at the center of a lively controversy, Kromayer, *Klio* 3 (1903): 177

ff, and Beloch, *Klio* 6:63. On this occasion the following splendid evidence of the importance of the first rank has come to light. Isocrates, *Panathenaicus* 180. 271, writes: "For in the campaign that the king led, they arranged them man by man in rank with themselves, and they also stationed some men in the first rank." *

7. Xenophon, *Cyropaedia* 6. 3. 25. For further information on this point, see below, Book II, Chapter V.

8. Xenophon, *Hellenica* 6. 2. 21.

9. Thucydides, too, reports that the Lacedaemonians, specifically, did not normally carry the pursuit far (5. 73). Helbig, "On the Original Period of the Closed Phalanx" (Uber die Einführungszeit der geschlossenen Phalanx") *Sitzungs-Bericht der Bayerischen Akademie 1911*, believes, based on insufficient sources, that the Chalcidians formed the first phalanx.

3 希腊军队的实际兵力 无

4 波斯军队

1. Verse 25: "Those who subdue with the bow, and the horsemen"*

Verse 82: "He leads spear-subduing Ares against men famed for the spear."*

Verse 133: "Whether it is the drawing of the bow or the strength of the spear-headed lance that has prevailed."*

注　释

Verse 226: "Is it the bow-stretching arrow that is strong in their hands? Not at all: they have lances for close fights and shields to use as armor."*

Verse 864: "Those who subdue with the bow."*

Herodotus says the same thing in 9. 18 and 9. 49. Also a consecration formula of Simonides (fragment 143, Bergk) states: "These bows which are now finished with tearful warfare lie under the roof of Athena's temple; often, mournfully, in the melee, they were bathed in the blood of the man-destroying horsemen of Persia."*

Likewise, fragment 97, Bergk, p. 452. Colonel Billerbeck in his study "Susa" calls attention to the fact that the reliefs show the principal weapon of the Iranians to have been not the bow, but the lance. Not only the specific statements of the Greeks, but also, as we shall see, the course of events, point indisputably to the bow. We must leave it to the specialists to clarify the reliefs.

2. Herodotus 7. 61 and 9. 22.

3. The nature of the Persian Empire as a feudal nation has recently been studied and described still further by Georg Husing in an essay "Porusatis and the Achamandish Feudal System" ("Porusatis und das achamanidische Lehenswesen"), *Berichte des Forschungs-Instituts für Osten und Orient in Wien*, Vol. 2, 1918.

4. "The Persians were not inferior in either courage or bodily strength, but being unarmed and untrained, they were not the equals of their enemies in respect to skill"* (Herodotus 9. 62, on the battle of

Plataea).

5 马拉松会战

1. The passage reads: "Sub montis radicibus acie regione instructa non apertissima proelium commiserunt, namque arbores multis locis erant rarae, hoc consilio, ut et montium altitudine tegerentur et arborum tractu equitatus hostium impediretur, ne multitudine clauderentur." ("The line was drawn up at the base of a mountain, where the plain was not totally open—for there were trees here and there in many places—ana they joined battle. Their plan was to protect themselves by the height of the mountains, and to keep the enemy's cavalry back, impeded by the scattered trees, so that they themselves would not be overcome by the enemy's superior numbers.") Instead of "arbores rarae,"A. Buchner (*Corn. Hepotis vitae cum Augusti Buchneri commentario.* Francof. a. Lipsiae, 1721) has proposed that one should read "stratae," which is actually more appropriate, but is no longer necessary, since one reads, instead of "nova arte, vi summa," "non apertissima."

2. Lieutenant General von Quistorp, *Supplements to the Military Weekly* (*Beihefte zum Militär-Wochenblatt*) 1897, p. 186.

3. Even a phalanx of professional soldiers, such as the mercenaries of Cyrus, is incapable of moving forward in orderly fashion for a considerable distance at a run. "They shouted to one another not to run headlong, but to pursue the enemy in order,"* Xenophon tells us in

注 释

Anabasis 1. 8. 19.

Caesar, in *Bell Gall*. 2. 18 ff., recounts how the Nervii, suddenly attacking his soldiers, rushed 200 paces down a hill, across the 3-feet-deep Sambre, and then stormed up a hill. That is a very great accomplishment, but it does not permit a comparison with Marathon, since (1) the Gauls were not, under any circumstances, as heavily armored as the Athenian hoplites, (2) the run was broken up by the fording of the river, (3) the entire distance is not mentioned at all, and (4) the Gauls, falling on the Romans as they were digging in, did not need to rely on their own tactical alignment.

In *Bell Gall*. 3. 19, the Gauls suddenly attack a Roman camp and cover 1,000 paces—8 *stadia*—with a great run ("magno cursu"). They arrive so exhausted and breathless that they cannot cope with the Romans, who make a sally, and they immediately take flight. Of itself, however, this incident is not conclusive, since the run was uphill and the Gauls were carrying fascines. One might also well question whether the 1,000 paces were covered at an uninterrupted, actual run, since it was not a question of an ordered phalanx, in which all must move at the same tempo if no disorder is to occur, but rather of an unaligned mass, in which a man who runs short of breath can slow down for a while.

4. A brook divides the Vrana valley into two parts. Although it is not really deep even today, it nevertheless necessarily had a considerably disruptive effect on the advance of a closed and well-ordered phalanx. Possibly Miltiades did not have the valley narrowed on both sides by

abatis, but blocked off one side completely, from the mountain to the brook.

5. Cyrus speaks as follows in the *Cyropaedia* 5. 4. 44. "To move forward and to move laterally are not the same. For the man moves forward who is of such a mind as to believe that he is best able to fight— on the other hand, one has to move by laterally with an extended column of wagons and a long-drawn-out pack train. The whole formation, however, must be covered by armed men and the pack train must never appear to the enemy to be unprotected. Necessarily, then, in such a movement the armed part of the formation is disposed thinly and weakly."

6. In Polyaenus 2. 2. 3, there is a description of how Clearch led the Greeks into the attack at Cunaxa:"He led the phalanx at the march to a point opposite the troops, astonishing the barbarians with their good order. And when he was almost within range of the missiles, he gave orders for the men to run, so that they would not be hit by the missiles."* And similarly Diodorus. The fact that this description is not at odds with that of Xenophon, according to which the phalanx spontaneously broke into a run, is effectively presented by G. Friedrich, *Neue Jahrbücher fur Philologie* 151:26. Paul Reichard, writing in *Deutsche Rundschau* 12 (September 1890): 426, reports that Stanley claimed in his book to have shot far .beyond 200 meters with an African bow. Reichard goes on to say that that was, at the least, an exaggeration. He himself had once engaged in a contest with Watusis, the best bowmen of East

注 释

Africa, in which the strongest one had shot only 120 meters, or 160 paces, while he, Reichard, had shot seven paces farther. In like manner, Lieutenant Morgen once reported, in a lecture about Cameroons, that the arrow shot from a bow reached in certain conditions a distance of 150 to 180 paces. Nevertheless, the Asiatic bows, according to the research of Luschan ("On the ancient bow" [Uber den an-tiken Bogen,"] *Festschrift für Benndorf*, 1898, and in the *Verhandlungen der Berliner anthropologischen Gesellschaft*, Session of 18 February 1899), were much better than the African ones, and the very best ones, the making of which required many years, shot an unbelievably long distance. Strabo, 14. 1. 23, reports that Mithri-dates shot an arrow from the roof of the temple of Ephesus and decreed that the free area of the temple, which up to that point extended a *stadium*, would extend thenceforth to the range of this shot, which, as Strabo says, went a little farther. At any rate, Mith-ridates had the best bow and was an excellent marksman, and if he did not considerably exceed a *stadium* in distant—that is, high-angle—shooting, then a low-trajectory shot certainly did not exceed 200 to 240 paces. A recently published epigram from Olbin praises the archer Anaxagoras for having been able to shoot 280 *Master*, or 521.6 meters (*Literarisches Centralblatt* [1901], Column 887). Naturally, for a large army only a performance of lesser quality comes into consideration. Vegetius estimates 600 feet; Jähns, *History of the Development of Ancient Offensive Weapons* (*Entwicklungsgeschichte der alten Trutzwaffen*), p. 281, "up to 250 paces for low-trajectory shooting, 400 for high-angle shooting." More modern investigation by Paul Reimer, "The Bow"("Der Pfeilbogen"), *Prometheus*, No. 944, 20 November 1907.

6 温泉关会战

1. Because of the most recent enlargement of armies, this thesis must be modified. With the gigantic masses of the standing armies that are now available, even long mountain ranges can be so closely occupied that they cannot easily be penetrated. In this way we succeeded for a long time in the winter of 1914-1915 in holding the Carpathians against the Russians.

2. Livy 36. 30.

3. Diodorus, 2. 6, from Ctesias.

4. Plutarch, *Themistocles*, Chapter 7.

7 阿提米西安海战

1. Plato, *Menexenus* 11. Aristophanes, *Lysistrata*, verse 1250. Later they also placed on the foothill a victory monument whose inscription has come down to us through Plutarch.

2. Concerning the construction of the triremes, see Hauck *Zeitschrift des Vereins deutscher Ingenieure*, 1895; A. Tenne (engineer), *Warships in the Days of the Ancient Greeks and Romans* (*Kriegschiffe zu den Zeiten der alten Griechen und Römer*), 1916. Review by Voigt, *Die*

Literarische Zeitung, 29 (1917): 932.

3. It is perhaps well to recall that not only large land armies but also large fleets are hard to maneuver. The complete fleet with which the Athenians moved to Sicily in 415 B.C. was 134 triremes and 2 penteremes strong, and had in addition 131 cargo ships and a number of volunteer trading vessels. This fleet did not sail as a single squadron, but was divided into three divisions,"so that they might not, by sailing together, be wanting water and ports and provisions when they landed, and so that they might, in other matters, be more orderly and easy to control, being assigned to a commander according to set divisions"* (Thucydides 6. 42).

8　萨拉米斯海战

1. Berlin dissertation, 1914. R. Trenkel, publisher.

2. By the nature of Herodotus' account, it is naturally not impossible that a large portion of the overall account has been lost without leaving any trace. Nevertheless, it is very unusual that we hear nothing at all about why the large Persian army, during the fourteen days it camped in Attica before the battle, did not also occupy Megara, which, after all, lay in front of the isthmus and its wall. A logical explanation would be that the Spartiates, with the army of the Peloponnesians, to the extent that they were not digging in on the isthmus, were occupying the passes leading from Attica to Megara and that Xerxes, unlike his action

at Thermopylae —precisely because of his experience at Thermopylae— did not attack because he wanted to do away with the fleet first. Under those circumstances, it is all the more likely that a part of the Greek fleet could have been on the beach at Megara. It is, of course, obvious that this construction is in direct contradiction to the historical narrative.

3. All kinds of conclusions have been proposed as a result of the fact that Xerxes returned by land, while sending his children home with the fleet. For such details, however, so many varied reasons are imaginable that there is little purpose in going deeply into the matter.

9 普拉提亚会战

1. Herodotus 9. 32.

2. Berlin dissertation, 1907.

第二篇 鼎盛时期的希腊军队

1 伯罗奔尼撒战争之前的希腊战术

1. Not until the Peloponnesian War did the Spartans create cavalry and archer units, in order to defend their land against the Athenians, who would quickly attack from the sea, now here and now there. (Thucydides 4. 55.)

2 See Bauer, Section 52.

3 Wernicke, in *Hermes* 26 (1891): 51, states the opinion that the Athenian citizens who served as "bowmen"* had come from the poorer classes.

4. Xenophon, *Hellenica* 1. 2. 1. Thrasylus is sent out with a fleet and equips five thousand of his sailors as peltasts.

2 伯利克里战略

1. Athens lost 4,450 hoplites and citizen-cavalrymen; in addition, on each trireme at least a few Athenian citizens as officers. The entire expedition, with all its logistical support, can be estimated at 60,000 men.

3 雇佣兵

1. Böckh, *National Economy* (*Staatshaushalt*), 1: 152, 340 (3d ed.). The wages varied between 4 obols and 1 drachma (6 obols) per man; for the hoplites, therefore, 2 drachmas, 1 for the warrior and 1 for his servant, including ration money. When the humorist Theopomp says that a man could feed a wife on 2 obols and that he could be completely happy on 4, he probably means the base pay aside from the ration allowance, which was, where needed, provided by 2 additional obols. At the time of Aristotle the Athenian *ephebi* received 4 obols daily,

their instructors 1 drachma. *State of the Athenians* (*Staat der Athener*), Chapter 42.

2. Nöthe, *Federal Council, Federal Taxes, and Military Service of the Delhi League* (*Bundesrat, Bundessteuer und Kriegsdienst der delischen Bündner*), Magdeburg Program, 1880. Guide, *Military Procedures of the First Athenian League* (*Kriegsverfahren des ersten athenischen Bundes*), Neuhaldensleben Program, 1888.

3. Speech of Nicias, Thucydides 6. 68: ". . . Against men that meet us in a mob and are not picked men as we are, and even against Sicelots, who, on the one hand, despise us, but yet do not stand their ground against us, because their skill is less than their daring."*

4. Xenophon, *Hellenica* 1. 6. 24. The Athenians decided to move out with 110 ships, "putting aboard every one of military age, whether they were slave or free. Even many of the knights went on board."*

5. According to a report contained in Polyaenus 3. 3, Tolmidas, when he was once supposed to move out with 1,000 hoplites, was joined by 3,000 volunteers. Two passages in Aristophanes seem to contradict this. In *The Knights*, verse 1369, Demos expresses the wish that men will no longer be excused from hoplite service by favoritism, and in *Peace*, verse 1179, an individual is very unhappy because he finds that he is suddenly once again called up for service, and he complains that in general the country people are oppressed in this regard, while the city dwellers are given the preference. It is clear, therefore, that at that time (424 and 421 B.C.) the army levy had not yet become a purely voluntary,

reimbursed service.

6. In Aristotle, *On the State of the Athenians*, Chapter 24, where he explains that the mass of Athenians lived from the state (by virtue of the taxes of the allies), it is also said that the city maintained 2,500 hoplites. It is not easy to say how we should interpret this. There can be no thought of a standing army. The *peripoloi*, who had a strength of about 2,000, can hardly be meant here. Perhaps there existed an arrangement whereby 2,500 men were to keep themselves in a special degree of readiness at any given moment, were occasionally assembled, had to drill, and received a small reimbursement. It can hardly have been otherwise, at any rate, with the 1,200 cavalrymen and 1,600 archers whom Aristotle mentions in the same line. Beloch, in *Klio* 5: 357, expressed the conjecture that it must simply have been 12,500 instead of 2,500, and, in the end, that seems to me to be the most logical solution.

4 公元前4世纪对原有战术体系的完善

1. Herodotus 1. 61. The mercenaries of Pisistratus seem, in fact, to have been not Greeks but Scythians. Helbig, *Sitzungs-Berichte der Münchner Akademie* 2 (1897): 259. A military review by Pisistratus or Hippias on a dark-figured bowl.

2. Herodotus 3. 39.

3. Thucydides 5. 57. 2. Xenophon, *Hellenica* 3. 5. 24.

4. *Hellenica* 3. 4. 15: ". . . Unless he procured a sufficient cavalry

force, he would not be able to campaign in the plains; he therefore took it to mind that one should be provided, so that he would not have to fight the war shirkingly."*

5. Adolf Bauer, para. 47.

6. Diodorus, Book 10.

7. "On Machines and Their Names" ("Ueber die Konstruktionen und Namen"), Bauer, para. 58.

5　色诺芬理论

1. Xenophon, *Hellenica* 4. 2. 13: The allied forces moving out against Sparta in the year 395 B.C. take counsel "into how many (ranks) one ought to order the army so that you do not have to move the hoplites too much while the cities (allies) are surrounding the enemy."* From this it seems as if the individual contingents had the tendency to form up as deep as possible, in order to concentrate as much power as possible, without realizing that this could cause the entire battle line to be too short, or in the hope that the others would be so kind as to line up in a shallower formation.

2. For an exception, see p. 56, above.

6 伊巴密浓达　无

注 释

第三篇 马其顿军队

1 马其顿军制

1. Thucydides does not mention here the superior protective armor of the Greeks, and perhaps the Illyrians were better equipped in this regard than the Macedonians, who were more accustomed to the agricultural life and therefore, in general, less warlike, although Arrian (1. 1. 12) again specifically characterizes the Illyrian and Thracian barbarians as "ill-equipped allies."* Furthermore, in his speech Brasidas specifically calls the Illyrians the equals of the Macedonians, and we may therefore apply the description to the latter also.

2. "Concerning Horsemanship"* (12. 12), "in place of a spear made of cane."* The meaning of the Greek word "*kamakinon*" is not certain, nor is even the manner of reading it, but judging from the whole context, it is almost impossible that anything but a long spear is meant here.

3. Xenophon's remark may be considered in connection with the cavalry combat in *Hellenica* 3. 4. 13. The account shows, however, that at that time the Greek cavalry carried not the short spear, but the long one.

Furthermore, it is not understandable without further explanation in this account, why the Persians had such a deep formation. They were not able to throw their spears from the rearmost ranks. The explanation lies perhaps in the fact that the Persians were counting on penetrating the Greek line with their deep column and, in doing so, throwing their spears to the right and left.

4. Diodorus 17. 60. Arrian 1. 15.

5. Adolf Bauer, para. 313 (2d ed., para, 433), concludes from Arrian 1. 6. 5 that the companions did not normally carry a shield. 1 cannot find that the passage necessitates this conclusion; in fact, it hardly permits it. Cavalry shields were naturally much smaller than those of the infantry. Since in Plutarch, *Alexander*, Chapter 16, there is specific mention of the shield that the king carries into combat, and later, according to Polybius 6. 25. 7, the Macedonian cavalrymen undoubtedly had shields, it seems certain to me that such was also the case in earlier periods.

6. See also below, Vol. IV, Book III, Chapter III.

7. Concerning the discomfort of carrying and the difficulty of fighting with the long spear, see also Vol. IV, Book I, Chapter I.

8. Adolf Bauer, para. 272, estimates 3 meters; among all the vase figures that I have looked through, however, I have never found such long hoplite spears, even where there is no limitation of space.

9. R. Wille, *Text on Arms* (*Waffenlehre*), p. 79.

10. A. Krause, in *Hermes*, 1890, para. 66, proved quite conclusively that Alexander also had slingers in his army and that Arrian intends them to be included in the word "*toxetai*" ("archers").*

2 亚历山大与波斯：格拉尼卡斯河会战

1. That is the result of the careful examination of the sources in W. Dittberner, *Issos* (Berlin: George Nauck, 1908).

2. Bauer, para. 314 (2d ed., 434) even claims that the Macedonians represented not much more than a sixth of the entire army. That is too small under any circumstances. A. Krause, in the passage cited above (*Hermes*, 1890), distinguishes among (1) a field army; (2) an army of occupation; (3) a satrap army, which was formed in the conquered areas by the appointed satraps.

That is fundamentally correct but much too sharply distinguished. Naturally, there were troops that were used primarily for operations and battles, others that were more often assigned to garrisons, and finally the appointed governors did indeed form new military organizations But according to the circumstances, all of these various troops were naturally used for the various purposes of the waging of war, sometimes in battle, sometimes as occupation forces.

3 伊苏斯会战

1. After having had to rework the presentation of this battle for the second edition, I have now once again had to make not unimportant changes. The reason was the same both times—that is, a more correct and more detailed understanding of the structure of the terrain. Even

now, however, I have felt obliged to stand by the fundamental fact that the battle took place not on the Deli-Tschai, but on the Pajas. Accordingly, I continue to regard the dissertation of W. Dittberner (Berlin, 1908) as the authoritative work and cannot find that it has been eliminated by Colonel Janke, to whom we are indebted in other respects for the topography (*Klio* 10: 137, "Annex to Petermann's Reports,"May 1911 ["Beilage von Peter-manns Mitteilungen," 1911, Maiheft]). See also the review of Dieulefoy's study by Dittberner in the *Deutsche Literarische Zeitung*, No. 24, (1912), Column 1525, and the article by Kromayer in the *Historische Zeitschrift* 112: 348.

2. Arrian 2. 2. 1. Curtius 3. 8. 1.

3. An absolute proof for the moderate strength of the Persian army is not to be concluded from the march action, in that, according to Janke, a rather large number of more or less usable passes lead over the Amanus mountain chain into the plain of Issus. Nevertheless it can hardly be assumed that there was an elaborate allocation of forces to various approach roads, and since in the bat tle it was almost exclusively the Greeks who played a significant infantry role, then the other infantry contingents on hand cannot have been so very strong.

Kromayer, in the work cited above, believes that the Persian army can be estimated at 50,000 to 60,000 men, since the Seleucids had raised armies of similar strength. The Diadochi states differ, however, from the Achaemenidae Empire precisely in the fact that they had a completely different concept of war, and in any case no comparison is possible in view of the positive factors that exclude the possibility of an army of more than some 25,000 men.

4. Arrian 2. 5. 1 reports that Parmenio had been sent out in advance with the Greeks and other troops from Tarsus in order to secure the Cilician-Syrian passes. Now since the Greeks are not mentioned in the two sources specifying the battle formation at Issus, we can accept the account above with certainty. Köhler, in "The Conquest of Asia" ("Die Eroberung Asiens"), in *Abhandlungen der Berliner Akademie*, 1898, p. 130, believes that Alexander did not need to post troops to cover his rear, since the Persian army was, obviously, in front of him. The flimsiness of this conclusion is evident.

5. Arrian's description, that behind the Persian battle line, which he describes for us, there still stood in useless depth huge numbers of barbarian peoples, has been understood by recent historians as an echelon formation. Aside from the fact that an echeloned formation, as we shall see, means a refinement of tactics that did not occur until a later period, Arrian's report is naturally only the complement of his estimate of the Persian army at a strength of 600,000 men. What the Greeks saw in front of them was only a moderate-sized army; the barbarians, however, were, once and for all, masses—consequently these masses were placed somewhere or other in the rear, drawn up "in unusable depth."

6. Polybius 12. 17. 7, ". . . the peltasts in a line which stretched to the mountains,"* according to Callisthenes. These lightly armed

men, who stretched out all the way to the mountains, were probably principally Persian archers. Arrian, in 2. 10. 6, reports specifically that the Macedonians, after moving forward slowly at first in order not to have their battle line become wavy, finally attacked on the run so that they would not suffer too much from the enemy archers.

That the front of the Persians did not extend the length of the river is shown expressly in Arrian 2. 9. 4, where it is said that the Macedonians, after Alexander had drawn the troops from the flank guard positions to him, outflanked the Persian formation. The sen tence in 2. 8. 6, "The ground on which they were standing allowed this number of men to be contained in a straight phalanx,"* could be interpreted to mean that the width of the plain would not have contained any more than were formed up, so that the phalanx stretched out from the sea to the mountain. The citation above, however, excludes this interpretation.

7. According to Polybius, Callisthenes estimated that the plain of Pajas was not quite 14 *stadia* (254 kilometers) wide and that the Macedonian phalanx remained at a considerable distance from the mountains. Arrian reports that their left flank touched the sea. Now the plain is not 2½ but 4 kilometers wide according to Janke, 5 kilometers by Hossbach's estimate—an error of estimation that is not abnormal (see Dittberner, p. 122); nevertheless, we may believe Callisthenes when he says the Macedonian front was considerably less than 2½ kilometers wide. It therefore reached from the sea about the same distance—or perhaps not quite as far—as the river was more or less fordable for

infantry.

8. Curtius 3. 11. 18: "Graeci . . . abrupti a ceteris haud sane fugientibus similes evaserunt." ("The Greeks, separated from the rest, had escaped, not at all in the way deserters do.")

4　高加米拉会战

1. Graf York, *A Brief Survey of the Campaigns of Alexander the Great* (*Kurze Uebersicht der Feldzüge Alexanders des Grossen*), p. 32.

2. Reported by Mandrot, *Jahrbuch für Schweizerische Geschichte*, 6 (1881): 263.

3. General von Verdy says, "Twenty-four squadrons (3,600 horses) must be considered as the maximum strength of a cavalry division, since with larger numbers the control of the battle succeeds only with very outstandingly talented leaders, and even with them only under conditions of thorough training of lower commanders and troops."

4. See also *Cyropaedia* 7. 1; also 6. 2 and Book 8, conclusion.

5. Diodorus describes how terrible the wounds caused by these scythes were, but also makes it clear that the number of wounded or killed was only small, a point specifically emphasized by Arrian.

6. Arrian says, "of the men surrounding Alexander,"* at the most 100 men were killed; the expression is very indefinite. If one relates it to the total losses of the Macedonian army, as is usually the case, this small number would contradict Arrian's own description of the battle.

Niese claims that it applies only to the actual Macedonians. Still other interpretations are possible, but there is no purpose in accumulating speculations on the subject.

5 海达斯佩斯河会战

1. Curtius' figures are worthless. At no place in the *Anabasis* does Arrian give an overall number, but mentions only in the *Indica*, Chapter 19, that the King, when he started his withdrawal, was followed by 120,000 combatants ("fit for battle"*), including many barbarians. Huge levies of Indian princes, more or less fictitious, may have been included in the count. Even putting that point aside, it is not known what the origin of this number is and whether it is reliable. We may rely on the numbers Arrian gives in the *Anabasis* concerning the Macedonian army, since he is depending here significantly on Ptolemy, but what we find in the *Indica* may have been taken from almost any unclear source. Plutarch, Chapter 66, even puts the army that makes the march through Gadrosia at 120,000 men on foot and 150,000 horsemen.

The computation by Rüstow and Köchly (p. 298) is not sufficiently supported; they claim to estimate the strength of the army concentrated on the Hydaspes at 69,000 men and 10,000 horses. The authors themselves characterize the advance guard force as the one "that really fights the battles." And that is the way it actually is; and here I ask, Why should a commander like Alexander have complicated the conduct of the war by dragging along with him other large masses of troops for which there never appears any need throughout the course of the war?

2. The rest of the army—according to the positive statement of Arrian, which we have no reason to doubt—did not cross over\the Hydaspes until the battle was decided and therefore may not be counted as participating in the actual combat.

3. Cramer, *Contributions to the History of Alexander the Great* (*Beiträge zur Geschichte Alexanders des Grossen*), Marburg dissertation, 1893.

4. In any event Rüstow and Köchly's idea that this Indian prince, Abisares, moved up to Porus on the right bank of the Hydaspes, is false. There he would have run directly into the hands of the Macedonians and would have been intercepted without being able to receive help from Porus or himself helping Porus. Curtius (8. 47) also says expressly that Porus expected the reinforcements on the left bank.

5. In his essay "The Use of the Elephant for Military Purposes in Antiquity" ("Die Verwendung des Elefanten zu kriegerischen Zwecken im *Altertum*"), *Jahrbücher fur die deutsche Armee and Marine*, Vol. 49, December 1883, Major Ohlendorf states the belief that the infantry had the mission of preventing the elephants from turning around. It is difficult to know how the infantry was supposed to go about that. The concept is apparently founded on a translation error.

6. Alexander had also taken along to the crossing point two *taxis* of *pezetairoi*. Nevertheless, they do not appear in the battle formation; only

hypaspists and light infantry were involved. The number, too—a total of 6,000 men on foot—eliminates them. Rüstow and Köchly (p. 229) have assumed that they were left behind at the crossing point in order to oppose Abisares in case of need. That would have been an error, even if Abisares was expected here; primarily, it was a question of striking Porus with a combination of all one's forces and of avoiding a fight with Abisares until that was accomplished. An isolated force of light infantry could easily have fallen a victim to him. The reason the *pezetairoi* were not in the battle is probably simply that they had not completed their crossing. To cross a broad river with inflated skins and just a few boats requires a great deal of time.

6 作为统帅的亚历山大

1. *Against Philip** (*Philippics*) 3. 123. para. 49.

2. H. Droysen, in *Studies* (*Untersuchungen*), p. 66, assembled the accounts of Alexander's forced marches. I would, however, prefer not to repeat the detailed figures concerning time and space. The estimate of distances is very arbitrary, and it is also quite doubtful whether the time is always reported accurately. Schwarz, in his very worthwhile study *Alexander's Campaigns in Turkestan* (*Alexanders Feldzüge in Turkestan*), 1893, which is based on his personal knowledge of the land and the people, has established, probably correctly, that the march that, according to Arrian 4. 6, Alexander made within three days was from

Chodschent to Samarkand. Arrian estimates the distance at 1,500 *stadia*, which means 275 kilometers or 170 miles, and the latest measurements actually give 278 kilometers. Such a march in three days, however, exceeds the capabilities of even the best unit.

In 3. 15, Arrian recounts that Alexander reached the Lycus (Zab) on the same evening as the battle of Gaugamela, and Arbela on the following day, which is situated 600 *stadia*—i.e., 68 miles—from the battlefield. We may say with reasonable certainty that the distance was about half that great, but even that is still a tremendous performance.

3. Of course, it is not a completely new idea that a pursuit magnifies and completes a victory. After Plataea the Mantineans wished to pursue the Persians as far as Thessaly, according to Herodotus 9. 77. After the victory at Delium the Boeotian cavalry and light infantry pursued the Athenians until darkness intervened (Thucydides 4. 96). Likewise Alcibiades pursued the beaten Persians with cavalry and hoplites (*Hellenica* 1. 2. 16). Derdas pursued the defeated Olynthians a distance of 90 *stadia* (*Hellenica* 5. 3. 2). See also other passages in Liers, p. 184. These are nevertheless only exceptional cases and are not to be compared with Alexander's pursuits. In theory, Xenophon, too, in the *Cyropaedia* (5. 3, conclusion), had already recommended pursuit, with the addition that not all the troops should be committed to it but that some should always be kept at hand in good order.

7 继业者

1. H. Droysen *Studies* (*Untersuchungen*), p. 155. Droysen incorrectly concludes, precisely from the fact of the energetic drilling, that there was a worsening of the soldier material. Rather, one may draw from the energy of the military training the opposite conclusion—i.e., that a strong military spirit existed. The conclusion on p. 132, too, that with the increasing size of the armies the material must have gotten continuously worse, is inadmissible. In the huge area of all the Diadochi empires the militarily qualified material was hardly exhausted even with a few hundred thousand men, and "pirates" can become very excellent soldiers.

2. Athenaeus reports (5. 35. 202-203) about a procession in Alexandria in about 275 or 274 B.C. in which 57,600 dismounted men and 23,210 mounted men had formed the rear units.

Appian reports in *Preface*, Chapter 10, that Ptolemy II had possessed, toward the end of his reign, an army of 200,000 dismounted men, 40,000 cavalry, 300 elephants, 2,000 war chariots, 1,500 warships and 2,000 transport ships.

Paul M. Meyer, in *The Military System of the Ptolemies and the Romans in Egypt* (*Das Heerwesen der Ptolemäer und Römer in Aegypten*), p. 8, accepts these figures. Nevertheless, it is not hard to recognize that they are greatly exaggerated. One need only imagine what a parade of 57,600 dismounted men and 23,210 mounted men through the streets of a city means. Egypt may at that time have had 3 to 4 million inhabitants (*Beloch, Population* [*Bevölkerung*], p. 258); or 7 million, as it was reported and apparently accepted by Ulrich Wilcken, *Greek Potsherds from Egypt and Nubia* (*Griechische Os-traka aus Aegypten and Nubien*), p. 490. This would have made a standing army of 240,000 men amount to 3½ to 7 percent of the population. A fifth of the reported figures would still be quite a large number.

第四篇　古罗马

1　骑士与方阵

1. In spite of the contradiction that Eduard Meyer brought up in his *History of Antiquity* (*Geschichte des Altertums*), Vol. 2, para. 499, I still feel permitted and obliged to hold to this concept of "the continuity of the development of Rome in its constitutional history." For it is completely clear that the basic principle of the Roman constitutional law, the official power of the magistrature, dates back to a very early time and was gradually divided up and weakened. It is completely impossible that such a strict concept of the power of the official position might not have been formed until the formal sovereign power was already in the hands of the general people's assembly; it is astonishing enough that that strong concept was able to assert itself for so long within the framework

of the sovereignty of the people.

Furthermore, it is fully clear that the voting organization of the historical period originally had a purely military and no political basis; consequently, this institution, too, goes back to the period of a very strong monarchy.

One may therefore truly speak of the "continuity of the development of Roman constitutional history," without, of course, taking for more than they actually were the historical changes of outer form—against which, after all, really only the voice of Meyer has apparently been raised.

I can leave aside here all the doubt over the authenticity of the chronology and the historical account in detail. The material in which I am interested for this work is not affected by it.

2. See particularly Vol. III, Book III, Chapters I and II, especially p. 251 [of the German 2d ed., 1923].

3. Livy (23. 46 [215 B.C.]) says of the Capuans: "Sex milia armatorum habebant, peditem imbellem; equitatu plus poterant, ita-que equestribus proeliis lacessebant hostem." ("They had 6,000 armed men; the infantry was not inclined to fight, but the cavalry was more capable and so they provoked the enemy into cavalry battles.")

4. The theory that the original inhabitants had become the patricians by means of the income from their land is also opposed by Schmoller, *Basic Outline . . . (Grundriss)*, 2d ed., 1: 497: "If one imagines that capital in itself and its unequal distribution produces big business; if

one imagines that, because the heirs of fortunate entrepreneurs in the second and third generations appear primarily as possessors of capital, the possession of the capital had created the financial projects, that is completely false. It is always personal characteristics that create and sustain such ventures."

5. In Gellius 16. 10. 1 there is contained a verse of Ennius, "proletarius publicitus scutisque feroque ornatus ferro." ("The proletarian is armed with shield and sword; armed with sword at the public cost.") Cited by Theodor Mommsen in *Political Law* (*Staatsrecht*), Vol. 3, Part 1, p. 29. See also Polybius 6. 21. 7: "They chose the youngest and poorest of the men to be fighters with the javelin."*

6. For Attica we estimated, in the year 490 B.C., 120-145 inhabitants to the square mile; for Boeotia in the fifth century, 110; for Lacedaemon and Messenia 75; for the Peloponnesus 95 to 110. Under the primitive conditions of agriculture, disturbed by the continual warfare with neighboring states, as we must imagine the situation in Italy 2,500 years ago, certainly 120 to 145 is the maximum number that could be fed, even for the fertile soil. As an old trading city, Rome may already have had some grain imports by sea as early as 510 B.C., but surely not yet any great quantity, for if the city had already been large, it would have had a more important position politically. That the city was still small in comparison with the country area is further attested by the fact that only 4 of the 20 tribes were metropolitan ones. The so-called Servian wall, which enclosed a very large area, dates only from the

period of the Samnite Wars.

7. A regular, official procedure for maintaining registration lists appears at first glance to be something quite simple, but if it is to be reliable, it actually is very difficult and demands an extremely careful and energetic control. The advantages and disadvantages that are at stake are very great and the work, by its very nature, is in the hands of clerks who, in addition to the question of carelessness, can also be subject to bribery. In 214 B.C. when every younger man who was not on active duty in the field could not help being noticed in the street, a check-up found 2,000 *juniores* who had avoided military duty. Livy 24. 18. 7.

8. If our assumption is correct, that at the start of the consular regime Rome had 21 tribes and about 8,400 service-qualified infantrymen, the origin of the normal number of 4,200 for the legion is probably to be explained in no other way than that each of the consuls was allocated half the number. If the entire army was assembled and both consuls present, then they each had the command in turn on a daily alternation.

9. Very informative on this point is Theodor Steinwender, *Annual Program of the Marienburg Gymnaisum* (*Programm des Gymnasiums zu Marienburg*), 1879.

2 支队方阵

1. Thucydides (6. 98) tells us how the Syracusans planned to wage

a battle against the Athenians and were already drawn up in for mation when the commanders noticed that "the army was disordered and did not readily fall into line."* As a result, they led the troops back into the city.

2. Polybius 11. 22. 10.

3. Vegetius, too (1. 20), shows expressly that the number of light infantry who were active in front of the battle line was small and that they moved forward principally from the flanks.

4. In Livy's Chapter VIII of Book VIII, to be discussed in greater detail below (p. 00).

5. Each weapon has certain advantages and disadvantages, and the evaluation remains a subjective one. In Grupp, *Cultural History of the Middle Ages* (*Kulturgeschichte des Mittelalters*), 1: 109, it is said, for example: "The Norwegian Royal Code warns against throwing the spear too soon; in land battle the spear is better than two swords."

6. *Regulations for Drills with Cavalry Weapons* (*Vorschrift fur die Waffenübungen der Kavallerie*), Berlin, 1891.

7. It is not known how the original Roman sword was constructed; it was supposedly only a long, strong knife, "Bowie knife," cutlass, or even only the same knife that the man used for cutting meat and wood. In the Second Punic War the *gladius Hispanus* (Spanish sword) was introduced, a straight, two-edged, pointed sword, short and very broad at the top, better suited for thrusting than for hacking.

A. Midler, *Philologus* 47: 541. From Villenoisy's "On the Method of Using Ancient Swords" ("Du mode d'emploi des épées antiques"),

Revue archéologique, 1894, p. 230, there is nothing important to be gleaned.

8. The *pilum*, which was initially, at any rate, a simple javelin with a very long, thin point, has its own history. For the best discussion of this now, see Dahm, *Jahrbücher des Vereins von Altertumsfreunden im Rheinland*, 1896-1897, p. 226. The surprisingly erroneous construction that Rüstow presented is a proof of how difficult critique is from the objective point of view of the ancient written accounts, even for the experts, and how easily it can go astray. The credit for having reconstructed the correct *pilum* goes to Lindenschmit, and the excavations that Napoleon III had carried out proved also to be very valuable in this matter.

(Added in the third edition.) A. Schulten, *Rhein. Museum N. F.* 66 (1911): 573, points out the probability that the actual *pilum* was perhaps taken over from the Iberians, as late as the Second Punic War. That would, of course, not eliminate the possibility that the Romans had already long before that adopted the method of throwing the spear ahead and carrying on the actual hand-to-hand fight with knife, dagger, or sword and were indebted to the Iberians only for the final technical improvement in the construction of the javelin. We have no positive testimony about when the Romans introduced the described combination of spear and sword combat, and by the nature of the thing we cannot have such evidence.

9. According to Polybius. In the period of the Empire we find that

in the armories the weapons were divided into *"arma antesignana"* and *"arma postsignana"* ("before-the-standard" and "behind-the-standard" arms), which can hardly mean anything other than that the foremost ranks carried the *pilum*, the rear ranks the *hasta*. See also Domaszewski, *Sitzungsberichte der Heidelberger Akademie*, 1910, p. 9.

3 罗马人的操练、扎营和纪律

1. Xenophon, *Hellenica* 3. 2. 2; 4. 4. 9; 6. 2. 23. Plutarch, *Phocion*, Chapter 13.

2. Polyaenus 3.9. 11: Iphicrates has a fixed point on the terrain in front of the camp occupied, in order to protect the camp. Of course, immediately thereafter it is recounted again (para. 17) that Iphicrates, in enemy territory, also had a trench dug around the camp so that, as commander, he would perhaps not have to say: "I had not thought of that." ("I did not think as befits a general."*) Judging from that, it probably happened more often, after all, than appears in the sources, that at least a trench was dug for the protection of the camp.

3. Polybius calls it four-sided; the later camp description of Hyginus gives the shape as rectangular. The corners were rounded off in the later period, and presumably also from the start. To a certain extent the camp was naturally always laid out in conformity with the terrain, without eliminating the basic shape. Some of the camps of Caesar in Gaul are to this very day so well preserved that Napoleon III was able to have their

size and shape very accurately established through excavations.

We cannot go into the details of the Roman camp here. I refer the reader, in addition to Marquardt, to Fröhlich, *Caesar's Military System* (*Kriegswesen Cäsars*), pp. 74 and 220 ff.

4. It is usually assumed (see Marquardt, p. 426), on the basis of a description by Cicero in the *Tusculanae Disputationes* (2. 16. 37), that the legionaries regularly carried along the fortification stakes. Against this viewpoint, Liers (p. 155) properly cited three passages from Livy (8. 38. 7; 10. 25. 6; 25. 36. 5), where it is related as the normal thing that the soldiers did not cut the stakes until reaching the camp site; and he gives a fourth citation (33. 6. 1), where the practice of carrying them along obviously appears as something exceptional.

(Added in the third edition.) Stolle, in *The Roman Legionary and his Equipment* (*Der Römische Legionar und sein Gepäk*) (1914), believes, after all, that he must go along with the account that the fortification stake also was included in the soldier's regular equipment; that it was, however, only a rather thin pole, the weight of which he estimates at 1,310 grams. See below, excursus 6 to Book VI, Chapter II.

5. See also Adolf Bauer. *Greek Military Antiquity* (*Griechisches Kriegsaltertum*), para. 39.

6. Gilbert, in *Handbook of Greek National Antiquities* (*Handbuch der griechischen Staatsaltertümer*) (2d ed.), 1: 356, note, states: "The commander has the power of the death sentence in the field" and cites as authority Lysias 13 ("Against Agoratos"*), 67. The passage reads: "He

was caught while he was sending secret signals to the enemy and was executed on a plank by order of Lamachus."* There was, consequently, one man who was beaten to death for treason under Lamachus before Syracuse. Under which form of judgment that took place we do not know. It is naturally to be assumed that crimes like treason could, in the field, be immediately punished by death, but how far in this procedure the disciplinary power of the commander came into the picture cannot be seen from the cited passage.

7. Aristotle, in *Politics* 3. 14 (9). 2, says that in combat the Spartan kings had the power of life and death; out of combat this was not the case. This base is too narrow for the formation of real military discipline.

8. Correctly pointed out by Beloch in *Greek History* (*Griechische Geschichte*), 2: 479.

9. For the earlier period this right of the centurions is not directly proved for us, and whoever sees in the Roman citizen army a levy of property owners could harbor the presumption that this kind of discipline was not introduced until the changeover to recruiting among the masses. As I conceive the history of the Roman military constitution, however, there can be no doubt that the discipline was based from the start on the same principles. Wherever in the highest position the death sentence is handled with such discretionary power, it lies in the nature of things that subordinate officials, too, have broad authority. On the other hand, it also lies in the nature of things that, as long as the centurion felt himself to be a citizen among fellow citizens, he made certain distinctions, and the

respected head of a household was not really exposed to the danger of strokes in ordinary service.

Against my concept it would be possible to cite Polybius 6. 37. 8, where tribunes are given the right to punish, to fine, and to lash ("fines, or sureties, or flogging"*), without mentioning the centurions. But Polybius is speaking here of punishment in the framework of formal proceedings, in addition to which there could very well have existed an additional beating by the captains, not specifically provided by the law, in order to maintain good order.

10. See also above, p. 263, and below, p. 292.

11. Livy 29. 9. 4. Valerius Maximus 2. 7. 4. Frontinus, *Strategemetos* 4. 1. 30-31. "Cotta consul P. Aurelium sanguine sibi junctum, quern obsidioni Lipararum, ipse ad auspicia repetenda Messanam transiturus, praefecerat, cum agger incensus et capta castra essent, virgis caesum in numerum gregalium peditum referri et muneribus fungi jussit." ("When the consul Cotta was on the point of going to Messana to take the auspices again, he placed in command of the blockade of the Liparian Islands a certain Publius Aurelius who was related to him by blood. But when the latter's line of blockade was burned and his camp was captured, Cotta ordered him to be flogged, reduced to the ranks, and to perform the tasks of a common soldier.")

4　皮洛士　无

5　第一次布匿战争

1. Unger, *Rheinisches Museum* 34: 102. von Scala, *Römische Studien* (a complimentary greeting from Innsbruck to the 42d Assembly of German Philologues, 1893), showed that it was probable that Naevius, too, who did not write until he had reached an advanced age, had already used Philinus.

2. Very enlightening on this point is W. Soltau in *Neues Jahrbuch für Philologie* 154 (1896): 164.

第五篇　第二次布匿战争

1　第二次布匿战争的研究方法

1. This opinion has, moreover, already been expressed by another writer, Unger in *Rheinisches Museum* 34: 97.

2　坎尼会战

1. The average depth was naturally considerably smaller, since the intervals, which had become irregular during the approach march, had

to be filled up before the impact with the enemy by having rearward troops spring forward. In earlier editions I still admitted the possibility of a doubled length with correspondingly lesser depth. But I have now become convinced that a front of nearly 2 kilometers would no longer have been capable of forward movement in orderly fashion. One can grasp this more clearly by imagining a street like "Unter den Linden" in Berlin, which is almost 1 kilometer long and about 90 paces wide. The Roman infantry front at Cannae would therefore have reached about from the monument of Frederick the Great to the Wilhelmstrasse and would have overflowed to some extent in its depth the width of this street.

2. Polybius says that the Iberian and Gallic cavalry were on the left flank, the Numidians on the right, and he later characterizes the fighting of the latter as simple skirmishing. In the battle on the Trebia he makes a distinction between the heavy cavalry and the Numidians. By that account, then, the Iberian cavalry were the heavy units—a fact that does not necessarily eliminate the possibility of Hannibal's also having had African cuirassiers, only *a potiori* may the light cavalry have been called the Numidian.

3 第二次布匿战争的基本战略问题

1. Polybius 3. 89. 9.

2. I am not adding any for the fleet, since at this time they would

have left very few Roman citizens aboard ship. Since there was no real sea war taking place, they were able to provide the crews from allies and slaves (except for the one fleet legion).

3. Livy 34. 50.

4. Livy, 37. 60.

5. I do not see fit to agree with the idea that fear of the wild Gauls, who formed such a large percentage of the Punic army, caused the Italians to adhere to Rome; for the defections increased continuously in the years 210 and 211 B.C., although that fear, to whatever extent it existed, must have been getting stronger and stronger.

6. The numerous victories that the Romans are supposed to have won from Hannibal from 216 to 203 B.C. according to Livy, were, as is so excellently explained by W. Streit in *On the History of the Second Punic War in Italy after the Battle of Cannae* (*Zur Geschichte des zweiten punischen Krieges in Italien nach der Schlacht bei Canna*, Berlin, 1887), patriotic Roman fantasies—frankly, pure lies. Very nicely was Streit able to add up that Hannibal is supposed to have lost 120,000 killed in all these battles from Cannae on. Where it was a question of larger battles, as at Herdoniae and Numistro, victory still went to the Carthaginians. The alleged victories of Marcellus at Nola turn out to be very insignificant engagements.

7. It is precisely this way that Polybius describes the situation (9. 3-4).

4 战前战略态势回顾

1. *The Second Punic War and its Historical Sources, Polybius and Livy, Explained from Strategic-Tactical Viewpoints. The years 219 and 218 B.C, exclusive of the Crossing of the Alps.* An Essay by Joseph Fuchs, Imperial and Royal Professor in Wiener-Neustadt. (*Der zweite punische Krieg und seine Quellen Polybius und Livius nach strategisch-taktischen Gesichtspunkten beleuchtet. Die Jahre 219 und 218, mit Aus-schluss des Alpenüberganges.* Ein Versuch von Joseph Fuchs, k. k. Professor in Wiener-Neustadt.) Wiener-Neustadt, 1894. In Rom-mission bei: Carl Blumrich, Wiener-Neustadt; M. Perles, Wien; T. Thomas, Leipzig.

Hannibal's Crossing of the Alps. Conclusions from Research and Travel, by Joseph Fuchs, Imperial and Royal Professor in Wiener-Neustadt. With two maps and one illustration. (*Hannibal's Alpenübergang.* Ein Studien- und Reiseergebnis von Joseph Fuchs, k. k. Professor in Wiener-Neustadt. Mit zwei Karten und einer Abbil-dung.) Vienna, Carl Konegen, 1897.

The question of which pass Hannibal used for his crossing of the Alps does not belong in the framework of this book, since no important strategic or tactical conclusions result from the variety of routes. Fuchs has decided on the Mont Genevre Pass. Konrad Lehmann in *The Attacks of the Three Barcas Against Italy* (*Die Angriffe der drei Barkiden auf Italien*), 1905, has once again, with a very thorough argument, pointed to the Little Saint Bernard. Subsequently, French Captain of Engineers Colin, too, has appeared in this arena with a work entitled *Hannibal in Gaul (Annibal en Gaule)*, 1904. To date, none of the various theories has been able to win general acceptance.

5 罗马占据上风

1. Raimund Oehler, *The Last Campaign of Hasdrubal Barca and the Battle on the Metaurus*. An historical-topographical Study. (*Der letzte Feldzug des Barkiden Hasdrubal und die Schlacht am Metaurus. Eine historisch-topographische Studie.*) 1897. The significant aspects of its conclusions were rejected by Konrad Lehmann, *Deutsche Literaturzeitung*, 1897, No. 23, Column 902.

Lehmann himself later treated the battle in detail in his book *The Attacks of the three Boreas (Die Angriffe der drei Barkiden)*, 1905, and sought to reconstruct the battle, but the result remains subject to serious doubts. I doubt that, in view of the sources available, it will ever be possible to gain a positive insight into the battle. Even the army strengths are very uncertain. Lehmann estimates that Hannibal still had 15,000 men and Hasdrubal 12,000, whereas there were 150,000 Romans under arms in Italy. With numbers such as these, the Romans' conduct would be incomprehensible. See also the critique of Kromayer, *Göttingische gelehrte Anzeigen*, 169, No. 2 (June 1907): 458. Beversdorff gives Hasdrubal 15,000 men on the Metaurus, whereas Kromayer estimates some 30,000.

2. Mommsen, *Political Law* (*Staatsrecht*), Vol. 2, Part 1, p. 652.

3. Livy 29. 19.

4. Livy 30. 1. 10.

5. Livy 24. 18.

6. Livy 27. 7.

7. The Locrians made such a complaint on this score that the Senate conducted an investigation. Livy 29. 8-22.

6 扎马-那拉加拉会战：梯队战术

1. Livy 27. 49.

2. Why he did not go directly to Carthage is not reported. Perhaps he simply did not want to arrive in the capital with the few survivors of the battle and may have had in Hadrumet some troop reinforcements and supplies of weapons, which, if brought along with him, would still give him a position and the city a possibility to defend itself.

3. Livy 29. 22.

4. See also p. 276, above.

7 汉尼拔与西庇阿

1. In the speech that Livy has the elderly Quintus Fabius Maximus and Scipio himself make in the Senate concerning the planned

expedition, this motive does not appear with correct emphasis. If he pointed this out, Scipio would have been placing too much stress on the difficulty of the whole undertaking, whereas his speech was based, and necessarily so, on emphasizing the concept of the offensive with unconditional confidence.

2. We can assume that Hannibal returned to Africa in the fall of 203 B.C. and that the battle of Naraggara took place in about August of 202 B.C. Lehmann, p. 555.

3. Proved by Konrad Lehmann in *Jahrbücher fur klassische Philologie* 153: 573.

第六篇　作为世界征服者的罗马军队

1　罗马军队与马其顿军队

1. Polybius 18. 28.

2. It was already understood in this way by Johann von Nassau and Montecucoli. Jähns I: 573. Montecucoli, *Writings* (*Schriften*) 2: 225.

3. See also in this connection Livy 33. 18.

4. Polybius 18. 28.

5. In the second volume of his *Antike Schlachtfelder*, Kromayer has placed the battle somewhat differently than was earlier the case; nothing new has resulted from this change insofar as the actual events

are concerned. Whether his account of the strategic relationships of the entire war, which are treated very thoroughly on the basis of specialized topographical research, is to the point, I have not verified in detail.

2 职业军队：大队战术

1. J. J. Müller, in *Philologus* 34 (1876): 125, has already observed that the four regular legions could not possibly have absorbed the entire mass of service-obligated young men. He believes therefore that, depending on need, the youngest year-groups—e.g., ten —were inducted. But even that would give much too large a number.

2. Fröhlich, in *Caesar's Method of Waging War* (*Kriegswesen Cäsars*) pp. 13-14, effectively raises doubts whether the definitive introduction of the cohort tactics should really be ascribed to Marius. Mad-wig believed that it did not occur until the War with the Allies. On the other hand, it is perhaps possible to prove its existence as early as the Jugurthine War. It is my opinion, however, that every probability points to the fact that Marius was the reformer. The cohorts that are referred to in the Jugurthine War (Sallust 51. 3; 100. 4) need not be considered as tactical units but merely as parts of the legion, and if, according to a Sisenna fragment, there was still on one occasion in the War with the Allies a battle by maniples, there is little to be concluded from that, since, after all, there were maniples in existence both before and after that event.

3. Nitzsch, in *History of the Roman Republic* (*Geschichte der römischen Republik*) (published by Thouret), 1: 181, has already drawn attention to the fact that if, after Cannae, legions appeared formed up one behind the other, that was related to the fact that in the newly formed legions the differences of age did not play the same role as in earlier days.

4. When we read in Livy 7. 34 (for the year 340 B.C.) that the *hastati* and *principes* of a legion were detached, or in 10. 14 (for the year 297 B.C.) the *hastati* of a legion, that point has, of course, no historical value, but it may be cited here as a reflection of the experience of the second century B.C.

5. In the Livy *Epitome*, Book 67, it is stated that in the battle of Arausio 80,000 soldiers, 40,000 supply train drivers and camp-followers (*calones et lixae*) were killed. These figures are certainly very exaggerated, but it is perhaps worthy of note that at this time a strength amounting to 50 percent of that of the combatants was attributed to the supply train. We could conclude from this that even before the time of Marius the *veliti* had disappeared for the most part, or at times perhaps completely, out of the legions, and the orderly and supply train system had been organized differently, on a practical basis.

6. Stolle, in *The Romans' Camp and Army* (*Das Lager und Heer der Römer*) (1912) opposes the idea that the number 6,000 is to be regarded as normal for the legion, and therefore 600 for the cohort, and we must agree with him that it is not as well founded as had been believed up to

now. Nevertheless, it seems quite plausible to me, and the differences can, at least for our purposes, be ignored.

7. Of course, that has not been proved directly, but as Marquardt has remarked (2: 339), it is very probable. See also Polybius 11. 23, where it is stated that three maniples were called a cohort.

8. The passage where Polybius describes this quality of the Roman battle formation—that it was at the same time impenetrable (consequently in close order) and capable in all its individual units of turning in any desired direction (15. 15. 7)—is unfortunately somewhat obscure in its wording, but according to the sense quite clear and very valuable. The two characteristics of impenetrability and mobility can only be united by having intervals between the cohorts and keeping these intervals as small as possible. The large intervals that Veith (in Vol. 3, Part 2, p. 701) uses this passage to support are not only not proved by it, but are in fact contradicted, since a battle formation with intervals in its front is not impenetrable. The small intervals, as I conceive them, do not remove the quality of impenetrability, since they are closed up at the moment of impact by the press from the rear.

9. Livy 43. 14. Polybius 35. 4.

10. See the source citations in Mommsen, *Roman History* (*Römische Geschichte*) 2: 107 and 175; Marquardt, *The Roman National Constitution* (*Römische Staatsverfassung*), 2: 381.

11. Plutarch, *Marius*, Chapter 9.

3 百夫长

1. Correctly noted and solidly documented but expressed somewhat too strongly by Fröhlich in *Caesar's Method of Waging War* (*Kriegswesen Cäsars*), p. 19.

2. Polybius 6. 34. One would expect that, corresponding to the 10 cohorts of the legion, 10 tribunes would be assigned; however, even under the empire, there were only 6. Vegetius 2. 12, states, "*Cohortes a tribunis vel a praepositis regebantur*" ("the cohorts ought to be commanded by tribunes or others set over them"). The contradiction in the fact that the cohort appears as the basic tactical unit but the centurion is the key leader stems from the development of the army from a general citizen levy. For a long time already, the tribunes had had the character of magistrates, whereas the centurions had become soldiers pure and simple.

3. See also the passages in Marquardt, 2: 545; Festus, p. 198, says that he had moved into the position of the old *accensus* (orderly) and on p. 184 that the centurion had chosen him "*rerum privatarum ministrum*" ("the one who attends to private affairs").

4. Vegetius 2. 7.

5. During the period of the Empire we see many titles of men with special functions who, in our system, would probably be designated as privates first-class or as noncommissioned officers with administrative functions. See I. H. Drake, *The principalis of the Early Empire*, 1905,

and Domaszewski, *The Rank Structure of the Roman Army* (*Die Rangordnung des römischen Heeres*) 1908.

4 米特拉达梯

1. Memnon, who also says not a word about the second battle. *Episodes of the History of Greece* (*Fragmenta historiae Graeciae*) (ed. Carolus Müller), 3. 542.

2. Kromayer, *Ancient Battlefields* (*Antike Schlachtfelder*) Vol. 2, has tried to reconstruct at Chaeronea a full-fledged battle, something that has just as little corroboration in the sources and is objectively just as impossible as the same author's battle of Magnesia. It would be superfluous to give detailed proof for this.

3. That the largest part of the army had spread out to plunder is not a sufficient reason, for if the remainder was much weaker than the Romans, we must ask ourselves again why Sulla did not take advantage of this opportunity to attack.

4. K. Eckhardt, *Die armenischen Feldzüge des Lucullus*, Berlin dissertation 1909, *Klio*, Vols. 9 and 10. The military-objective analysis is not incisive enough. Nor does Gröbe, in *Deutsche. Literaturzeitung*, Vol. 47, 1910, agree with him.

5 罗马人与帕提亚人

1. The changes I have made in this chapter are based on the painstaking work of Francis Smith in the *Historische Zeitschrift*, Vol. 115, 1916.

2. Regling, "Crassus' War Against the Parthians" "Crassus' Partherkrieg," *Klio*, Vol. 7, 1907.

3. According to Gardthausen, Vol. II, Part 1, p. 150, footnote 6, the figures for the strength of the Roman army vary between 13 and 18 legions. The Armenian reinforcing troops should also be added to that number.

4. Dio Cassius 49. 26.

5. Plutarch, *Antonius*, Chapter 49, conclusion. Dio 49. 31.

6. This is how Frontinus, *Stratagemetos* 2. 13. 7, is to be understood.

第七篇 恺 撒

1 恺撒历次征战的批判性分析 无

2 赫尔维蒂战役

1. According to Beloch. Hubo, in *Neue Jahrbücher fur Philologie*

147 (1893): 707, estimates 25,000 and seeks to justify Caesar's own figure by eliminating a "C" from the latter's number for the width.

2. Clausewitz, too, estimates in this way (10: 66). A useful comparison is provided by "The War Journal of Albrecht von Brandenburg" ("Das Kriegsbuch Albrechts v. Brandenburg") in Jähns's *History of Warfare* (*Geschichte des Kriegswesens*) 1: 521.

3. The trains that followed the Prussian army at Olmütz in 1758 were made up of almost 4,000 wagons, most of them drawn by 4 horses, and had a length of almost 2 days' march. *General Staff Publication* (*Generalstabswerk*) 7: 93.

4. Not by a full fourth, as is often said; the quarter of which Caesar speaks refers only to the Helvetii in the narrower sense. The allies were already across, and Caesar also does not say that the quarter was still there when he attacked, but rather, when his scouts observed it. See also Stoffel, *The War between Caesar and Ariovistus* (*Guerre de Cesar et d'Arioviste*) p. 75.

5. If Maissiat should be right in distinguishing between the "Segusiavi" and the "Sebusiani," placing the latter in the southern Jura, north of the Rhone, on the Ain, and thereby having Caesar not camp near Lyons but follow the Helvetii from Fort l'Ecluse through Bourg-en-Bresse, with the result that Labienus with his three legions was waiting one day's march to the east during the battle on the Sâone, then the Helvetii would indeed have had full freedom of movement from Montmerle, where they were attacked, to take the route either directly

注 释

westward or southwestward.

6. Las Cases, *Memoirs from Saint Helena* (*Memorial de Sainte-Hélene*) 2: 445.

7. H. Bender, in "Caesar's Credibility on the War with Ariovistus" ("Cäsars Glaubwürdigkeit über den Krieg mit Ariovist,") (*Neue Korrespondenzblätter fur die Gelehrtenschulen Württembergs*, 1894), shows how very exaggerated Caesar's account of the hegemony that Ariovistus exercised in Gaul actually is, but the fact itself that Ariovistus was master of a part of central Gaul is not to be doubted.

8. Caesar has this thought expressed specifically by Liscus (1. 17) in the form that they would prefer to obey other Gauls rather than Romans—which presupposes that these other Gauls had first broken/the mastery of the Germans.

9. The fact that the Helvetii announced precisely this area as the goal of their migration has been explained very brilliantly by O. Hirschfeld in his study "Aquitania in the Roman Period" ("Aquitanien in der römischen Zeit") (*Sitzungsberichte der Berliner Akademie*, 1896, p. 453), where it is shown to be highly probable that the Helvetii, and perhaps also the Boii, who were accompanying them, were related to tribes already settled on the lower Garonne. In that connection Hirschfeld, too, makes the observation that such a migration was not so easy to imagine. With only one step farther along this train of thought we arrive at the hypothesis presented above in the text.

10. The long time they are supposed to have taken crossing

the Saône is no proof, since we cannot know to what extent Caesar exaggerated here also.

11. I consider it as impossible that, as is often assumed, Caesar had with him, in addition to cavalry, a considerable force of other Gallic allies, either from the province or from the Aedui or other tribes. His six legions were strong enough to oppose the Helvetii in battle, and allies whose reliability is questionable are of no use but only create problems through the difficulties they cause in the matter of rations. The *auxilia* of which Caesar speaks are mainly the Numidians, Balearics, and Cretans whom he has with him (2. 7).

12. The passage describing the formation has not been passed down very clearly in handwriting and has been read and corrected in a variety of ways by the different editors. All, however, have interpreted its meaning in the same way.

3 阿里奥维斯塔 无

4 征服比利其人

1. Dittenberger in the new edition of Kraner's publication of Caesar.

2. Konrad Lehmann, *Neue Jahrbücher fur das klassische Altertum* 7, No. 6 (1901): 506, and *Klio* 6, No. 2 (1906): 237.

3. Strictly speaking, Caesar does not say—and Konrad Lehmann

has called attention to this point—that the 306,000 men were actually on hand, but he only says that the Romans had reported to him that they knew exactly how many each tribe at their assembly had promised to provide.

4. Concerning the maneuver that they carried out, see p. 457, above.

5　维钦托利

1. Caesar himself says (7. 34) there were 10 legions, that is, the Seventh to the Fifteenth, and the First. In addition, after the siege of Alesia, the Sixth appears. In this connection, see the comment by Napoleon III (in *Uebersicht*, 2: 282). Göler, p. 333, rejects the "Sixth Legion" and names instead the "Third." Both Meusel and Kübler, however, have correctly accepted the "VI" version (8. 4). See also Domaszewski, *Neue Heidelberger Jahrbücher* 4 (1894): 158. In this connection, see also Chapter VII, below, first paragraph.

2. *Bell. Gall.* 7. 65.

3. After careful examination of all the various hypotheses that have been advanced concerning the location of this battle, Holmes decided (p. 780) that it was impossible to arrive at a definite answer but that the most likely possibility was the concept of Gouget, who seeks to place the battlefield near Dijon, on the Ouche. Under any circumstances, the place favored by Napoleon III, some 25 miles farther toward the northeast

between the Vingeanne and the Badin, south of Langres, is incorrect.

4. See also *Bell. Civ.* 3. 47. It is not easy to imagine how an army that numbered all together surely 100,000 souls, and probably considerably more, could have fed itself and all its horses for almost six weeks in one location in the middle of enemy territory (see also Ilerda). Great quantities of supplies necessarily had to be brought up over long distances. How did they manage to get through the enemy areas? My concept is that supplies were already stocked in Vienne and were transported up the Saône to a point only some 45 miles overland from Alesia. Later we find the Sixth Legion joined up with the main army; perhaps this legion, escorting the supply transport, pushed its way through during the siege. It may already have started on its march when Caesar moved down toward it from the north. In the period immediately following his victory, while the Gauls were still occupied with their preparations and the assembling of their army, this legion, marching along the left bank of the Saône, was undoubtedly able to bring up the supply train with relatively little danger, and on the final stretch Caesar may have sent out troops and vehicles to meet them. But of course it is still surprising that, even if the supply train was protected to a certain extent against the main force of the Gauls by the river, the Sequani in league with the Helvetii did not attempt to intercept the supplies. After all, up to that point the whole strategy of the Gauls had been directed toward cutting off the Romans' food supplies. Could it possibly be that the Sequani, contrary to what Caesar reported, did

not take part in the rebellion at all? However that may be, no army as large as the Roman one before Alesia could feed itself simply from the immediately surrounding countryside. The execution of the siege of Alesia is inconceivable without envisaging that large supply trains of food and forage made their way through successfully, and these trains must have been accompanied by troops who protected them. The reader is reminded of the difficulty of supplying rations for the German army that was besieging Metz in 1870—despite the close proximity of the German border and the availability of the railroad net. This situation is presented in my lecture "Mind and Mass in History" ("Geist und Masse in der Geschichte"), *Preussische Jahrbücher* 174 (1912): 193.

5. According to the manuscripts, Labienus carried out his sortie with 39 or 40 cohorts. As has long been recognized, this number is too large; it is impossible that more than one-third of the entire force of heavy infantry could have been available at one spot for a sortie. For this reason it has been conjectured that "XL" should read "XI," and the more recent editors, Meusel as well as Kübler, have placed "XI" in the text. If this number were definite, we could conclude from it that the Gallic assault columns cannot have been as strong as Caesar reports; but since this number is based only on conjecture, we cannot go any further in evaluating it.

6. Veith, p. 177, recounts that Vercingetorix spared neither time nor effort in continuously training his army according to the Roman pattern. Not only does Caesar make no mention of this, but also this report is

based on a false concept of the nature of the training. Closely associated with training is a discipline that cannot be improvised, even by means of the most extreme strictness, but which can only be developed very gradually, through habit and tradition. What Caesar says (7. 4) is that Vercingetorix assembled and dealt with his army with the most extreme severity and cruelty and (7. 29-30) that he forced them, against their custom, to fortify their camp in the Roman manner.

6　罗马针对蛮族的战法

1. The description by Diodorus, in 5. 28 ff., is also colorful, to be sure, but it is nevertheless of no significance for us.

2. Theodor Reinach, *Mithridates Eupator*, trans, by Goetz, pp. 355 and 358.

7　内战记：意大利与西班牙

1. See also pp. 495 and 499 above. Even if these numbers have not been directly handed down to us in the sources, I believe that one can still give them with certainty. Domaszewski, in his valuable essay "The Armies of the Civil Wars in the Years 49 to 42 B.C." ("Die Heere der Bügerkriege in den Jahren 49 bis 42 v. Chr."), *Neue Heidelberger Jahrbücher*, Vol. 4, 1894, has pointed out that Caesar had 11 legions at the outbreak of the civil war. Since, however, only 10 are mentioned

in the campaign against Vercingetorix and 11 in the following winter quarters, but Caesar had given up 2 legions, he could really only have had 9 remaining. Domaszewski explains the difference by saying that Caesar, as soon as he saw the conflict coming on, immediately formed 2 new legions as replacements for those he had given up. But it seems to me that there is a still better explanation. In the year 52 B.C, in addition to the above-mentioned 10 legions, Caesar also had 22 cohorts that were defending the province (7. 65) and that had been levied in the province itself, so that they were not all composed of Roman citizens. The Fifth Legion, Alauda, was such a legion of noncitizens. According to Suetonius (*Caesar*, Chapter 24), Caesar had already formed it during the Gallic War and not, as Domaszewski believes, as late as the year 50 B.C. There is nothing more natural than for us to assume that it belonged to those 22 cohorts of the year 52 B.C., and the same for the Sixth Legion, although of course Suetonius speaks of only *one* such barbarian legion. If we consider, however, that the Sixth Legion now appears in the *Commentaries* for the first time; that, as Napoleon III has already remarked, it arrived before Alesia as part of the main army; that Caesar cannot possibly have still had a veteran legion in Cisalpine Gaul at that time; that nothing would be more natural than for Caesar, after he had defeated Vercingetorix and the province was no longer in need of protection, to order up to his main force a part of the garrison there, in preparation for the decisive battle—under these circumstances we can hardly reach any other conclusion than that this legion was also a part of those 22 cohorts *"praesidia ex ipsa coacta provincia"* ("the garrisons drawn from the province itself).

In opposition to this it could be argued that in the *Bellum Alexandrinum*, Chapter 69, it is said that the Sixth Legion had been reduced to 1,000 men as a result of hardships and battle losses (*"crebritate bellorum"* ["the frequency of the wars"]) and that it was deactivated in 45 B.C. as a veteran legion. Even if it was not formed, however, until the winter of 53-52 B.C. (but perhaps also earlier), it had still participated in the battles in defense of the province, the battle against the relief of Alesia, and later the entire civil war and therefore had at least six years of intensive battle experience behind it when it followed Caesar from Egypt against Phar-naces. In a footnote on his page 171 Domaszewski, even on the assumption that the Fifth, Alauda, Legion was not formed until 50 B.C., cites it as a veteran legion in 48 B.C.

(Added in the second edition.) Gröbe (*Festschrift fur Otto Hirschfeld*, 1903, reprinted in the 2d ed, of Drumann's *Römische Geschichte*, 3: 702), in a study concerning Caesar's legions, likewise came to the conclusion that the Fifth Legion had been formed from the cohorts that had been mentioned as being in the province in 52 B.C. But he fixes the organization of this unit as not occurring until 51 B.C. The Sixth Legion that participated in the civil war was supposedly not formed until 50 B.C, after the older Sixth Legion had been transferred to Pompey (and was designated as the First Legion in his army).

The 8 cohorts that I assume to have been in Cisalpine Gaul are not considered by Gröbe. Consequently, he gives Caesar only 10 legions in the year 52 B.C. The difference, however, is smaller than it appears, since it is only a question of whether legions were formed from the 22 cohorts somewhat earlier or later and whether the 8 cohorts in Cisalpine Gaul were already in existence in 52 B.C. Cicero's letter to Atticus in December 50 B.C., cited by Gröbe, seems to point to the formation of a considerable number of new units in 50 B.C.: (7. 7. 6) "Imbecillo resistendum fuit et id erat facile; nunc legiones XI, equitatus tantus, quantum volet, Transpa-dani." ("Resistance was weak, and the task was easy; now there were 11 legions and as much cavalry as he might wish, levied from the region north of the Po.") But there is not really anything to be learned from this passage, since under any circumstances Caesar had had in 52 B.C., in addition to his 10 legions, the 22 cohorts.

2. The cited dates are in accordance with Stoffel's calculations, based on the estimates of the astronomer Leverrier, which were requested by Napoleon III. According to Ideler, Mommsen, Matzat, Soltau, and Unger, the events occurred some three weeks earlier.

3. When Caesar moved out on the following day and initially took the route back toward Ilerda, the Pompeian soldiers naturally believed that a lack of provisions was forcing the enemy to retire. This does not contradict the sentence above, however.

8 希腊战役

1. Perhaps even a few more. Gröbe, in Drumann's *Roman History* (*Römische Geschichte*), 2d ed., 3: 710.

2. 28 November 49 B.C, according to Stoffel; 5 November, according to Mommsen.

3. These observations and the confirmation of these points had already been made by a commission sent out by Napoleon III in 1861 in a work published by L. Heuzay, *Julius Caesar's Military Operations, studied on the Terrain by the Macedonian Commission* (*Les operations militaires de Jules Cesar, étudiees sur le terrain par la mission de Macédoine*) (Paris, 1886), which was confirmed by Stoffel in *Life of Caesar* (*Vie de Cesar*) 1: 138.

4. Domaszewski, in *Armies of the Civil Wars* (*Heere der Bürgerkriege*) pp. 171-172, considers it impossible for legions to have come from Italy to Illyria, since the Pompeians controlled the sea. This reason is not convincing, since the land route was open.

5. Up to the present this point has probably not been sufficiently emphasized. Ranke, in his *World History* (*Weltgeschichte*), even states the opinion that we have descriptions of the battle of Pharsalus that stem from supporters of the Senate and of Pompey. Such is the case only to the extent that Livy wrote from the Pompeian point of view and Lucanus, particularly, presented the civil war with this bias. But these two were already significantly dependent on written sources, and since,

despite their bias, they have practically nothing that does not go back to either Caesar or Pollio, that is a sure proof that a truly Pompeian original source containing unique information either did not exist or had already disappeared at that time. Lucanus apparently did do his best to find such a source but it is downright astonishing how little of a positive nature his work contains which would not be known from other sources. Plathner, in *On the Credibility of the History of the Civil War* (*Zur Glaubwürdigkeit der Geschichte des Bürgerkrieges*) (Bernburg Pro-gramm, 1882), has compiled these points very well and has shown that Lucanus used Livy as a source. And so the two of them were able to express their sympathy for Pompey's cause only through the material handed down from the enemy side.

6. Appian and Dio Cassius write of important defeats suffered, in turn, by these detached corps. These reports probably have to stem from Asinius Pollio, but if they were true, there would have had to be in some way or other more significant consequences. We must therefore prefer Caesar's report; Pollio must have been taken in by the exaggerated accounts of persons who took part in those battles.

7. Plutarch, *Caesar*, Chapter 43.

8. That is the sense of *Bell. Civ.* 84. 2 and 85. 1.

9 法萨卢斯会战 无

10　内战末期诸战役　无

11　战　象

1. Polybius 3. 14.

2. Livy 25. 41.

3. *Sallust,Jugurtha*, Chapter 53.

4. According to the observation by Fröhlich in *The Significance of the Second Punic War* (*Die Bedeutung des zweiten punischen Krieges*), p. 20.

5. Valerius Maximus 9. 3. Appian, *Iberia*, Chapter 46.

6. Orosius 5. 13. Florus 1. 37.

7. Schubert, in *Pyrrhus*, p. 222, calls attention to the fact that in the account of Pyrrhus' campaign in Sicily, which goes back to Timaeus, hardly any mention is made of the elephants.

8. J. Chr. D. Schreber, in *The Mammals* (*Die Saugetiere*) (Erlangen, 1775), 1: 245, which is still today the authoritative work on descriptive zoology, strongly emphasizes this point and says that the elephant is even sensitive to the bite of a fly. In Volume 6 of the same work, by J. A. Wagner (1835), p. 265, it is recounted how the javelins of hunters remain imbedded in the body and gradually kill the elephant. Baker, in *The Albert Nyanza*, 1: 284, tells how skilled hunters can kill an elephant directly by a stab with a spear from below.

9. Appian, *Iberia*, Chapter 46.

12 结 论

1. Frontinus, 4. 7. 1. Similarly, *Bell. Afric*, Chapter 31.

2. *Vom Kriege*, Book 7, Chapter 16.

3. Suetonius, Chapter 88.

4. Plutarch, Chapter 11.

5. In the preface to his treatment of the *Commentaries* of Folard on Polybius, 1755.

6. The excellent bringing together of the three citations in the work of Adolf Bauer, "Thucydides' Views on the Conduct of War" ("Ansichten des Thucydides über Kriegführung"), *Philologus* 50: 416.

7. In the oration "Pro lege Manilla" in the year 66 B.C.